RENCONTRES
530
Série *Histoire religieuse*
4

Une piété lotharingienne

Cet ouvrage paraît dans le cadre du projet de l'ANR (LODOCAT)
« Chrétientés lotharingiennes – Dorsale catholique, IXe-XVIIIe siècles »
coordonné par Frédéric Meyer puis Christine Barralis.

Actes du colloque « Une piété lotharingienne :
foi publique, foi intériorisée (XIIe-XVIIIe siècle) »
organisé les 8 et 10 novembre 2017 à Lyon

Ouvrage publié avec le soutien du LabEx Constitution
de la modernité (COMOD) de l'École normale supérieure de Lyon,
du Centre de recherche universitaire lorrain d'histoire
(CRULH – EA 3945) et du Laboratoire de recherche historique
Rhône-Alpes (LARHRA – UMR 5190) de l'université Lumière Lyon 2

LABEX COMOD UNIVERSITÉ DE LYON — université Lumière Lyon 2 — LARHRA — UNIVERSITÉ DE LORRAINE

Une piété lotharingienne

Foi publique, foi intériorisée (XIIe-XVIIIe siècles)

Sous la direction de Catherine Guyon,
Yves Krumenacker et Bruno Maes

PARIS
CLASSIQUES GARNIER
2022

Catherine Guyon est maître de conférences HDR en histoire médiévale à l'université de Lorraine. Ses travaux portent sur les ordres monastiques et religieux, le culte des saints et les sanctuaires de pèlerinage, l'iconographie religieuse et les dévotions des laïcs.

Yves Krumenacker est professeur d'histoire moderne à l'université Jean-Moulin – Lyon III. Il travaille plus particulièrement sur l'histoire religieuse de la France.

Bruno Maes est maître de conférences HDR en histoire moderne à l'université de Lorraine. Ses travaux portent notamment sur les liens entre religion et politique.

ISBN 978-2-406-12216-6 (livre broché)
ISBN 978-2-406-12217-3 (livre relié)
ISSN 2103-5636

INTRODUCTION

Une piété lotharingienne ?

Les chercheurs ont souvent supposé l'existence de formes particulières du christianisme et plus spécialement de pratiques religieuses, de dévotions spécifiques et de styles artistiques dans cet espace médian de l'Europe que constitue ce qui s'appelle au Moyen Âge l'axe lotharingien, qui a été souvent évoqué par Michel Parisse, et à l'époque moderne, à la suite du professeur Taveneaux, « la dorsale catholique », une notion qui rejoignait la « frontière de catholicité » mise en lumière par Pierre Chaunu[1]. Mais l'existence de l'axe a surtout été mentionnée mais n'a jamais vraiment été démontrée, faute d'études de synthèses. En effet, les recherches portant sur la période médiévale ont consisté jusqu'à présent en des monographies portant seulement sur une partie de cet espace médian de l'Europe dans le cadre d'articles scientifiques et de colloques : sur le Moyen Âge on rappellera, à titre d'exemple et sans prétention d'exhaustivité, les contributions de Jean-Louis Kupper et de Philippe Georges sur les saints et les reliques à la cathédrale de Liège et les monastères mosans, en particulier ceux de Saint-Hubert, Huy et Stavelot[2], de Vincent Tabbagh et de Bertrand Schnerb sur la Bourgogne et qui touchent également les territoires luxembourgeois et flamands passés aux XIVe et XVe siècles sous l'autorité des grands ducs d'Occident[3]. En Franche Comté et en Suisse, les recherches de Laurence

1 Parisse, Michel, *L'époque médiévale, Austrasie, Lotharingie, Lorraine*, dans *L'époque médiévale*, Encyclopédie illustrée de la Lorraine, Nancy-Metz, PUN-Serpenoise, 1990, et notamment le chapitre 7 intitulé « L'axe lotharingien », p. 109-130, et Taveneaux, René, « Les prémisses de la réforme tridentine », *Revue d'histoire de l'Église de France*, LXXV, 1989, p. 206-209.

2 Schoolmeesters, Émile, « Le culte de saint Nicolas au diocèse de Liège », *Leodium*, 1908, VII, p. 142-153 ; Kupper, Jean-Louis et George, Philippe, *Saint Lambert : de l'histoire à la légende*, Bruxelles, Luc Pire, 2006, et *Liège. Autour de l'an mil, la naissance d'une principauté (X^e^-XIIe siècles)*, Liège, Éditions du Perron, 2000 ; George, Philippe, *Reliques et arts précieux en pays mosan. Du haut Moyen Âge à l'époque contemporaine*, Liège, Éditions du Céfal, 2002.

3 Schnerb, Bertrand, « La piété et les dévotions de Philippe le Bon, duc de Bourgogne (1419-1467) », *Comptes rendus des séances de l'Académie des Inscriptions et Belles-Lettres*,

Delobette, d'Anne Wagner et Gian Franco Schubiger ont contribué à éclairer les dévotions et les pratiques religieuses[4], même si le patrimoine religieux baroque abondant y a peut-être davantage attiré l'attention des historiens modernistes. Il en est de même de la Savoie dont les études pour le Moyen Âge sont encore tributaires de Jean Burlet et d'Arnold van Gennep sur le culte populaire des saints avec des renouvellements introduits par Alberto Maria Careggio et Laura Gaffuri notamment à partir des sermons[5], tandis qu'en Dauphiné la thèse de Pierrette Paravy reste une référence incontournable[6]. L'ouvrage collectif *Des saints et des hommes* publié en 2013 à Milan pour accompagner cinq expositions tenues simultanément de part et d'autre des Alpes à Sion, Aoste, Suse, Annecy et Genève, constitue une première synthèse : dirigé par Simone Baiocco et Marie-Claude Morand, il est le résultat de longues recherches entreprises par les principaux musées d'histoire des Alpes occidentales associés à des universitaires français, suisses et italiens sur l'art religieux

149e année, n° 4, 2005, p. 1319-1344 ; Tabbagh, Vincent (dir.), *Les clercs, les fidèles et les saints en Bourgogne médiévale : XIe-XVe siècles.* On évoquera aussi *Liège et Bourgogne*, Catalogue de l'exposition du Musée de l'art wallon, Liège, publications du Musée d'art wallon, 1968.

4 On mentionnera notamment Delobette, Laurence et Delsalle, Paul (dir.), *La Franche-Comté à la charnière du Moyen Âge et de la Renaissance, 1450-1550* : actes du colloque de Besançon, 10-11 octobre 2002, publications de l'université de Franche Comté, 2003, et « Origine et diffusion du culte de saint Nicolas dans le diocèse de Besançon (XIe-XVe siècles) », dans Roth, François (dir.), *Lorraine, Bourgogne et Franche-Comté. Mille ans d'histoire*, Actes du colloque de Metz de novembre 2009, Moyenmoutier, Edhisto, 2011, p. 91-113, et Brocard, Nicole, Vannotti, Françoise et Wagner, Anne (dir.), *Autour de saint Maurice. Actes du colloque « Politique, société et construction identitaire : Autour de saint Maurice », Besançon et Saint-Maurice*, actes du colloque de 2009, Fondation des Archives historiques de l'Abbaye de Saint-Maurice, 2011, et Brocard, Nicole et Wagner, Anne (dir.), *Saint-Gothard, la mémoire de l'évêque et le contrôle du col alpin*, actes du colloque de Besançon de 2014, Metz, CRULH, 2015. Schubiger, Gian Franco, *Saints, martyrs et bienheureux en Suisse*, Saint-Maurice, éd. St-Augustin, 1999.

5 Burlet, Jean, *Le culte de Dieu, de la sainte Vierge et des saints en Savoie avant la Révolution*, Imprimeries réunies, Chambéry, 1916 ; Van Gennep, Arnold, *Le culte populaire des saints en Savoie*, Paris, G.-P. Maisonneuve et Larose, 1973 ; Careggio, Alberto Maria, *La religiosità popolare in Valle d'Aosta : il culto mariano e la devozione ai santi : storia, tradizioni, leggende, preghiere*, Aoste, Tipografia Valdostana, 1995, et Gaffuri, Laura, *I Sermones de Beata Vergine del domenicano veneto Bartolomeo da Breganze (XIII secolo)*, introduction et édition critique, Padoue, Antenore, 1993, et Ventrone, Paola et Gaffuri, Laura (dir.), *Images, cultes, liturgies : les connotations politiques du message religieux* : actes du premier Atelier international du projet Les vecteurs de l'idéel, le pouvoir symbolique entre Moyen âge et Renaissance, v. 1200-v. 1640, tenu à Milan, en octobre 2009, Paris-Rome, publications de la Sorbonne et de l'EFR, 2014.

6 Paravy, Pierrette, *De la chrétienté romaine à la réforme en Dauphiné*, Rome, EFR, 1993.

et en particulier la sculpture de la fin du Moyen Âge[7], mais il est resté confiné à l'arc alpin, sans aborder l'ensemble de l'axe.

Mais il convient de rappeler que cet axe est d'abord défini par les structures politiques médiévales à même d'influer sur les pratiques religieuses : il correspond à ce que les médiévistes appellent plutôt aujourd'hui la *Francia media* allant de la Mer du nord à l'Italie, issue du partage de l'Empire de Charlemagne entre ses trois petits-fils à Verdun en 843, en réservant le concept de Lotharingie au royaume de Lothaire II (855-869) comprenant la partie septentrionale de la mer du nord au plateau de Langres et provenant du fractionnement de la *Francia media* à la mort de Lothaire Ier en 855[8]. Cette *Francia media* s'est morcelée entre le IXe et le XIIe siècle en une série en principautés ecclésiastiques et laïques dont les plus actives sont les duchés de Brabant, de Luxembourg, de Lorraine, de Bar, de Bourgogne, de Savoie, les villes d'Alsace et de Suisse, les principautés de Liège et de Trèves… Ces petits États ont maintenu des relations entre eux durant une grande partie du Moyen Âge, comme en témoignent les stratégies matrimoniales de l'aristocratie lorraine orientées vers le Luxembourg, la Bourgogne, la Savoie et l'Italie et le cas bien connu de la comtesse Mathilde (1046-1115) : fille de Béatrice de Lorraine et de Boniface marquis de Toscane, mariée en premières noces à Godefroid de Lorraine, elle vivait surtout en Italie, notamment au château de Canossa – où en 1077 elle ménagea la célèbre rencontre entre l'empereur Henri IV et le pape Grégoire VII – tout en gérant ses biens de Briey, Stenay et Juvigny, en fondant l'abbaye d'Orval et en contribuant à celle de Saint-Pierremont[9].

La tentative d'unification et de reconstitution d'un royaume de Lotharingie menée par Charles le Téméraire s'est soldée, on le sait, par un échec avec la mort de ce dernier sous les murs de Nancy le 5 janvier 1477[10]. Mais dans les principautés de Lorraine et de Bar, René d'Anjou puis son petit-fils René II par leurs revendications sur l'héritage des

7 *Des saints et des hommes, L'image des saints dans les Alpes occidentales au Moyen Âge*, catalogue commun des expositions de Chambéry, Sion, Genève, Annecy, Aoste et Suse, Milan, off. lib., 2013.

8 Gaillard, Michèle (dir.), *De la mer du Nord à la Méditerranée : Francia Media, une région au cœur de l'Europe (c. 840-c. 1050)*, actes du colloque international de Metz, Luxembourg, Trèves de 2006, Luxembourg, Cludem, 2011.

9 Parisse, Michel, *L'époque médiévale*, *op. cit.*, p. 112-113 et 126.

10 Schnerb, Bertrand, *L'État bourguignon, 1363-1477*, Paris, Perrin, 1999.

Angevins dans le royaume de Naples ont maintenu au XVe siècle et début du XVIe des relations régulières avec l'Italie et avec Rome. Leurs duchés, comme ceux de Luxembourg, de Brabant et de Savoie montent en puissance à la fin du Moyen Âge en se dotant d'institutions solides au sein desquelles les princes se présentent comme des souverains dévots, appuyant leur légitimité sur la protection de Dieu et des saints, comme l'a montré l'un des colloques de l'ANR Lodocat portant sur les saintetés politiques et tenu à Lyon en 2015[11].

Ces États constituent un espace « d'entre deux », à la frontière de deux grandes puissances : la *Francia occidentalis* de 843 devenue le royaume de France et la *Francia orientalis* devenue le royaume de Germanie, puis le Saint Empire germanique[12]. Tout au long de leur histoire, ils font l'objet de convoitises de la part de chacune d'elles, ce qui induit des destructions, des passages de troupes, des menaces, des dangers et des épidémies : bien avant les gravures du Lorrain Jacques Callot au XVIIe siècle les « misères de guerre » sont une réalité quotidienne qui invite les hommes et femmes en déroute à se tourner vers Dieu et les saints. Mais, plus souvent heureusement, il s'agit d'influences plus pacifiques. Par le duché de Bourgogne, les Capétiens sont voisins de l'axe lotharingien, mais ils progressent vers l'est aux XIIIe et XIVe siècles : ils intègrent en 1284 la Champagne au domaine royal et, en 1301, lors du traité de Bruges obtiennent du comte de Bar qu'il se reconnaisse leur vassal pour le Barrois mouvant à l'ouest de la Meuse. En 1312, Lyon est rattachée officiellement à la France et, en 1349, c'est le tour du Dauphiné. Quant à l'influence impériale, elle reste longtemps active à Liège, Namur, Utrecht, ainsi qu'en Comté de Bourgogne et dans le duché de Lorraine, même si son prince obtient une indépendance de fait, que le duc Antoine fit reconnaitre en 1542. Ajoutons qu'une autre influence politique s'exerce à la fin du Moyen Âge, surtout dans le sud de l'axe lotharingien : celle de la papauté puisque les Alpes donnent accès à l'Italie et à Rome. À partir du XIIIe siècle, le poids de la cour pontificale se fait davantage sentir dans la vallée du Rhône : deux conciles se tiennent à Lyon en 1245 et en 1274, à Vienne en 1311, en 1305 Clément V est

11 Édouard, Sylvène (dir.), *Saintetés politiques et territoires catholiques à l'époque moderne*, Paris, Classiques Garnier, 2019.

12 On citera notamment : *Les pays de l'entre-deux au Moyen Âge : questions d'histoire des territoires d'Empire entre Meuse, Rhône et Rhin*, congrès du CTHS, Paris, Éd. du C.T.H.S., 1990.

couronné à Lyon et, en 1309, d'abord de manière provisoire, il prend ses quartiers en Avignon ; le provisoire dure puisque ses successeurs s'y installent jusqu'en 1378 voire même en 1415, si on inclut la période du schisme. Ajoutons que des conciles importants se tiennent dans l'espace lotharingien à Constance (1414-1418) et à Bâle (1431-1449).

L'axe lotharingien présente aussi des particularités géographiques. Il s'agit souvent de contrées rudes montagneuses (Alpes, Jura, Vosges) et forestières (Vosges, Ardennes, Franche Comté) où le froid, la neige et les divers aléas de la météorologie, l'isolement et les dangers entraînent des contraintes quotidiennes et conditionnent les mentalités et les dévotions comme l'ont montré plusieurs communications concernant les Vosges et la Savoie lors du colloque *Religion et Montagnes*, tenu à Tarbes en 2002[13].

Loin d'être isolé, cet espace est également traversé par des routes fluviales fréquentées : la Moselle, la Meuse, le Rhin, qui donnent accès aux Pays-Bas et à la mer du nord en traversant les diocèses de Liège et d'Utrecht, un secteur marqué par des mouvements de dévotion comme les béguines au XIIIe siècle et la *Devotio moderna* au XVe siècle. Au sud de l'espace, l'Isère, et plus encore la Saône et le Rhône, constituent des axes de circulation majeurs. Mais les grandes vallées (val d'Aoste) et les cols alpins favorisent aussi les déplacements terrestres : le Mont-Cenis dès le VIIIe siècle, le Grand Saint-Bernard voire le Petit-Saint-Bernard aux XIe et XIIe siècles. Au XIIIe siècle, de nouvelles routes sont aménagées par le col du Simplon et le Saint-Gothard ouvert peu avant 1230, d'abord pour les pèlerins puis pour les marchands comme l'a montré Pierre Racine dans le colloque *Montagnes médiévales* de 2004[14]. Le col est l'une des étapes de la *via francigena*[15] connue par le carnet de voyage de Sigéric, archevêque de Cantorbéry, qui effectua en 990 le trajet jusqu'à Rome[16], suivie de plusieurs récits comme celui de Gilles le Muisit abbé

---

13 Brunet, Serge, Julia, Dominique et Lemaître, Nicole (dir.), *Montagnes sacrées d'Europe*, actes du colloque de Tarbes en 2002, Paris, Publications de la Sorbonne, 2005.

14 Racine, Pierre, « Le col de Saint-Gothard, maillon du grand commerce international (1260-1320) », *Montagnes médiévales*, actes du congrès de la SHMESP, Paris, Publications de la Sorbonne, 2004, p. 64 et 69, et le colloque *Gothard le saint et l'espace*, *op. cit.*, 2004.

15 Szabo, Thomas, « Routes de pèlerinage, routes commerciales et itinéraires en Italie centrale », *Les espaces sociaux de l'Italie urbaine (XIIe-XVe siècles) : recueil d'articles*, éd. P. Boucheron, Paris, Publications de la Sorbonne, 2005, p. 133 et s.

16 Magoun, Francis P., « An english pilgrim-diary of the yearth 990 », *Medieval Studies*, 2, 1940, p. 231-251, et *idem*, « The pilgrim idiary of Nikulas de Munkathvera : the road to Rome », *ibid.*, 6, 1944, p. 314-354.

de Saint-Martin de Tournai participant au jubilé romain de 1300[17] : elle traverse l'axe en Franche Comté, Suisse et nord de l'Italie pour relier l'Angleterre à Rome, voire à Venise ou aux ports de l'Italie méridionale afin de gagner la Terre Sainte.

Ces diverses routes ont favorisé la circulation des hommes, des idées, des formes de dévotions et des modes artistiques. Dans *l'Encyclopédie illustrée de la Lorraine*, Michel Parisse avait souligné que la Lotharingie était réputée aux Xe-XIIe siècles comme une terre de réforme monastique depuis Brogne, entre Sambre et Meuse, en passant par Stavelot, Saint-Maximin de Trèves, Gembloux, Gorze, Saint-Vanne de Verdun, Saint-Epvre de Toul, Saint-Bénigne de Dijon et Cluny, jusqu'à Truttuari dans le nord de l'Italie[18]. Ces réformes se sont accompagnées d'un renouveau culturel dont témoignent la vitalité des écoles de Liège, Gembloux, Toul, Metz, Gorze et Besançon, marquées par des échanges de maîtres à travers l'axe lotharingien, tel Adson qui, au Xe siècle, passa de Luxeuil à Toul puis à Montier-en-Der, Sigebert, au XIIe siècle, de Gembloux à Gorze, tandis que des Italiens enseignaient à Trèves et à Metz[19]. Mais la circulation de ces hommes d'Église se lit aussi à travers leurs carrières : Henri archidiacre de Verdun devint évêque de Liège, Hermann chanoine de Liège évêque de Toul, Gérard formé à Cologne évêque de Toul, et surtout Brunon de Dabo, évêque de Toul, puis le pape Léon IX : ce dernier fit venir à Rome Humbert de Moyenmoutier et Frédéric de Haute-Lorraine, chanoine de Liège, qui fut l'un de ses successeurs sur le siège de saint Pierre sous le nom d'Étienne IX (1057-1058)[20]. Ces voies de passage ont également été très tôt fréquentées par les marchands qui tout au long du Moyen Âge font circuler draps, fourrures, épices et vins. Il est assez significatif de constater que le drapier et chaussetier messin Philippe de Vigneulles se déplace surtout dans l'axe lotharingien (Genève, Rome, Naples, Trèves, Cologne) et ne s'en écarte que très peu en se rendant à la foire du Lendit à Saint-Denis, à Francfort et à Mayence[21]. Les voies de circulation jalonnant la médiane européenne ont également favorisé

17 Haenes, Albert d', « Gilles le Muisit, pèlerin de la première année sainte, 1300 », *Bulletin de l'institut historique belge de Rome*, 30, 1957, p. 31-49.

18 Parisse, Michel, *L'époque médiévale*, *op. cit.*, p. 111.

19 *Ibid.*, p. 111-112.

20 *Ibid.*, p. 109.

21 Vigneulles, Philippe de, *Les cent nouvelles nouvelles*, éd. Charles H. Livingston, Genève, Droz, 1972, p. 33.

les déplacements d'artistes et la diffusion de l'architecture et du décor roman, des techniques de l'orfèvrerie et de l'ivoire[22], ainsi que la venue de reliques italiennes : ainsi, pour ne citer que des exemples lorrains, le comte Vuolfoald, au début du VIIIe siècle, aurait rapporté du Monte Gargano à Saint-Mihiel un pan de manteau de saint Michel[23], l'évêque de Metz Thierry († 984) a fait venir des reliques de sainte Lucie de Syracuse et d'une série de saints italiens[24], et on attribuerait au chevalier Aubert de Varangéville l'arrivée vers 1090-1093, à Port sur les rives de la Meurthe, d'une phalange de saint Nicolas rapportée de Bari dans les Pouilles[25].

Au XVIe siècle, marqué par l'apparition du protestantisme, comment se crée un nouveau système culturel où la religion catholique et le politique avancent du même pas ?

L'affiche choisie pour illustrer le colloque de Lyon représentait le Mont sacré de Varallo, le plus ancien par sa construction des Monts sacrés italiens et étrangers[26]. Il est situé en Piémont, dans la Dorsale catholique. Sa fondation remonte à 1491 par un religieux franciscain, et elle se poursuit jusqu'au XIXe siècle[27]. La basilique, les 45 chapelles

22 Parisse, Michel, *L'époque médiévale*, *op. cit.*, p. 114-115, George, Philippe, *Reliques et arts précieux en pays mosan. Du haut Moyen Âge à l'époque contemporaine*, Liège, Éditions du Céfal, 2002.

23 Goullet, Monique, « La Chronique de Saint-Mihiel », *Retour aux sources. Textes, études et documents d'histoire médiévale offerts à Michel Parisse*, Paris, Picard, 2004, p. 987-1013.

24 Wagner, Pierre-Édouard, « Culte et reliques de sainte Lucie à Saint-Vincent de Metz », *Mémoires de l'Académie nationale de Metz*, 2002, p. 183-185.

25 Dantand, Dominique, *Chronique de Richer, moine de Senones (XIIIe siècle), présentation, édition, traduction*, thèse de doctorat, université de Nancy 2, 1996, p. 56.

26 Pour une meilleure connaissance des *Monti sacri* italiens, voir la thèse récente d'histoire de l'art de Poittevin, Anne, *La statuaire très chrétienne des Sacri Monti d'Italie (1490-1680) : genèse, histoire et destin d'une invention moderne*, Tours, université de Tours, Centre d'études supérieures de la Renaissance, 2013.

27 Le Mont Sacré est édifié sur un sol rocheux, sur la gauche du fleuve Sesia. Cette terrasse naturelle se trouve à 600 m. d'altitude et domine le centre historique de Varallo (450 m). Le Mont sacré est en effet constitué d'une basilique et de 45 chapelles qui sont parfois isolées ou comprises dans de grands ensembles monumentaux (Nazareth, Bethléem, Palais de Pilate, Calvaire, Sépulcre, Maison Parella). Les 800 statues de bois et terre cuite polychromes, grandeur nature, retracent le drame de la vie, la passion, la mort et la résurrection du Christ dans un milieu couvert de fresques. Le site du Mont Sacré se présente au visiteur divisé en deux zones bien distinctes. La première en pente, couverte de plantes et de verdure, s'organise comme un jardin. Ses chapelles disposées sur les points stratégiques des parcours commencent par la première « Adam et Ève » ou « le Péché Originel », racontent la vie du Christ depuis l'Annonciation jusqu'à l'arrivée du

et les 800 statues permettent au fidèle de revivre la vie de Jésus tout en restant près de chez lui, comme s'il faisait un pèlerinage en chambre[28].

C'est dire que la piété de la fin du XVIe siècle tire ses origines de la piété lotharingienne, qui court de l'axe rhéno-flamand jusqu'en Italie du nord, marqué par la dévotion eucharistique[29], qui débute dès le XIIe siècle et par l'*Imitation de Jésus-Christ.*

Au milieu du XVIe siècle, de petits États occupent cette région : Pays-Bas espagnols, Luxembourg, Lorraine, Franche-Comté, Savoie-Piémont, Milanais. Ils s'appuient sur l'Église catholique pour renforcer leur pouvoir par la raison dévote où les princes pieux suivent les principes de la religion, au contraire du grand État absolutiste qu'est la France, qui ne craint pas de s'allier aux princes protestants pour suivre la raison d'État afin d'étendre son territoire. Ces petits États sont marqués par le mouvement religieux qui vise à « réformer l'Église dans son chef et dans ses membres » depuis le XIVe siècle. Avec l'apparition du protestantisme, la Dorsale catholique est vécue comme une frontière de catholicité qui connaît une monarchie dévote où la piété publique est présente dans l'espace jusqu'au siècle des Lumières.

Cette nouvelle civilisation se diffuse grâce à l'imprimerie, par des ouvrages rédigés essentiellement par des franciscains ou des jésuites[30], d'autant plus que la Dorsale connaît presque partout des taux d'alphabétisation importants. La civilisation issue du concile de Trente

---

Christ à Jérusalem. La seconde, au sommet, s'articule autour des places des Tribunaux (place Civique) et du Temple (place religieuse), avec la volonté de reproduire la ville de Jérusalem. Ce site est organisé de manière urbaine. Ici les chapelles racontent la vie du Christ à Jérusalem, de la « Dernière Cène », au « Sépulcre », à la « Résurrection du Christ », et à l'« Assomption de la Vierge » qui donne son nom à la basilique.

28 Pour une meilleure connaissance des pèlerinages à la fin du Moyen Âge et à l'époque moderne, voir Chélini, Jean et Branthomme, Henry, *Histoire des pèlerinages non chrétiens*, Paris, Hachette, 1987, 538 p. Ces trois chapitres ont été rédigés successivement par Francis Rapp, Robert Sauzet et René Moulinas.

29 Sur la dévotion eucharistique, voir Marchal, Corinne et Tramaux, Manuel, *Le miracle de Faverney (1608). L'eucharistie : environnement et temps de l'histoire [actes du colloque de Faverney, 9 et 10 mai 2008]*, Besançon, Presses universitaires de Franche-Comté, 2010, 509 p.

30 Gumppenberg, Guillaume, *Atlas Marianus sive de imaginibus Deiparae per orbem christianum miraculosis*, Ingolstadt, 1657, 2 vol. ; *id.*, *Atlas Marianus quo sanctae Dei genitricis Mariae imaginum miraculosarum origines duodecim historiarum centuriis explicantur*, Munich, 1672, 3 vol. Ces volumes ont été étudiés et traduits : Christin, Olivier, Flückiger, Fabrice, Ghermani, Naïma (dir.), *Marie mondialisée. L'Atlas Marianus de Wilhelm Gumppenberg et les topographies sacrées à l'époque moderne*, Neuchâtel, Éditions Alphil-Presses universitaires suisses, 2014, 256 p. ; Balzamo, Nicolas, Christin, Olivier, Flückiger, Fabrice (dir.), *L'Atlas Marianus de Wilhelm Gumppenberg. Édition et traduction*, Neuchâtel, Éditions Alphil-Presses universitaires suisses, 2015, 512 p.

(celui-ci prenant fin en 1563) montre de nouveaux aspects, dont les récits de miracles sont significatifs : jusqu'aux années 1560, les récits flamboyants s'apparentent au conte, alors que dès les années 1590 on trouve des récits historiques et précisément datés par des médecins, car l'Église catholique censure des fables qu'imprimaient auparavant les éditeurs[31]. Une piété se diffuse grâce à l'imprimerie dans tous les milieux de la société. Tout d'abord dans une culture partagée, qui concerne autant la culture des simples que l'élite, avec *Les évangiles des quenouilles* qui devient plus tard un *best-seller* de la culture de colportage. Mais aussi les nouveaux livrets de pèlerinage du type « humaniste », comme *L'histoire de Notre-Dame de Hal* dans les Pays-Bas espagnols[32], rédigée par Juste Lipse, suivi d'autres ouvrages par des jésuites. Ils sont marqués par une piété policée[33], et une relecture du légendaire qui permet de passer par les différentes étapes du chemin spirituel vers le monde divin, comme dans les *Exercices spirituels* de saint Ignace ; ces ouvrages de belle qualité ornés de gravures sur cuivre proviennent souvent de la maison Plantin-Moretus d'Anvers[34].

Un autre aspect de la culture de ce pays d'Entre-Deux consiste en la recatholicisation et le réenchantement de l'espace qui avait connu l'iconoclasme huguenot quelques décennies auparavant[35]. La Vierge Marie devient capitaine de la croisade antiprotestante et s'élève au-dessus des saints thaumaturges[36]. Dans les topographies mariales existe souvent un sanctuaire à Marie au-dessus des autres qui devient un sanctuaire national protégeant l'ensemble du territoire, Notre-Dame de Hal pour les Pays-Bas méridionaux[37], ou Notre-Dame de Luxembourg par exemple.

---

31 Nous nous permettons de renvoyer à notre mémoire d'HDR : Maes, Bruno, *Les livrets de pèlerinage. Imprimerie et culture à l'époque moderne*, Rennes, Presses universitaires de Rennes, 2016, chap. 6, « Les livrets du temps des controverses », p. 179-218.

32 Delfosse, Annick, « La Vierge comme protectrice des Pays-Bas méridionaux dans les livrets de pèlerinage marial au XVIIe siècle », *Revue belge de philologie et d'histoire*, 2002, t. 80, fasc. 2, p. 1225-1241.

33 Voir Maes, Bruno, *Le roi, la Vierge et la nation. Pèlerinages et identité nationale en France entre guerre de Cent Ans et Révolution*, Paris, Publisud, 2002, chap. 5, « Catholicisme tridentin et processus de civilisation », p. 204-209.

34 Voet, Leon ; *The golden compasses : a history and evaluation of the printing and publishing activities of the Officina plantiniana at Antwerp*, Amsterdam, Van Gendt, 2 vol. (1969 et 1971).

35 L'analyse d'Olivier Christin reste toujours pertinente (*Une révolution symbolique : l'iconoclasme huguenot et la reconstruction catholique*, Paris, Éd. de Minuit, 1991, 350 p.).

36 Delfosse, Annick, *La « Protectrice du Païs-Bas ». Stratégies politiques et figures de la Vierge dans les Pays-Bas espagnols*, Turnhout, Brepols, 2009, 296 p.

37 Gazet, Angelin, *Pia hilaria, variaque carmina*, Douai, ex officina B. Belleri, 1619, 242 p., *in 16*, BnF Yc-9313 (bis), « Praeludium ».

L'influence de l'Espagne, fer de lance de la Contre-Réforme, est partout présente : de nombreuses répliques parsèment ses terres pour montrer que la Vierge de Montaigu-en-Brabant ou de Montserrat (à Stenay, ou à Alessandria en Piémont) protège les populations. De fait, la Dorsale catholique est une terre privilégiée de pèlerinage, de ces dévotions apparues dès le Moyen Âge qui reprennent force à l'époque baroque et s'expriment tant dans le cadre privé que dans la sphère publique. Il est vrai que la vision du monde des pèlerins est à l'opposé de celle du protestantisme : un Dieu proche des hommes, qui manifeste sa générosité par des miracles, présent dans la nature (dans les statues, les reliques, l'eau des fontaines miraculeuses). Au-delà des pèlerinages lointains (Jérusalem, Compostelle, Rome, le Sinaï ou Bari que fréquentent aussi les hommes et femmes de cette région) et dont certaines destinations se trouvent dans notre espace ou à proximité (Einsiedeln), les pèlerinages de proximité semblent particulièrement nombreux : pèleriner, c'est aussi montrer son attachement au catholicisme réformé et baroque.

Enfin, la guerre – grâce à la plume ou aux armes – est un autre point commun : on crée des confréries antiprotestantes du Rosaire ou du Saint-Sacrement, dans une Église catholique qui devient encore plus cléricale, y compris par la place de la femme religieuse dans la société. La guerre est aussi celle que véhicule l'esprit de croisade contre les Ottomans depuis 1453 (quand ceux-ci prennent Byzance), et de nouveaux croisés partent pour la Hongrie pour manifester leur foi en la Chrétienté et se couvrir de gloire. De même, l'offrande de son pays par le souverain qui donne sa couronne à la Vierge, est présente en Franche-Comté mais aussi à Benoîte-Vaux : on y trouve des médailles qui présente d'un côté le Saint-Sacrement et de l'autre ce thème, signe que le geste de Louis XIII en 1638 correspond à une réalité dans le cœur des fidèles.

Ces différents aspects que nous venons de voir d'une culture politique et religieuse dévote, continuent d'inséminer la société dans différents partis à l'époque contemporaine. Leurs membres ne sont ni libéraux ni socialistes, mais appartiennent aux mouvements royalistes légitimistes d'abord, plus tard à la famille démocrate-chrétienne[38].

---

38 Voir El Gammal, Jean, « La liberté de consciences et les forces politiques en France à la fin du XIXe et au début du XXe siècle », *Liberté des consciences et religion. Enjeux et conflits (XIIIe-XXe siècle)*, éd. C. Guyon, B. Maes, M. Peguera Poch, A-E. Spica, Rennes, PUR, 2016, p. 195-204.

L'espace lotharingien aurait contribué à propager, dévotions, pratiques et iconographie religieuses. Complété par l'exposition finale de l'ANR intitulée *Splendeur du Christianisme, art et dévotion de Liège à Turin, x*e*-xvii*e *siècles*, qui s'est tenue d'octobre 2018 à janvier 2019 au Musée de la Cour d'or à Metz, le présent ouvrage sur la *Piété lotharingienne* entend réexaminer ce sujet, dans une démarche à la fois diachronique – en faisant intervenir médiévistes et modernistes – et pluridisciplinaire en rassemblant historiens, historiens d'art, conservateurs du patrimoine et responsables de musée. Il s'est d'abord attaché aux acteurs de ces dévotions et, en premier lieu, aux princes territoriaux laïcs, les ducs de Lorraine, de Bar, de Brabant, de Savoie, de Bourgogne (avant 1477), sans oublier leurs épouses, et notamment les duchesses Marguerite de Bavière et Philippe de Gueldre en Lorraine, Isabelle de Portugal et Marguerite d'York en Bourgogne entourées d'une *fama sanctitatis*, à défaut d'avoir été officiellement canonisées. Les évêques lorrains de Metz, Toul, Verdun et les puissants prélats de Trèves, Liège, Besançon et Lyon sont pris en compte. Les moines bénédictins, les chanoines réguliers, les franciscains ne sont pas oubliés, ni les chanoinesses ou les béguines. Les confréries de métiers et de dévotion sont également abordées, ainsi que les cultes civiques urbains. Le colloque s'interroge aussi sur les formes prises par ces dévotions à partir des supports des dévotions des textes hagiographiques et liturgiques, des sermons et recueils d'*exempla*, des images – au sens médiéval du terme – sculptées et peintes, dans les églises et les oratoires privés, ainsi que les images pieuses et des médailles populaires…

La Lotharingie semble se caractériser par un fort christocentrisme comme le laisse présager le nombre de reliques christiques vénérées (suaires de Besançon et de Chambéry, sainte tunique de Trèves, fragments de la vraie croix d'Arras et de Saint-Mihiel, sainte épine de Château-Chalon) et de groupes sculptés de la Passion (Christ aux liens, Mises au tombeau, croix de procession, croix de chemin, bildstock du nord Mosellan, *Sacri Monti* du nord de l'Italie dès la fin du xve siècle et qui se développent à l'époque baroque). La dévotion eucharistique serait *a priori* une autre caractéristique de l'espace médian de l'Europe : elle se manifeste par la célébration de la Fête-Dieu, instituée au xiiie siècle dans le diocèse de Liège à l'instigation de sainte Julienne de Cornillon avant d'être étendue à l'ensemble de l'Occident, mais qui serait précédée de miracles eucharistiques plus anciens[39]. Il est certain qu'en Lotharingie l'hostie consacrée et le très précieux sang du Christ font l'objet d'une vénération particulière comme l'attestent monstrances, bannières de procession, enluminures, gravures, images et tableaux de la Fête Dieu[40]. Une autre caractéristique serait le culte de l'Enfant Jésus dont témoignent les Jésuaux ou repos de l'enfant Jésus qui se présentent sous forme de berceaux décorés dont on relève au moins une quinzaine d'exemples du XIVe au XVIe siècle des anciens Pays-Bas à la Franche Comté, en passant par la Lorraine et des images et statuettes de l'Enfant Dieu fréquentes dans les couvents féminins[41]. Un fort culte marial serait également constitutif de l'espace concerné avec des représentations iconographiques abondantes de Vierges à l'Enfant et de Piéta (dont on dénombre par exemple plus de 200 exemplaires en Lorraine), sans oublier les Vierges au manteau chères à Paul Perdrizet[42]. Les légendes de fondations sont abordées, ainsi que les formes particulières de dévotion mariale caractérisées par la présence, dès le XIIe siècle au moins, de très nombreux sanctuaires de pèlerinage locaux. Plusieurs ont acquis et conservé jusqu'à nos jours un rayonnement important tels Notre-Dame d'Avioth, de Sion, de Bonsecours à Nancy et à Saint-Avold, de Benoîte-Vaux en Lorraine, Notre-Dame du Mont-Roland en Franche Comté, Notre-Dame de Fourvière à Lyon, Notre-Dame du Réal à Embrun, de la Jayère, de la Balme, de Beauvoir dans les Alpes, pour ne citer que quelques exemples. Nés modestement aux Moyen Âge, ils se développent à l'époque moderne, qui voit aussi naître de nouvelles dévotions comme Notre-Dame du Luxembourg ou la Vierge Libératrice en Franche Comté[43]. Il importe donc de distinguer

39 Delville, Jean-Pierre, « La Fête-Dieu, Ève, Julienne et la Fête-Dieu à Saint-Martin », *Saint-Martin, mémoire de Liège*, Liège, Laffineur-Crépin, 1990, p. 31-52.

40 Philippe, André, « Les armoires eucharistiques dans l'Est de la France et particulièrement dans les Vosges », *Bulletin monumental*, t. 33, 1924, p. 103-126, et Choux, Jacques, « Les armoires eucharistiques en Lorraine : problèmes d'archéologie et d'histoire de la liturgie », *La Lorraine chrétienne au Moyen Âge : Recueil d'études*, Metz, Serpenoise, 1981, p. 315-326.

41 Leroy, Catherine (dir.), *Les Dominicaines d'Unterlinden*, catalogue d'exposition, Paris, Somogy, 2001, *passim.*

42 *Figures de madones, Vierges sculptées des Vosges, XIIe-XVIe siècles*, Épinal, Conseil général des Vosges, 2005, *Pietà de Lorraine : les Vierges de pitié du XVe au XVIIIe siècle*, Metz, Serpenoise, 1996, Perdrizet, Paul, *La Vierge de Miséricorde : étude d'un thème iconographique*, Paris, Fontemoing, 1908.

43 *Notre-Dame de Luxembourg : dévotion et patrimoine*, catalogue de l'exposition du musée diocésain en Pilconrue, Bastogne, Musée de Piconrue, 2016, et Delfosse, Annick, « Une Vierge guerrière au service des Habsbourg et de l'Église catholique », *La dévotion mariale*

ce qui relève du Moyen Âge et des développements à l'époque moderne, voire contemporaines et des parts de réinterprétation ou d'adaptation...

Mais en dehors de la Vierge, qui constitue la cour céleste de la médiane lotharingienne ? S'agit-il des saints communs à la chrétienté occidentale ? ou de saints locaux ? Parmi les saints « généralistes » s'agit-il des saints des premiers siècles que Jean-Marie Le Gall a appelé les « vieux saints » ou de saints plus contemporains, objets à partir du XIIIe siècle de procès de canonisation contrôlés par la papauté et mis en lumière par les travaux fondateurs d'André Vauchez à propos de François d'Assise, Antoine de Padoue, Thomas d'Aquin, Bonaventure, Vincent Ferrier, Catherine de Sienne ou Nicolas de Tolentin[44] ? Sans avoir ignoré ces nouveaux saints, il semblerait que les « vieux saints » aient une place privilégiée. Tel est le cas de saint Michel, devenu l'un des protecteurs de l'Empire carolingien qui a suscité dans l'espace médian le monastère de Saint-Mihiel et le sanctuaire de Cluse, tandis que la *via francigena* mène aussi au Monte Gargano[45]. Une place particulière semble accordée aux apôtres : saint Jacques en lien avec Compostelle et plus généralement les routes de passage de pèlerins, saint Pierre en lien avec Rome et la papauté, tandis que les retables aux 12 apôtres abondants en Lorraine de la fin du XVe et au début XVIe semblent vouloir réaffirmer l'image d'une Église idéale face à certains dysfonctionnements et contestations. Parmi les saints bibliques, sainte Marie Madeleine choisie fréquemment comme protectrice de léproseries et en relation avec le sanctuaire bourguignon de Vézelay, point de départ des routes vers Compostelle pour les pèlerins de Lotharingie. Est également bien présent saint Jean-Baptiste, objet d'un pèlerinage important à Saint-Jean de Maurienne dans les Alpes. Une autre figure de sainteté semble aussi appréciée : celle

---

de l'an mil à nos jours, dir. B. Béthouart et A. Lottin, Arras, Presses de l'université d'Artois, 2005, p. 337-345.

44 Le Gall, Jean-Marie, « Vieux saints et grande noblesse à l'époque moderne : Saint Denis, les Guise et les Montmorency », *Revue d'histoire moderne et contemporaine*, juillet-septembre 2003, p. 7-33, et Vauchez, André, *La sainteté en Occident aux derniers siècles du Moyen Âge d'après les procès de canonisation et les documents hagiographiques*, Rome, EFR, 1981.

45 Guyon, Catherine, « Le culte de saint Michel dans la France de l'Est », Patrick Corbet et Jackie Lusse (dir.), *Ex animo, Mélanges d'histoire médiévale offerts à Michel Bur*, Langres, Guéniot, 2009, p. 437-518, Wagner, Anne, « Culte de saint Michel dans l'Empire », *Autour de l'archange saint Michel*, Actes du colloque Saint Michel d'Aiguilhe (2009) éd. M. de Framond et C. Lauranson-Rosaz, Le Puy-en-Velay, Cahiers de la Haute-Loire, 2012 p. 121-129.

du saint évêque avec saint Martin, l'évangélisateur par excellence, et de saint Nicolas, tous deux répandus dans l'ensemble de l'Occident mais qui sont actifs dans l'axe lotharingien[46]. Les saints évêques locaux sont spécialement honorés comme saint Willibrord à Utrecht et à Echternach, saint Remacle, saint Lambert et saint Hubert à Liège, saint Clément et saint Arnoul à Metz, saint Saintin à Verdun, saint Mansuy, Saint Evre, saint Gauzelin et saint Gérard à Toul, saint Claude à Besançon, saint Ours, saint Grat à Aoste[47].

Mais d'autres types de sainteté semblent avoir joué un rôle dans l'espace considéré : les vierges martyres (sainte Catherine, sainte Barbe, sainte Marguerite, sainte Agathe[48]), les autres saints auxiliaires d'origine germaniques mais qui s'y sont bien implantés, tout comme les saints militaires (saint Maurice et saint Georges[49]), les saints invoqués contre la rage (saint Hubert et saint Eustache) et contre la peste (saint Roch et saint Sébastien), objets de cultes civiques dès la fin du Moyen Âge, et enfin les saints fondateurs des diocèses tels les céphalophores saint Eucaire, saint Élophe et sainte Libaire dans le diocèse de Toul, qui font l'objet d'un regain d'intérêt à la fin du XVe siècle, impulsé par le

---

46 *Saint Nicolas et les autres traditions, Légendaires et société en Occident*, actes de la journée d'étude organisée par Bruno Maes, Catherine Vincent et Philippe Martin à Nancy en mars 2011, Nancy, *Annales de l'Est*, n° spécial, 2012, et Vincent, Catherine, Guyon, Catherine et Gazeau, Véronique (dir.), *Entre Orient et Occident, le culte de saint Nicolas en Europe (X[e]-XXIe siècle)*, actes du colloque international des 5, 6 et 7 décembre 2013, Paris, Cerf, 2015.

47 On citera notamment Dirkens, Alain, *Le culte de saint Hubert au Pays de Liège*, Liège, Crédit Communal, 1991 ; Kupper, Jean-Louis, et George, Philippe, *Saint Lambert : culte et iconographie*, *op. cit.* ; *Le chemin des reliques : témoignages précieux et ordinaires de la vie religieuse à Metz au Moyen Âge*, catalogue de l'exposition, Metz, Musées de la Cour d'Or, 2000 ; Choux, Jacques, *La Lorraine chrétienne au Moyen Âge : recueil d'études*, Metz, Serpenoise, 1949 ; Goullet, Monique, « Les Vies de saint Mansuy (Mansuetus), premier évêque de Toul. Aperçu du dossier et édition critique des textes inédits », *Analecta Bollandiana*, 116, 1998, p. 57-105 ; Jaccod, Luca *et al.* « Prêtres, évêques, abbés, saints protecteurs des vallées alpines entre art et dévotion », *Des saints et des hommes*, *op. cit.*, p. 213-246.

48 Guyon, Catherine, « Sainte Catherine au ciel de Jeanne d'Arc », *De Domremy à Tokyo…, Jeanne d'Arc et la Lorraine*, actes du colloque international de Domremy et Vaucouleurs, dir. C. Guyon et M. Delavenne, Nancy, PUN, 2013, p. 245-263, et « Par la roue de sainte Catherine. Dévots, pèlerins et pèlerinages de sainte Catherine d'Alexandrie (VIIIe-début du XVIe siècle) » mémoire inédit d'HDR, soutenu devant l'université de Lorraine, 2015 ; Baligand, Françoise, *Sainte Barbe, légendes et traditions*, Paris, Association du Centre historique minier, 1997, et Tixier, Frédéric (dir.), *S. Agata il reliquiario a busto. Contributi interdisciplinari*, Catane, Edizioni Arcidiocesi Catania, 2010.

49 Wagner, Anne, « Le culte de la Légion thébaine dans l'Empire », *Autour de saint Maurice*, *op. cit.*, p. 405-417.

pouvoir épiscopal à la recherche d'une identité chrétienne en lien avec la politique du duc de Lorraine René II[50].

Le culte très marqué des reliques amène enfin à se demander si la Lotharingie ne serait pas une terre privilégiée de pèlerinage. Au-delà des *loca sancta* éloignés (Jérusalem, Compostelle, Rome, le Sinaï, Fierbois, Mont-Saint-Michel, Monte Gargano et Bari), les pèlerinages de proximité, particulièrement nombreux, attirent les fidèles qui ne négligent pas pour autant des sanctuaires plus importants qui ne manquent pas dans l'espace : Vézelay dès le Xᵉ siècle, même s'il subit à partir du XIIIᵉ siècle la concurrence de la Sainte-Baume, Saint-Nicolas de Port déjà fréquenté au XIIIᵉ siècle qui monte en puissance au XVᵉ siècle et au début du XVIᵉ siècle, tout comme Saint-Claude du Jura, Aix-la-Chapelle, Trèves et Notre-Dame d'Einsiedeln. Le marchand messin Philippe de Vigneulles, ne serait-il pas à cet égard, représentatif ? Il se rend dans des sanctuaires proches de son domicile (Sainte-Barbe en pays messin et Saint-Sébastien de Dieulouard) mais se déplace dans d'autres sanctuaires de l'axe (Saint-Nicolas de Port, Saint-Claude du Jura, Aix-la-Chapelle, Trèves, Rome, Bari et le Monte Gargano), dont il ne s'écarte que très légèrement pour aller à Notre-Dame de Liesse[51].

Catherine GUYON
Université de Lorraine
CRULH

Bruno MAES
Université de Lorraine
CRULH

50 Guyon, Catherine, « Hugues des Hazards et le culte des saints du Toulois », *Hugues des Hazards, un évêque de la Contre-Réforme et son cadre de vie*, actes du colloque de Blénod-lès-Toul de 2001, éd. P. Sesmat, Nancy, *Annales de l'Est*, 2005, p. 91-105.

51 P. de Vigneulles, *Les cent nouvelles nouvelles*, *op. cit.*, p. 33.

LA RELIGIEUSE, FIGURE DE LA CULTURE CATHOLIQUE DANS LA LORRAINE DES XVIe-XVIIe SIÈCLES

En 1591, le peintre Cornelis van Haarlem, actif dans les Provinces-Unies, présente dans *Une béguine et un moine* une vision satirique de la religieuse, jouant sur l'ambiguïté de la figure de la béguine. Ni réelle religieuse cloîtrée, ni femme intégrée à la vie sociale du fait de son célibat consacré, cette fausse religieuse dévoile l'hypocrisie du moine lui-même adonné aux passions et, plus largement, la corruption de l'Église catholique.

Objet de controverse, du rire ou du mépris du côté protestant, la religieuse se trouve, en réaction, au cœur de la dynamique de reconquête catholique le long d'une dorsale inscrite dans l'ancien espace lotharingien. Et dans le cas de la Lorraine, elle devient une figure populaire présente dans une série d'images et d'écrits fixant peu à peu les contours d'une culture catholique elle-même fondatrice de l'identité lorraine à l'époque moderne.

La thèse développée présente comment, dans la Lorraine moderne, la religieuse devient un miroir de la culture catholique et surtout dans quelle mesure elle incarne un support populaire d'intériorisation de la piété. Ainsi, après avoir situé le monachisme lorrain au féminin dans sa diversité, dans sa richesse et dans son exceptionnalité, il s'agit d'observer comment la figure de la religieuse est investie par la Réforme catholique dans un but pédagogique dont le résultat est de produire une figure-type de la piété lorraine, voire de la Lorraine elle-même.

LA RELIGIEUSE, UNE FIGURE POPULAIRE DANS LA LORRAINE MODERNE

QUELQUES FIGURES EXCEPTIONNELLES

Le monachisme féminin lorrain des XVIe-XVIIe siècles comprend plusieurs figures d'exception issues de la maison ducale. La première est également la plus importante. La duchesse Philippe de Gueldre (1467-1547) entre en effet en 1519 au couvent des pauvres clarisses de Pont-à-Mousson. Elle fait l'objet de plusieurs vies édifiantes publiées de 1585 à 1736 en Lorraine (Verdun, Pont-à-Mousson et Nancy) et dans la dorsale catholique (Douai et Cologne). Sa présence au couvent y est représentée comme le pendant féminin de l'action au service du Christ des princes lorrains. Les biographies spirituelles réactivent ensuite des modèles de sainteté pour les religieuses. Sur ce point d'ailleurs, la *Vie de Philippe de Gueldre*, rédigée par la secrétaire du couvent, propose un modèle de vie édifiante où la vertu religieuse rejoint la morale sociale, en construisant un modèle de sainte veuve fondé sur l'obéissance, l'humilité et le renoncement. La seconde religieuse importante est Catherine de Lorraine (1573-1641), fille de Charles III. Admiratrice des capucins et en relation avec Pierre Seguin, un ermite retiré à Vandœuvre et prêchant le mépris des biens terrestres, elle souhaite fonder un couvent de capucines. D'abord abbesse du chapitre de Remiremont en 1611, elle y promeut sans succès le modèle réformateur. Elle fonde par la suite à Nancy un couvent de bénédictines, Notre-Dame de Consolation, où son action lui vaut largement une vie édifiante. C'est donc plutôt la princesse et la religieuse que la chanoinesse qui passe à la postérité.

LA RELIGIEUSE : UNE FIGURE QUOTIDIENNE DE LA FOI EN LORRAINE

À l'époque moderne, les religieuses lorraines sont de plus en plus issues de milieux intermédiaires (magistrats, notabilité urbaine, petite noblesse), avec une différenciation spatiale forte entre Nancy et les périphéries (Remiremont, Juvigny, Verdun) pour les abbesses faisant l'objet de vies édifiantes. Toutefois, pour les couvents urbains (Nancy, Pont-à-Mousson, Bar, Épinal), la sociologie des religieuses recoupe étroitement la notabilité urbaine. L'*Atlas de la vie religieuse en Lorraine* constitue un instrument de travail précieux dans la modélisation d'un portrait-type de la religieuse lorraine, avec une répartition assez équilibrée entre les catégories sociales. Il faut noter que les rejetons de la noblesse se dirigent plutôt vers les ordres anciens, tandis que les autres préfèrent les ordres de la Réforme catholique[1]. L'évolution du couvent des pauvres clarisses de Pont-à-Mousson illustre ce glissement d'un recrutement noble vers un recrutement orienté vers la notabilité. Lorsque Nicolas Guinet, abbé de Sainte-Marie-Majeure, enquête sur la véracité des faits rapportés dans la *Vie de Philippe de Gueldre* dans le dernier quart du XVIIe siècle, il retrouve les familles des religieuses ayant côtoyé la religieuse. Les attestations qui en résultent sont ainsi toutes produites par des officiers, tel François Richard, lieutenant du bailliage de Pont-à-Mousson, fils d'un président en la cour souveraine de Lorraine et proche parent de plusieurs religieuses. L'analyse menée par Hélène Say sur les origines des religieuses présentes à Nancy s'avère aussi concluante, tant sur l'importance du monde des officiers que sur l'attraction des couvents nancéens : parmi d'autres figures, Alix Le Clerc (1576-1622) naît à Remiremont dans une famille influente, où son père est doyen de la justice (1582), grand échevin (1587) et enfin maire (1591), mais de noblesse récente ; Élisabeth de Ranfaing (1592-1649) est issue d'une famille noble ; Marie-Thérèse Erard (1652-1704) est la fille de Jean Érard, un avocat à la cour souveraine.

Les espaces périphériques lorrains ne sont pas dénués de figures marquantes parmi les religieuses. Il faut ainsi citer les figures de Gabrielle de Livron-Bourbonne (1585-1662), abbesse de Juvigny, fille d'un grand maître d'hôtel du duc de Lorraine, et dont les deux sœurs ont été pour l'une dame chanoinesse à Remiremont, et pour l'autre abbesse d'Épinal ; Françoise Hurault († av. 1657 ?), issue des Hurault de L'Hospital, clarisse à Verdun ; et Catherine de Bar (1614-1698), en religion Mère Mectilde du Saint-Sacrement, fondatrice des bénédictines de l'Adoration perpétuelle du Saint-Sacrement, issue d'une petite famille de la noblesse vosgienne.

---

1 Henryot, Fabienne, Jalabert, Laurent, Martin, Philippe (dir.), *Atlas de la vie religieuse en Lorraine à l'époque moderne*, Metz, Serpenoise, 2011, p. 68 : 34 % des religieuses étudiées viennent de la bourgeoisie, 29 % du monde des officiers et 24 % de la noblesse ; seules 13 % viennent du monde de l'artisanat.

LA RELIGIEUSE, EMBLÈME D'UNE CULTURE CATHOLIQUE NAISSANTE

La publicisation et la popularisation de plusieurs religieuses en Lorraine à l'époque moderne renvoient à l'existence d'enjeux confessionnels, dévotionnels et culturels spécifiques. Le premier enjeu réside sans doute dans la diffusion de récits et d'images sur la sainteté de religieuses ; récits et images propres à fixer la Lorraine dans le giron catholique. Les autres enjeux concernent plus précisément l'inscription au cœur de la Lorraine de la Réforme catholique. Une question importante concerne la clôture. La volonté de mener une vie recluse au cœur de la cité, donnant un sens social et même utilitaire au renoncement qui dès lors n'est plus une fuite du monde mais la manifestation d'une foi exemplaire, peut en effet être diffusée du couvent vers la ville. Cette question de la clôture a ainsi suscité quelques tensions, notamment entre Pierre Fourier et les maisons de la congrégation de Notre-Dame, hostiles à une vision trop rigoriste de la clôture. Autre question importante liée au développement des couvents féminins en milieu urbain, celle des missions sociales à confier aux religieuses. Or il faut noter le succès de ces missions effectuées notamment par les congrégations de Saint-Charles (hospitalières), de Notre-Dame (maîtresses d'internats urbains), des sœurs Vatelottes et des sœurs de la Providence. Mais là encore l'unanimité n'est pas la règle puisque la maison des religieuses du Refuge, d'abord conçue pour accueillir les prostituées repenties, devient une annexe du dépôt de mendicité et un lieu voué à l'enfermement des folles. Hélène Say donne l'exemple de « la baronne de Bergh de Trips [qui] bénéficie, outre d'une "chambre à feux" séparée, du service domestique d'une personne du quartier[2] ». Enfin, il faut poser comme enjeu la réception de ces modèles par les femmes laïques, à travers la transmission de missions sociales jusque-là assumées par les seules religieuses.

Pour mieux percevoir le potentiel symbolique de la figure de la religieuse, il faut détourner le regard vers un potentiel contre-modèle, la dame chanoinesse. Les dames de Remiremont proviennent en effet des plus grandes familles lorraines, champenoises et franc-comtoises. Leur position diffère irrémédiablement des religieuses, comme le rappelle Charles-François Tervenus, curé la paroisse de Saint-Roch à Nancy, dans

---

2 Say, Hélène, « Filles abandonnées, perdues ou repenties : le refuge de Nancy aux XVIIe et XVIIIe siècles », *Vie sociale et traitements*, 2010/2 (n° 106), p. 29-37, p. 33.

les premières pages de son *Traité du bonheur d'une chanoinesse qui remplit bien ses devoirs* (1736) :

> Il est vrai que l'état de Religieuse est plus parfait en lui-même et qu'en général il est préférable à celui de Chanoinesse, mais il faut convenir que si des parens vouloient engager leur fille malgré elle à se mettre dans des Cloîtres et en faire des Religieuses qui vécussent désunies entre-elles, ayant des biens propres, étant par là des victimes très imparfaites, il vaudroit bien mieux qu'ils les fissent Dames d'Eglise lorsqu'ils le peuvent, que d'en faire des Religieuses sans vocation[3].

Plus précisément, pour Charles-François Tervenus, l'état de chanoinesse ne saurait convenir qu'aux demoiselles issues de grands lignages car il répond de façon pratique à des besoins politiques, sociaux et économiques de l'État et des plus grands lignages qui le compose. En ce sens, cet état ne peut, à l'inverse de celui de religieuse, constituer un support pour l'exposition de la piété ni même prétendre œuvrer à la fabrication d'une culture catholique :

> Elles peuvent aussi très utilement servir l'Eglise, en donnant de bons pasteurs aux paroisses dont souvent elles sont patronnes, elles contribuent de même au bien des Etats non seulement en déchargeant les familles de qualité du nombre d'enfants qu'elles ont peine d'entretenir ou de placer, à cause du malheur des guerres, mais principalement à cause que ces jeunes personnes étant élevées dans la piété et dans des sentiments d'honneur, elles peuvent les transmettre à des enfants si elles quittent leur état pour se marier [...][4].

LA RELIGIEUSE, SUPPORT D'UNE PÉDAGOGIE DE LA FOI

Parce que la religieuse est intégrée à la société lorraine tout en conservant son potentiel d'activation de la grâce divine, elle constitue un modèle pour le développement de la foi intériorisée, surtout auprès des femmes. Une pédagogie de la Réforme catholique peut par conséquent se lire à partir du motif de la sainteté véhiculé par les vies édifiantes, ainsi qu'à partir d'une focalisation plus large sur la capacité de nouvelles congrégations à réunir une foi vivante et exemplaire tout en faisant œuvre socialement utile à la communauté lorraine. Ce contexte est d'autant plus important que, dès le premier tiers du XVIIe siècle, la catholicité

3 Tervenus, Charles-François, *Traité du bonheur d'une chanoinesse qui remplit bien ses devoirs*, Nancy, Nicolas Balthazard, 1736, p. 3-4.

4 *Ibid.*, p. 2.

de la Lorraine ne peut plus guère se définir par l'attachement à une dynastie désormais largement absente. En outre, il faut considérer le potentiel pédagogique des images de religieuses qui se popularisent et renvoient (à l'instar d'autres supports matériels) à une piété domestique. L'image n'est pas alors seulement banale : elle est surtout signifiante, et remplit trois fonctions pour Roland Recht, c'est-à-dire « représentative, symbolique et théophanique[5] », reprenant par-là l'analyse d'Alphonse Dupront sur l'image de religion, pour lequel « en l'image gît une puissance de religion et [...] son message, comme il se donne, est nourriture de la ferveur commune[6] ».

LA RELIGIEUSE DANS L'IMPRIMÉ LORRAIN

Les imprimés lorrains centrés sur les religieuses correspondent souvent à des œuvres de circonstance, relatifs à la Lorraine ; ils ne sont que rarement réédités. Parmi les imprimés sortis des presses lorraines entre l'extrême fin du XVIe siècle et la fin de l'État lorrain en 1737, une petite trentaine – identifiée à partir des catalogues de la Bibliothèque nationale et de la Bibliothèque municipale de Nancy – concerne des religieuses ou des ordres féminins. À cette liste modeste s'ajoutent des manuscrits qui ont circulé dans les cercles religieux lorrains et ont pu servir de support aux sermons et aux prêches. Dix ouvrages sont réédités ou sont des rééditions, contre dix-huit ouvrages avec une édition unique. Et encore, il faut signaler que, sur les ouvrages concernés par des éditions multiples, la moitié concerne des biographies spirituelles, et un tiers se rapporte à des éditions *princeps* parisiennes. Si les Lorrains apprécient la littérature hagiographique, ils portent encore leur choix sur des figures locales et anciennes, tels les saints Nicolas, Sigisbert ou Elophe[7]. Pas de *best-seller* donc, sinon peut-être la récurrence des biographies spirituelles consacrées à Philippe de Gueldre, et surtout le développement d'ouvrages centrés sur les religieuses au moment où se diffuse la Réforme catholique.

5 Recht, Roland, « La réforme, la querelle des images et l'œuvre d'art », *De la puissance de l'image*, La documentation française, 2002, cité par Souriac, Pierre-Jean, Souriac, René, *Les affrontements religieux en Europe. Du début du XVIe siècle au milieu du XVIIe siècle*, Paris, Belin, 2008, p. 425.

6 Dupront, Alphonse, *Du sacré. Croisades et pèlerinages. Images et langages*, Paris, Gallimard, 1987, p. 100.

7 Henryot, Fabienne, « L'édition religieuse en lorraine entre 1600 et 1635 », *Annales de l'Est*, 2002, 52 (1), p. 43-66.

La récurrence des religieuses dans la littérature hagiographique constitue donc plutôt une nouveauté du XVIIe siècle, et doit être interrogée dans son rapport à la formation d'une culture religieuse en relation avec la Réforme catholique. De façon significative, la place des religieuses est centrale dans le genre de la biographie spirituelle alors en effervescence. Inspirés par les vies de saints, ces imprimés proposent des modèles de sainteté féminine accessible à un lectorat de plus en plus important, qui peut modeler sa vertu et ses pratiques sur des religieuses aussi diverses que Philippe de Gueldre, Élisabeth de Ranfaing, Catherine de Lorraine, Alix Le Clerc, Angélique Milly ou Marie-Thérèse Erard, qui représentent près de la moitié des figures popularisées par des biographies spirituelles tout au long du XVIIe siècle en Lorraine. Ces écrits traduisent la volonté, de la part de leurs auteurs, de faire œuvre rhétorique et didactique, notamment avec le P. Christophe Mérigot dans la première moitié du XVIIe siècle et avec l'éditeur nancéen Nicolas Balthazard au XVIIIe siècle, mais aussi selon une perspective d'écriture de l'histoire de l'Église propre à susciter des procès en canonisation, comme dans le cas de l'enquête menée par Nicolas Guinet, abbé de Sainte-Marie-aux-Bois et figure de l'ordre de Prémontré, dans le dernier quart du XVIIe siècle.

De plus, plusieurs ouvrages proposent des réflexions spirituelles et morales transposables dans la vie quotidienne, en direction notamment des femmes (1712, 1713, 1736). Cette politique éditoriale indique l'avènement à Nancy et en Lorraine d'un lectorat bourgeois, urbain, à la recherche d'une morale sociale pouvant se conjuguer à la catholicité de l'État lorrain en pleine renaissance au début du XVIIIe siècle.

Un autre prolongement des biographies spirituelles doit être appréhendé en lien avec la défense du monachisme féminin face à une culture catholique qui tend à désincarner la religieuse pour en faire un simple modèle culturel et social, tout à fait intégré à une certaine sécularisation. Il s'agit des textes de circonstances, publiés à l'occasion des funérailles d'abbesses rayonnant au-delà de leur seul couvent, ou encore de récits de fêtes démontrant le rang et manifestant les prétentions de tel ordre ou de tel couvent. Dans cette catégorie peuvent figurer l'ouvrage publié à l'occasion des funérailles de Catherine de Lorraine, moins pour son prestige d'abbesse de Remiremont que pour sa fondation – grande postérité cependant – de l'abbaye de Notre-Dame de la Consolation (1648) et l'oraison funèbre de l'abbesse de Juvigny (1705). À cette catégorie doit également être rattaché le texte publié à l'initiative des religieuses colettines de Pont-à-Mousson, faisant de leur procession de 1677 en l'honneur de martyrs franciscains massacrés par les calvinistes en 1572 un manifeste de leur position singulière à Pont-à-Mousson, face à la puissance jésuite imprimée depuis l'université de Pont-à-Mousson.

MODELER LA FOI PAR L'IMAGE

Les funérailles de religieuses célèbres, la publication de vie édifiantes, les célébrations propres à chaque couvent ou congrégation, etc. suscitent également la diffusion d'images pieuses qui contribuent à modeler la foi populaire, en proposant des exemples qu'il est possible de méditer pour soi. Il faut s'attarder sur la signification de ces images, dans lesquelles il serait tentant de voir la promotion d'une sotériologie imposant aux femmes d'imiter les religieuses. Pourtant, il faut se garder d'une conclusion hâtive qui priverait d'emblée la plus grande partie des femmes de la possibilité d'accéder au Salut – ce qui entrerait en contradiction avec les objectifs de reconquête des âmes de la Réforme catholique. Toutefois, à la différence du royaume de France, il semble bien que, tant sur le registre des biographies spirituelles que sur celui des images pieuses, une fixation durable s'opère autour du motif de la religieuse. À un moment où la société lorraine ne peut plus guère se rassembler derrière une dynastie princière en exil, du fait de l'occupation française, et où la catholicité de la Lorraine, valorisée par la Réforme catholique, ne s'incarne plus que difficilement dans la dynastie, la figure de la religieuse peut tendre à représenter, de façon allégorique, la catholicité – l'identité – de la Lorraine.

La persistance et l'évolution de la représentation d'images figurant la duchesse/religieuse Philippe de Gueldre, l'une des figures fondatrices de la Lorraine moderne, s'inscrit dans cette perspective. Toutefois, l'idéalisation de la duchesse/religieuse en allégorie populaire de la Lorraine ne constitue qu'un exemple bien spécifique. Les images tendent en effet à représenter de plus en plus des figures qui ne sont plus cloîtrées, mais qui agissent dans le monde et y déploient une œuvre sociale utile à la communauté. C'est notamment le cas de Mère Alix Le Clerc, co-institutrice de la congrégation enseignante de Notre-Dame, ou encore d'Élisabeth de Ranfaing (Mère Marie-Élisabeth de la Croix de Jésus). L'acculturation catholique par l'image rejoint d'ailleurs ici le souci d'une culture matérielle de la foi : croire, c'est méditer à travers un support discursif, mais aussi et surtout iconographique et concret, telles ces médailles distribuées par la Mère supérieure et les pères jésuites qui la soutiennent – non sans provoquer de vives réactions au sein de l'Église[8]. Ainsi la diffusion de ces images ou de tout autre objet matériel béni par la religieuse ou tenu pour une relique matérialise l'existence d'une foi publique tout en permettant le développement, par son support même, d'une foi intériorisée. L'image possède ainsi « une vertu substitutive », rendant la sainte – ou le saint – plus proche à qui détient son portrait. L'image pieuse figurant la sainte ou le saint est donc bien légitime, comme le rappelle d'ailleurs le Concile de Trente, et en Lorraine, Pierre Fourier qui en fait l'un des thèmes de sa pastorale[9].

LA RELIGIEUSE, ACTRICE, SUPPORT ET ENJEU DES FORMES DE PIÉTÉ DANS LA LORRAINE MODERNE

UNE FOI INQUIÈTE : LA RELIGIEUSE, LA SORCIÈRE ET LA GRÂCE

La question de la sorcellerie secoue la Lorraine au tournant des XVIe et XVIIe siècles et la lutte contre les agissements diaboliques y est associée à la reconquête catholique. Dès les premières années du XVIIe siècle, la promiscuité entre le diable et le Christ touche la Maison de Lorraine et le milieu réformateur. Le cas d'Éric de Lorraine (1576-1623), comte-évêque de Verdun est d'autant plus instructif qu'il met en scène une religieuse de l'abbaye de Jarzy, Mademoiselle de Vatan. Celle-ci aurait envoûté l'évêque pour le corrompre. L'envoûtement reconnu débouche sur des exorcismes, suivis d'une pénitence devant remettre l'évêque dans une relation normalisée au féminin. Relégué chez les jésuites de Pont-à-Mousson, il doit notamment jeûner en l'honneur de la Vierge et se consacrer au sacrement du mariage pour les jeunes filles vierges, pauvres et honnêtes. La faute de l'évêque procède ici d'une inversion :

8 Christin, Olivier, *Confesser sa foi. Conflits confessionnels et identités religieuses dans l'Europe moderne (XVIe-XVIIe siècles)*, Seyssel, Champ Vallon, 2009, p. 167.

9 Henryot, Fabienne, « Décrire et représenter Pierre Fourier (XVIIe-XIXe siècles) », *Annales de l'Est*, 2009, 59 (2), p. 171-209.

la religieuse dévoyée incarnerait cette inversion de la sainteté féminine vers la figure de la sorcière. Là où le clerc aurait dû requérir la sainte, il n'a pas su reconnaître la sorcière.

Le motif de la religieuse semble ici perçu à la confluence entre la possession diabolique et la grâce divine. D'ailleurs, plusieurs ouvrages traitent de cette ambiguïté, et leur réception montre que la figure de la religieuse correspond à un triple horizon d'attente : spirituelle (la religieuse incarne la dévotion mariale et christique), morale (la religieuse abandonne son corps en Christ) et culturelle (la religieuse est une figure typiquement lorraine). L'un des ouvrages les plus précoces en la matière est la réédition (la première en Lorraine) de la *Vie de Philippe de Gueldre*, par l'imprimeur mussipontain Melchior Bernard, un proche des jésuites, en 1607. Le texte hagiographique met en scène la religieuse dans l'attitude d'une épouse possédée par le Christ. Son insistance à se mettre à l'écart du monde, ses visions, le désir d'entrer en extase et d'assurer la maîtrise de son corps, les convulsions dont son corps est étreint le vendredi, etc. : tout dans son attitude trahit la possession. Et, si l'hagiographie n'y avait reconnu la possession divine, il n'aurait pas été absurde d'y voir la marque de Satan. La *Vie de Philippe de Gueldre* pose donc la question de la nature de la femme possédée de Dieu, et propose un miroir de sainteté féminine à une société hantée par la sorcière. Les *exempla* de la possession n'y sont guère originaux, actualisant des schémas en usage au XVe siècle, étudiés par Jean Wirth[10] et par Caroline Bynum – cette dernière considérant le binôme sainte/sorcière comme les deux versants d'une même complexion[11]. Arrêtons-nous sur un épisode révélateur à la fin du récit, avec l'apparition de trois spectres, « une religieuse toute blanche » (l'âme de Philippe de Gueldre), et « deux religieux », saint François d'Assise et saint Antoine de Padoue :

> À l'heur de son trespas plusieur choses furent veues de plusieur religieuse digne de foy et de credance, desquelle semblement en reciteré deux. La premier, c'est qu'ainsy qu'elle estoit auprés du corps, aulcune des religieuse levert leurs yeux espleuré ver les fenestre de la chambre. Elle virte au jardin une grande clairté et une religieuse toute blanche dedan la dicte clairté, de la mesme grandeur et stature de la feue bonne royne. Incontinent elle dirte l'ugne à l'autre : « Ma sœur, voyé vous ce que je voy ? Et c'est l'ame de feue notre bonne mere qui s'an vat en paradis ! » Et en ce disant s'esvanouit. Le

10 Wirth, Jean, *Sainte Anne est une sorcière et autres essais*, Genève, Droz, 2003, p. 69-112.

11 Bynum, Caroline W., *Jeûnes et festins sacrés. Les femmes et la nourriture dans la spiritualité médiévale*, Paris, Éditions du Cerf, 1994, p. 41.

> landemain au matin, une partie des religieuses estant auprés du corps, priant Dieu et lisant le psaultier et autres suffrage, soudainement deux religieux entrerent en la chambre [...]. Les religieuses qui là estoient furent toute esbaie, pansant en el-mesme « mon Dieu, qui sont ces religieux-là ? » et allerent au tournoir hativement demander au portiers quelle religieux c'estoyt. Lequelle leur dirent assermement et en verité que nul creature n'avoit entré ne sortit du couvant, et que la porte n'avoit encor pas dessermee pour ceste journée là[12].

Comment les autorités jésuites et le lectorat dévot ont-ils pu recevoir, au début du XVIIe siècle, une telle assertion ? Ces apparitions posent la question du statut de la vision spirituelle dans la foi catholique. Déjà, côté protestant, avec ses *Histoire, disputes et discours des illusions et impostures des diables, des magiciens infâmes, sorcières et emprisonneurs* (1563-1579), Jean Wier avance l'idée selon laquelle l'apparition est le produit de la possession maléfique et résulte de l'influence diabolique sur les sorcières, des femmes abandonnées par leur faiblesse à la mauvaise possession. La vision de l'âme d'une défunte est ainsi au cœur de la définition du binôme antinomique sainte/sorcière. La présence des deux saints offre un argument d'autorité pour rattacher cette vision à la fabrique de la sainte, et évacuer ainsi toute spéculation hérétique sur la possibilité de la sorcière. Du reste, l'hypothèse d'une apparition visant à la fois à définir la sainteté et à réaffirmer une définition catholique de l'apparition est confortée côté catholique par le démonologue Pierre Le Loyer en 1586[13]. Certes, ces spéculations ne sont pas celles de la secrétaire du couvent mussipontain. Mais pour celle-ci, le spectre n'en est pas moins un argument d'autorité intégrant la religieuse dans l'ordre de la catholicité.

Il ne faut donc pas s'étonner de la récurrence, en ce début de XVIIe siècle, de religieuses traversées de graves crises spirituelles ou de possession diabolique apparente. C'est dans ce cadre que le cas d'Élisabeth de Ranfaing (une religieuse possédée qui trouble des ordres religieux lorrains déjà échauffés par des querelles sur la conduite de la Réforme catholique, avant de fonder Notre-Dame du Refuge à Nancy) fait sens. En effet, cette religieuse passe en quelques mois du rang de femme possédée et inspirant l'horreur diabolique, à celui de figure de la victoire de Dieu sur Satan, de « réceptacle de la grâce divine » pour reprendre l'expression de Louis

---

12 BnF, ms fr. 14521, ff. 36v-37v.

13 Le Loyer, Pierre, *Livres des spectres ou apparitions et visions d'esprits, anges et démons se monstrans sensiblement aux hommes*, Angers, G. Nepveu, 1586.

Châtellier mise en évidence par l'*Atlas de la vie religieuse en Lorraine*[14]. Il en va de même pour Alix Le Clerc. Son parcours est aussi marqué par une succession d'essais de vie en religion, de fondations, de doutes, de périodes marquées par des excès de mortification, l'ascétisme, l'écoute de ses rêves, allant de l'extase à la perception de la possession diabolique. Pourtant, après les premières accusations vient le temps de la reconnaissance, lorsqu'elle fonde sa congrégation enseignante en 1615, sur le modèle des ursulines. Tous ces parcours, allant de la mauvaise possession à une bonne possession débarrassée des scories diaboliques, marquent en profondeur la société lorraine et ancrent la figure de la religieuse dans la foi quotidienne, comme un personnage incontournable de la foi publique et de la foi intérieure.

LA RELIGIEUSE, EMBLÈME DE LA MORALE SOCIALE

La présence des religieuses, mêmes cloîtrées, au cœur des villes, constitue un fait saillant dans la polarisation de la foi dans la Lorraine de la Réforme catholique. Les sœurs de Notre-Dame se sont ainsi implantées, à partir d'une base rurale (Poussay, 1598 ; Mattaincourt, 1599), dans les principales villes entre 1601 et 1620, avec une nouvelle maison tous les 26 mois, puis entre 1621 et 1631 tous les 18 mois selon l'*Atlas de la vie religieuse en Lorraine*. Et si la guerre de Trente Ans ralentit les vocations, ou cause l'exil de couvents entiers vers des refuges lointains, les religieuses n'en demeurent pas moins au cœur de la Lorraine des villes. Cet aspect est d'autant plus important que la dynastie ducale, qui assumait alors la catholicité de la Lorraine, est largement absente entre 1633 et 1698. Cette présence des religieuses constitue donc le couvent féminin en pôle social au cœur de la ville. Le rapide succès de Notre-Dame du Refuge à Nancy en constitue l'un des exemples les plus précoces, jusque dans l'évolution des femmes qui y sont accueillies, puisque le couvent devient le pendant féminin du dépôt pour les hommes.

Malgré la clôture, les nouveaux ordres féminins acquièrent très vite la réputation d'être de vivants exemples de la foi publique, en assumant des missions utiles à la communauté (le soin, l'enseignement). Elles proposent ainsi pour les femmes en général l'exemple d'une morale sociale conjuguant le célibat et une foi active. Le débat sur la manière morale de vivre sa foi et de la conjuguer à l'action dans le monde se pose ainsi de façon pratique :

14 Henryot, Fabienne, Jalabert, Laurent, Martin, Philippe (dir.), *op. cit.*, p. 47.

c'est cette approche qui est approfondie dans *La Vie réglée des dames qui veulent se sanctifier dans le monde* du P. François-Marie de Reims, d'abord publiée à Paris en 1693, mais rééditée à Nancy par Jean-Baptiste Cusson en 1712. Le même Jean-Baptiste Cusson diffuse largement un ouvrage similaire, en assurant pas moins de 7 éditions partagées entre Paris (1703, 1710, 1719 et 1730) et Nancy (1713, 1730, 1745), indice d'un succès remarquable : les *Méditations pour les retraites sur différents sujets propres aux religieuses et à toutes les personnes spirituelles* du P. Jean Bonnet, éminent lazariste. Il faut enfin mentionner, pour l'année 1716 et chez le même éditeur, deux éditions sur l'*Exposition de l'Institut de la Congrégation de Notre-Dame de Refuge. Nouvelle édition corrigée et augmentée.* Cette question de la porosité entre le vécu de la foi des religieuses et des femmes laïques, et la possibilité de la sanctification d'une vie laïque pour les femmes n'est certes pas exclusive à la Lorraine, comme le montrent les éditions successives des ouvrages cités entre Paris et Nancy. Mais elle témoigne de la vitalité de la vie religieuse et du désir de vivre sa foi pour des laïques à partir du modèle de la religieuse tel qu'il existe en Lorraine. La religieuse demeure donc un horizon spirituel, moral et même social, qui fait rayonner la figure de la religieuse au-delà même de la Lorraine. L'histoire de Madame de Saint-Baslemont, célèbre en Lorraine, fait ainsi l'objet d'un ouvrage publié à Paris en 1678 par le P. Jean-Marie de Vernon, un spécialiste de la vie édifiante, *L'Amazone chrétienne*. Le même P. Jean-Marie de Vernon a déjà publié à Paris en 1657 un autre ouvrage sur la question du rayonnement de la religieuse lorraine : *La Vie de la vénérable mère Françoise de Saint-Bernard, religieuse de Sainte-Claire à Verdun, nommée dans le monde Mme de Maisons*[15]. Veuve encore jeune, Françoise Hurault aurait prononcé des « vœux cachés », différant son entrée chez ces clarisses lorraines afin de remplir ses obligations envers sa famille et le monde. Et le choix d'une retraite chez des clarisses lorraines justement n'est pas dépourvu de sens, et indique combien celles-ci peuvent apparaître comme des modèles de foi, y compris pour une femme éduquée pour vivre dans le monde :

> Si cet amour de la vie retirée était le principal esprit qui animait sa vertu, comment s'accommodait-il avec la condition du mariage, dont les emplois ont si peu de rapport avec la retraite ? c'est là néanmoins qu'avec les faveurs célestes elle trouvait d'admirables moyens de pratiquer la solitude intérieure. […]

15 Vernon, Jean-Marie du (le P.), *La Vie de la vénérable mère Françoise de Saint-Bernard, religieuse de Sainte-Claire à Verdun, nommée dans le monde Mme de Maisons, par un religieux du tiers-ordre de Saint François*, Paris, Michel Colombel, 1657.

> Oserai-je donc pas dire que Madame de Maisons était profondément humble ? son humilité avait la vue fort délicate, & que les lumières de sa modestie dans l'état de fille, l'éclat de ses grandeurs dans celui du mariage, les splendeurs mêmes de la vie Religieuse la blessant en quelque façon, elle cherchait des ombres & des lieux obscurs pour se mettre à couvert qu'elle a particulièrement rencontrés dans sa viduité, qui bien qu'inférieure à la perfection des Monastères, a néanmoins cet avantage que tous les emplois, voire ses vertus portant le caractère de la simplicité Chrétienne, & n'ayant pas ordinairement la montre extérieure, sont plus favorables à la vie cachée, qui a toujours été le but de Madame de Maisons dans toutes les révolutions de sa vie [...][16].

Dinah Richard, dans un article sur les « religieuses sans clôture », indique combien, dans le royaume de France, l'Église et l'Université adoptent une position relativement ouverte sur la possibilité de vivre sa foi dans le célibat, même s'il n'est pas consacré, au tournant du XVIIIe siècle, puisqu'un ouvrage aussi dissonant *a priori* que *Du célibat volontaire, ou la Vie sans engagement* (Paris, 1700) de Gabrielle Suchon, une religieuse défroquée, se trouve approuvé[17]. S'il faut rappeler à cet endroit que la porosité entre des questions françaises et lorraines est en grande partie le résultat de la présence française durable en Lorraine au XVIIe siècle et de la plus faible vigueur éditoriale en Lorraine durant ces années de guerre, il ne faut pas renoncer à voir dans cette question du vécu de la foi dans le célibat pour les femmes une question pleinement lorraine et extensible à la dorsale catholique, d'autant plus que cette question constitue aussi une entrée possible pour la structuration d'une culture catholique dans une dorsale définie comme un espace d'affrontement confessionnel, face à un modèle protestant faisant de la femme mariée l'horizon de la condition féminine et de l'épanouissement de sa foi[18].

LA RELIGIEUSE, EMBLÈME DU SALUT DE LA LORRAINE

Les biographies spirituelles consacrées entre 1585 et 1691 à sœur Philippe de Gueldre l'ont volontiers érigée en figure populaire d'une Lorraine catholique. Son tombeau devient alors un conservatoire de la

---

16 *Ibid.*, p. 92-93.

17 Richard, Dinah, « Religieuses philosophes, religieuses sans clôture, ermites et vagabondes : appartenances et dissidences au XVIIe siècle », *L'Atelier du centre de recherches historiques*, 2009/4.

18 Mentzer, Raymond A., « La place et le rôle des femmes et les Églises réformées », *Archives de sciences sociales des religions*, 113, janvier-mars 2001, p. 119-132.

piété lorraine. Or, tout au long du XVIIe siècle, les prodiges s'y succèdent, créant une mémoire de la religieuse assurant le salut de la Lorraine et plus largement d'une Europe médiane confrontée au péril ottoman. Cet aspect se retrouve dans une anecdote rapportée par Nicolas Guinet dans son enquête de 1685 et situé en 1599, lors de la prise de Buda par le duc de Mercœur, l'un des arrières-petits fils de Philippe de Gueldre :

> [...] un vieillard digne de foy [...] assura que l'on tenoit par tradition en ce Pays-là, dont il étoit né qu'un Prince descendu d'une Religieuse de Sainte Claire en chasseroit les Turcs, et que cette tradition étoit fondée sur la prediction qu'une sainte Religieuse de Ste Claire en avoit faite aux Turcs mêmes, lorsqu'il exerçoient mille cruautez dans le temps qu'il s'emparerent sur les Chrétiens de cette importante conquête [...][19].

Le même Nicolas Guinet rapporte aussi un autre fait étonnant : des bruits surgiraient depuis son tombeau, « comme des coups de canons et de tonnerres souterrains », signalant selon les religieuses et leur confesseur « la mort ou quelques accidents funestes [qui] arrivent ou sont prêts d'arriver à quelques Princes de la Maison de Lorraine ». Sœur Philippe de Gueldre serait ainsi devenue une figure augurale de la Maison de Lorraine, toujours présente dans son devenir.

Et si la duchesse/religieuse ne semble cesser de veiller sur le salut des Princes tout en devenant une figure accessible et populaire auprès des Lorrains, il en est de même pour les autres religieuses à l'égard de la population des duchés confrontée à la guerre de Trente Ans. Hélène Say a bien montré le rôle du salut dans la popularisation de la figure de la religieuse en Lorraine dans son article sur Notre-Dame du Refuge, inscrivant cette congrégation dans le mouvement général d'expansion des congrégations lorraines au XVIIe siècle, qui ensemble assurent un large champ de configurations possibles du salut : 1) Le salut du monde pour les carmélites et les bénédictines réformées du Saint-Sacrement avec une retraite absolue et la mortification ; 2) Le salut des individus et des familles à travers la vocation enseignante de la congrégation de Notre-Dame instituée par Pierre Fourier et Alix Le Clerc ; 3) Le salut des malades par les visites effectuées par les visitandines (avant leur clôture par Jeanne de Chantal) ; 4) Le salut des malades encore avec les sœurs hospitalières de Saint-Charles et les sœurs grises de sainte

19 Guinet, Nicolas, *addition...*, *op. cit.*, p. 120-121.

Elisabeth ; 5) Le salut des femmes repenties de leurs péchés qu'incarne la congrégation de Notre Dame du Refuge, dans laquelle se fondent en 1632 les « madelonnettes », ces sœurs du couvent de Sainte-Madeleine fondé par Marguerite de Gonzague – dont il a été question précédemment – pour recevoir les femmes sur la voie de la rédemption[20].

Dès lors, un glissement de la sainteté des religieuses issues de la maison de Lorraine vers des religieuses vivant sinon au plus près, du moins au contact du peuple des villes lorraines, rend compte de l'étroite imbrication du salut de la Lorraine et du salut des individus dans une Lorraine – mais de façon plus large dans un espace lotharingien – soumise aux malheurs de la guerre de Trente Ans. La figure de la religieuse devient alors un peu plus l'emblème du salut de la Lorraine, s'incarnant de moins en moins dans une figure précise, et de plus en plus dans une communauté de vie, de foi et de piété.

UNE PIÉTÉ LOTHARINGIENNE POUR LES RELIGIEUSES LORRAINES ?

Il est possible de voir dans la figure de la religieuse un support de la foi spécifique à la dorsale catholique en raison des enjeux de formation d'une culture catholique dans un espace d'affrontement confessionnel. Pour la Lorraine, le constat y est d'autant plus fort que plusieurs figures exceptionnelles peuvent incarner ce modèle possible de culture catholique de combat face aux pays protestants. De plus, la figure de la religieuse réunit les deux polarités de la foi moderne, publique et intérieure, non sans prolongement avec les inflexions déjà constatées à la fin du Moyen Âge et dans les premiers temps modernes avec la *devotio moderna* déjà bien implantée en Lorraine. La nouveauté de cette imbrication réside ici dans l'expansion urbaine des maisons féminines et dans leur influence sur la morale sociale et sur les possibilités d'accomplissement de la foi pour les femmes laïques.

Surtout, la Lorraine constitue un morceau de Lotharingie où la question de la foi aux XVIe et XVIIe siècle s'incarne dans des figures tout

20 Say, Hélène, *op. cit.*, p. 29.

aussi bien exceptionnelles qu'archétypales, ici au féminin (la religieuse), là au masculin (le curé), de sorte à faire émerger une culture catholique originale. Certes un tel processus est pareillement semblable hors de Lorraine, avec un saint François de Sales et une Jeanne de Chantal par exemple… d'autres figures lotharingiennes ! Le contexte spécifique à la Lorraine (existence d'un État princier, avant-poste catholique, influences croisées et antagonistes du royaume de France et de l'Empire), en particulier lors de la guerre de Trente Ans, participe sans doute à la cette cristallisation de la foi autour de ce type de personnage emblématique et à l'utilité sociale de plus en plus perceptible qu'est la religieuse.

Ghislain TRANIÉ
Centre Roland Mousnier,
Sorbonne Université

DE LA « LONGUE GUERRE DE HONGRIE » À LA « PETITE GUERRE » DE HONGRIE

Philippe Emmanuel de Lorraine, duc de Mercœur, et Charles V de Lorraine, deux figures de l'« esprit de croisade » dans les confins de la Chrétienté

La maison de Lorraine, fidèle aux Habsbourg et à sa tradition de l'esprit de croisade, n'hésite pas à envoyer plusieurs de ses membres combattre les Turcs, notamment en Hongrie[1]. Dès 1570, après y avoir déjà effectué un séjour militaire en 1565, le jeune duc Henri de Guise et son frère Charles, marquis de Mayenne, offrent leurs services à la République de Venise dans le contexte de la « guerre sainte » contre la Sublime Porte, s'inscrivant ainsi dans l'esprit de croisade. Cet « esprit de croisade », notion plus large que la croisade, est une expédition guerrière du Moyen Âge mais aux époques médiévale et moderne, s'il est un trait de mentalité fondamental de la culture politique et religieuse des duchés de Lorraine et de Bar, son objectif initial vidé de son sens originel – la libération de la Terre sainte – au profit de la protection de la chrétienté

1 Voir à ce sujet, Taveneaux, René, « L'esprit de croisade en Lorraine aux XVIe et XVIIe siècles », *L'Europe, l'Alsace et la France, problèmes intérieurs et relations internationales à l'époque moderne. Études réunies en l'honneur du doyen Georges Livet pour son 70e anniversaire*, Colmar, Éditions d'Alsace, 1986, p. 257-263 ; Maes, Bruno, « Esprit de croisade et Maison de Lorraine aux XVe-XVIIIe siècles », dir. G. Deregnaucourt, Y. Krumenacker, P. Martin, F. Meyer, *Dorsale catholique, jansénisme, dévotion : XVIe-XVIIIe siècles. Mythe, réalité, actualité historiographique*, Paris, Riveneuve, 2014, p. 427-437 ; Nanni, Stefania, « Une autre frontière de la Dorsale catholique : les déclinaisons lorraines de la guerre aux Turcs (XVIe-XVIIIe siècles) », *ibid.*, p. 439-452 ; Martin, Philippe et Bardakçi, Özkan, « L'esprit de croisade », dir. F. Henryot, L. Jalabert et P. Martin., *Atlas de la vie religieuse en Lorraine à l'époque moderne*, Metz, Éditions Serpenoise, p. 276-277 ; Bardakçi, Özkan, « Réalités et représentations des conflits entre les Européens et les Ottomans : l'exemple des guerres de Hongrie (1591-1606) et la campagne de Crète (1645-1669) », *Annales de l'Est. Dossier : « Les Affrontements religieux (XVIe-XVIIe siècle) »*, 1, 2009, p. 87-100. Sur les relations entre la Lorraine et la Hongrie, voir Palásti, Ladislas, « La Hongrie et la Lorraine. Mille ans de rapports hungaro-lorrains 910-1900 », *Le Pays Lorrain*, 2, 1985, p. 48-71.

est fortement réinvesti pendant la période étudiée. Objet de la thèse d'Alphonse Dupront[2], cette idée explique les choix politiques du duc de Mercœur[3] et de Charles V de Lorraine[4]. Le premier, fils de Nicolas de Vaudémont et petit-fils du duc Antoine de Lorraine (1490-1544), passe au service de l'Empereur Rodolphe II lors de la « Longue guerre de Hongrie[5] ». En octobre 1599, il a participé au siège d'Esztergom. Plus tard, en 1600, il a conduit trois compagnies de cuirassiers lorrain pour sauver Albe Royale (Székesfehérvár) et la défendre face à une armée ottomane numériquement supérieure à la sienne[6]. Au lendemain de sa mort, en 1602, lors de son retour de la campagne contre les Turcs, son oraison funèbre, prononcée par François de Sales le 27 avril 1602 à Notre-Dame de Paris, fait du duc l'archétype du soldat du Christ tombé durant son « saint voyage » en Orient[7]. Le second, fils de Nicolas François et de Claude de Lorraine, poursuit l'œuvre de ses illustres prédécesseurs, comme Henri de Lorraine, comte de Chaligny, le chroniqueur François de Bassompierre ou bien Claude de Lorraine, le prince de Joinville au début du XVIIe siècle[8], pour s'illustrer la première fois en Hongrie, à la bataille de Saint-Gothard en 1664[9]. Ces deux nobles, déçus par la politique de

2 Dupront, Alphonse, *Le mythe de croisade*, Paris, Gallimard, 1997, 4 vol.

3 L'étude la plus pertinente reste celle de Joüon des Longrais, F., « Le duc de Mercœur », *Bulletin archéologique de l'Association Bretonne*, t. XIII, 1895, p. 212-293 et un ouvrage collectif de Buron, Emmanuel et Méniel, Bruno (dir.), *Le duc de Mercœur. Les armes et les lettres (1558-1602)*, Rennes, PUR, 2009.

4 Sur Charles V de Lorraine, voir le récent travail de Jalabert, Laurent, *Charles V de Lorraine (1643-1690) ou la quête de l'État*, Metz, Éditions des Paraiges, 2017.

5 Sur la « Longue Guerre de Hongrie », on consultera les œuvres classiques de Finkel, Caroline, *The Administration of Warfare : The Ottoman Military Campaigns in Hungary, 1593-1606*, Vienne, Verband der wissenschaftlichen Gesellschaften Österreichs, 1988, et de Niederkorn, Jan Paul, *Die europäischen Mächte und der « Lange Türkenkrieg » Kaiser Rudolfs II, 1593-1606*, Vienne, Verlag der österreichischen Akademie der Wissenschaften, 1993.

6 Sahin-Tóth, Péter « Amis ou ennemis ? Français en Hongrie pendant la guerre de Quinze Ans (1595-1606) », dir. Z. Tringli et F. Tóth., *Mille ans de contacts. II-Relations franco-hongroises de l'an mil à nos jours*, Szombathely, BDF, 2004, p. 26-35.

7 Poumarède, Géraud, *Pour en finir avec la croisade. Mythes et réalités de la lutte contre les Turcs aux XVIe et XVIIe siècles*, Paris, PUF, 2004. p. 400-402.

8 Palásti, Ladislas, art. cité, p. 55 ; Sahin-Tóth, Péter, « Expier sa faute en Hongrie. Réminiscences de croisade et pacification politique sous Henri IV », dir. B. Maillard, *Foi, fidélité, amitié en Europe à la période moderne. Mélanges offerts à Robert Sauzet*, Tours, université François Rabelais, 1995, p. 436-439. Voir aussi la thèse monumentale de cet auteur, *La France et les Français face à la « Longue guerre » de Hongrie (1591-1606)*, thèse de doctorat sous la direction de Robert Sauzet, université de Tours, quatrième partie.

9 Sur la bataille de Saint-Gothard, on renvoie le lecteur aux ouvrages suivants : Wagner, Georg, *Das Türkenjahr 1664 : Eine europäische Bewährung Raimund Montecuccoli, die*

leurs souverains, poursuivent l'héritage des prédécesseurs, héritage bien solidement ancré dans les guerres turques en Hongrie dans une période où la papauté souhaite contenir le protestantisme, reconquérir les terres perdues et conjugue son action autour d'un axe principal – la « dorsale catholique » – dont la clef de voûte est la Lorraine. Les carrières de ces princes lorrains célèbres sont donc indissociables de l'histoire des guerres de reconquête de la Hongrie sur les Turcs, pour le premier au début du XVIIe et le second au milieu du même siècle.

On va tenter ici de cerner les logiques d'ensemble de la position des deux princes lorrains à travers leurs actions politiques et militaires, indissociable de leurs engagements religieux, des faisceaux des motivations qui les conduisent à affronter l'ennemi de la Chrétienté, en fonction de leur dignité d'anciens grands du royaume et de leur situation de lieutenant général de l'armée impériale.

Pour comprendre le voyage en Hongrie de Mercœur et de Charles V, on tentera tout d'abord de saisir au mieux les raisons de leur départ, inhérent aux conditions du règlement de 1598 pour le premier et du traité de Montmartre de 1662 pour le second. Ensuite, une fois engagés dans l'armée impériale, il conviendra de jauger l'action, sans doute parfois trop héroïsée de ces princes lorrains, épigones de la culture de la croisade, dans la guerre turque. Enfin nous essayerons de dénouer l'écheveau complexe des raisons qui poussent ces deux hommes à quitter leur nation d'origine pour faire la guerre au sultan.

Schlacht von St. Gotthard-Mogersdorf und der Friede von Eisenburg (Vasvár), Eisenstadt, Burgenländisches Landesachiv, 1964 ; Peball, Kurt, « Die Schlachten bei Léva-St. Benedikt und St. Gotthard-Mogersdorf », *Österrichische Militärische Zeitschrift*, 2, 1964, p. 257-262. À la suite de ce dernier, d'autres historiens allemands publient quelques articles sur cette bataille : Hummelberger, Walter, « Der 1. August 1664 bei St. Gotthard, die Entscheidungsschlact zwischen zwei großen Kriegen », *Truppendienst*, 2, 1964, p. 309-312 ; Kiszling, Rudolf, « Die Schlact bei Mogersdorf (St. Gotthard) », *Südostdeutsches Archiv*, 7, 1964, p. 124-128 ; *id.*, « Politische Ziele und Strategie der Türken in Südosteuropa bis 1664 », *Österrichische Militärische Zeitschrift*, 2, 1964, p. 255-256 ; *id.*, « Die Schlacht bei Mogersdorf 1. August 1664 », *Österreich in Geschichte und Literatur*, 8, 1964, p. 222-225 ; Tóth, Ferenc, *Saint-Gotthard (1664). Une bataille européenne*, Paris, Lavauzelle, 2007. L'historien hongrois a d'ailleurs organisé un récent colloque international sur cette bataille qu'il a intitulé *Szentgotthárd-Vasvár 1664. Guerre et paix à l'époque de Nicolas Zrínyi*, le 15 et 16 mai 2014 qui fait écho aux actes publiés de 2004 par Tóth, Ferenc et Zágorghidi Czigáni, Balazs (dir.), *Szentgotthárd-Vasvár 1664*, Szentgotthárd, Szentgotthárd város önkormányzata, 2004.

DEUX PRINCES LORRAINS DÉÇUS PAR LA POLITIQUE FRANÇAISE…

Au lendemain de sa défaite face à Henri IV, le duc de Mercœur voit ses ambitions françaises brisées. C'est à partir de là que son désir pour l'Orient apparaît. Dans les lettres adressées au roi d'Espagne Philippe II et à l'infant Philippe au lendemain du contrat du 5 avril 1598 dans lequel le duc de Lorraine se soumet au roi de France, il évoque son échec final[10]. Il y mentionne la trahison des villes et des places fortes de la Bretagne qui se rallient à Henri IV à mesure qu'il s'approche d'elles pour les soumettre. Par la suite, il a dû « céder à l'impétuosité et au torrent de la disgrâce, avec des conditions sy désavantageuses et peu utiles », qu'il a perdu « l'authorité […] acquise en ce gouvernement ». À l'occasion de la conclusion du contrat, il est contraint de marier sa fille à César de Vendôme, bâtard d'Henri IV, à qui le duc de Lorraine remet la Bretagne « ès mains de sa majesté[11] ». Après sa démission forcée, il perd ainsi l'essentiel de son pouvoir et de son influence dans le royaume, mais il obtient une somme substantielle de 200 000 écus, tout en conservant la garde de plusieurs places fortes[12]. Pourtant, le duc ne semble pas abandonner ses ambitions bretonnes, comme le confirme une lettre qu'il adresse à son cousin, le duc d'Aumale, le 14 juillet 1599[13]. Si le duc a tout perdu, sa dignité et son rang, à la suite du contrat du

10 Voir Carné, Gaston de (éd.), *Correspondance du duc de Mercœur et des ligueurs bretons avec l'Espagne*, Vannes, 1899, p. 155 : le duc de Mercœur à Philippe II, Nantes, 24 mars 1598 mais aussi p. 156, le duc de Mercœur à l'infant d'Espagne, Nantes, 25 mars 1598 et pour une analyse de l'action de Mercœur à la veille de son départ en Hongrie, voir Boltanski, Ariane et Hamon, Philippe, « Le duc de Mercœur gouverneur de province : entre statut, Ligue et Bretagne (1589-1598) », dir. E. Buron et B. Méniel, *Le duc de Mercœur. Les armes et les lettres (1558-1602)*, Rennes, PUR, 2009, p. 75-97.

11 Voir Père Augustin Anselme de Sainte-Marie, *Histoire généalogique et chronologique de la maison royale de France, des pairs, grands officiers de la Couronne, de la Maison du Roy et des anciens barons du royaume […]*, 3e édition, Paris, La compagnie des Libraires, 1726-1733, 9 vol., t. IV, p. 95-98.

12 Sur ce point, voir l'article de Boltanski, Ariane et Hamon, Philippe, art. cité, p. 96.

13 Il affirme qu'il a pris « l'année derniere de [se] departir pour quelque temps de l'apparence de [ses] pretentions sur la Bretagne, plus tost forcé par le bonheur des envieux de nostre maison que par la justice de leurs armes », BNF, Fonds français, ms. 4019, f° 408v à f° 413v, le 14 juillet 1599, lettre de Philippe-Emmanuel de Mercœur au duc d'Aumale, lettre également retranscrite par Joüon des Longrais, *op. cit.*, p. 289-293.

5 avril 1598, il doit, pour continuer d'exister, poursuivre son destin ailleurs. D'ailleurs, dans leur article sur le duc de Mercœur, Ariane Boltanski et Philippe Hamon se demandent quelles sont les marges de manœuvre, les possibilités pour ce prince lorrain dans la France du début du XVIIe siècle et s'interrogent sur le projet hongrois qui peut apparaître soit comme « une tentative de compensation par la quête de l'honneur face aux pertes de 1598, soit la continuation de l'esprit de croisade[14] ». C'est dans ce contexte qu'il écrit à Philippe II d'Espagne en le suppliant d'être « employé en la guerre de Hongrie contre l'ennemi irréconciliable de la Chrestienté ». Pour le prince lorrain, la poursuite de sa carrière sur un terrain nouveau n'est pas indissociable du combat qu'il a déjà mené en France. Il reste, indique-t-il, dans une « entière volunté [...] de servir Dieu en une si saincte et si juste entreprise, puisque sa divine bonté ne m'a poinct jugé digne de le servir en ce royaume[15] ». Son « voyage » en Hongrie s'inscrit alors dans une double allégeance aux Habsbourg et aux Bourbons mais aussi à la tradition de la Maison ducale de Lorraine qui souhaite contenir le protestantisme et reconquérir les terres perdues face aux Ottomans. Il apparaît alors comme un vecteur de la protection de la Chrétienté, impulsée autour d'un axe principal que les historiens appellent la « dorsale catholique[16] ». Le duc de Lorraine rappelle « l'affection » qu'il a « tousjours portée à son service et au progrès et advancement de son Eglise ». Par la suite, il montre à l'infant qu'il a « faict ce que pouvoit un homme de bien et d'honneur et [qu'il] ne pense avoir manqué à chose quelconque de son devoir pour l'advancement et le progrès de la Religion ». Le duc de Mercœur, animé par l'esprit de croisade, entreprend son expédition pour la Hongrie comme une geste politico-religieuse. En effet, son action s'inscrit dans l'esprit de la croisade, dans une guerre juste et sainte dans laquelle Philippe Emmanuel de Mercœur adhère par piété personnelle, trouvant une charge importante en s'appuyant sur ses relations extérieures,

14 Boltanski, Ariane et Hamon, Philippe, art. cité, p. 75-97.

15 BNF, Fonds français, ms. 4019, f° 409v. : « Après avoir remply la France de l'ardeur de mon zèle envers la foy catholique contre ceux qui l'impugnoient, [je] ne respire plus autre ambition que d'aller respandre jusqu'à la dernière goutte de mon sang pour la manutention et, protection de nostre religon contre cette autre sorte d'infidelles que l'on dit estre en grand nombre en Hongrie ».

16 Taveneaux, René « Réforme catholique et Contre-Réforme en Lorraine », *L'Université de Pont-à-Mousson et les problèmes de son temps*, numéro spécial des *Annales de l'Est*, 1974, p. 390.

notamment avec le roi d'Espagne et l'empereur Rodolphe II. Alors que l'empereur doit faire face à une nouvelle guerre contre le Turc depuis 1593, le duc de Mercœur passe bientôt à son service pour mener toute une série de combats, des faits d'armes plus ou moins réussis que les polygraphes des XVIIe et XVIIIe siècles ont rendu populaires[17]. Dès 1599, Philippe Emmanuel de Mercœur quitte le royaume de France pour entreprendre son premier voyage en Europe centrale qui le mène à la place d'Esztergom que les soldats du sultan tentent d'assiéger. C'est à ce moment qu'il rencontre l'empereur et négocie son entrée dans son armée. Le duc reçoit ses lettres patentes à Paris en 1600 qui le désignent comme le lieutenant général (*Feldgeneralleutnant*) de l'armée impériale, tout en l'invitant à reprendre le chemin de la Hongrie[18].

Le prince Charles de Lorraine, comme la plupart des nobles lorrains, à la veille de la bataille de Saint-Gothard en 1664, est profondément déçu du comportement de son oncle et du roi de France. Ses relations tumultueuses avec le duc Charles IV, notamment après la conclusion du désastreux traité de Montmartre en 1662 le poussent à quitter définitivement Paris et à s'engager au service de l'Empereur, Léopold Ier[19]. La guerre entre les deux puissances offre au jeune prince lorrain une formidable occasion de se distinguer, comme ses illustres ancêtres, dans le combat contre les infidèles[20]. C'est à la bataille de Saint-Gothard, le

17 Voir par exemple *La Deffaicte des Turcs, par Monseigneur le Duc de Mercœur, lieutenant General de l'Empereur. Avec la prise d'Albe-regale ville capitale de la basse Hongrie occupée par le Turc depuis 58 ans*, Paris, chez Rolin Thierry, & Eustache Foucault, 1601 ; Montreux, Nicolas de, *Histoire universelle des guerres du Turc*, Paris, Robert Foüet, 1608, t. 2 : Fumée, Martin, *Histoire générale des troubles de Hongrie et de Transylvanie*; François de Sales, *Oraison funèbre sur le trespas de [...] Philppe Emanuel de Lorraine, duc de Mercœur [...] faicte et prononcée en la grande église de Nostre-Dame de Paris, le 27 avril 1602 [...]*, Paris, Rolin Thierry et Eustache Foucault, 1602. Sur cette oraison funèbre, voir Hennequin, Jacques, « Le duc de Mercœur d'après son oraison funèbre par François de Sales », éd. N. Hepp et G. Livet, *Héroïsme et création littéraire sous le règne d'Henri IV et de Louis XIII*, Paris, Klincksieck, 1974, p. 183-194; Rambervilliers, Alphonse de, *Les larmes publiques sur le trepas de feu tres-haut [...] Philippe Emanuel de Lorraine, duc de Lorraine et de Penthievre [...] Avec le Polemologue ou priere-guerriere dont il usoit, et le narré de la Pompe funebre, faicte en ses obseques à Nancy*, Pont-à-Mousson, Melchior Bernard, 1602.

18 Lettre de Bongars à Lingelsheim, Strasbourg, le 16 juillet 1600, BNF, Fonds français 7130, f° 35.

19 Sur le traité de Montmartre qui reconnaît Louis XIV comme l'héritier du trône de Lorraine après la mort de Charles IV et ses conséquences sur la noblesse lorraine, voir Motta, Anne, *Noblesse et pouvoir princier dans la Lorraine ducale (vers 1620-1737)*, thèse de doctorat sous la direction de Laurent Bourquin et Philippe Martin, université de Nancy, 2012, p. 266-276.

20 Gaber, Stéphane, *Et Charles V arrêta la marche des Turcs... Un Lorrain sauveur de l'Occident chrétien*, Nancy, Presses universitaires de Nancy, 1986, p. 19-26.

1er août 1664, que ce dernier prend les armes contre l'ennemi commun. Si en France, l'idée de croisade est restée l'affaire des groupes sociaux pratiquant la guerre comme profession, la maison de Lorraine, qui appartient du moins en théorie au Saint-Empire germanique, est concernée par les guerres turques de Hongrie. Son statut juridique l'oblige à contribuer aux frais de la défense de l'Empire contre les offensives ottomanes[21]. Dans le contexte de la « Petite guerre » de Hongrie, la Lorraine envoie Philippe-Emmanuel de Ligniville à la diète de Ratisbonne en 1663 pour représenter les intérêts du duc. Ce dernier est nommé ensuite gouverneur du jeune Charles de Lorraine, neveu de Charles IV et héritier présomptif de la Couronne et, à ce titre, accompagne son jeune élève dans le combat contre les armées ottomanes. À l'âge de 53 ans, élevé au rang de feld-maréchal par l'empereur, celui qui a passé trente ans de sa vie sur les champs de bataille contribue à une dernière victoire dont il rédige la relation, le 1er août 1664, à Saint-Gothard, quelques mois avant de mourir à Vienne[22]. Si l'un et l'autre de ces gentilshommes semblent bien saisir une occasion de servir dans une cour étrangère, ils trouvent aussi celle de s'éloigner du duc avec qui les rapports sont de plus en plus ombrageux[23].

Ainsi, on voit deux hommes déçus par la politique des Bourbons qui quittent la France pour combattre les infidèles à la lisière de la frontière austro-hongroise en servant un autre prince.

---

21 Voir Cabourdin, Guillaume, *Terre et hommes en Lorraine du milieu du XVIe siècle à la guerre de Trente ans. Toulois et Comté de Vaudémont*, Lille, Service de reproduction des thèses, 1975, t. I, p. 74, n. 1, et III, p. 785 ; Taveneaux, René, « L'esprit de croisade… », art. cité, p. 236 ; Choné, Paulette, *Comme un jardin au cœur de la chrétienté. Emblèmes et pensées symboliques en Lorraine*, Paris, Klincksieck, 1991, p. 61 ; Martin, Philippe et Bardakçi, Özkan, « L'esprit de croisade », art. cité, p. 276-277.

22 Motta, Anne, *op. cit.*, p. 303.

23 *Idem.*

… LES POUSSANT À « VOYAGER EN ORIENT » POUR LUTTER CONTRE L'INFIDÈLE

Arrivé en Hongrie, les premières opérations de Mercœur se soldent par un échec. S'il essaie en effet de délivrer la place assiégée, il doit cependant battre en retraite. Lors d'une mission diplomatique à Prague, Jacques Bongars tente d'expliquer la raison du revers de Kanisza. Selon l'envoyé français, la mésentente entre les généraux, l'infériorité numérique des troupes impériales et la perte de 300 chariots de ravitaillement seraient les causes de cette défaite[24]. De plus, aux yeux des différents envoyés près des cours européennes, la performance de Mercœur lors du siège de Kanisza n'est pas convaincante[25]. La perte de cette clef de voûte, qui inquiète les cours européennes, semble prédire la destitution du duc[26]. Toutefois, une enquête menée à Vienne, les témoignages unanimes de ses colonels en sa faveur et la défense de Mercœur prouvent que sa retraite était justifiée[27]. Ainsi, la défaite cuisante de Kanisza n'entache en rien la réputation du duc de Mercœur et lui permet de garder intact la confiance de Rodolphe II et de l'archiduc Mathias.

La nouvelle campagne de 1601 lui est nettement favorable puisque le duc de Mercœur s'empare de Skékesfehérvár le 20 septembre 1601, ville qui a un intérêt important pour l'empereur Rodolphe II puisque sa prise

24 Voir la dépêche d'Ancel au roi de France, Strasbourg, le 12 novembre 1600, BNF, Fonds français 3348, f° 127 ; ainsi que les différentes dépêches de Bongars à Boisdauphin, Francfort, le 1er janvier 1601, BNF, Fonds français 3348, f° 145 et le 2 juin 1601, BNF, Fonds français 3348, f° 151.

25 Lettre de Villiers au cardinal d'Ossat, Venise, le 2 décembre 1600, BNF, Fonds français 18040, f° 816. « Monsieur de Mercœur s'estoit advancé pour faire lever le siege dudit Canise, mais au joindre, il s'est reconneu qu'il a peu d'authorité parmy les Alemands, estan envié des uns, peu estimé des aultres, et tant que l'on dict que le comte Destrain luy a taillé en piece 300 de ceux que luy et son frere avoient amenez », Lettre de Villiers à Henri IV, s.d., BNF, Fonds français 18040, f° 802. On peut lire aussi les mêmes arguments dans la lettre datée du 4 novembre 1600 qu'il envoie au cardinal d'Ossat, voir BNF, Fonds français 18040, f° 797.

26 « La perte de Canize incomodera fort l'archiduc Ferdinand et n'estonne pas moins l'Itallye. Le duc de Mercure a quicté la partye, ayant pris le chemin d'Itallye pour revenir par deça. Aussi n'estoit il respecté et obey en la charge qui luy avoyt esté commise, comme il debvoyt estre pour estre utille et y acquerir honneur », Lettre d'Henri IV à Bongars, Lyon, le 2 janvier 1601, BNF, Fonds français 7129, f° 92.

27 Sahin-Toth, Peter, *La France, les Français…*, *op. cit.*, p. 318.

entraînerait une expansion territoriale considérable. Cette victoire face à la Porte a un retentissement considérable, allant au-delà des frontières du Saint-Empire, puisque l'armée impériale n'a pas remporté une telle victoire depuis la reprise de Györ en 1598[28]. Cette victoire est accueillie avec beaucoup de joie par la cour impériale qui reçoit solennellement l'archiduc Mathias et le duc, comme l'affirme Ancel dans une lettre à Madame de Mercœur[29]. En dépit de cette victoire, le duc semble vouloir se rendre à Prague afin de négocier la continuation de son service, de sa rémunération et des projets militaires pour la prochaine campagne militaire[30]. Les intentions de Mercœur apparaissent assez confuses d'après les dépêches d'Ancel puisque le prince déchu souhaite faire un pèlerinage à Notre-Dame de Lorette[31]. Ce voyage religieux de la part de Mercœur n'est pas étonnant. En effet, de nombreux témoignages montrent sa ferveur religieuse car, à la veille de son départ pour la Hongrie, il s'était rendu à Saint-Nicolas-de Port au lieu de se dépêcher de partir pour Vienne où il était attendu avec impatience. Alors qu'il est de retour en France, la maladie et le décès du duc de Mercœur ruinent tous ses projets.

Dans *La vie de Charles V, duc de Lorraine et de Bar, et généralissime des troupes impériales*, publiée à Cologne peu après la mort du duc en 1691, l'auteur, Jean de Labrune, indique que le prince Charles arrive à Vienne au moment de la nouvelle guerre contre la Porte[32]. En véritable champion de la réforme catholique[33], Charles V est en parfaite harmonie avec l'empereur Léopold Ier sur le plan religieux. Il trouve dans l'Empire, menacé par les Turcs depuis le XVIe siècle, un terrain propice à la défense de l'Église de Rome[34]. Il y apprend à son arrivée que les princes chrétiens,

28 *Cf.* la lettre de Philippe Canaye à Ancel, Venise, le 12 novembre 1601 ou encore celle de Canaye au roi de France, le 4 novembre 1601, Canaye, Philippe, *Lettres et ambassade de messire Philippe Canaye, seigneur de Fresne [...], avec un sommaire de sa vie, et un récit particulier du procès criminel fait au maréchal de Biron, composé par M. de La Guesle...*, Paris, E. Richer, 1635-1636, p. 19-20.

29 Concernant cette lettre, voir Ancel à Madame Mercœur, s.l., n.d., Bibliothèque de l'Institut de France (BIFr), coll. Godefroy, t. 265, f° 71.

30 *Cf.* Lettre d'Ancel à Madame de Mercœur, s.l., n.d., BIFr, coll. Godefroy, t 265, f°. 71.

31 Lettre de Canaye à Ancel, Venise, le 30 novembre 1601, Canaye, Philippe, *op. cit.*, t. I, p. 54. Sur ce sanctuaire marial d'Italie, voir Sauzet, Robert, *Au grand siècle des âmes. Guerre sainte et paix chrétienne en France au XVIIe siècle*, Paris, Perrin, 2002, p. 51.

32 Labrune, Jean de, *La vie de Charles V, duc de Lorraine et de Bar, et généralissime des troupes impériales*, Amsterdam, Jean Garrel, 1691, p. 137.

33 Gaber, Stéphane, *op. cit.*, p. 123.

34 Voir l'article de Maës, Bruno, « Esprit de croisade et Maison de Lorraine... », art. cité.

ainsi que le roi de France, y envoient des troupes. Le prince lorrain, propriétaire d'un régiment de cavalerie impériale, souhaite suivre l'exemple des gentilshommes français et demande l'autorisation à Léopold Ier[35]. Lorsque ce dernier annonce son refus, le jeune prince quitte Vienne et se rend, comme l'écrit le biographe, sur le champ de bataille. Après la chute de la forteresse de Zrínyi-Újvár prise alors par les Ottomans, il rejoint l'armée impériale sur les bords de la Raab. Puis Jean de Labrune décrit sommairement les événements[36]. La ligne de la Raab, dernier obstacle fluvial avant Vienne, constitue le seul moyen de défense de l'armée impériale. Après quelques escarmouches et de vaines tentatives de traversée, les deux armées prennent position sur les deux rives de la Raab en amont de la ville de Saint-Gothard, aux alentours de l'actuel village de Mogersdorf, en Autriche. D'autres mentionnent l'action glorieuse de Charles V de Lorraine. Les *Mémoires du Marquis de Beauvau, pour servir à l'histoire de Charles V, neveu de Charles IV, duc de Lorraine et de Bar* relatent quasiment les mêmes faits que ceux de Labrune[37]. Toutefois, si son récit décrit les mêmes éléments, il relate de façon différente le combat héroïque du prince. Lors de cet affrontement, le marquis de Beauvau n'hésite pas à raconter la mort du fidèle écuyer du prince, le comte Brown, qui le suit depuis son départ de Paris. Ce comte a été décapité dans un combat acharné par deux cavaliers ottomans. Ce passage renforce alors le caractère chevaleresque de la soldatesque française et lorraine. Si la ressemblance entre les deux récits est assez frappante, les mémoires de Labrune et de Beauvau peuvent être considérés comme les plus authentiques parmi les témoignages de l'époque. Dom Calmet, de son côté, écrit le récit de la bataille de Saint-Gothard dans son *Histoire ecclésiastique et civile de la Lorraine* en se fondant sur ces deux récits[38]. L'origine de ces deux textes provient sans doute de la relation de voyage du comte de Ligniville[39]. Les biographes de Charles V ont sans doute magnifié le rôle de ce prince. De plus, un texte anonyme conservé au Service Historique de la Défense apporte quelques éléments de réponses. Ce récit, intitulé *Voyage d'Hongrie*

35 Labrune, Jean de, *La vie de Charles V…*, *op. cit.*, p. 139.

36 *Ibid.*, p. 142.

37 *Mémoires du marquis de Beauvau, pour servir à l'histoire de Charles V neveu de Charles IV, duc de Lorraine et de Bar*, Cologne, 1689, p. 254.

38 Calmet, Dom Augustin, *Histoire ecclésiastique et civile de la Lorraine*, tome III, Nancy, Jean-Baptiste Cusson, 1728, p. 621-623.

39 En dépit de nos recherches, cette source reste introuvable.

en 1664, donne beaucoup d'informations sur les circonstances du combat et les personnalités qui y participent[40]. L'auteur anonyme accorde une place importante à Charles V qui dirige de concert les troupes allant combattre le Turc.

La guerre turque offre à ces deux hommes l'occasion de tester leur bravoure, leur foi mais leur volonté de s'affirmer en dehors de la politique française sur la scène internationale. C'est à partir des mémoires, des récits de guerre et des dépêches qu'il faudra saisir les « mythes et les réalités » de la croisade contre les Turcs.

« MYTHES ET RÉALITÉS » DE LA CROISADE CONTRE LE TURC : L'EXEMPLE DES DUCS DE MERCŒUR ET DE CHARLES V DE LORRAINE

C'est à sa mort, alors qu'il est au sommet de sa gloire, que les auteurs contemporains de Philippe Emmanuel de Mercœur puis postérieurs dressent un portrait idéalisé de cet homme de guerre. La figure du prince guerrier est d'abord mythifiée sous la plume de François de Sales, à qui il revient d'exalter publiquement la mémoire de prince, lors d'un service solennel à Notre-Dame le 27 avril 1602. La veuve de Philippe Emmanuel, qui organise les funérailles de son mari, choisit ce prêtre catholique savoyard qui prononce une oraison funèbre en présence des membres du duché de Lorraine, une partie de la cour et des magistrats du Parlement de Paris[41]. Lors de cette cérémonie religieuse, François de Sales fixe une image idéalisée du prince, une figure pérennisée reprise par différents auteurs contemporains comme un notable lorrain, Alphonse de Rambervilliers, lieutenant-général au baillage de Metz qui compose une déploration funèbre en alexandrins, dont la publication se situe dans le droit fil de la cérémonie des obsèques ayant lieu le 30 avril 1602 à Nancy[42]. Un autre texte, publié plus tard, en 1608, celui de Nicolas

40 Service Historique de la Défense (Vincennes), série 1M56 II, *Voyage d'Hongrie en 1664*, p. 1-41.

41 François de Sales, *Traité de l'amour de Dieu*, vol. 1, *Œuvres de saint François de Sales*, t. IV, Annecy, 1894, p. 18.

42 La *Sommaire Description des ceremonies tenues aux obseques funebres de feu Monseigneur le Duc de Mercœur le dernier jour d'avril 1602* est imprimée à la suite des *Larmes publiques* (p. 40-47),

de Montreux, racontant entre autres la guerre des Chrétiens contre les Ottomans, annonce d'emblée le contenu avec pour titre « les exploicts et hauts faits d'armée de Philippe Emmanuel de Lorraine ».

Ces trois panégyristes ne retiennent que la dimension religieuse de son engagement et il devient sous leur plume l'archétype du soldat de Dieu qui a accompli son saint voyage en Orient. Si l'on en croit François de Sales, tout le prépare à ce destin puisque ses ancêtres, lorrains par son père, savoyards par sa mère, ont lutté pour la Terre Sainte et combattu les musulmans[43]. Nicolas de Montreux met en exergue les vertus chrétiennes, la tempérance, la justice et la piété de ce prince qu'il cultive avec soin et pratique avec application[44]. La dévotion ou la piété relèvent d'un comportement social. Si elles ont une origine spirituelle, elles supposent aussi une pratique, des gestes et des rites s'inscrivant dans l'ordre du temporel. Comme l'indiquent les différents auteurs, le duc de Lorraine se confesse, va à la messe et prie Dieu avant la bataille et lui rend grâce après la victoire. On le voit bien, la foi chez Mercœur devient une vertu intérieure, une force intime et singulière qui lie le croyant à Dieu. Pour les panégyristes, la foi joue un rôle éminent. En esquissant un commentaire de la devise du prince : *Plus fidei quam viatae*[45], François de Sales relate l'action du duc comme une succession d'exploits personnels en faisant de lui un homme providentiel, l'« un des rempartz de la Chretienté ». De son côté, Rambervilliers rappelle dans son poème une ample prosopopée de la foi où il reproche aux nobles chrétiens de s'entretuer dans les guerres fratricides et de laisser les Ottomans pénétrer dans les territoires de la *Respublica Christiana.* Son poème les pousse à combattre l'infidèle en imitant le duc de Mercœur. Enfin, Nicolas de Montreux clame que la foi a donné un sens à la

---

après *Le Polemologue ou Priere guerriere de Tres-haut, Tres-valeureux, et redouté prince Philippe Emanuel de Lorraine* [...], p. 24-39.

43 François de Sales, *Orayson funèbre sur le trespas de très haut et très illustre prince Philippe Emmanuel de Lorraine [...] prononcée en la grande église de Nostre-Dame de Paris, le 27 avril 1602 [...]*, Paris, Rolin Thierry et Eustache Foucault, 1602, in-8°, 64 p. Ce texte est repris dans *Œuvres de saint François de Sales*, t. VII, Annecy, 1896, p. 262-278.

44 Montreux, Nicolas de, *op. cit.* p. 803 : Mercœur est « autant bon capitaine, que devot religieux, et religieux pour estre bon capitaine. Ces vertus sont propre ensemble, et s'entre-secouruent fidellement en leurs actions ordinaires. Jamais hommage ne fut plus devot que Josué, meditant sans cesse en la passion de notre Seigneur, n'y vaillant, tousjours victorieux de ses adversaires ».

45 François de Sales, *op. cit.*, p. 277.

vie et à la mort du prince lorrain[46]. Ces écrivains contemporains du duc insistent sur les aspects religieux de son combat et passent sous silence sa teneur politique. François de Sales, par exemple, n'évoque pas les séditions du duc contre son souverain légitime, Henri IV. Ces écrits, qui érigent Mercœur en modèle de chef militaire, en vantant à outrance ses qualités, accentuent le thème de la croisade pour établir l'unanimité autour du défunt, en associant Henri IV à ses exploits[47]. Les propos de François de Sales suivent la trace des oraisons funèbres du XVIe siècle puisque, comme le note V. L. Saulnier, ce discours, né à la Renaissance et surtout « fille de la Ligue et de la Contre-Réforme », incline vers le sermon. L'oraison funèbre loue un homme de piété pour célébrer ses vertus qui « ne sera qu'un moyen de chanter la Vertu[48] ». Le prédicateur entend bien évidemment exalter les différentes vertus du duc, devenues réelles dans les dernières années de sa carrière militaire en Hongrie. Que ce soit Rambervilliers ou Nicolas de Montreux, chacun loue à leur manière les qualités du duc de Lorraine et servent surtout à être mises au service de Dieu et pour Dieu. Le portrait ainsi figé du duc s'inscrit dans la tradition littéraire du XVIe siècle dont le modèle est érigé entre autres par François de La Noue[49] et Jean Bodin[50]. Les textes contemporains de Mercœur ont marqué durablement les ouvrages postérieurs grâce notamment à leur large diffusion, comme chez le président De Thou. Il accentue les épisodes miraculeux, tout en jouant sur le légendaire chrétien. De Thou utilise un processus d'héroïsation autour de ce chevalier du Christ. Ainsi, devant Székesfehérvár, le duc « remplit [...] tous les devoirs d'un grand capitaine et, dans la crainte que ses ordres ne fussent pas exécutés avec assez d'ardeur, on le vit s'exposer lui-même aux plus grands dangers[51] ». Selon De Thou, le roi Henri IV

46 Montreux, Nicolas de, *op. cit.*, p. 809 : « He comme eust peut estre ce Prince sans l'assistance de Dieu, puis qu'il estoit tout en Dieu, en ame de foy, en corps de vertus. Il ne choppa jamais la premiere, il ne faillit onc aux secondes, c'estoit sa devise, *plus de foy que de vie.* Il a respondu par son action à ceste heureuse recontre fidelle apres sa mort, et mort pour estre tousjours fidelle ».

47 François de Sales, *op. cit.*, p. 270-271.

48 Saulnier, Victor-Louis, « L'oraison funèbre au XVIe siècle », *BHR*, t. X, 1, 1948-1949, p. 127 et 131.

49 La Noue, *Discours politiques et militaires*, éd. F. E. Sutcliffe, Genève, 1967, p. 232.

50 Jean Bodin, François de, *Méthode pour faciliter la connaissance de l'Histoire in Œuvres philosophiques*, éd. P. Mesnard, Paris, PUF, 1951, p. 135.

51 Thou, Jacques de, *Histoire universelle*, Londres s.n., t. XIII, 1757, p. 637-638.

aurait donné son assentiment à l'entreprise de Mercœur[52]. Ainsi, le voyage en Orient du duc est doublement justifié par le consentement du roi et celui de la défense de la Chrétienté. De telles informations ne manquent pas de glorifier encore plus l'action du Lorrain forgée alors par les récits et les témoignages du XVIIe siècle et favorisent encore plus la figure de ce héros. La geste de Mercœur semble d'une part rester attachée aux idéaux de la croisade et d'autre part manifester sa fidélité à la Chrétienté. La guerre turque apparaît alors comme une cause juste, un combat dans lequel il est possible de montrer sa bravoure mais aussi ses exploits individuels. Les textes du temps exaltent alors les vertus nobiliaires quand il s'agit de lutter contre l'Infidèle. Ici, cet engagement s'accomplit dans la défense de la frontière de la Hongrie et surtout de la Chrétienté. Il prend les armes pour la défendre, justifiées ainsi son allégeance à l'empereur Rodolphe II. En parallèle à cet élan guerrier, la guerre turque, qui réactive cet esprit de croisade, permet aussi de satisfaire les ambitions personnelles de Mercœur au-delà de sa Nation. S'il devient l'épigone de la lutte contre les Ottomans, il veut être également l'homme qui veut retrouver son honneur et son rang.

Pourtant ce portrait idéalisé du duc de Mercœur par les auteurs du XVIIe siècle est écorné par Géraud Poumarède et Marco Penzi[53]. Pour ces auteurs, la geste de Mercœur est arrangée et passée à la postérité par François de Sales ou encore par le président De Thou[54]. Il semble que le duc de Mercœur n'ait pas tenu informé le roi Henri IV de ses projets en Hongrie[55]. Avant de rejoindre sa charge, le duc de Mercœur aurait séjourné longtemps dans la cour du roi de France, sans manifester son dessein pour la Hongrie, comme le confirment les dépêches de Henri IV qui ignore les projets du duc de Mercœur[56]. En somme, les nouvelles

52 *Ibid.*, p. 306.

53 Penzi, Marco, « From "Frenchman" to Crusader : the Political and Military Itinerary of Philippe Emmanuel Duke of Mercœur (1558-1602) », dir. R. Born, *Türkenkriege und Adelskultur in Ostmitteleuropa vom 16. bis zum 18. Jahrhundert*, Ostfildern, J. Thobecke, 2014, p. 155-163.

54 Poumarède, Géraud, *op. cit.*, p. 402.

55 Pour s'en rendre compte, on peut lire les différentes dépêches d'Henri IV à Jacques de Bongars, son envoyé en Allemagne. Voir BNF, Fonds français 7129, f° 33r : Lettre d'Henri IV à Bongars, Paris, 28 mars 1600 ; *ibid.*, f° 53r : Henri IV à Bongars, Paris, 27 mai 1600 ; *ibid.*, f° 57r : Henri IV à Bongars, Fontainebleau, 25 juin 1600.

56 Voir la lettre du roi à Bongars, Paris, le 28 mars 1600, BNF, Fonds français 7129, f° 33, Lettre d'Henri IV à Bongars, Fontainebleau, le 29 avril 1600, BNF, Fonds français, 18039, f° 582.

concernant le voyage imaginaire du duc, les préparatifs et les levées des troupes s'entrecroisent[57]. En France, Bongars sait que le comte de Chaligny, frère utérin de Mercœur, est chargé par l'empereur de préparer les troupes dès le mois d'avril[58]. Il apprend aussi que le duc de Mercœur est qualifié comme « lieutenant général en Hongrie » de l'Empereur[59]. En dépit de ces annonces, il apparaît que le duc reste, d'après la lettre du roi adressée à Bongars, dans l'inertie la plus totale[60]. À la suite de l'entreprise du duc, Henri IV tient utile de prévenir Savary de Brèves, alors son ambassadeur à Constantinople, afin d'éviter une brouille avec son allié[61]. Le départ du duc de Lorraine provoque une certaine exaspération du roi qui, en se confiant à son ambassadeur, se plaint « de ne pouvoir retirer le duc de Mercœur du lieu où il est ». Il affirme aussi son impuissance car il est placé « sous l'authorité de l'empereur, duquel il est subject[62] ». Il semble que, dès le duc a entrepris son voyage en Hongrie, le monarque français ait manifesté un double sentiment : d'abord son courroux à l'égard du duc qui manquait de fidélité puis une satisfaction de voir s'éloigner un de ses ennemis les plus acharnés. Pour Géraud Poumarède, les remarques du monarque « brisent la fiction de son accord enthousiaste, complaisamment retenue par la tradition. Il faut regarder avec méfiance ces récits hagiographiques qui masquent, sinon toute la réalité, du moins une partie de celle-ci[63] ». Cela dit, ce sont bien les ambitions anéanties du duc en France qui le poussent à se tourner vers l'Orient. De son côté, Marco Penzi estime que le prince

57 Par exemple, Georg Michael Lingelsheim se moque de l'expédition de Mercœur qu'il croit irréaliste. Lettre de Lingelsheim à Bongars, Heidelberg, le 1er mai 1600, *Jacobi Bongarsi Georgi Michaelis Lingelsheimi Epistolae*, Rome, 1660, p. 121. À Rome et à Venise, les ambassadeurs français ne savent pas si les informations sont véridiques ou pas. Sillery à Villiers, Rome le 8 avril 1600, BNF, Fonds français, 18040, f° 580 ou encore la lettre de Villiers à Sillery, Venise, le 3 juin 1600, BNF, Fonds français 18039, f° 628.

58 Lettre de Bongars à Villeroy, Strasbourg, le 14 mai 1600, BNF, Fonds français 15577, f° 27.

59 Lettre de Bongars à Villeroy, Strasbourg, le 20 mai 1600, BNF, Fonds français 15577, f° 30.

60 Lettre d'Henri IV à Bongars, Paris, le 27 mai 1600, BNF, Fonds français 7129, f° 53.

61 Lettre d'Henri IV à Savary de Brèves, Paris, 8 avril 1600, BNF, Fonds français 4029, f° 80v. Les plaintes de la Porte se multiplient aussi comme le prouve la lettre de Savary de Brèves à Nicolas Brûlart de Sillery, Constantinople, le 15 octobre 1600, BiFr. coll. Godefroy, vol. 263, f° 25 : « Le general de ceste Porte recoist ung mescontentement extraordinaire comme ils entendent qu'il y a quelque François au service de l'empereur. Ils porteront bien impacciamment que sa Magesté aict permis au duc de Mercure d'y aller. Je couvreray ce deffault le plus qu'il me sera possible ».

62 Lettre d'Henri IV à Savary de Brèves, Paris, 19 janvier 1602, BNF, Fonds français 4029, f° 10.

63 Poumarède, Géraud, *op. cit.*, p. 403.

lorrain agit aussi comme un classique *impresario di Guerra* ou comme un « entrepreneur[64] », en utilisant l'énorme marché de mercenaires sans emploi après les guerres de religion mais aussi ses partisans de la Ligue qui ont lutté à ses côtés[65]. En se mettant au service de l'empereur, il permet de pérenniser son sort et celui de ses fidèles, désavoués et ruinés par la politique d'Henri IV. Par-là, la politique du duc est simple : il cherche pour lui-même mais aussi pour sa famille, notamment son frère, à créer une nouvelle carrière ailleurs. Ainsi, son « voyage » en Hongrie justifie son glissement d'allégeance par les circonstances. On ne pourrait alors, contrairement à certains princes, le soupçonner d'infidélité car Henri IV n'a pas d'autorité sur lui et la seule idée d'être accusé de ne pas avoir accompli son devoir aurait agité la conscience du gentilhomme dont l'honneur lignager est, depuis des générations, arrimé au devoir de servir deux princes, le roi de France et l'Empereur du Saint-Empire. C'est cette double allégeance qui permet d'ailleurs au duc de rejoindre les armées impériales, sans perdre son honneur et son rang, et de jouer en même temps sur l'antagonisme entre les Bourbon et les Habsbourg.

Les dépêches des différents représentants en Europe apportent aussi une image moins idéalisée sur les expéditions duc de Mercœur en Hongrie. Ces témoignages minorent pourtant la situation de la guerre turque. En effet, après les premières escarmouches entre les troupes engagées par le duc de Mercœur et la Porte à Kanizsa en 1600, les armées chrétiennes mais aussi ottomanes souffrent de cette guerre qui a débuté en 1593. Une certaine lassitude gagne les deux camps en dépit des victoires et des défaites depuis le début du conflit. Ainsi se dessinent lors de ce siège de nombreuses difficultés qui touchent à la fois les camps chrétien et musulman. Selon Peter Sahin-Tóth, les conditions de vie de la soldatesque impériale et française mettent en évidence les difficultés financières qui accablent le trésor de l'Empire. Les troupes n'ont pas assez de vivres et les provisions accordées par les seigneurs hongrois ne suffisent pas pour nourrir les contingents engagés, ce qui peut provoquer quelques mécontentements et des mouvements de grogne dans l'infanterie[66].

---

64 Marco Penzi emprunte la formule à Redlich, Fritz, *The German Military Enterpriser and his Work Force. A Study in European Economic and Social History*, t. 1, Wiesbaden, F. Steiner, 1964.

65 Penzi, Marco, art. cité, p. 158.

66 Sahin-Tóth, Peter, *La France, les Français…*, *op. cit.* Cette situation est également confirmée par l'article de Bagi, Zoltá Péter, « The Life of Soldiers during the Long Turkish War », *Hungarian Historical Review*, 4-1, 2015, p. 384-417 et particulièrement p. 392-396.

Cependant, c'est lors de la campagne de Székesfehérvár, minorée par Géraud Poumarède et Marco Penzi, que le duc de Lorraine s'illustre. Après cette victoire retentissante, l'archiduc Mathias et le duc lorrain se rendent à Vienne où l'accueil des chefs est célébré solennellement[67]. De son côté, le résident français à Prague, Ancel, donne aussi sa version de l'entrée triomphale de Mercœur et de l'archiduc à Vienne[68]. Cette entrée pompeuse, les témoignages allemands et français renforcent la figure glorieuse du duc de Mercœur en « croisé immaculé » et confirment encore plus la beauté du geste chevaleresque.

La qualité des récits de Labrune et de Beauvau sur Charles V de Lorraine connaissent également une large diffusion et deviennent une référence qui influence les ouvrages postérieurs. Cette histoire officielle est par ailleurs consacrée par un album de la vie et des actions célèbres de Charles V de Lorraine. Cet album, édité en 1701 à Nancy, est une commande de son fils, le duc Léopold. Cet ouvrage est richement illustré car il comporte une planche de la bataille de Saint-Gothard avec une explication précise. Cette bataille apparaît comme l'une des plus célèbres du XVIIe siècle, en raison de la qualité exceptionnelle de la victoire, une sorte de deuxième Lépante mais sur terre, remportée sur un ennemi très supérieur en nombre. L'auteur décrit les *topoï* habituels des Turcs et présente les origines illustres de Charles V. Tous sont marqués par l'esprit de croisade :

> Le jeune Prince, qui sentoit bouillonner l'auguste sang de Godefroy de Boüillon qui a toûjours été si généreusement répandu pour la foy, acourut

67 ÖStA, KA, AFA, Karton 41, 1601/13/1, f°., 214v-215v : « … *sambt den herczogen von Mercuri ehn Wien umb ain uhr ankhumen, von Irer Kaÿ. Mat. etc. Räthen und Regierung beÿ S. Marx ehrlich Empfangen worden, de Burgerschafft hat in ainer Schlacht ordnung auf den Oxengriss gehalten. Auf den Pasteien sein die stuckh Zu dreÿ mallen lossgebrendt worden, bin also beÿ. S. Steffan Gott dem Allmechtigen umb die wider dem Erbfeindt verliehen gnadt danckh gesagt, te deum laudamus Celeberirn lassen* ».

68 Il semble que le représentant de Prague ait une correspondance régulière avec Madame de Mercœur. Concernant cette lettre, voir Ancel à Madame Mercœur, s.l., n.d., BiFr, coll. Godefroy, t 265, f° 71 : Au « retour de Monseigneur le Duc à Vienne, où il fut receu devant hier avec l'Archiduc Mathias comme trionfant, toute la bourgeoisie en armes, tonnant l'artillerie sur les bastions, et esclattant les feus de joye par les rues, pour les victoires que Dieu a donné à l'armée chrestienne sous sa conduite contre les Turcs, qui en trois combats particuliers ont esté tellement menez qu'apres avoir perdu de leur artillerie et leurs principaux Bassaz et autres chefs, n'ont eu la hardiesse d'assieger Albe Regale en présence de ladicte armée, qui toutesfois n'estoit qu'une poignée de gens aupres de leur nombre infiny. Ainsi se sont retirez les premiers vers Bude, laissant la campagne aus Chrestiens comme victorieus ».

> à cette glorieuse action : trop heureux (disoit-il) de mourir en défendant ses interêts[69].

Ici s'esquisse une exaltation de la mémoire de Charles V de Lorraine. Il devient aussi l'archétype du soldat du Christ, tout entier tendu vers l'accomplissement du « saint voyage » en Orient. Tout semble l'y préparer, à en croire l'*Abrégé historique [...] de la vie de Charles V*, car ses ancêtres lorrains, comme Godefroy de Bouillon, avaient combattu les Infidèles en Terre sainte. Mais ce sont surtout les ouvrages postérieurs dédiés au prince lorrain qui contribuent encore plus à la construction de l'image de ce héros de la Chrétienté. *L'ombre de Charles V, duc de Lorraine* exalte l'héroïsme de ce jeune prince et son action qui se résume à une succession d'exploits personnels face aux armées de la Porte, mettant en valeur sa bravoure[70]. Ce récit polémique – car il critique par ailleurs la politique de Louis XIV – tend naturellement à minimiser le rôle joué par les troupes françaises au profit de Charles V. Lors de ses pompes funèbres, dix ans après sa mort, Charles V devient incontestablement l'homme providentiel qui a sauvé la Hongrie des Turcs lors de cette bataille. Son fils Léopold réussit à transférer et à installer dans ses duchés en 1698, conformément au traité de Ryswick, les cendres de son père d'Innsbruck à Nancy. Léopold souhaite ainsi honorer la mémoire de son père avec la cérémonie du 22 avril 1700 dans l'église des Cordeliers, lieu où repose la famille ducale. C'est au Père d'Aubenton que revient d'exalter publiquement la mémoire de ce prince. La belle oraison funèbre n'oublie pas la journée de la bataille de Saint-Gothard où il fait du jeune prince le héros principal de la bataille, voire le sauveur de l'armée chrétienne[71]. L'oraison funèbre impose une lecture encore plus univoque du personnage. Le Père d'Aubenton en ajoute une autre

---

69 *Abrégé historique et iconographique de la vie de Charles V duc de Lorraine dédié à Son Altesse Royale Leopold I, son digne successeur*, Nancy, René Charlot, & Pierre Deschamps, 1701, Planche III.

70 *L'ombre de Charles V duc de Lorraine, consultée sur l'état présent des affaires de l'Europe*, Cologne, Pierre Marteau, 1694, p. 23-24 : « Finalement pourtant après les avoir poussé quatre fois, secondé par quelques troupes françoises, il mit les Turcs en déroute, & ils prirent la fuite en laissant plus de cinq mille hommes sur la place, sans compter ceux qui furent noyés en repassant la rivière, & l'on peut dire que ce combat seul donna lieu au traité qui se fit entre l'Empereur & la Porte Ottomane, lequel ne dura pas pourtant fort longtemps ».

71 P. d'Aubenton S. J., *Oraison funebre de Tres-Haut Tres-Puissant et Tres-Excellent prince Charles V duc de Lorraine et de Bar, prononcée à Nancy, dans l'Église des Peres Cordeliers, où il est inhumé, le 20 avril 1700*, Nancy, 1729, p. 246.

dans le registre du miraculeux et du légendaire chrétien. Sous sa plume, l'auteur crée une sorte de processus d'héroïsation qui resserre le récit des événements à la bataille de Saint-Gothard autour de sa personne et fait de lui le principal acteur.

Le départ de Charles V à Vienne et son expérience de combat s'apparentent au geste chevaleresque. L'engagement de ce prince dans la guerre turque constitue une véritable initiation qui lui permet d'embrasser une carrière militaire et par la même de se rapprocher de ses illustres ancêtres. Son action en Hongrie traduit aussi un attachement aux idéaux d'un ordre ancien toujours vivace dans la Maison de Lorraine. Les récits, qui mentionnent le premier acte de cette geste de croisade de ce prince lors de ce conflit, permettent la construction politico-religieuse d'un jeune prince épris par l'esprit de croisade. Ces textes insistent sur la naissance d'un jeune prince militaire qui s'illustre dans le champ de bataille. Se forge alors de son vivant et se développe surtout après sa mort la figure du héros chrétien. Cette construction obéit aux règles de l'exaltation baroque d'un héros chrétien. Elle lui assure, comme pour ses successeurs, une place dans la société des princes chrétiens et européens. Ainsi, la bataille de Saint-Gothard permet de légitimer le rôle des ducs de Lorraine en Europe et la reconnaissance des qualités d'homme de guerre de ce prince. Ces hauts faits d'armes augmentent le prestige international du prince exilé, surnommé « le grand-vizir des Chrétiens » par les Turcs[72] et, par ricochet, raniment la fierté et la ferveur de ses sujets, malgré son incapacité à retourner à la tête de ses États. La perte du pouvoir politique et territorial de Charles V est compensée par ses succès au service de la cause catholique, idéal partagé par l'ancienne chevalerie. Homme de guerre remarquable, le prince légitime redonne vie à l'esprit de croisade et au mythe héroïque lorrain[73]. La plupart de ses sujets n'ont jamais vu le prince, mais l'écho de ses victoires sur l'Orient connait un grand retentissement et le place dans cette « géographie des rêves », hantée par le fantôme de Godefroy de

72 Gaber, Stéphane, *op. cit.*, p. 112.

73 Taveneaux, René, « L'esprit de croisade en Lorraine... », art. cité, p. 256-263. L'auteur rappelle l'ancrage du mythe des croisades et vise à montrer que l'attachement de la Lorraine à la défense du catholicisme est un fait de mentalité. D'une manière générale, l'idéal de croisade survit en Europe au moins jusqu'au milieu du XVIIe siècle. Sur les liens entre noblesse et défense de la foi, lire Boltanski, Ariane et Mercier, Franck, *Le Salut par les armes. Noblesse et défense de l'orthodoxie, XIIIe-XVIIe siècle*, Rennes, PUR, 2011.

Bouillon[74]. Paulette Choné rappelle que, depuis le début du XVIe siècle, la lutte contre l'Infidèle est apparue comme « l'apanage providentiel du duché » et que cette cause a permis aux princes lorrains de s'affirmer sur l'échiquier européen[75]. Menée contre les protestants au siècle précédent, l'offensive est désormais orientée vers l'Orient et les Turcs. Ce nouveau duc s'est inscrit dès son avènement dans la lignée d'ancêtres glorieux et c'est dans ses exploits que résident sa force et son potentiel pour raviver le sentiment dynastique. Cette dimension politico-religieuse, puisée dans le passé, est porteuse d'espoir car elle redonne du sens et une dimension historique à la lutte pour un État lorrain indépendant dans laquelle se reconnaissent les plus anciens de la haute noblesse lorraine. L'autorité du duc dans l'Empire augmente sa popularité : « Un des plus capables du Conseil de l'empereur son beau-frère, et qui avoit le plus sa confiance, et d'autorité et de crédit à sa cour et dans tout l'Empire », écrira de lui le duc de Saint-Simon[76].

---

74 Cette belle expression est de Choné, Paulette, *Emblèmes et pensée symbolique en Lorraine*, Paris, Klincksieck, 1991. Le peintre Charles Herbel, dont la famille est dévouée au duc, séjourne à la cour de Vienne à plusieurs reprises et, selon Humbert, Chantal, *Les Sources de l'orientalisme, son développement et son évolution sous le règne de Léopold Ier (1698-1729)*, Thèse de 3e cycle, Nancy II, 1976, t. I, p. 29, il fait le lien entre la cour d'Autriche et les Lorrains. Le duc fait de rares apparitions dans ses duchés, ainsi durant son incursion en 1677 mais seuls ceux qui vivent alors à proximité de son campement peuvent le voir.

75 La maison de Lorraine a fait sienne la défense du catholicisme dès l'apparition du protestantisme et les Guise ont incarné cette mission à la cour de France. Cette question passionnante autour de l'esprit de croisade cher aux ducs de Lorraine, alimenté par toute une littérature et entretenue par l'iconographie, est traitée par Humbert, Chantal, *op. cit.* Lire aussi Taveneaux, René, « L'esprit de croisade en Lorraine… », art. cité, p. 257-268. Choné, Paulette, *op. cit.*, reprend ces aspects et décrypte les messages religieux dans la production des signes. Selon l'auteure, la guerre contre les « Rustauds » en 1525, menée par le duc Antoine (1489-1544) est un moment clef dans la construction du mythe.

76 Saint-Simon, cité par Voss, Jurgen, « La Lorraine et sa situation politique entre la France et l'Empire vues par le Duc de Saint-Simon », éd. J.-P. Bled, E. Faucher, R. Taveneaux, *Les Habsbourg et la Lorraine…*, *op. cit.*, p. 95.

CONCLUSION

Leur départ et leurs actions traduisent un attachement à des idéaux encore tenace dans une société de guerre où s'imposent les nouvelles formes de guerre. Pour ces hommes engagés dans les armées du Saint-Empire, la guerre turque est une cause sainte et juste, un combat dans lequel la bravoure et l'exploit individuels conservent tout son sens, sans oublier la gloire acquise pour eux-mêmes, pour le prince qu'ils servent mais aussi pour la nation tout entière. Les figures de ces princes rappellent à juste titre les valeurs nobiliaires qui sont exaltées dans la croisade contre le Turc, rappelant de ce fait la guerre effectuée autour du *miles christi*. Leur engagement, accompli dans l'abolition des frontières étatiques et inséré dans des réseaux de clientèles et de parentés, contribue au maintien de la notion de Chrétienté en prenant les armes pour la défendre. Ainsi, ces princes lorrains, épris par l'esprit de croisade, apparaissent comme des agents de la « Dorsale européenne » dans les marges de la Chrétienté. Pour Mercœur et Charles V qui cherchent à donner un autre sens à leur vie, la « guerre turque » apparaît comme une occasion de satisfaire leurs ambitions personnelles et d'obtenir une charge et du profit. Largement animé par l'esprit de croisade, inséparable de l'éthique nobiliaire qui a poussé tant de gentilshommes à finir leur vie dans les confins de la frontière austro-turque, ils jouent à vrai dire un rôle de premier plan dans la défense de la Hongrie. Ils participent dès lors à la construction du « mythe de croisade ». Le « voyage en Hongrie » reste dans les mémoires, tant par les biais de la littérature de circonstances publiées pendant les années 1600-1660, qu'à travers des textes plus tardifs.

Özkan Bardakçi
Université de Lorraine
CRULH

LA FONDATION DE CHARLEVILLE EN LA SOUVERAINETÉ D'ARCHES

Fer de lance d'une Europe chrétienne (1606-1626)

À la fin de l'année 1609, *Le Mercure François* publie un court article : « Le duc de Nevers en Sa Souveraineté d'Arches qui est au dela de la Meuse commença les fondements de Charle-ville, concédant plusieurs privilèges à tous ceux qui y voudroient aller bastir ».

La note dans la marge marque l'officialisation de la construction : « Charle-ville commencée à bastir par le duc de Nevers[1] ». En fait la décision a été annoncée à Mézières le 6 mai 1606, jour de l'anniversaire de Charles de Gonzague-Clèves, duc de Nevers[2]. Il a 26 ans.

Par la fondation d'une nouvelle ville, le jeune prince assoit son pouvoir puisqu'il a choisi de la créer en toute indépendance et autonomie dans une principauté « qui n'a jamais dépendu que de Dieu[3] ».

S'il n'a laissé, à notre connaissance, aucun texte théorique sur cette fondation, de nombreuses traces nous permettent de comprendre les ressorts d'une telle décision. Parmi ses motivations, on ne peut ignorer ses convictions religieuses et politiques. Un manuscrit anonyme du XVIIIe siècle insiste sur cette dimension :

> Arches, entre toutes ces terres, eut la préférence, le droit de souveraineté attachée à cette terre la rendait inestimable et elle fut choisie par le prince pour

1 *Le Mercure François ou La Suitte de l'histoire de la paix*, Paris, 1611, p. 363.

2 Charles de Gonzague-Clèves, duc de Nevers est le fils de Ludovico de Gonzague, cadet de la maison des ducs de Mantoue, prince de Mantoue et de Henriette de Clèves, duchesse de Nevers, du Rethelois, princesse d'Arches, Boisbelle, La Chapelle d'Aiguillon. Il est également le filleul du duc de Guise et, après l'exécution de celui-ci, son père accepte pour lui le gouvernement de Champagne et de Brie. En 1599 il épouse Catherine de Loraine, fille du duc de Mayenne, ligueur repenti.

3 *Histoire des anciens souverains d'arches et Charleville*, 1774, manuscrit conservé aux Archives départementales des Ardennes (A.D.Ardennes).

y recevoir les monumens eternels de son nom et de sa religion. Il commença par élever des autels au Seigneur batir des temples et des monasteres de sa plus grande gloire, il songera ensuite aux privilèges et immunités de cette ville et donna en 1622 les sages reglemens qui y seront toujours sacrés[4].

ARCHES, UN ÉCRIN POUR UNE NOUVELLE VILLE

La souveraineté d'Arches se situe « aux fins du Royaume », ou « hors du Royaume de France » peut-on lire dans les documents[5].

Nous parlons plutôt aujourd'hui d'une zone frontière autour de la Meuse avec une mosaïque de terres indépendantes : Sedan, Château-Regnault, Portien, Montcornet, Arches, Mohon, Lumes, Warcq. Ces terres, selon les périodes, jouent de leur indépendance ou au contraire rejoignent l'Empire ou la Royauté.

Jusqu'au XIIIe siècle, Arches, tout comme Warcq, était accroché à l'ouest de la Lotharingie[6]. Possession de l'évêché de Liège, elle passe à la maison de Chiny, et par mariage aux Montchalons[7]. Jacques de Montchalons vend son héritage en 1293 à Louis de Flandres comte de Nevers. Celui-ci par son mariage, en 1290, avec Jeanne de Rethel avait déjà réuni le Nivernais et le comté de Rethel et en 1293 il y adjoint donc la terre d'Arches[8].

Bien des siècles plus tard, en 1521, François de Clèves, comte puis duc de Nevers, se retrouve héritier d'un assemblage de terres très important à la frontière Nord-Est, autour de la Meuse, certaines dont il est seigneur mais dépendant du roi de France (le Rethélois), d'autres dont il est souverain. À sa mort, en 1562, l'héritage va aux mâles de la Maison

4 *Id.*

5 Archives Départementales de Meurthe et Moselle (A.D.MM), Fonds de Vienne 3 F 261 11, 1486.

6 Mémoire de Larcher, 1698, cité dans *L'intendance de Champagne à la fin du XVIIe siècle*, Paris, C.T.H.S., 1983, p. 57.

7 Jeantin, Jean-François, *Histoire du comté de Chiny et des pays haut-wallons*, Paris, J. Tardieu, 1858, tome 1.

8 Moreri, Louis, *Le grand dictionnaire historique, ou Le mélange curieux de l'histoire sacrée et profane*, tome IX, p. 146.

mais après la mort successive des deux fils (1562, 1564), Henriette de Clèves l'aînée des filles devient l'héritière.

Alors qu'une partie des souverainetés des Nevers est laissée par négociation à sa sœur Catherine en 1566[9] (Château-Regnault, Mohon, Linchamps), Henriette de Clèves devient duchesse de Nevers, de Rethelois et souveraine d'Arches. Arches est alors composé de deux bourgs, Arches et Pont d'Arches, d'un couvent, de quelques fermes isolées, d'une église Saint Lambert[10], soit pour l'ensemble 157 feux (environ 700 habitants)[11].

À la mort d'Henriette de Clèves en 1601, Charles de Gonzague, son fils, hérite d'une situation financière très difficile. À sa majorité, pour assainir ses finances, il prend la décision de vendre de nombreuses seigneuries (Châteauneuf, Corvol, La Chapelle d'Aiguillon, Orval, Monrond, Saint-Amans) et la principauté de Boisbelle[12] ainsi que des terres, fermes, étangs, bois éparpillés au centre de la France. Il concentre ses investissements à la frontière, autour d'Arches qui est au cœur de son projet et où il décide de fonder une ville[13]. Et le 31 juillet 1606, par un échange avec Robert de la Vieuville, des villages autour d'Arches comme Lumes, Watrincourt dit Saint Laurent, Romery reviennent[14] dans le giron des Gonzague-Clèves et sont intégrés à la principauté d'Arches[15]. Deux ans plus tard, la saisie des biens d'Antoine de Croÿ permet à Charles, grâce à un emprunt de 100 000 livres qu'il lance auprès de financiers, de se porter acquéreur de Château-Portien et Montcornet permettant de sécuriser sa propre souveraineté[16]. Tout est en place pour édifier et développer une ville à la frontière Nord-Est de la France.

En 1608 Le duc de Nevers fait savoir que le bourg d'Arches et les nouvelles constructions qu'il est en train de bâtir et d'entourer de fortifications prendront le nom de Charleville[17]. Cette ville qu'il conçoit

9 A.N. X[1a] f° 314v-321v 1566, document qui m'a été signalé par l'archiviste Odile Jurbert.

10 Une église au bourg d'Arches existait, on sait qu'elle a brûlé. Les gens d'Arches allaient-ils à Saint Lambert ou a-t-elle été reconstruite ?

11 Archives Chantilly 2-A-014, Comptes d'Arches.

12 A.N./MC/ET/LXXIII/259 Étude Guillard et Bontemps. Le principal acheteur est Maximilien de Béthune pour 210 000 livres.

13 Grimmer, Claude, « La genèse de la création d'une ville, Charleville », dir. P. Bertelli, *Costruire, abitare, pensare. Sabbioneta e Charleville città ideali dei Gonzaga*, Universitas Studiorum, Mantova, 2017, p. 143-149.

14 Henriette de Clèves avait aliéné ces terres le 4 août 1576, elle les avait vendues à Robert de la Vieuville « sous la faculté de rachat perpétuelle ».

15 A.N/MC/ET/LXXIII/247, contrat d'échange du 30 juillet 1606.

16 A.N/MC/ET/LXXIII/267 emprunt de 100 000 livres, 11 mars 1608.

17 A.D.MM, 3 F 261 3.

entre 1605/1608 avec l'aide de Clément Metezeau[18] est d'abord un projet concrétisé par un plan. Si l'original reste introuvable, on connaît plusieurs plans légèrement postérieurs[19]. La gravure intitulée « Le Pourtrait de la neuve et incomparable ville de Charleville assize sur bord de la Meuze dans la Principauté souveraine d'Arches » est signée d'Edme Moreau. Elle peut être datée de 1628/1629 car elle est dédicacée au duc de Mantoue. Ce plan sera repris entre 1655 et 1661 par Kaspard Mérian dans sa *Topographia Galliae* (Fig. 1)[20].

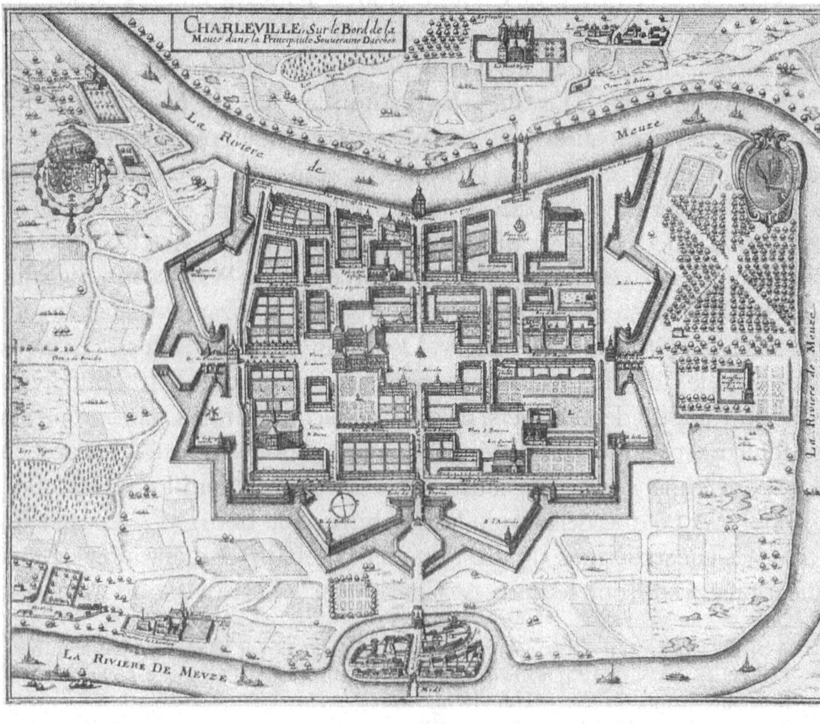

FIG. 1 – Le plan Mérian, plan de la ville telle qu'elle a été projetée par Charles de Gonzague (musée de l'Ardenne).

18 En 1610 Clément Métezeau est à Mézières, il y épouse le 12 aout 1611 Jeanne Maillard, en 1613 il habite Charleville. Une fille naît en 1613 à Charleville.

19 Gonel, Béatrice dir. P. Bertelli, *Costruire, abitare, pensare*, *op. cit.*, p. 385.

20 La bibliothèque municipale de Sedan possède la gravure originale, les archives départementales des Ardennes la conservent alors que le plan Mérian est exposé au Musée de l'Ardenne à Charleville.

Construire une nouvelle ville peut sembler un projet fou mais la Renaissance voit resurgir le concept de ville idéale avec L. B. Alberti dans *De re aedificatoria* ou de Scamozzi *Idea dell'architettura*[21]. C'est l'histoire d'une utopie : l'idée d'une cité comme une traduction concrète d'un projet politique. De nouvelles villes voient le jour comme Marienbourg en 1546, Philippeville au milieu du XVIe siècle, Henrichemont en 1609[22]. La réalisation la plus proche dans sa conception est, sans nul doute, la fondation de Sabbionetta en Lombardie par Vespasiano Gonzaga en 1554[23]. Charles de Gonzague visita à plusieurs reprises ses cousins. Il avait 15 ans lorsqu'il accompagna son père Ludovic à Mantoue (1595) et à Rome. Tout nous porte à croire qu'il a pu admirer cette nouvelle réalisation : Vespasiano fonde sa ville à 23 ans, Charles en a 25, tous deux sont à la tête d'un tout petit État et ils le dotent d'une « capitale » : même idée d'une cité fortifiée, même type de fortifications, même souci de rues rectilignes. Mais autant Sabionnetta est une ville au milieu de la campagne, proche de Mantoue, autant Charleville porte en elle un projet plus ambitieux tant sur le plan économique que politique, en raison de sa position géographique et de la personnalité de son fondateur.

La ville de Charles porte son nom et elle est imprégnée par l'esprit de la Réforme catholique. De nombreuses villes en France sont marquées par leur catholicité. Nevers ville où Charles a été élevé n'est-elle pas appelée la ville aux cent clochers ? Mais la plupart des villes sont des villes médiévales où les églises et les établissements religieux se sont construits tout au long des siècles « dans la ville » et « hors la ville ». Ici justement ce ne sont pas les clochers qui vont marquer la ville mais l'organisation spatiale puisqu'il s'agit d'une ville neuve.

La ville se rapproche le plus possible du plan orthogonal, la construction des remparts la délimite. C'est une priorité pour le Prince. Les murailles sont rythmées par des portes monumentales.

Quatre quartiers s'organisent de part et d'autre de la place centrale rectangulaire dite place ducale (Fig. 2). Chacun de ces quartiers est

21 Loi, Maria Cristina, « La città ideale fra realtà e utopia », dir. P. Bertelli, *Costruire, abitare, pensare*, *op. cit.*, p. 25-33.

22 Lavedan, Pierre, Hugueney, Jeanne, Henrat, Philippe (dir.) *L'urbanisme à l'époque moderne (XVIe-XVIIIe siècles)*, Genève, Droz, 1982.

23 Ferlisi, Gianfranco, « Sabbioneta, città murata » dir. P. Bertelli, *Costruire, abitare, pensare*, *op. cit.*, p. 93-105.

placé sous la protection d'une figure de la chrétienté et en porte le nom : Saint-Ignace, Saint-François, Notre-Dame, le Saint-Sépulcre. On peut parler de protection car, sur la place ducale, chaque quartier est dominé par un dôme et une niche abrite la statue du saint ou de la Vierge. Chaque quartier possède une place sur laquelle chaque établissement religieux présentera sa plus belle façade : c'est la volonté de Charles de Gonzague. Il passe lui-même les contrats et détermine l'occupation de l'espace.

FIG. 2 – La ville aujourd'hui avec sa place ducale et ses quatre quartiers (@ville de Charleville-Mézières).

La première installation est celle du collège des jésuites. Dès 1608, une demande est portée à Rome. Le prince acquiert des terrains à différents particuliers près de la Meuse, dans l'ancien bourg d'Arches puis les concède à la Compagnie. Les jésuites s'installent en 1612 et les bâtiments sont terminés en 1616[24].

Une donation princière concrétise leur implantation :

24 Gueneau, Romain, *Le collège des Jésuites de Charleville (1612-1762), un établissement caractéristique des mutations politiques et sociales entre le* XVII*e et le* XVIII*e siècle*, Master d'histoire moderne, Université Paris-Sorbonne, 2016.

> Poussé d'un grand zèle et désir de la gloire et honneur de Dieu, de la conservation de la foy et augmentation de la relligion catholicque, appostolicque et romaine, de l'instruction de la jeunesse et du bien publicque et particulièrement d'une bonne volonté et affection envers les pères et relligieux de la compagnie de Jésus qu'il a recognu utile à son desseing, a dès longtemps à cest effect eu volonté d'establir ung collège de ladicte Compagnie en sa souveraineté d'Arches dans sa ville de Charleville pour instruire la jeunesse et faire les autres fonctions ordinaires de ladicte compagnie, ce qu'il a commencé dès sont huict ans ayant logé les ditcts pères en sad ville[25].

En 1616 commencent alors les travaux du couvent des carmélites, dans le quartier diagonalement opposé, dit quartier Saint-François. Le devis est passé à Paris par Louis Ricquette, maître-maçon, rue des Victoires, paroisse Saint-Nicolas-des-Champs et Nicolas Girault maître-maçon, grande rue du temple de la même paroisse. Si le plan (église, couvent, cloître) est bien paraphé par les Carmélites, le portail sera orné de pilastres d'un fronton avec un bossage pour les armes du Prince et c'est lui qui fera bailler aux maçons les alignements de la place[26]. Le couvent est terminé en 1620. Cette même année, les capucins s'installent sur la place Saint-François, à l'opposé des jésuites et en face des carmélites.

Enfin en 1622 Charles de Gonzague s'investit dans la création du couvent pour les chanoinesses du Saint-Sépulcre de Jérusalem comme nous le montre le contrat du 26 septembre 1622 passé entre Charles de Gonzague et Anne Stapel, mère-prieure du couvent de Visé, en pays de Liège[27]. Les religieuses « promettent de construite un ouvrage de leur ordre en place et endroit qu'il a plu à Monseigneur leur donner et qu'il a fait marquer et Mon dit Seigneur en a fait faire un plan : église, cloistre, chambre, jardin, cloture que nous avons paraphé[28] » et en 1627 il ajoute une place de terre sur la rue St Michel pour parfaire la construction. Le bâtiment sera terminé en 1629 pour 53164 livres 11 deniers 10 sols.

---

25 Lettres-patentes de Charles de Gonzague du 31 octobre 1620, citées par Dubroux, Claude, « Le collège des Jésuites de Charleville », *Revue Historique ardennaise*, 13, 1906, p. 204-205.

26 A.N., MC, ET/LXXIII, 289 Étude Guillard et Bontemps, 27 août 1616.

27 La même année les sépulchrines de Visé s'installent à Maastricht à la demande de l'infante Isabelle.

28 A.D. Ardennes, 1 J 421 1.

Le second point qui est prévu dès la construction c'est la dénomination des rues[29]. La moitié des appellations de lieux porte des noms de saints et là encore la structuration est pensée : rue Saint-Charles et rue Sainte-Catherine, les saints des fondateurs, rue Saint-François et Sainte-Marie, les noms des saints de ses enfants, sont les artères principales puis nous avons la rue Saint-Luc, Saint-Dominique, Saint-Nicolas, Saint-Blaise, Saint-Michel… Mais cette dénomination n'est pas exclusive. Charles de Gonzague oscille toujours entre grande piété et pragmatisme économique ou autre symbolique : l'ancien village d'Arches semble échapper à ces dénominations : rue Daga, place de l'Orme, encore que l'ancienne rue du village est rebaptisée Cour Saint-Gui. Les dénominations font aussi la part belle aux possessions du prince : rue de Nevers, place de Nevers, rue de Longueville, rue de Rethélois ou noms de lieux : Porte des Flandres, Porte du Luxembourg et même le nom du premier gouverneur Charles de la Haye d'Aubilly est donné à une rue transversale.

Enfin il faut noter qu'il n'y a pas d'église sur la place ducale à la différence par exemple des villes italiennes, mais la façade de son palais devra occuper le quatrième côté de la place, à la manière des villes du nord ; pas de théâtre non plus mais le projet d'une Académie et deux jeux de paume.

La volonté de marquer du sceau du catholicisme cette ville et ce, dès sa construction, est frappante.

Lorsque l'abbé Marolles la visite en 1625 en compagnie du Prince, il est séduit par la beauté de la ville, les illuminations de la place et il note dans ses mémoires :

> Cette place éclairée de la sorte, me fit souvenir de la description que fait S. Jean dans son Apocalypse, de cette Jérusalem céleste dont les murailles en quarré sont basties de pierres précieuses : car en effet, toutes les lumières blanches, rouges, vertes, jaunes et bleues que nous découvrions de toutes parts, avaient beaucoup de rapport à l'éclat des Cristaux, des Jacinthes, des Emeraudes, des Calcédoines et des Saphirs[30].

La Jérusalem céleste ! La comparaison vient d'un proche de Charles de Gonzague, celui qui est chargé de l'éducation de ses enfants et ne

29 Apports de la conférence de Michel Tamine, président de la Société française d'onomastique donnée aux Archives nationales, *Odonymie d'une ville nouvelle au XVIIe siècle, Charleville*, le 5 mai 2017.

30 *Mémoires de Michel de Marolles, abbé de Villeloin*, Paris, 1656, p. 65.

peut que lui plaire : un lieu qui porte en lui l'idée de perfection, de spiritualité et de rédemption.

Pourquoi cette volonté de Charles ?

UNE POPULATION CANALISÉE PAR LE CATHOLICISME

La ville de Charleville a une particularité, elle est constituée d'une population bigarrée. Au départ il y a les habitants du bourg d'Arches, très peu nombreux (environ 300 habitants) puis ceux que Charles a incités à venir : des artisans qualifiés ou des fidèles qu'il récompense avec des fonctions puis le 25 mai 1609 ce sont les privilèges accordés aux juifs venus d'Allemagne[31], enfin le 6 mai 1620 ceux qu'il va appeler de ses vœux par un système de privilèges : pas d'impôt sur les marchandises qui entrent dans la ville ou qui en sortent manufacturées, terrain donné gratuitement pour ceux qui veulent s'installer pour bâtir maison et enfin le droit d'asile :

> que toutes personnes qui auront receu lettres de bourgeoisie seront tenus et réputés eux et leurs enfants nos vrays et naturels sujets, ne pourront estre recherchéz ni molestez pour debtes, obligations et crimes qu'ils pourraient avoir faicts hors de notre souveraineté auparavant excepté toutefois les crimes de lèse-majesté divine ou humaine[32].

Ainsi dans cette ville nous trouvons des descendants ou des proches d'anciens ligueurs, des protestants venus de Flandres ou de Sedan, des juifs, des italiens ou descendants d'Italiens, des artisans flamands, des faillis, des voleurs, des assassins venus souvent de Champagne et d'Ardenne mais parfois de Paris… Pour unifier cette population Charles de Gonzague va organiser un contrôle : le premier[33]règlement de police date de 1621[34].

Il est long, il comprend des articles classiques comme l'entretien des pavés, la lutte contre les incendies, l'interdiction de servir à boire

31 A.D.Ardennes, 1 E 968.

32 A.D. MM, 3 F 261 5.

33 Il y en aura un second après le départ de Charles pour Mantoue plus conforme à ce que nous avons l'habitude de voir dans les autres villes de France.

34 A.D. MM, 3 F 261 87-88.

pendant le service divin. D'autres sont plus liés l'originalité de la ville et à la personnalité du fondateur.

30 novembre 1621

Règlement de la police que nous Charles duc de Nivernois et de Rethelois, Pair de France par la Règlement grâce de Dieu, Prince du St Empire et d'Arches Voulons et entendons estre observé en notre ville de Charleville et terres souveraines, attendant que y ayons plus amplement pourvu.

Premièrement afin que Dieu envoye ses saintes grâces et bénédictions en la dite ville et que les habitans puissent vivre en observant ses saints commandemens, Il est très nécessaire qu'il soit tenu la main que les juremens et blasphèmes soient rigoureusement punis et chastiés comme pareillement en nos dites terres souveraines.

Que la cérémonie accoustumée de l'Ave Maria sera soigneusement entretenue, qui est lorsqu'elle sonnera le matin, a midy et au soir, toutes personnes de quelque qualité et condition qu'ils soient qui sont de la religion catholique apostolique et romaine se mettront incontinent à genoux sur peine contre les contrevenans pour la première fois d'estre mandée en la chambre de la police et reprimandéz et les autres fois de cinq solz d'amende aplicables un tiers au service des amandes, un autre tiers au denonciateur et un tiers a l'hopital afin qu'il plaise à Dieu par l'intercession de sa benoite mère d'avoir notre diteville en sa sainte garde et protection et quant à ceux qui ne sont et qui ne font profession de la dite religion catholique, apostolique et romaine, s'ils sont par la rue se retireront incontinens dedans les maisons au son de la cloche pour eviter escandal, et la cloche des Capucins réglera ceux qui seront en la rue st Charles et la moitié de la place ducale et celle des pères jésuites l'autre moitié de la dite place, la rue ste Catherine et autres rues adjacentes.

Lorsque le st Sacrement passera par les rues en procession ou porté à quelques malades sera accompagné par tous ceux qui se rencontreront es les rues jusques à l'Eglise ou au lieu qu'il sera porté aus dit malades nue teste et avec toute révérence et s'il se rencontre quelqu'uns qui ne soient pas de la dite religion Catholique, apostolique et romaine, ils se retireront comme susdit es dedans leurs maisons ou celles plus prochaines pour eviter escandal.

Que lors du saint service divin es jours de dimanches et festes commandées de l'Eglise tous jeux publiques et tavernes seront fermés et defendons aux maistres des dits jeux de bailler a jouer ce dit jour et aux dits taverniers de bailler a boire et a manger es peine d'amande arbitraire exceptez aux etrangers pour les tavernes et les domicilez seront amandables.

Et pendant et durant le dit st service sus dit le peuple se retirera chacun dedans sa maison et ne vagabondera pas parmi les rues.

Défendons à toutes personnes de quelqu'art qu'ils soient de travailler de leur art les jours de dimanches et festes commandees de l'Eglise sur peine d'amande de [en blanc].

Plus étonnant est l'interdiction des jeux toute l'année :

> Que tous jeux de berlans soient defendus et quant au jeu de quilles, aux bastons l 'exercice d'icelui ne s'en pourra faire que la veille, le jour et le lendemain de la dedicace de la feste St Remy et les jours de foire sur peine d'amande contre les fermiers ou ceux qui dresseront les dits jeux.

Enfin c'est l'instauration d'un couvre-feu :

> Qu'il y aura deux personnes gagées aux depens de la ville pour sonner avec un cor toutes les nuits a chacune heure qui sonnera autant de fois que l'heure sonnera depuis neuf heures du soir jusques a ce qu'il soit jour dedans toutes les rues et places qui sont nouvellement basties, pour de la en avant continuer aux autres qui seront bastis ci-après afin de tenir le peuple en son devoir.

Dès les premières lignes, pour « que les habitans puissent vivre en observant ses saints commandements, il est très nécessaire qu'on leur tienne la main », on pense à Charleville comme lieu de rédemption, car ce règlement ne peut être dissocié du droit d'asile accordé par le Prince l'année précédente. Ce règlement doit être appliqué par les administrateurs de la ville dont le principal est Pierre Esbérard[35]. C'est un très proche de Charles de Gonzague qui s'installe en 1612 à Charleville pour créer la verrerie que le Prince veut y installer. Il a épousé Marie Lebrun et, par ce mariage, il est devenu le gendre d'Oudin Crucé, second époux de sa belle-mère Philippe Lebégue et le beau-petit-fils de Pierre Lebrun, tous deux figures majeures de la Ligue. Le choix de Pierre Esbérard comme consul, directeur de la police, premier administrateur de l'hôpital est significatif. A-t-il directement inspiré ce règlement ?

On peut aussi penser à l'exemple de la Bavière et de la Hongrie, deux pays où Charles de Gonzague s'est rendu : en 1566 le duc Albert V décréta qu'il fallait veiller à ce que chacun s'agenouille tête nue au son des cloches pour dire au moins un *Pater* et un *Ave* et au début du XVIIe siècle Maximilien érigea Marie en patronne de la Bavière : prospérité, croissance et protection contre les Turcs. On retrouve cette idée de protection de la Vierge en Hongrie[36]. Dans ces cas, comme dans celui de Charleville il

35 Le dossier sur Pierre Esbérard / Lebrun a été complété par Robert Descimon qui a beaucoup travaillé sur la Ligue parisienne et que je remercie.

36 Schreiner, Klaus, Patrona, Maria, « La Sainte Vierge comme figure symbolique des villes, territoires et nation à la fin du Moyen Âge et au début des temps modernes », *Perspectivia. net, Beihefte der Francia* BD39, 1997, p. 133-153.

est intéressant de voir que le culte de la Vierge est associé à l'institution d'un gouvernement, à la constitution d'une unité politique et sociale et non à l'Église (Fig. 3). On est aussi frappé par les similitudes avec la ville de Lorette[37] où une police des mœurs est mise en place.

FIG. 3 – La Vierge dans une niche de la place protectrice du quartier Notre Dame (@ville de Charleville-Mézières).

37 Bercé, Yves-Marie, *Lorette aux XVIe et XVIIe siècles*, Paris, PUPS, 2011.

Le pèlerinage de Lorette est un des lieux importants pour Charles de Gonzague. En décembre 1608 son épouse Catherine de Lorraine y séjourne avant de se rendre à Rome puis à Mantoue avec son époux. Et celui-ci partira de Mantoue le 19 janvier 1609 pour aller à Lorette. Ce n'est certainement pas la première fois[38].

On peut aussi voir dans ce règlement une affirmation forte par rapport à la principauté protestante de Sedan. Ville de la Contre-Réforme face à la ville de la Réforme. Toujours est-il que *de facto* ce règlement introduit une sorte de hiérarchie des communautés, la communauté catholique, apostolique et romaine étant dans la visibilité alors que les deux autres communautés (juive et protestante) sont simplement tolérées pour leurs talents économiques.

CHARLEVILLE FUTURE CAPITALE DE LA CHRÉTIENTÉ : UN RÊVE JAMAIS ATTEINT

Le grand projet de Charles c'est la croisade contre les Turcs. Il fonde un ordre de chevalerie regroupant des nobles de toute l'Europe (Hongrie, Allemagne, France et l'Italie) pour faire croisade contre les infidèles : l'ordre de la milice chrétienne. La première réunion a lieu à Nevers en 1616, cérémonie au cours de laquelle les membres reçoivent un collier, l'ordre est reconnu par Urbain VIII[39]. Charleville doit être un des lieux importants de cette reconquête catholique[40]. David Parrot propose de voir dans cette fondation une tentative de gagner en indépendance et se donner une dimension internationale. Mais l'un n'empêche pas l'autre. Deux bâtiments sont emblématiques de ce rêve.

Le premier est emblématique de l'ambition du Duc de Nevers : L'hôpital de la milice Chrétienne.

En 1623, les travaux du grand prieuré de la Milice chrétienne commencent sous la direction d'un maître maçon venu de Paris, Louis Ricquette. Remarquons qu'il est contemporain de la construction du

38 Lacaille, Henri, *Revue historique ardennaise*, 1899, p. 173-189.

39 Archivio di Stato di Mantova, Archivio Gonzaga P.XX 3349.

40 Poumarède, Géraud, *Pour en finir avec la Croisade*, Paris, Puf 2004.

couvent des Sépulchrines et mitoyen avec celui-ci, comme si dans l'esprit de Charles de Gonzague il y avait un quartier imprégné de cette idéologie de la croisade : des religieuses qui consacrent leurs vies à la perpétuation du souvenir de Jérusalem, et le siège de l'ordre militaire qu'il a fondé autour de l'idée de croisade, ce quartier ayant pour nom Saint-Sépulchre.

Le 30 décembre 1624, Charles de Gonzague détaille son projet dans *Description et forme de laquelle sera construit le grand prieuré de l'ordre le Milice chrétienne soubs le titre de la conception immaculée de la Vierge*. Le bâtiment s'articule autour de sept galeries ou grandes salles. Trois auront une vue sur le grand autel de l'église qui occupe le centre. Charles a mûrement réfléchi :

> Dans la galerie destinée pour les hommes, il y aura douze vieillards et douze jeunes orphelins et quelque homme de bien qui sera choisi pour leur divertissement. Dans la galerie des femmes, il y aura douze femmes vieilles et douze filles orphelines et quelque bonne mère pour les conduire [...]. La mère qui aura soin des femmes et filles sera logée dans des quatre pavillons de coin, un autre abritera l'appotiquairerie, le troisième sera pour les officiers du grand prieur et le quatrième pour les maîtres des exercices[41].

Quelques mois plus tard, en 1625, une gravure illustre ce propos : corps de logis, deux vastes cours, quatre jardins avec des fontaines à chaque angle, une jolie église et des pavillons pour l'hôpital[42][43]. Sa réalisation est beaucoup plus modeste que le plan projeté

De Mantoue, Charles de Gonzague prend soin le 4 novembre 1634 de faire une donation :

> Voulant fonder et dotter l'hospital du grand-prieuré de l'ordre de la milice chrestienne que nous avons fait bastir à notre ville de Charleville, sous l'invocation et en l'honneur de la glorieuse Vierge sise en la rue Sainte Marie, Saint Matthieu, Saint Gabriel, Saint Maurice, afin que les 48 pauvres qui y sont dès maintenant puissent y estre à perpétuité entretenus et plus grand nombre, lorsque le fond et revenu du dit hospital le pourra permettre nous avons fait don irrévocable au dit hospital de la somme de trois mille livres

41 Bnf, cabinet des manuscrits, Français 4725 f° 15, numéroté 299.

42 Cette estampe est présentée au Musée de l'Ardennes, Place ducale à Charleville-Mézières. Entre 1691 et 1693, Marie de Gonzague fait agrandir l'église avec deux collatéraux. Elle devient église paroissiale jusqu'à sa démolition en 1860 quand se construit l'église Saint-Rémi.

43 Robinet, René, « Arches et Charleville au temps des Gonzague », *Visage de Charleville, Études Ardennaises*, Juillet 1956, p. 6.

> chacun an, à prendre sur le revenu de nostre dusché de Rethellois et particulièrement sur nos moulins banaux de Mézières[44].

Enfin le dernier monument de cette ville chrétienne mais pas des moindres devrait être… la collégiale Notre-Dame.

Le problème des églises à Charleville reste énigmatique : Marolles lors de sa visite cite quatre églises, toutes chapelles de couvents[45] : l'église des jésuites, la chapelle des capucins, des sépulchrines, du prieuré de la milice chrétienne mais aucune église paroissiale. On sait qu'il y a une église à Pont d'Arche, l'église Saint Lambert, et peut-être une église première à Arches qui n'apparaît sur aucun plan[46]. Évidemment ces églises ne peuvent suffire à la nouvelle population attirée par les privilèges et surtout ne sont pas à la hauteur de la ville que veut Charles de Gonzague.

Une église est essentielle dans son projet, elle est associée au palais ducal. Elle est sous le vocable de la vierge et doit occuper la dernière place, la place Notre-Dame Elle est évidemment dans son projet à l'image de la ville : grandiose. En fait il s'agira d'une collégiale avec quinze chanoines et un collège à la manière de Rozoy[47]. Les pourparlers ont lieu à partir de 1623. Charles de Gonzague demande la translation de 14 chanoines de Rozoy en la souveraineté de Charleville. Cela fait la moitié du chapitre et si on ajoute les diacres, les vicaires et les domestiques, on peut aller jusqu'à 60 « bouches ». Les chanoines vont demander leur avis à ceux de la Sorbonne qui rendent un mémoire[48]. Et peu de temps après les chanoines de Rozoy font réponse au Prince[49]. Après avoir manifesté leur contentement, ils énumèrent toutes les conditions nécessaires : l'obtention de la permission du Pape dont ils dépendent directement, celles des évêques de Laon et de Reims. Bien sûr plusieurs articles concernent la construction de cette église :

> Que Monseigneur fera bastir une belle église laquelle ne sera pas moindre que celle de Rozoy et ycelle plusieurs chapelle. La principale desquelles dédiées

44 A.D. Ardennes, HDépôt, Charleville A9, liste des 48 pauvres admis à l'hôpital de Charleville, suivant l'acte de fondation.

45 *Mémoires de Michel de Marolles, abbé de Villeloin*, Paris, 1656, p. 64.

46 Les premiers registres paroissiaux parvenus jusqu'à nous sont des registres de baptêmes de Charleville datant de 1613 et certains pensent que la chapelle du prieuré servait de lieu de culte.

47 Rozoy sur Serre, baronnie que les Nevers possèdent depuis des générations.

48 BNF, ms fr 3353, f° 121-123.

49 BNF, ms fr 4538, f° 171-174.

> à l'honneur de Monseigneur Saint-Laurent. Proche y aura un cloître pour s'assembler et tenir leur chapitre et dedans enclos un cymetière. Ils feront bastir de belles maisons pour le logement des chanoines et leurs habituées et lesquelles seront canonisables. Devant l'église une place pacieurse dans laquelle place il ne sera loisible ny possible à personne de s'assembler soit pour jeux ny aultrement sans l'autorisation des chanoines. [...]
>
> La cure et la paroisse de Charleville sera annexée au chapitre et il ne sera admis aucun prédicateur à prescher la parole de Dieu sans la licence du doyen et chapelain.

Les conditions financières et les privilèges sont détaillés : le droit de pêche et de chasse, le droit de porter l'arquebuse et tirer dans les forêts, l'exemption d'impôt pour l'entrée de leurs grains, vins, denrées, étoffes pour leur usage, des députés dans les conseils et assemblées de la ville, la livraison à la charge de Monseigneur du bois de chauffage (six cordes de bois et 600 fagots par an et pour chacun d'eux). La fabrique recevra 600 livres de rente annuelle pour l'entretien et le prince accordera 1200 livres par an aux chanoines.

La réponse insiste à deux reprises sur le caractère « volontaire » de cette translation : aucune contrainte ne sera faite aux chanoines pour aller demeurer à Charleville.

Les exigences sont importantes et le contentement n'est véritablement que de façade comme le prouve une seconde lettre adressée le 8 mars 1625 ; il s'agit d'une réponse à Charles de Gonzague qui doit s'impatienter. Les chanoines reconnaissent tout ce qu'ils lui doivent et particulièrement l'exemption du logement des gens de guerre. Ils l'assurent de leur respect, reconnaissent sa grande piété et acceptent ce projet :

> Nous sommes tous prests d'effectuer vos volontés, vous obéir et honorer votre ville de Charleville de tout nostre coprs quand il vous plaira nous le commander [...] Nous ne scavons pas [Monseigneur] si quelqu'un d'entre nous peult esttre par mesgard auroit eschappé quelques parolles quy vous ait despelu [...][50].

La collégiale en est restée aux fondations : faute d'argent, faute d'autorisation ou tout simplement parce que Charles de Gonzague quittant Charleville pour Mantoue le 28 décembre 1627 en a abandonné le projet.

50 BNF, ms fr 3801 f° 91.

On apprend ainsi quelques années plus tard, en 1633, au détour d'un document, que la vieille paroisse de Charleville a été démolie et transportée en l'église de l'hôpital de la milice chrétienne[51].

En conclusion, on peut affirmer que Charles de Gonzague a le goût de la mise en scène : la date du 6 mai, le choix des noms de rue, l'organisation de la ville et de son administration, avec lui rien n'est laissé au hasard et les archives nous prouvent son esprit pointilleux. Tous les témoins parlent de son zèle religieux.

Ville catholique dans un pays où la foi était mise en péril par le voisinage de « l'hérésie » voit-on écrit dans le dossier envoyé à Rome par les Jésuites ; en 1628 cette idée est de nouveau mise en avant dans la brochure parue à l'occasion de la mort de Claude de Moÿ, prieure des religieuses sépulchrines : « pour y servir de boulevars contre l'hérésie et l'impiété[52] ». La mise en valeur des saints et la présence des Jésuites en font aux yeux même de Rome une ville outil de la foi. Mais avec le siège de la Milice Chrétienne, elle devient aussi, dans l'esprit de Charles, une ville fer de lance de la Chrétienté aux yeux de l'Europe.

Claude GRIMMER
Centre Roland Mousnier,
Sorbonne-Université

51 A.D. Ardennes, E 970.

52 *Sépulcre… de Claude de Moy (1628) = Sépulchre de très haute, très illustre princesse Mad. Claude de Moy, comtesse de Chaligny fondatrice et religieuse professe du monastère de l'ordre du Saint Sepulchre de Jerusalem à Charleville…*, Charleville, H. Raoult, 1628, cité par Boulvain, Sylvie, Henneau, Marie-Élisabeth, Piront, Julie, « Les chanoines de l'ordre du Saint-Sépulcre : du cloître à l'école », *400 ans de savoir, du couvent des sépulcrines au centre culturel de Visé* : http://hdl.handle.net/2268/202627 (consulté le 09/08/2021).

FORGER L'HOMME DÉVOT

Les livrets de pèlerinage des Pays-Bas catholiques et de la France du Nord au XVIIe siècle

Le début du XVIIe siècle marque l'avènement d'un nouveau guide de pèlerinage[1]. Les livrets humanistes font suite aux ouvrages flamboyants des XVe et XVIe siècles imprimés en caractères gothiques, et relevant d'une culture partagée, jadis appelée « populaire ». En effet, en 1604, Juste Lipse publie sur nouveaux frais un ouvrage qui reflète une culture différente, souvent diffusée par les jésuites, dont les textes sont quelquefois rédigés en latin. Cette année-là paraît *Diva Virgo Hallensis, beneficia ejus miracula fide atque ordine descripta*[2], à l'imprimerie Plantin d'Anvers, dirigée par son ami Jean Moretus. La même année, un clerc de la ville de Bruxelles, Philippe Numan, publie une *Histoire des miracles advenus à Notre-Dame de Montaigu, près de Sichem, dans le duché de Brabant, par autorité de l'archevêque de Malines*[3]. En 1606, le jésuite Walrand Caoult publie à Douai ses *Miracula quae ad invocationem beatissimae Virginis Mariae*

---

1 La bibliothèque de l'université de Louvain est particulièrement bien pourvue en livrets de pèlerinage.

2 Lipse, Juste, *Diva Virgo Hallensis. Beneficia ejus miracula fide atque ordine descripta*, Anvers, imprimerie Plantin et Jean Moretus, 1604, 49 p. Une autre édition a lieu la même année à Paris chez D. Le Clerc. Cette édition en latin est souvent rééditée en flamand et en français. Voir la traduction du jésuite Maillard, Claude, *Histoire de Nostre-Dame de Hale, divisée en trois parties. La première de la ville, de l'image et de l'église. La seconde des merveilles et miracles. La troisième des honneurs deferez à Nostre-Dame de Hal*, Bruxelles, Hubert Anthoine-Velpius, 1651. La biographie de Claude Maillard, comme celle des autres jésuites, est présentée dans l'ouvrage de Sommervogel, Carlos, *Bibliothèque de la Compagnie de Jésus*, t. 5, 1894, col. 334-336.

3 Numan, Philippe, *Histoire des miracles advenus naguères à l'intercession de la glorieuse Vierge Marie, au lieu de Montaigu en Brabant. Mise en lumière et tirée hors des actes, instruments publicqz et informations sur ce, prinses. Par autorité de Mgr l'archevêque de Malines*, Louvain, Jean-Baptiste Zangre et Rutger Velpius, 1604, 263 p. Pour une plus ample description de ces livrets, voir l'article de Delfosse, Annick, « La Vierge comme protectrice des Pays-Bas méridionaux dans les livrets de pèlerinage marial au XVIIe siècle », *Revue belge de philologie et d'histoire*, 2002, t. 80, fasc. 2, p. 1225-1241.

apud Tungros, Camberones et servios in Hannonia, ac Dominam gaudiorum in Picardia, vulgo Notre-Dame de Liesse, dictam effulsere ab anno 1081 usque ad annum 1605 du pèlerinage international de Liesse[4]. En 1619, le père jésuite Angelin Gazet édite à Douai ses *Pia hilaria variaque carmina*, qui commencent par rapporter le légendaire de Liesse[5].

Ainsi le livret de pèlerinage n'est plus un objet de l'époque flamboyante, qui disparaît dans la deuxième moitié du XVIe siècle. Les opuscules en étaient rédigés en caractères gothiques, imprimés en langue vernaculaire, relevant d'une culture partagée, et souvent officiellement méprisée par les élites, même si par ailleurs elles pouvaient le lire. Cette fois, à l'issue du concile réformateur de Trente en 1563, ses décrets imprimés en caractères romains se diffusent, apportant une nouvelle manière de voir le monde. Ils sont quelquefois imprimés dans la langue de la catholicité, le latin. Cela a déjà été le cas en France, en 1593, quand le jésuite Étienne Guyon publie à Lyon pour le sanctuaire du Puy-en-Velay dans le contexte des guerres de la Ligue[6] un ouvrage en latin pour diffuser cette culture, alors que la Compagnie de Jésus « pensait que Le Puy-en-Velay serait pour nous une autre Lorette[7] ». L'ouvrage de Notre-Dame de Halle est rédigé par le grand Juste Lipse, et reflète la culture humaniste qui se répand, publié dans la prestigieuse maison d'édition Plantin-Moretus[8]. Il suit les canons et la culture de la réforme catholique puisqu'il a obtenu l'autorisation de l'archevêque de Malines, permission qui n'était pas demandée pour les livrets gothiques du XVIe siècle : ceux-ci, en effet, relevaient de l'éditeur, dont le seul but était de faire fortune.

---

4 Caoult, Walrand, *Miracula quae ad invocationem beatissimae Virginis Mariae apud Tungros, Camberones et servios in Hannonia, ac Dominam gaudiorum in Picardia, vulgo Notre-Dame de Liesse, dictam effulsere ab anno 1081 usque ad annum 1605*, Douai, 1606, 458 p.

5 La traduction de ce légendaire est rapportée dans l'exemplaire dactylographiée de notre thèse : Maes, Bruno, *Pèlerinages nationaux et identité nationale en France (XVe-XVIIIe siècle). Liesse, Saumur et Le Puy entre culture religieuse et culture politique*, université de Reims, 1999, t. 3, p. 876-883.

6 Guyon, Étienne, *Orationes duae. Prior, de veteri Aniciensium pietate, et doctrina ; posterior, de prisca consulatus Aniciani dignitate*, Lyon, Jean Pillehotte, 1593, 67 p.

7 Voir Gissey, Odo de, *Discours historiques de la très-ancienne dévotion à Notre-Dame du Puy, et de plusieurs belles remarques concernant particulièrement l'histoire des évêques du Velay*, Lyon, L. Muguet, 1620, 636 p.

8 Voet, Leon, *The golden compasses : a history and evaluation of the printing and publishing activities of the Officina plantiniana at Antwerp*, Amsterdam, Van Gendt, 2 vol. (1969 et 1971).

De plus, dans *L'Europe des dévots* de Louis Châtellier, publié en 1987[9], l'historien montre que les congrégations mariales des jésuites avaient pour but de construire le chrétien – dans ses dimensions politiques, sociales et intérieures – en vue de faire progresser le royaume de Dieu, quel que soit son milieu d'origine. Ces congrégations se nourrissent des livres pour réaliser l'exercice du pèlerinage, pour les mener vers le haut, et passer du pèlerinage-recours au pèlerinage-mission[10].

L'espace et le temps de notre sujet sont marqués par les violences dues aux conflits et aux guerres. L'ensemble géographique est celui des anciens Pays-Bas bourguignons, constitués de 17 provinces, qui à partir de 1579 jusqu'à la fin du XVIIe siècle se séparent en trois ensembles appartenant à la France, à l'Espagne et aux Provinces-Unies. Au XVIe siècle, les conflits armés deviennent plus violents avec la diffusion de la Réforme protestante et la révolte des Gueux (1566), avec la partition entre les Pays-Bas catholiques et les Provinces-Unies au Nord (1579), enfin avec les guerres entre les Pays-Bas espagnols et la France momentanément suspendus avec le traité de Vervins (1598), pour reprendre en 1635 et se terminer en 1659 avec la paix des Pyrénées. Dès le XIVe siècle, ces espaces sont marqués par le souhait de « réformer l'Église dans son chef et dans ses membres », et Didier Érasme, de Rotterdam, en est issu. Parmi les sanctuaires retenus, on peut ajouter le pèlerinage national mais aussi international de Liesse situé en France, qui est un sanctuaire-frontière (tout comme Notre-Dame de Montaigu en Brabant ou Notre-Dame de Lorette en Italie[11]), et qui recrute bon nombre de ses fidèles dans les Pays-Bas du Sud, y compris en Wallonie actuelle.

C'est aussi le temps où le message de Trente se diffuse, celui d'un concile réformateur du catholicisme. Il ne s'agit pas uniquement d'affirmer des dogmes catholiques contre des dogmes protestants – celui de la transsubstantiation contre la consubstantiation. Il s'agit de montrer l'avènement d'une nouvelle culture, plus policée dans ses rapports avec le sacré – qui peut à cet égard avoir des points communs avec la Réforme protestante. L'espace qui nous intéresse – celui de la partie nord de la Dorsale catholique – est très marqué par des liens importants entre

---

9 Châtellier, Louis, *L'Europe des dévots*, Paris, Flammarion, 1987.

10 Maes, Bruno, « Du pèlerinage recours au pèlerinage mission. L'itinéraire intellectuel de Louis Châtellier, historien du pèlerinage réformé », *Annales de l'Est*, 2018, p. 45-61.

11 Voir Bercé, Yves-Marie, *Lorette aux XVIe et XVIIe siècles. Histoire du plus grand pèlerinage des temps modernes*, Paris, Presses de l'université de Paris Sorbonne, 2011.

piété publique et piété privée : dans le cadre d'un mouvement culturel qu'on appelle le baroque, art des jésuites, qui permet l'extériorisation des sentiments au contraire de l'art classique qui montre plus de retenue, où les liens sont importants entre politique et religion, art qui promeut la raison dévote contre la raison d'État suivie par les Français. Ce concile pousse au développement des pèlerinages, longtemps délaissés par les élites jusqu'aux années 1560. Cette fois, les marcheurs de Dieu recrutent de nouveau dans tous les milieux, et deviennent un moyen de diffusion de la réforme catholique. Le livre de pèlerinage est un objet de plus de trois pages permettant un voyage spirituel vers un sanctuaire[12], bien que la thèse d'Emmanuelle Frian sur le catholicisme matériel n'en parle presque pas[13].

Une question essentielle est d'essayer de comprendre en quoi les temps de guerre permettent à la réforme catholique de se développer grâce aux nouveaux livrets de pèlerinage.

Pour y répondre, nous adopterons une démarche en entonnoir : en présentant tout d'abord le contexte (guerre et réception de la réforme catholique), puis en montrant que ce sujet est essentiellement porté par les jésuites, pour terminer par la présentation des livrets.

LE CADRE : RÉCEPTION DE LA RÉFORME CATHOLIQUE EN TEMPS DE GUERRE

UN CONTEXTE DE CONFLITS

En dépit, ou peut-être en raison de la dureté des temps, la ferveur catholique s'épanouit au XVIIe siècle, constituant un des fondements de la culture. Les deux volets du concile de Trente – lutte contre le protestantisme et rénovation intérieure de l'Église – trouvent dans les Pays-Bas espagnols un terrain d'élection[14]. La guerre, omniprésente dans

12 Voir Maes, Bruno, *Les livrets de pèlerinage. Imprimerie et culture à l'époque moderne*, Rennes, PUR, 2016.

13 Frian, Emmanuelle, *Le catholicisme matériel : les objets de la piété privée dans la France du XVIe et du XVIIe siècle*, thèse de l'université Nancy 2, 2009, 839 p. dact.

14 Denys, Catherine et Paresys, Isabelle, *Les anciens Pays-Bas à l'époque moderne (1404-1815). Belgique, France du Nord, Pays-Bas*, Paris, Ellipses, 2007, p. 150.

le pays[15], l'est particulièrement dans l'art, où les champs de bataille sont reproduits. Là s'illustre Sebastian Vranck (1573-1647). Sa vision crue de la guerre est plus réaliste que celle des peintres officiels, chargés par les souverains de magnifier leurs victoires. Peter Snayers travaille pour les archiducs et forme Frans van der Meulen (1632-1690) qui quitte Bruxelles pour Paris, où il devient le peintre et le graveur des conquêtes de Louis XIV, immortalisant les sièges et les prises des villes[16].

Dans ces régions, de grande densité urbaine, les spectacles urbains sont fréquents, dès avant l'époque baroque. La guerre fournit l'occasion de grandes fêtes pour chaque victoire où l'on chante un *Te Deum*, ou lors de célébrations de paix, comme en 1598 ou en 1659. Dans la plus pure tradition des « Joyeuses entrées », ces fêtes voient le développement du grand cérémonial baroque, évoqué dans le colloque publié par Bernard Dompnier en 2009[17]. Processions rituelles, arcs de triomphe éphémères, feux d'artifice, représentations théâtrales, bals, fontaines à vin, tir au « papegau », où la communauté civique renoue ses liens éprouvés[18].

L'ÉPANOUISSEMENT D'UNE CULTURE POLITIQUE ET RELIGIEUSE BAROQUE

La mise en place de la culture baroque n'est pas propre aux Pays-Bas catholiques. On la trouve aussi en Franche-Comté ou en Savoie-Piémont. Dans ces petits États, l'absolutisme, embryonnaire, n'atteint pas celui de la France, et a besoin de l'appui de l'Église.

L'expression « société baroque », qui transcende les milieux sociaux, marquée par une forte expressivité des sentiments vécus et exprimés collectivement, convient aux Pays-Bas espagnols, ce qui n'empêche pas une circoncision des cœurs. Les Pays-Bas connaissent une floraison artistique majeure sous le signe du baroque, qui va même au-delà des années 1660, contrairement à la France, car cette région reste une frontière de catholicité, face aux Provinces-Unies protestantes.

---

15 Voir la thèse de Delfosse, Annick, *La Vierge « Protectrice du Païs-Bas ». Instrumentalisations politiques et stratégies identitaires dans les Pays-Bas espagnols*, thèse de l'université de Liège, 2005, parue sous le titre *La Protectrice du Païs-Bas. Stratégie politiques et figures de la Vierge dans les Pays-Bas espagnols*, Turnhout, Éd. Brépols, 2009.

16 Denys, Catherine et Paresys, Isabelle, *Les anciens Pays-Bas…*, *op. cit.*, p. 154.

17 Dompnier, Bernard (dir.), *Les cérémonies extraordinaires du catholicisme français*, Clermont-Ferrand, PU Blaise Pascal, 2009.

18 Denys, Catherine et Paresys, Isabelle, *Les anciens Pays-Bas…*, *op. cit.*, p. 154.

Il ne faut pourtant pas opposer la spiritualité hollandaise du Siècle d'or, à celle du Sud : les peintres méridionaux ne sont pas indifférents aux représentations intériorisées du Nord d'avant la partition. De même, l'invasion française n'entraîne pas celle du classicisme[19] : le grand artiste Pierre-Paul Rubens (1577-1640) domine la peinture méridionale. Sa famille, réfugiée en Westphalie, s'installe à Anvers en 1587, où les archiducs lui offrent une pension de peintre de cour[20].

L'ORIGINALITÉ DE LA CULTURE CATHOLIQUE RÉFORMÉE

Dès avant le début de la Réforme luthérienne, les Pays-Bas possédaient un fort taux d'alphabétisation, tout comme l'Italie du nord. Le semis urbain important et la valeur du commerce expliquent ce phénomène. La lecture et l'écriture sont sans cesse sollicitées, tant pour tenir un registre de compte que pour méditer la vie d'un saint, dans cet espace bourguignon où la *devotio moderna* a vu ses heures de gloire[21]. La nouvelle religion est un appel à l'éducation, à la lecture des livres. L'éducation n'a pas seulement pour but de permettre aux populations de lire des ouvrages de dévotion, mais aussi de donner une formation morale et d'adopter des comportements plus policés.

La culture des deux réformes (protestante et catholique) est plus rationnelle que la précédente. Dans ce XVIIe siècle qui voit la naissance des principes de la science actuelle, cette vision du monde se fonde sur des faits constatés. Ainsi dans la religion romaine, à partir des années 1590, le développement des enquêtes pour affirmer qu'un miracle est un phénomène divin en est-il la preuve, succédant aux miracles légendaires, non datés, dont l'identité des protagonistes n'était pas toujours connue.

De même, la sensibilité baroque atteste d'un nouveau rapport au divin. Elle montre une intériorité accrue, une exubérance et un raffinement rarement atteint auparavant. L'exemple bien connu de la descente de croix, peint par Rubens, qui se trouve dans la cathédrale d'Anvers, en est la preuve.

---

19 *Ibid.*, p. 152.

20 *Ibid.*

21 Voir Venard, Marc, *Histoire de l'enseignement et de l'éducation*, vol. 2, *1480-1789*, Paris, Tempus, 2003 ; Grosperrin, Bernard, « Écoles, petites écoles », dir. L. Bély, *Dictionnaire de l'Ancien Régime*, Paris, PUF, 1996, p. 459-460 ; Chartier, Roger, « Les pratiques de l'écrit », dir. P. Ariès, *Histoire de la vie privée*, t. 2, *De la Renaissance aux Lumières*, Paris, Seuil, 1986, p. 113-161.

UN PROJET JÉSUITE

Contrairement à la vocation initiale des jésuites, destinés à être un ordre missionnaire, cette congrégation devient un ordre enseignant. Sa spiritualité est marquée par le sens du pèlerinage, qui débouche sur plusieurs comportements possibles.

PORTÉ PAR UNE CONGRÉGATION ENSEIGNANTE

Champions de la Contre-Réforme, les jésuites à eux seuls dirigent 34 collèges des Pays-Bas espagnols[22]. Le projet des jésuites est porté par une spiritualité de confiance en l'homme et de foi en Dieu. Cette pensée est codifiée en 1593 dans le *Ratio studiorum*, organigramme souple, régulièrement mis à jour suivant les besoins et les lieux. Pourtant, tel n'était pas le cas au début de son existence où la congrégation était uniquement missionnaire[23]. En 1544, seulement dix ans après le vœu de Montmartre, les jésuites ouvrent des collèges pour transmettre leur message. La formation humaine et spirituelle de la jeunesse apparaît dès cette époque dans la charte de fondation de la Compagnie de Jésus.

Les livres rédigés par les jésuites, également pour les sanctuaires de pèlerinage, sont destinés aux Congrégations mariales de leurs collèges[24], mais pas uniquement. Ils proposent une manière de vivre en dévot, avec un temps mesuré, une imagination dominée, un corps contrôlé. C'est une véritable volonté de réformer la société, aussi bien en fréquentant les sacrements (assister à l'Eucharistie chaque jour) qu'en pratiquant la charité (visiter les prisonniers, lutter contre l'influence des cabarets, contre les duels, contre la prostitution, contre l'ébriété). Destinées à leurs *sodales* – confréries ou associations mariales – celles-ci existent aussi pour leurs élèves que pour les adultes, chacune adaptée à son état, même les marchands ou les artisans[25]. Dans les ouvrages destinés à un sanctuaire

22 Denys, Catherine et Paresys, Isabelle, *Les anciens Pays-Bas...*, *op. cit.*, p. 151.

23 En 1542 pourtant, le succès d'une école à Goa dans une lettre envoyée par François-Xavier à Ignace transforme sa pensée.

24 Il y a trente ans paraissait un ouvrage de Louis Châtellier qui a fait date, *L'Europe des dévots*, *op. cit.* Nombreux sont les éléments présentés ci-dessous qui en sont extraits.

25 Pour le XVIIIe siècle français, à Reims à la frontière du Nord-Est du royaume, Gilles Caillotin, artisan sergier, membre d'une de ses congrégations, a rédigé un « Journal de toutes mes

particulier, les auteurs montrent clairement les dévotions nouvelles de la réforme catholique. En 1618, le jésuite Angelin Gazet publie à Arras, dans les Pays-Bas espagnols, un *Carmen ad angelum custodem*, l'ange conducteur étant un guide des jeunes gens. Ce livre est écrit à quatre mains, et l'autre auteur, François Véron, rappelle que son auditoire est composé de leurs confréries : *Manuel de la confrérie de la bienheureuse Vierge Marie dans les maisons et collèges de la société de Jésus sur toute la terre chrétienne*[26].

UNE SPIRITUALITÉ MARQUÉE PAR L'INCARNATION

Si l'on regarde les choses de plus haut, on peut dire que la spiritualité ignacienne est tournée vers l'incarnation. Elle prédispose à rédiger des ouvrages de pèlerinage, d'autant plus que les jésuites ont été fondés sur la colline de Montmartre dans le but de diffuser le message catholique, au moment où l'identité protestante se développe.

L'expérience du pèlerinage est essentielle dans les constitutions des jésuites. Les *Exercices spirituels* proposés dans le long temps du noviciat reprennent des situations humaines où le pèlerin attend tout du Créateur, comme manger et dormir. Du reste, nous savons qu'Ignace de Loyola se définissait lui-même comme « le pèlerin », ayant fait lui-même un pèlerinage à Jérusalem en 1523-1524. Cette expression du « pèlerin » va plus loin : le pèlerinage est une expérience dans le cadre d'un processus de formation au sein d'une institution.

Dans la spiritualité jésuite, les cinq sens jouent un rôle essentiel. Cela explique leur attachement à un art baroque et romain. Ignace n'est pas le premier à avoir consigné dans ses *Exercices spirituels* les méthodes d'oraison qui insistent sur les sens imaginatifs (voir, entendre, toucher, goûter, sentir), en pensant qu'ils peuvent exciter à la piété. Ludolphe le Chartreux,

---

routes ». Il montre que le pèlerinage l'aide à méditer, et il y insère un certificat provenant d'un voyage à Notre-Dame de Liesse. Dominique Julia en a publié une partie sous le titre *Gilles Caillotin pèlerin : le « retour de Rome » d'un sergier rémois, 1724*, Rome, EFR, 2006.

26 Véron, François, *Manuale sodalitatis Beatae Mariae virginis in domibus et gymnasiis Societatis Jesu, toto christiano orbe institutae, miraculis dictae sodalitatis illustratum, Postrema editio, auctior et castigatior*, Paris, apud J. Cottereau, 1619, in 12, 671 p. (on trouve au début et à la fin de l'ouvrage des poèmes dont un « Carmen ad angelum custodem », œuvre du P. Angelin Gazet, S. J.). Angelin Gazet est un jésuite né à Saint-Pol-sur-Termoise, dans l'actuel département du Pas-de-Calais le 18 octobre 1568 et mort à Valenciennes le 1er mars 1653. Un autre ouvrage paraît l'année suivante dans la ville de Douai où les jésuites ont un collège et prennent part à l'Université fondée en 1559 : Gazet, Angelin, *Pia hilaria, variaque carmina*, Douai, ex officina B. Belleri, 1619, *in* 16, 242 p.

moine du XIVe siècle, mort à Strasbourg, fait appel à l'imagination et à la contemplation affective dans sa *Vie de Jésus-Christ*. C'est surtout la *devotio moderna* et son best-seller *L'imitation de Jésus-Christ*, vraisemblablement rédigé par Thomas a Kempis (1379-1471), qui montre l'importance attachée aux sens en favorisant la prière personnelle des fidèles, le culte de l'humanité du Christ, le combat intérieur, l'introspection, et l'analyse des sentiments comme la consolation. L'importance de cet ouvrage se poursuit au-delà du Moyen Âge : les valeurs de la subjectivité connaissent un essor au XVIe siècle avec Érasme et sainte Thérèse d'Avila, ainsi qu'au XVIIe siècle avec les différentes Écoles de spiritualité. L'importance de la vie spirituelle est essentielle : elle explique la nouvelle teneur des livrets de pèlerinage aux XVIIe et XVIIIe siècles. Au XVIIe siècle, *L'imitation* dont les éditions sont illustrées de nombreuses gravures, accompagne la vie quotidienne des gens de robe, des dévots, des femmes[27].

Les *Exercices* sont une reprise de l'expérience d'Ignace après sa blessure de Pampelune, qui se transforme en une règle pour tous dans le discernement des esprits, mais ils sont utiles également à partir de la fin du XVIe siècle, quand les pèlerinages deviennent une arme contre les protestants : les masses ont besoin de sanctuaires pour trouver des remèdes à leurs maladies. La spiritualité jésuite est marquée par le travail que doit mener l'exercitant pour se « composer le lieu » évangélique dans lequel il doit se situer pour être docile à la grâce, par exemple se représenter le jardin des Oliviers où Jésus a prié le Jeudi saint, veille de sa mort : ce n'est pas seulement une ascèse du corps, mais un chemin intérieur.

SPIRITUALITÉ JÉSUITE ET ATTITUDES COLLECTIVES

La spiritualité jésuite propose des gestes ayant trait à une spiritualité connue depuis longtemps. La thèse d'Annick Delfosse montre parfaitement le poids de la Vierge Marie dans l'expression de ces attitudes en lien avec les sanctuaires.

Avec l'opposition des protestants à la Vierge Marie, celle-ci devient la figure identitaire des catholiques et le capitaine de la croisade contre les huguenots. Au XVIIe siècle se multiplient les topographies mariales,

27 Delaveau, Martine, « Imitation de Jésus-Christ », dir. Fouché Pascal, *Dictionnaire encyclopédique du livre*, Paris, Éd. du cercle de la Librairie, 2005, t. 1, p. 521 ; Béné, Charles, « Ignace de Loyola, Thérèse de Jésus et la piété érasmienne », dir. G. Demerson et B. Dompnier, *Les jésuites parmi les hommes aux XVIe et XVIIe siècles*, Clermont-Ferrand, Faculté des Lettres, 1988, p. 9.

à laquelle appartiennent aussi bien la grande entreprise du père jésuite Guillaume Gumppenberg[28] que celle du dominicain Vincent Laudun[29]. Chaque topographie prouve que le lieu est béni par Dieu, qui lui apporte son soutien par les miracles que la Vierge Marie obtient de lui. Ce maillage est constitué de bon nombre de livres de pèlerinages qui seront l'objet de notre attention ultérieurement.

Une autre attitude qu'affectionnent les jésuites est la consécration d'une région ou d'une ville à la Vierge, mentionnés dans les livrets. Dans presque tous les cas en effet, l'initiative de telles cérémonies leur revient. La Compagnie de Jésus intervient pour persuader les autorités publiques de l'intérêt de ce choix. La seule qui ne soit pas leur œuvre est celle qui concerne l'ensemble du pays, due au roi d'Espagne Philippe IV[30]. Les motivations sont partagées par l'ensemble des acteurs et des lecteurs : Alexandre Wiltheim rend compte de cette protection utile qui assurerait sur la ville les faveurs mariales, face aux avancées des Français. L'anonyme anversois démontre la nécessité d'un tel patronage en rappelant à ses édiles l'intervention mariale dans l'échec de Maurice de Nassau et de sa flotte devant les murs de la cité, en décembre 1622[31]. Le mouvement de consécration qui traverse les Pays-Bas semble donc relever principalement d'une dynamique jésuite, de la même manière qu'en Bavière ou dans le Saint-Empire, les Pères de la Compagnie et les membres des sodalités ont encouragé Maximilien et Ferdinand à prononcer leurs vœux de consécration à la Vierge. Quand la France acquiert au fil du temps un espace plus vaste sur les Pays-Bas, les jésuites se souviennent qu'en 1638, Louis XIII a lui aussi offert son pays à la sainte Vierge, et que son fils Louis XIV qui a renouvelé ce geste, pour continuer à promouvoir leur projet réformateur au sein de la société civile[32].

---

28 Gumppenberg, Guillaume, *Atlas Marianus sive de imaginibus Deiparae per orbem christianum miraculosis*, Ingolstadt, 1657, 2 vol. ; – *Atlas Marianus quo sanctae Dei genitricis Mariae imaginum miraculosarum origines duodecim historiarum centuriis explicantur*, Munich, 1672, 3 vol. Ces volumes ont été étudiés : Christin, Olivier, Flückiger, Fabrice et Ghermani Naïma (dir.), *Marie mondialisée. L'Atlas Marianus de Wilhelm Gumppenberg et les topographies sacrées à l'époque moderne*, Neuchâtel, Éditions Alphil-Presses universitaires suisses, 2014 ; Balzamo, Nicolas, Christin, Olivier et Flückiger, Fabrice (dir.), *L'Atlas Marianus de Wilhelm Gumppenberg. Édition et traduction*, Neuchâtel, Éditions Alphil-Presses universitaires suisses, 2015, 512 p.

29 Maes, Bruno, *Pèlerinages et sanctuaires mariaux au* XVII*e* *siècle. Manuscrit du père Vincent Laudun dominicain*, Paris, CTHS, 2008.

30 Delfosse, Annick, *La Vierge « Protectrice du Païs-Bas ». Instrumentalisations…*, *op. cit.*, p. 238.

31 *Ibid.*, p. 239.

32 *Ibid.*, p. 240.

Enfin, les processions constituent un autre élément permettant d'exprimer la spiritualité jésuite par ses aspects baroques. En 1645, Lille voit les conflits guerriers s'aggraver autour de ses murailles et les troupes françaises dévaster ses campagnes. Les jésuites organisent alors une importante procession où ils jouent avec les images tout à la fois spirituelles et historiques pour donner à voir une Vierge victorieuse susceptible d'aider les habitants à sortir du drame militaire qu'ils vivent. Devant la statue de Notre-Dame de la Réconciliation, vénérée à Esquermes, dont la Compagnie a pris en charge le pèlerinage en lui donnant un réel succès[33], ils répartissent les membres de leurs sodalités d'élèves en différents groupes. Le premier représente le chœur des anges, la deuxième figure Marie où un « enfant de la Vierge » écrase la tête du dragon, le troisième figure un groupe d'hérétiques captifs. Un autre groupe demande à la Vierge de Lorette la victoire contre les Turcs à Lépante[34] : ainsi, ce qui a été une victoire hier en 1571, deviendrait la victoire de demain contre les Français. Plus tard, en 1660, le même sanctuaire géré par les jésuites commémore la paix des Pyrénées.

LES LIVRETS DE PÈLERINAGE DES JÉSUITES

Le contenu de cette nouvelle culture, puis les points d'application, enfin la modification des livrets flamboyants, seront successivement mis en évidence.

UNE PRÉSENTATION SOIGNÉE POUR DES LIVRES HUMANISTES

Les livrets des jésuites sont des ouvrages de poche et de coche : ils sont imprimés pour être emportés en voyage. L'ouvrage de Walrand Caoult de 1606, par exemple, est un *in* 12 de 458 p. qu'on peut glisser dans

---

33 Balinghem, Antoine de, SJ, *Diva Reconciliationis vulgo Esquermiensis, sive de ejusdem origine, antiquitate, sodalitate, miraculis*, Lille, 1625 ; *Notre-Dame de Réconciliation, dite d'Esquermes, de son origine, antiquité, sodalité et miracles, par un Père de la société de Jésus*, Lille, 1625 ; *Pèlerinage de Notre-Dame de Réconciliation, dite communément d'Esquermes, près de la ville de Lille, encommencé l'an Notre-Seigneur 1024*, Lille, 1666.

34 *Ibid.*, p. 119.

son vêtement. La taille des caractères est importante, mais les ouvrages sont soignés, contrairement aux livrets gothiques des deux premiers tiers du XVIe siècle. Ils sont écrits en latin, en français et en néerlandais.

Ce sont des ouvrages de culture humaniste. À partir de la fin du XVIe siècle, cette culture apparaît dans les livrets de pèlerinage : la présentation est plus claire et le discours plus rationnel. Ces livres reflètent l'entrée dans la modernité intellectuelle.

Dès 1599 apparaissent des ouvrages courts et imprimés en beaux caractères (Garamont, droit et italique), d'un français beau et élégant, sans affectation, comme la *Briefve histoire de la sacrée manne…d'Arras* du chanoine Guillaume Gazet[35], oncle du jésuite. Ces caractéristiques se diffusent petit à petit dans la culture partagée qu'ils transforment. Les caractères gothiques sont remplacés par les caractères romains. Cette mutation de la forme reflète un changement de fond de la pensée.

UN OUTIL D'APOSTOLAT

Les livrets des jésuites sont un outil d'apostolat. Un livre de pèlerinage célèbre, écrit par un jésuite, est celui du Père Richeome, publié en 1604, intitulé *Le pèlerin de Lorette*, sanctuaire appartenant à la papauté. Son long préambule défend l'importance des pèlerinages, et ses idées sont reprises pour les autres livrets des sanctuaires. Cet ouvrage est utile pour les pèlerins de Lorette, pourtant l'essentiel n'est pas d'obtenir une faveur matérielle, mais la conversion du cœur : l'itinéraire du *Pèlerin de Lorette* s'articule avec des degrés de la vie spirituelle (composition du lieu, réflexion sur les Écritures, contemplation).

Les livres des jésuites qui présentent les pèlerinages des Pays-Bas sont des récits spirituels, non des récits merveilleux, ni des récits historiques secs. On les retrouve là où est installée la Compagnie de Jésus : à Notre-Dame d'Esquermes ou à Notre-Dame de La Treille à Lille, à sainte Aldegonde de Maubeuge, à saint Druon de Sebourg, à Notre-Dame de Bonne-Espérance de Valenciennes, à Notre-Dame du Saint-Cordon de cette ville, et à Notre-Dame des Miracles de Saint-Omer…

35 Gazet, Guillaume, *Briefve histoire de la sacrée manne et de la saincte chandelle miraculeusement données de Dieu et religieusement conservées en la ville et cité d'Arras, avec les miracles des ardens tant de ladicte ville que de Paris et Tournay et la vie de sainct Vast, évesque et patron d'Arras, recueillies de plusieurs bons autheurs et des chartres (sic) et trésors des églises*, Arras, G. de La Rivière, 1599, 62 p., 145 mm.

La langue qu'utilisent les jésuites est souvent le latin, surtout à partir du moment où les pèlerinages cessent d'être fréquentés en vue de simples guérisons, mais pour obtenir à la fin du XVIe siècle des bienfaits spirituels. Cet ordre mondial utilise la langue internationale du latin, marqueur d'identité catholique, qui diffuse les normes du concile de Trente. D'autres livres apparaissent, comme celui de Caoult sur Liesse paru en 1606, édité à Douai, ville où est installée une université jésuite, et qui touche en fait plusieurs sanctuaires mariaux du nord de la France et des Pays-Bas espagnols[36].

Leurs œuvres tendent à montrer que le monde divin et surtout la Vierge Marie ont toujours protégé la ville sur laquelle porte le livret, comme c'est le cas pour Notre-Dame des Miracles à Valenciennes en 1638[37], à l'occasion de l'échec du siège des Français. Le pèlerinage de Liesse est le premier des sanctuaires français sous l'Ancien Régime. Il est donc normal que des jésuites écrivent sur cette chapelle, bien qu'elle soit desservie par le chapitre cathédral de Laon. Walrand Caoult publie en 1606 des récits de miracles attribués aux Vierges de pèlerinage du Nord du pays, dont celle de Liesse. Angelin Gazet publie chez de nombreux éditeurs le légendaire de Liesse composé en latin, intitulé *Pia hilaria*. Plusieurs pèlerinages sont traités : les sanctuaires de sainte Aldegonde de Maubeuge par le père Triquet[38], Notre-Dame du Saint-Cordon de Valenciennes par le père d'Oultreman, saint Druon de Sebourg par le père François Gautran, Notre-Dame de La Treille à Lille par le père Jean Vincart[39], et Notre-Dame des Miracles de Saint-Omer par le père Martin Couvreur[40], Notre-Dame de Bonne-Espérance à Valenciennes

36 Caoult, Walrand, *Miracula quae…*, *op. cit.*

37 Le titre complet de l'ouvrage sur Notre-Dame des Miracles de Valenciennes, publié en 1638 par le jésuite Couvreur, est *Ceste histoire contient le commencement de la religion chrestienne en ces quartiers, et son progrès sans interruption jusques à la délivrance de la ville du siège dernier l'an 1638, par le culte et l'intercession de la BV Marie mère de Dieu.*

38 Né à Maubeuge le 30 novembre 1591, il était dans les ordres quand il entre au noviciat le 4 octobre 1618, il exerce pendant toute sa vie l'emploi de catéchiste et de confesseur. Il meurt le 18 septembre 1668 à Tournai. Il n'a écrit que deux ouvrages (Sommervogel, Carlos, *Bibliothèque*, *op. cit.*, t. 8, col. 249).

39 Né à Lille le 2 février 1593, il entre au noviciat le 21 septembre 1612, professe la langue grecque ; prédicateur, il publie 25 livres en latin et en français, dont les *Éloges alphabétiques de la sainte Vierge* (Sommervogel, Carlos, *Bibliothèque*, *op. cit.*, t. 8, col. 820).

40 Né à Seninghem dans le Pas-de-Calais en 1576, il entre au noviciat de Tournai le 12 octobre 1599, enseigne la philosophie à Douai et la morale à Anvers, devient recteur de Cambrai et de Saint-Omer, meurt à Saint-Omer le 1er novembre 1648. Il a publié 12 ouvrages, et

par le père Pierre de Bouille[41], Notre-Dame de Bois-le-duc, Notre-Dame de Montaigu[42]...

Ces renseignements fournis par Sommervogel nous indiquent les points communs de leurs biographies. Ces auteurs ont joui d'une excellente formation intellectuelle et spirituelle qu'ils transmettent à l'élite de la société dans leurs collèges. Leur emploi du temps de professeur leur laisse du temps pour rédiger leurs ouvrages.

Les réécritures des légendaires et des *Vies* permettent de refaire les *Exercices spirituels*. L'exemple type est celui de Cériziers sur Liesse, où la succession des sentiments du légendaire est vécue comme autant d'étapes proposées par Ignace. Leur formation aux Lettres classiques les prédispose à composer des poèmes en formulant les vieux légendaires en vers latins. De même, les jésuites attribuent un message à chaque sanctuaire : Notre-Dame d'Esquermes devient « Notre-Dame de la Réconciliation », Notre-Dame de Liesse devient « *Nostra Domina de Laetitia* » ou de la joie.

Les images jouent un rôle important dans la spiritualité ignacienne, et ce avant même qu'elles ne deviennent le symbole de la réforme catholique et d'une civilisation baroque du XVIIe siècle. Elles font partie des choses qu'on « voit », un des cinq sens sur lesquels Loyola insiste : elles permettent de sentir le Créateur, de le toucher, de le goûter. Elles participent à la composition du lieu des scènes de l'Évangile. Elles favorisent le passage par des sentiments permettant les étapes vers la conversion grâce aux *Exercices spirituels*. C'est pourquoi elles sont présentes dans *Le pèlerin de Lorette* du jésuite Richeome. Pour cette raison, le mot « image » revient souvent dans les titres de l'histoire de Liesse[43]. Il rappelle la statue miraculeuse apportée du Paradis aux chevaliers prisonniers au Caire

---

celui dont nous parlons est le dernier qu'il ait écrit (Sommervogel, Carlos, *Bibliothèque*, *op. cit.*, t. 1, col. 265).

41 Né à Dinant (Belgique) le 30 janvier 1576, il entre au noviciat le 3 octobre 1592 ; prédicateur, puis recteur de Dinant, il meurt à Valenciennes le 22 décembre 1641. Il rédige 5 œuvres, dont trois concernent des lieux de pèlerinage (Sommervogel, Carlos, *Bibliothèque*, *op. cit.*, t. 1, col. 1919).

42 Pour une connaissance plus complète des sanctuaires des Pays-Bas, voir les deux ouvrages dirigés par Christin, Olivier qui présentent l'*Atlas Marianus* de Gumppenberg, cités plus haut.

43 Gazet, Angelin, *Historia imaginis beatissimae Virginis Laetitiae seu Exhilatricis in Gallia*, Cologne, 1631 ; Cériziers, René de, *Image de Nostre-Dame de Liesse ou son histoire authentique*, Reims, 1632, 511 p. ; Moreau, Edme, *Histoire miraculeuse de Nostre-Dame de Liesse, avec un recueil des grâces que Dieu opère par l'intercession de sa saincte mère, ensemble les figures de la dite histoire*, Troyes, Blaise Briden, Reims, Edme Moreau, 1645, 117 p.

durant le XIIe siècle. Mais il rappelle aussi, en particulier chez Moreau en 1645, les gravures qui relatent le légendaire et qui sont autant d'étapes de la conversion des chevaliers, et surtout de la princesse musulmane Ismérie. Liesse est le seul sanctuaire international dont le légendaire comporte autant d'images.

UNE PIÉTÉ ORDONNÉE

Le but des livrets baroques est d'autant plus important que les « merveilles » ou apparitions mariales sont nombreuses : on assiste à une forme de fixation spatiale et d'instrumentalisation cléricale du sacral sauvage[44], désirée par les canons du concile de Trente. Les auteurs doivent canaliser des sacralités de plus en fortes en raison de l'omniprésence des miracles dans les années 1590-1630. Les fidèles y sont très sensibles dans ces années où l'esprit baroque se développe, entraînant de multiples conversions.

Le légendaire réformé est écrit aussi dans une perspective identitaire, qui présente le saint comme protecteur d'un groupe ou d'un territoire. Il est aussi le moyen d'éduquer le pèlerin à la vie spirituelle. Pour Liesse, on passe du récit médiéval anonyme qui perdure jusqu'en 1601, destiné à être conté pour émouvoir l'auditoire, à un texte de Jacques Bosio, membre du prestigieux ordre de Malte, et cautionné par des docteurs de Sorbonne[45]. Ces légendaires réformés font preuve d'esprit critique. Le chanoine Aubert, qui imprime la nouvelle version du légendaire de Liesse en 1602, a réalisé des recherches pour trouver un nouveau texte plus conforme à la civilisation du temps. Ces légendaires réformés sont aussi un outil d'éducation à la vie spirituelle des pèlerins. Ainsi apparaît la description des sentiments de l'âme, jamais réalisée jusque-là dans les foules. On a recours aux grands auteurs : la princesse musulmane de Liesse, Ismérie, sentant en elle naître la conversion au christianisme, prononce des paroles de sainte Thérèse d'Avila : « Je meurs de ne pouvoir mourir ». Machault veille aux dispositions intimes de son lecteur, et propose une interprétation spirituelle du légendaire, où le pèlerin est comparé aux trois chevaliers de Liesse ; l'âme du pèlerin y est enfermée

44 Boutry, Philippe, « Dévotions et apparitions : le "modèle tridentin" dans les mariophanies en France à l'époque moderne », *Siècles*, 2000, n° 12, p. 130.

45 Voir Maes, Bruno, « La littérature de pèlerinage du XVIIe siècle, médiatrice des normes tridentines », dir. V. Beaulande-Barraud, J. Claustre, E. Marmursztejn, *La fabrique de la norme. Lieux et modes de production des normes au Moyen Âge et à l'époque moderne*, Rennes, PUR, 2012, p. 207-222.

dans la prison du corps, au milieu de l'Égypte du monde, sous la tyrannie d'un cruel « soldan » qui est l'amour de soi-même[46].

Ce moment est aussi celui des miracles historiques. Avec la réforme catholique, on passe du miracle légendaire – c'est-à-dire d'un conte qui confirme la spécialisation du sanctuaire – au miracle historique, daté, dont les protagonistes sont connus, avec attestations de médecins et de juges locaux. Le but de ces miracles historiques est de démontrer la fréquentation des sanctuaires, et l'efficacité des reliques.

La méditation des prières se développe. Les livrets de pèlerinage dans leur entier favorisent les temps d'oraison : méditation du légendaire, lecture des miracles… L'inflation du nombre de prières, en particulier de celles qu'on dit dans telle ou dans telle circonstance, devant la statue miraculeuse par exemple, est une manière d'éduquer le pèlerin dans sa vie spirituelle, et de lui proposer les mots avec lesquels il peut s'adresser à la Vierge[47]. C'est une forme d'éducation à une relation intériorisée avec le divin. En 1657, les nombreux *Exercices pour la journée, tirés des dévotions du R. P. Bernard appelé le pauvre prêtre*[48], proposent des litanies au Christ ou à la Vierge, de courtes prières du matin ou du soir, et offrent le modèle d'une piété bien ordonnée.

Les jésuites ont une spiritualité où la démarche du pèlerinage a une importance essentielle, grâce à leur fondateur Ignace de Loyola dont le surnom était « le pèlerin », une idée présente dans les *Exercices spirituels* qu'il a rédigés à partir de sa propre expérience de recherche de la volonté divine dans sa vie, et approuvée par le pape Paul III le 31 juillet 1548 dans le document pontifical *Pastoralis officii*.

Le contexte de guerre et de frontière de catholicité est essentiel pour comprendre ce phénomène, car la guerre permet d'affirmer sa propre identité contre l'autre qui est aussi l'ennemi. Les partisans de la raison dévote que sont les jésuites – dans les Pays-Bas espagnols en général – s'affirment contre les Français dont les rois Henri IV et Louis XIII ont choisi la raison d'État, ou contre les Provinces-Unies calvinistes, qui étaient des alliés pour combattre les Pays-Bas.

---

46 Machault, Guillaume de, *Histoire et miracles de Nostre-Dame de Liesse*, Paris, Pierre Louys, 1617, p. 406.

47 Par exemple dans *Ibid.*, p. 406-409.

48 Saint-Pérès, J. de, *Histoire miraculeuse de Nostre-Dame de Liesse, avec l'instruction pour les pèlerins qui vont rendre leurs vœux dans la sainte chapelle ; ensemble un exercice journalier tiré des dévotions du R. P. Bernard*, Paris, J. Piot, 1657, p. 164-186.

Avant même la création de la Compagnie, cette région riche connaissait un fort taux d'alphabétisation, et les spectacles urbains étaient fréquents. Le XVIe siècle ajoute une autre caractéristique, celle de devenir une frontière de catholicité, où État et religion associent leurs efforts. Les jésuites, qui ont prononcé un quatrième vœu d'obéissance au pape, s'intègrent bien dans cette sensibilité baroque. Devenus un ordre enseignant en plus d'un ordre de missionnaires, ils l'utilisent pour reprendre les anciens livrets et élever leur niveau spirituel en les faisant passer du pèlerinage-recours au pèlerinage-mission, suivant en cela les intuitions du concile de Trente. Ils modifient les livrets – qui ont un grand impact sur la population car chacun a besoin de guérir des maux qui le frappent – comme outil de la nouvelle pastorale. Cette modification perdure dans cette région, qui reste longtemps une frontière de catholicité face aux Provinces-Unies calvinistes.

Bruno MAES
Université de Lorraine
CRULH

LES HOSTIES MIRACULEUSES DES FLANDRES À L'ITALIE DU NORD

Des témoins de l'essor précoce de la dévotion eucharistique dans l'espace lotharingien ? (vers 1170 – vers 1270)

En 1286, Heilewigis de Diest, prieure d'Herkenrode, fait faire une monstrance eucharistique, qui est généralement considérée comme le premier objet de ce type conservé de nos jours[1]. Cette pièce d'orfèvrerie, probablement réalisée par des artistes parisiens, présente une particularité, puisqu'elle était destinée à accueillir une hostie qui se serait miraculeusement changée en chair. À ce titre, la commande de Heilewigis est l'aboutissement d'un siècle d'évolutions profondes dans l'espace « lotharingien » sur lesquelles on se propose de revenir.

Des récits de miracles eucharistiques circulent dans tout l'Occident depuis le haut Moyen Âge[2]. Les controverses, comme celle que suscite la théologie de Bérenger de Tours au milieu du XIe siècle, constituent des moments importants de leur diffusion[3]. Mais, à ces hautes époques, la plupart des sources évoquent des phénomènes limités dans le temps : une hostie change d'apparence, avant de reprendre l'aspect du pain[4].

1 Tixier, Frédéric, *La monstrance eucharistique : genèse, typologie et fonctions d'un objet d'orfèvrerie, XIIIe-XVIe siècle*, Rennes, Presses universitaires de Rennes, 2014, p. 105-107. Herkenrode : abbaye cistercienne au diocèse de Liège.

2 Pour un aperçu des miracles eucharistiques sur l'ensemble de la période médiévale, voir Browe, Peter, *Die eucharistischen Wunder des Mittelalters*, Breslau, Müller & Seiffert, 1938.

3 Montclos, Jean de, *Lanfranc et Bérenger : la controverse eucharistique du XIe siècle*, Louvain, Spicilegium sacrum Lovaniense, 1971 ; Montclos, Jean de, « Lanfranc et Bérenger : les origines de la doctrine de la Transsubstantiation » dir. G. d'Onofrio, *Lanfranco di Pavia e l'Europa del secolo XI nel IX centenario della morte (1089-1989), Atti del convegno internazionale di studi (Pavia, Almo Collegio Borromeo, 21-24 settembre 1989)*, Rome, 1993, p. 297-326.

4 C'est le cas dans le célèbre miracle attribué à Grégoire le Grand, qui apparaît dès la première *Vita* du début du VIIIe siècle (Colgrave, Bertram (éd.), *The Earliest Life of Gregory*

À partir du XIIe siècle, on rapporte également des miracles durables (*Dauerwunder*), au cours desquels les espèces conservent leur aspect particulier[5]. En conséquence, le miracle n'existe plus seulement par le récit qu'on en fait, mais également à travers des objets (hostie et vin eucharistiques miraculeux) que l'on expose à la dévotion des fidèles. L'évolution est à relier à deux mouvements : l'essor de la dévotion au *corpus Christi* hors de la messe et la tendance à l'assimilation de l'eucharistie aux reliques[6].

Il est assez difficile d'appréhender la géographie des *Dauerwunder* en raison de la rareté des sources contemporaines : beaucoup d'hosties miraculeuses sont documentées par des sources de la fin du Moyen Âge, ce qui rend suspecte leur existence au début du XIIIe siècle[7]. Néanmoins, l'importance du diocèse de Liège et, plus largement, des principautés situées aux confins du royaume de France et de l'Empire, dans l'essor de la dévotion eucharistique à cette époque a été bien établie. Liège est la ville où naît la Fête-Dieu, instituée par un mandement de Robert de Thourotte en 1246[8]. Mais, avant même l'instauration de la nouvelle fête, de nombreux témoignages attestent la vigueur de la dévotion à l'eucharistie dans cet espace. Les statuts synodaux de l'évêque de Cambrai,

---

the Great by an Anonymous Monk of Whitby, Lawrence, University of Kansas Press, 1968, p. 104-108).

5 Caroline Bynum, qui a relevé ce changement, le date des environs de 1200. Voir Bynum, Caroline, *Christian Materiality. An Essay on Religion in Late Medieval Europe*, New York, Zone Books, 2011, p. 143. Les premiers cas – dont on étudiera des exemples *infra* – apparaissent, autant qu'on puisse en juger, dans les années 1170.

6 Le premier point a été mis en valeur dans deux travaux anciens de Dumoutet, Édouard, *Le désir de voir l'hostie et les origines de la la dévotion au Saint-Sacrement*, Paris, Beauchesne, 1926 et *Corpus Domini. Aux sources de la piété eucharistique médiévale*, Paris, Beauchesne, 1942. Une synthèse plus récente sur le sujet figure dans : Macy, Gary, *The Theologies of the Eucharist in the early Scholastic Period. A Study of the Salvific Function of the Sacrament according to the Theologians c. 1080 – c. 1220*, Oxford, Clarendon Press, 1984, p. 86-92 : « Devotion to the Eucharist ». Sur le deuxième point, voir l'ouvrage classique : Snoek, Godefridus J. C., *Medieval Piety from Relics to the Eucharist : A Process of Mutual Interaction*, Leyde – New York, Brill, 1995.

7 Citons, à titre d'exemple, l'hostie de Doberan (OC, diocèse de Rostock), datée par la tradition de la fin du XIIe siècle mais dont la source la plus ancienne est la chronique rimée d'Ernst von Kirchberg (1378-1379). Voir *Mecklenburgische Reimchronik des Ernst von Kirchberg*, éd. C. Cordshagen et R. Schmidt, Cologne – Weimar – Vienne, Böhlau, 1997, p. 288-291.

8 Pour une synthèse sur l'établissement de la nouvelle festivité à Liège, voir : Delville, Jean-Pierre, Haquin, André (dir.), *Fête-Dieu (1246-1996)*, Louvain-la-Neuve, Institut d'études médiévales de l'Institut catholique de Louvain, 1999, 2 volumes.

Guiard de Laon, datés de 1238-1248, particulièrement diserts sur le sacrement de l'autel, montrent à quel point le prélat veille à promouvoir chez ses ouailles les attitudes de respect envers les espèces eucharistiques, pendant et hors de la messe[9]. L'hagiographie féminine de ces régions, dont la *Vie de Marie d'Oignies*, rédigée entre 1213 et 1215 par Jacques de Vitry est le témoin le plus précoce, subit l'influence d'une spiritualité béguino-cistercienne qui place l'eucharistie au cœur de l'expérience religieuse des *mulieres sanctae*[10].

Dès lors, on se propose de mettre à l'épreuve deux hypothèses. On peut en effet se demander si l'essor de la dévotion à l'eucharistie s'accompagne d'une production importante d'hosties miraculeuses en Flandre et au diocèse de Liège et, en outre, si cette production s'insère dans une dynamique plus vaste, qui jouerait à l'échelle de l'axe « lotharingien ». Pour cela, il convient de distinguer deux moments, qui obéissent à des logiques différentes : un premier temps, à la charnière des XIIe et XIIIe siècles, où l'élément déterminant est la vigueur de l'hérésie ; un second moment, à partir des années 1250, où la production d'espèces miraculeuses peut être reliée à la diffusion de la nouvelle liturgie depuis Liège.

FACE AUX HÉRÉSIES (ANNÉES 1170 – ANNÉES 1220)

La synchronie entre la mention d'espèces miraculeuses et la prise de conscience du danger hérétique est frappante, au nord comme au sud de l'espace « lotharingien ».

---

9 Ils sont édités dans : Avril, Joseph, *Les statuts synodaux français du XIIIe siècle*, t. 4, *Les statuts synodaux de l'ancienne province de Reims (Cambrai, Arras, Noyon, Soissons, Tournai)*, Paris, CTHS, 1995, spécialement p. 38-43 pour l'eucharistie.

10 Le texte est édité dans : Jacques de Vitry, *Vita Marie de Oegnies. Thomas Cantipratensis Supplementum*, éd. R. B. C. Huygens, Turnhout, Brepols, 2012. Pour le XIIIe siècle, voir en premier lieu la synthèse de Roisin, Simone, *L'hagiographie cistercienne dans le diocèse de Liège au XIIIe siècle*, Louvain, Bibliothèque de l'Université, 1947 et Bolton, Brenda, « Mulieres sanctae », *Studies in Church History*, n° 10 (1977), p. 77-97. Plus spécifiquement sur l'eucharistie : Bynum, Caroline, « Women mystics and eucharistic devotion in the thirteenth century », *Women's studies*, n° 11 (1984), p. 179-214 ; *Ead.*, *Jeûnes et festins sacrés. Les femmes et la nourriture dans la spiritualité médiévale*, Paris, Cerf, 1994.

DEUX PÔLES COMPARABLES : L'ITALIE DU NORD ET LES FLANDRES

Quatre sources du dernier tiers du XIIe siècle mentionnent la vénération d'une hostie miraculeuse à Arras. Un cistercien de l'abbaye de Berdoues (diocèse d'Auch), Raymond Malet, nous a laissé un récit circonstancié du miracle, qu'il date du jour de Pâques 1175[11]. La date est corroborée par la mention de l'hostie dans le recueil de miracles qu'Herbert de Clairvaux compile vers 1178[12]. Enfin, une vingtaine d'années plus tard, vers 1197, Giraud le Cambrien donne, lui aussi, un récit assez détaillé du prodige. Il rejoint, dans ses grandes lignes, les deux précédents[13]. Mais l'auteur y ajoute la copie d'une lettre d'Alexandre III (1159-1181) dans laquelle le pape écrit à l'évêque d'Arras pour arbitrer un litige survenu au sujet de l'hostie[14]. Deux des témoins, Raymond Malet et Giraud le Cambrien, disent avoir vu l'hostie. Les deux relient d'ailleurs explicitement le miracle à la présence hérétique. Le moine de Berdoues insiste sur le nombre important de dissidents dans la ville d'Arras et les qualifie du terme générique d'*heretici*. Giraud mentionne, quant à lui, la présence massive d'hérétiques en Flandre, les désigne comme « patarins ou cathares » (*patari seu catari*) et précise que leur croyance relative à l'eucharistie est erronée[15]. De fait, il y a sans doute à ce moment un tournant dans la répression des cathares à Arras et le miracle se situe entre deux témoignages bien connus sur l'hérésie en Flandre[16]. En 1162, le roi Louis VII écrit au pape pour lui signaler que son frère, l'archevêque de Reims, a trouvé dans cette région des

---

11 Le texte est présenté et édité dans : Fournier, E., « Un miracle eucharistique à Arras en 1175 », *Bulletin de la Commission départementale des monuments historiques du Pas-de-Calais*, volume 5, 1927, p. 251-254.

12 Herbertus Turritanus Archiepiscopus, *Liber Visionum et Miraculorum Clarevallensium*, éd. G. Zichi, G. Fois et S. Mula, Turnhout, Brepols, 2017, p. 170.

13 Giraud le Cambrien, *Gemma Ecclesiastica*, dans *Giraldi Cambrensis Opera omnia*, éd. J. S. Brewer, t. 2, Londres, Longman, Green, Roberts, 1862, p. 40-42. L'œuvre, connue par un seul manuscrit, fut présentée à Innocent III en 1199. On a repris la datation de : Bartlett, Robert, *Gerald of Wales (1146-1223)*, Oxford, Clarendon Press, 1982, p. 218.

14 Jaffé, Philippe et Wattenbach, Wilhelm, *Regesta pontificum romanorum ab condita Ecclesia ad annum post Christum natum MCXCVIII*, Leipzig, Veit et comp., t. 2, 1888, n° 13748.

15 Fournier, E., éd. citée, p. 252 : « *Est civitas in Flandria, Atrebatum nomine, in qua non pauci comanent heretici commixit fidelibus* » ; Giraud le Cambrien, *op. cit.*, p. 41.

16 Grisart, Maurice, « Les Cathares dans le nord de la France », *Revue du Nord*, n° 194 (1967), p. 509-519 et spécialement p. 513-514.

dissidents, « tombés dans l'hérésie des manichéens » et « vulgairement appelés *populicani*[17] ». Une continuation de la *Chronique* de Sigisbert de Gembloux, connue sous le nom de *Chronique d'Anchin*, note l'arrestation de quatre hérétiques dans la ville d'Arras en 1182. L'auteur précise en outre que « beaucoup ont été accusés devant l'archevêque [de Reims] et le comte [de Flandre] : des nobles, non nobles, clercs, soldats, paysans, vierges, veuves et épouses[18] ».

C'est à la même époque et dans un contexte similaire que l'on présente à la dévotion des fidèles une hostie miraculeuse dans deux villes d'Italie du nord. À Ferrare, c'est une mention lapidaire de Giraud le Cambrien qui l'atteste : « Et de même à Ferrare, en Italie, à notre époque, une hostie fut changée en une petite portion de chair le jour de Pâques[19] ». Des documents du XVe siècle précisent les circonstances de la vénération : un bref du cardinal Milgiorati (1404) et une bulle du pape Eugène IV (1442) datent l'événement de 1171 et le situent à l'église Santa Maria in Vado[20]. Des espèces eucharistiques miraculeuses ont été également exposées, semble-t-il, à Mantoue, à une date plus difficile à établir. Un moine cistercien de l'abbaye de Cherlieu ou de Châalis, dont on ne connaît que l'initiale (« H. »), a donné un récit détaillé d'un miracle dans lequel il affirme avoir vu l'hostie et le vin exposés dans cette ville. On a proposé de situer le texte, qui n'est connu que par un seul manuscrit du XVe siècle, dans une fourchette chronologique allant de 1188 à 1214[21]. À Ferrare comme à Mantoue, l'hérésie est explicitement mentionnée par les sources. Dans le premier cas, Giraud nous dit que « les habitants de cette ville, qui avaient presque tous été patarins et se

17 Texte dans : Fredericq, Paul, *Corpus documentorum inquisitionis hereticae pravitatis Nederlandicae*, Gand, 1889-1902, n° 37 : « *in manicheroum lapsos heresim, qui vulgo populicani vocantur* ».

18 Fredericq, Paul, *op. cit.*, n° 48 : « *Multi sunt in presentia archiepiscopi et comitis accusati, nobiles, ignobiles, clerici, milites, rustici, uirgines, uidue et uxorate* ».

19 Giraud le Cambrien, *op. cit.*, p. 39 : « *Et sicut apud Ferrarium in Italia, his nostris diebus, hostia in die Paschae in portiunculam carnis conuersa fuit* ».

20 Cimatti, Eugenio, *Cenni storici intorno al Sangue miracoloso che si venera nella parrocchiale basilica di S. Maria del Vado in Ferrara*, Ferrare, Tipografia Governativa Taddei, 1857 ; Cavallini, Gaetano, *Omaggio al sangue miracoloso che si venera nella Basilica di S. Maria in Vado di Ferrara*, Ferrare, Tipografia Arcivescovile Bresciani, 1878 ; Samaritani, Antonio, *Il prodigio del Sangue a Ferrara*, Cesena, 1979.

21 Pour l'hypothèse de datation et l'édition du récit, voir : Wallerich, François, « Des cathares aux lollards. Des miracles eucharistiques inédits dans l'Angleterre du XVe siècle », *Mabillon*, n° 29 (2018) (p. 189-212). Le récit a été copié dans le ms. Oxford, Merton College, 13, fol. 172-v.

trompaient au sujet du corps du Christ, revinrent à la vérité[22] ». Dans le second, le miracle apparaît à un prêtre « que de nouveaux hérétiques, qui rejetaient le sacrement du corps et du sang du seigneur, invectivaient[23] ». Comme dans le cas d'Arras, la production de ces objets sacrés est contemporaine d'un tournant dans la présence hérétique. La fin du XIIe siècle marque en effet l'établissement, en Italie du nord, d'une église cathare organisée. D'après le *De heresi catharorum in Lombardia*, texte du début du XIIIe siècle, un évêque hérétique serait établi à Mantoue à la fin du XIIe siècle[24]. C'est aussi à cette époque que la répression s'organise, ce dont témoigne notamment la bulle *Ad abolendam* que Lucius III fulmine à Vérone en 1184[25].

UN AXE « LOTHARINGIEN » ?

L'apparition concomitante des hosties dans ces deux zones invite à s'interroger sur une éventuelle dépendance de l'une envers l'autre. Le phénomène n'est certainement pas une simple coïncidence et le facteur de l'hérésie ne peut tout expliquer. Un constat simple le montre : en Languedoc, région marquée par la dissidence s'il en est, aucune hostie miraculeuse n'est produite avant l'extrême fin du XIIIe siècle[26]. Les hérésiologues ont, du reste, souvent évoqué le déplacement de dissidents de l'Italie du nord à la Flandre, *via* la Champagne, selon un itinéraire très fréquenté à l'époque[27]. Y aurait-t-il, de la même manière, une cir-

22 Giraud le Cambrien, *op. cit.*, p. 39 : « *ciues urbis illius, quae fere omnes Paterini fuerant, et male de corpore Christi sentiebant, ad ueritatem sunt reuersi* ».

23 Ms. Oxford, Merton College, 13, fol. 172 : « *Huic noui conuiciabantur heretici, sacramentum denegantes corporis et sanguinis domini* ».

24 Dondaine, Antoine, « La hiérarchie cathare en Italie. I : Le *De heresi Catharorum in Lombardia* », *Archivum Fratrum Praedicatorum*, n° 19 (1949), p. 280-312.

25 Jaffé, Philippe et Wattenbach, Wilhelm, *op. cit.*, n° 15109. Édition : Mansi, Gian Domenico, *Sacrorum conciliorum nova et amplissima collectio*, Venise, Antonio Zatta, 1778, col. 476-478.

26 Il s'agit des hosties de Caussens, exposées à la cathédrale d'Agen sans doute sous l'épiscopat de Bertrand de Got (1292-1300). Le récit est édité dans : Daugé, Sylvain, « Le miracle eucharistique de Caussens aux premières années du XIVe siècle », *Revue de l'Agenais*, n° 53 (1926), p. 149-161. Il est aussi présenté dans : Baillet, Christophe, « Miracles du *Corpus Christi* à Caussens (Agenais) », dir. G. Philippart, *Hagiographies*, t. 6, Turnhout, Brepols, 2014, p. 790-793 et Wallerich, François, « L'hostie, la demi-hostie et la Véronique. Des objets sacrés à la croisée d'enjeux pastoraux et théologiques au diocèse d'Agen (vers 1300) », *Cahiers de Fanjeaux*, n° 53 (2018) (p. 117-137).

27 C'est déjà le cas du groupe d'hérétiques qui, mené par Gandulphe, arrive à Liège en 1025 en provenance d'Italie, avant de tomber entre les mains de l'évêque Gérard de

culation pouvant rendre compte de la production des hosties au nord et au sud de l'axe médian ? On ne peut que le suggérer, en relevant notamment qu'un Giraud le Cambrien connaît bien l'hostie d'Arras mais aussi celle de Ferrare, ou que le cistercien qui a vu celle de Mantoue écrit très probablement depuis Cherlieu, en Franche-Comté. Maigres indices toutefois, qui ne permettent pas de démontrer l'existence d'un axe « lotharingien ».

ANNÉES 1220 : LA MENACE DE L'HÉRÉSIE RETOMBE

À partir des années 1220, l'hérésie perd de son importance et n'est plus explicitement citée dans les récits. Il en va ainsi du miracle de Saint-Trond (diocèse de Liège), connu par un *exemplum* des *Libri VIII Miraculorum* de Césaire de Heisterbach[28]. Césaire, qui entreprend en 1225-1227 la rédaction de cet ouvrage qu'il n'a probablement jamais achevé, date son récit de 1223. Il affirme qu'à partir de cette date, on a exposé à la dévotion des fidèles une hostie et un corporal miraculeusement tachés de sang dans l'église abbatiale de Saint-Trond. Mais les hérétiques n'apparaissent guère dans le récit. Ce changement correspond sans doute à une évolution effective de leur présence au diocèse de Liège. L'installation des Dominicains dans la ville (1229) et la lettre qu'envoie le chapitre cathédral aux fidèles du diocèse pour leur indiquer que les Prêcheurs sont chargés de combattre les dissidents (1238) sont deux traces assez labiles de la présence hérétique[29]. Il n'y en a guère d'autre, pour tout le XIIIe siècle. C'est ce qui conduit à interpréter généralement ces mentions comme des craintes suscitées par les béguines et à considérer que l'hérésie est quasiment inexistante à Liège

---

Cambrai. La source qui nous renseigne sur leur cas a été rééditée récemment dans : Gérard de Cambrai, *Acta synodi Atrabatensis, Vita Autberti, Vita Gaugerici ; Varia scripta ex officina Gerardi exstantia*, éd. S. Vanderputten et D. J. Reilly, Turnhout, Brepols, 2014. Plus généralement, sur cette route, voir : Blin, Léon, « Du Brabant à Lyon et en Italie par la Champagne et la Bourgogne (XIIe et XIIIe siècles) », *Publications du Centre Européen d'Études Bourguignonnes*, n° 23 (1983), p. 105-122. Les itinéraires de Giraud le Cambrien y sont indiqués (p. 110) et on y trouvera une carte qui synthétise la situation (p. 121).

28 Césaire de Heisterbach, *Libri VIII Miraculorum*, éd. A. Hilka, *Die Wundergeschichten des Caesarius von Heisterbach*, t. 3, *Die beiden ersten Bücher der Libri VIII miraculorum ; Leben, Leiden und Wunder des heiligen Engelbert, Erzbischofs von Köln ; Die Schriften über die heilige Elisabeth von Thüringen*, Bonn, P. Hanstein, 1937, p. 16-19.

29 Les deux documents sont donnés dans : Fredericq, Paul, *op. cit.*, n° 75 et 113.

au XIIIe siècle[30]. L'hostie de Saint-Trond ne vise donc pas l'affirmation du dogme eucharistique face à d'éventuels contestataires. Elle marque donc une rupture par rapport aux cas précédents.

VÉNÉRATION ET MISE EN VALEUR DES ESPÈCES MIRACULEUSES

LES PROCESSIONS ET L'ORGANISATION DE LA VÉNÉRATION

Les récits consacrent plus ou moins de temps à décrire la manière dont les espèces ont été transportées jusqu'à leur lieu de vénération. La mention de processions où l'on porte l'hostie ou le sang eucharistique avant même l'instauration de la Fête-Dieu y est notable.

Giraud le Cambrien note qu'à Arras, après que les fidèles eurent montré l'hostie au prêtre, « ils la portèrent avec l'honneur qui lui est dû et en procession à l'église[31] ». La brève allusion de Giraud peut être complétée par le récit du miracle mantouan. Quand il apprit le miracle, l'évêque de Mantoue, « réunit l'ensemble du clergé et arriva en procession, précédé de cierges et d'une grande croix[32] ». L'« honneur dû » au sacrement qu'évoque Giraud se trouve ainsi explicité. La présence de tous les fidèles, de luminaires et d'une croix évoque les prescriptions relatives à l'acheminement du *corpus Christi* aux malades, telles qu'elles figurent dans les statuts synodaux contemporains[33]. Guiard de Laon préconise ainsi « que le prêtre fasse route précédé d'un luminaire et que les fidèles l'attendent, jusqu'à ce que le malade

30 C'est notamment l'interprétation de Bertrand, Paul, *Commerce avec dame Pauvreté. Structures et fonctions des couvents mendiants à Liège (XIIIe – XIVe s.)*, Genève, Droz, 2004, p. 578-580.

31 Giraud le Cambrien, *op. cit.*, p. 40 : « *cum honore debito et processione illud ad ecclesiam detulerunt, apertoque a sacerdote coram omnibus* ».

32 Oxford, Merton College, 13, fol. 172v : « *uniuersos congregans ecclesie gradus, precedentibus cereis et cruce magna cum processione aduenit* ».

33 Voir en particulier, sur l'usage des luminaires : Vincent, Catherine, « *Ob reverentiam dicti sanctissimi corporis Christi* : luminaires et dévotion eucharistique (XIIIe-XVe siècle) », dir. N. Bériou, B. Caseau et D. Rigaux, *Pratiques de l'eucharistie dans les Églises d'Orient et d'Occident (Antiquité et Moyen Âge)*, Paris, Institut d'Études Augustiniennes, 2009, t. 1, *L'Institution*, p. 481-495.

ait communié[34] ». Lorsqu'ils portent les espèces miraculeuses dans les églises, les prélats transposent donc les marques d'honneur attendues à la communion des malades pour organiser des processions d'un genre nouveau. Dans le cas de Ferrare, Giraud dit que l'évêque a effectué un sermon sur le thème des espèces miraculeuses. Malheureusement, il ne donne pas la teneur du discours de l'évêque. Il devait vraisemblablement articuler le dogme de la présence substantielle à la lutte contre l'hérésie.

DES OBJETS CONVOITÉS

Ce sont généralement les évêques qui prennent en charge les objets sacrés. Mais leur volonté de s'approprier les espèces suscite parfois des conflits, ce qui démontre l'intérêt que l'on portait à de tels objets.

À Arras, l'appropriation de l'hostie par l'évêque est contestée par certains membres du clergé local, si bien que le pape Alexandre III intervient lui-même pour arbitrer l'affaire[35]. De la lettre du pontife, il ressort que l'église où aurait eu lieu le miracle dépendait d'un chanoine arrageois. L'évêque lui aurait enjoint de transférer l'hostie à la cathédrale. Mais, par la suite, le chanoine a réclamé que les revenus produits par les oblations faites aux espèces miraculeuses soient transférés à l'église dans laquelle le miracle aurait eu lieu. À travers le cas d'Arras apparaissent clairement les bénéfices pécuniaires que l'on pouvait attendre de tels objets. Les importants travaux engagés pour la reconstruction de la cathédrale à cette époque ne pouvaient que favoriser la volonté de l'évêque de ne pas céder sur ce point[36].

Le clergé de Mantoue est également conscient de ces enjeux. Le prêtre de la ville qui célèbre la messe décide de communier en dépit du changement d'apparence des espèces. Quand les clercs prennent connaissance de son geste, ils sont furieux : « En colère de ce qu'un tel miracle était occulté à cause de la présomption du prêtre, ils jugèrent qu'il fallait le déposer. L'évêque suspendit néanmoins la déposition et

34 Avril, Joseph, *op. cit.*, p. 42 : « *Incedat uero presbiter cum lucerna precedente, et expectent eum fideles, donec eger communicetur* ».

35 Voir *supra*, n. 14.

36 Sur la cathédrale Notre-Dame d'Arras, voir Héliot, Pierre, « Les anciennes cathédrales d'Arras », *Bulletin de la Commission royale des Monuments et des Sites*, n° 4 (1953), p. 11-107.

lui imposa une grande pénitence[37] ». Lors de la messe célébrée par le même prêtre au cours de laquelle le miracle se reproduit, le texte nous dit même qu'un fidèle, ayant vu le prodige, « saisit [le célébrant] par la chasuble et lui interdit de communier au nom du pape, de son évêque et de toute l'Église[38] ». L'importance que revêt la possession de tels objets explique l'irruption de la violence, tant chez les clercs que chez les laïcs. Dans le récit de Césaire de Heisterbach, les choses vont encore plus loin. Lorsque les habitants de Saint-Trond apprennent que les autorités veulent transférer les espèces en Livonie, ils n'hésitent pas à mobiliser les milices urbaines. Le compilateur rapporte que « soixante hommes en armes furent mobilisés pour s'y opposer. Accompagnés par le clergé et le peuple, ces derniers déposèrent [l'hostie] à l'église de Saint-Trond[39] ». Il n'y a guère ici de procession ménageant les honneurs dus au sacrement : c'est littéralement *manu militari* qu'on le transporte à l'abbaye.

Une manière de remédier au conflit consiste à multiplier les objets et à les disperser. À Saint-Trond, quatre reliques sont produites : l'hostie et trois corporaux tachés de sang. Un prélat d'envergure est présent au moment des faits. Désigné par Césaire comme « évêque de Livonie », il doit s'agir de l'évêque de Riga, le puissant Albert de Buxthoeven (1201-1229). Il suggère que l'hostie soit portée en Livonie, afin de soutenir les efforts d'évangélisation qui y ont cours. Mais il se heurte, comme on vient de le voir, à l'opposition de la population locale. On aboutit alors à un compromis : l'hostie et un corporal sont portés à l'abbaye de Saint-Trond, tandis que deux autres linges sont cédés à l'évêque de Livonie, qui les emporte dans son diocèse.

La production d'hosties miraculeuses dans l'axe « lotharingien » marque le pas après le miracle de Saint-Trond. Elle reprend dans les années 1250, mais selon des logiques différentes : celles liées à la diffusion de la Fête-Dieu.

---

37 Oxford, Merton College, 13, fol. 172v : « *Illi autem, irati quod propter sacerdotis presumptionem tantum lateret miraculum, eum depositione dignum censebant. Episcopus autem ab eius quidem depositione cessauit et magnam penitentiam ei iniuxit* ».

38 *Ibid.* : « *eum per casulam apprehendens, eique ex parto domini pape et proprii episcopi et tocius ecclesie ne sacrificium sumeret interdixit* ».

39 Césaire de Heisterbach, *op. cit.*, p. 18 : « *sexaginta armati uiri ad resistendum destinati sunt, per quos comitante clero ac populo ad ecclesiam sancti Trudonis delatum est* ».

DANS LE SILLAGE DE LA FÊTE-DIEU (ANNÉES 1250 – ANNÉES 1270)

La fête du *corpus Christi*, établie pour la première fois à Liège en 1246, reste cantonnée à ce diocèse jusqu'à la bulle *Transiturus* (1264). À partir de cette date, sa diffusion est le fait d'initiatives locales. Ce n'est qu'à partir de 1317 que l'impulsion de la papauté en permet la diffusion massive[40]. Deux hosties miraculeuses de l'axe lotharingien sont liées à l'arrivée de la nouvelle festivité.

DEUX MANIÈRES D'ENCOURAGER LA DÉVOTION EUCHARISTIQUE

La chronique de l'abbaye de Villers (diocèse de Liège) indique que l'établissement expose à la vénération des fidèles du sang eucharistique à partir de 1252[41]. L'abbé Guillaume, élu en 1250, fait construire lors de la deuxième année de son abbatiat une croix-reliquaire, que l'auteur décrit avec précision. À l'intérieur est notamment contenu « du sang du Seigneur, qui fut transsubstantié sur l'autel en sang » (*de sanguine Domini, qui in altari transubstanciabatur in sanguinem*). La précision *in altari transubstanciabatur* indique bien qu'il s'agit d'un sang eucharistique et non d'une relique du Christ ; on y reviendra. Le lien entre la production de cet objet et l'institution de la Fête-Dieu n'est pas explicite dans la chronique. Mais il faut relever une coïncidence pour le moins significative. Le reliquaire de Villers a été fabriqué et exposé à la vénération le 22 septembre 1252. Or, le 26 avril de la même année, c'est par un mandement pris précisément à Villers qu'Hugues de Saint-Cher, alors légat pontifical, accorde des indulgences pour la célébration de la Fête-Dieu[42]. Quelques mois après, le 29 décembre, Hugues rend obligatoire

40 Rubin, Miri, *Corpus Christi : the Eucharist in Late Medieval Culture*, Cambridge, Cambridge University Press, 1991, p. 164-212.

41 *Chronica Villarensis*, éd. G. Waitz (MGH, SS 25), Hanovre, 1880, p. 192-235 et spécialement p. 209. Sur l'abbaye de Villers, voir : Moreau, Édouard de, *L'abbaye de Villers-en-Brabant au XIIe et XIIIe siècles : étude d'histoire religieuse et économique*, Bruxelles, A. Dewit, 1909 et les travaux plus récents d'Éric Delaissé, notamment : Delaissé, Éric, « Le nombre de bienheureux à Villers-en-Brabant aux XIe et XIIIe siècles », *Revue bénédictine*, n° 117/2 (2007), p. 383-401.

42 Texte dans : abbé Darsonville, *Urbain IV et la Fête-Dieu*, Liège, 1902, p. XIV.

la nouvelle festivité sur le territoire de sa légation[43]. N'est-il pas légitime de supposer que la croix reliquaire et, plus particulièrement, le sang miraculeusement transsubstantié, aient été exposés à la vénération afin d'encourager la piété eucharistique et promouvoir la nouvelle fête ?

Le lien est explicite dans le cas de l'abbaye de Mustaïr (OB), située aux confins de l'Italie et de la Suisse actuelle[44]. Le miracle qui y aurait eu lieu est attesté par deux documents : un récit en latin, connu par une copie qu'en a faite un *notarius publicus* du XVe siècle, Hans Rabustan[45], et un poème en allemand, rédigé dans la première moitié du XIVe siècle par Nikolaus Schlegel[46]. Le récit latin dont Rabustan donne la copie doit être de peu postérieur aux événements eux-mêmes, mais ces derniers sont difficiles à dater. Anton Schönbach propose une fourchette entre 1190 et 1220 tandis qu'Albuin Thaler opte pour une datation plus basse, entre 1232 et 1263[47]. Dans tous les cas, on dispose également de la copie d'une indulgence conférée en 1275, qui concerne autant la célébration du *corpus Christi* que la vénération de l'hostie miraculeuse :

> Que tous les fidèles du Christ sachent qu'il faut célébrer cet office du très saint corps de Jésus-Christ le jeudi qui suit l'octave de la Pentecôte et que tous ceux qui seront présents le jour de cet office aux heures canoniques recevront sept cents quarante jours d'indulgence pour leurs péchés mortels, ainsi que le pape Urbain [IV] l'a confirmé de son autorité ; que sachent tous ceux qui viennent dans cette église par révérence audit office du corps du Christ qu'ils obtiendront une indulgence spéciale du fait du corps qui s'y trouve sous la substance de la chair sanguinolente[48].

---

43 Texte dans : Bormans, Stanislas et Schoolmeesters, Émile, *Cartulaire de l'église Saint-Lambert de Liège*, t. 2, Bruxelles, F. Hayez, 1895, p. 32.

44 Sur cette abbaye, *cf.* Müller, Iso, *Geschichte des Klosters Müstair : von den Anfängen bis zum Gegenwart*, Disentis, Desertina, 1978.

45 Le texte a été édité deux fois la même année de manière indépendante : Thaler, Albuin, « Notizen über das hl. Blut in der Stiftskirche zu Münster, Ct. Graubünden », dir. M. Kinter, *Studien und Mitteilungen aus dem Benediktiner- und Cistercienser- Orden*, n° 28 (1907), p. 596-600 et Schönbach, Anton, « Studien zur Erzählungsliteratur des Mittelalters. VI Des Nikolaus Schlegel Beschreibung des Hostienwunders zu Münster in Graubünden », dir. A. Hölder, *Sitzungsberichte der Philosophisch-Historischen Klasse der kaiserlichen Akademie der Wissenschaften*, n° 156/I (1907), p. 1-70.

46 Pour l'édition, *cf. Ibid.*, p. 3-11.

47 *Ibid.*, p. 42 et Thaler, Abuin, art. cité, p. 604.

48 Schönbach, Anton, art. cité, p. 25 : « *Nouerint uero uniuersi Christi fideles idem officium sanctissimi corporis Christi Jhesu peragere proxima feria quinta post octauam Pentecostes, et omnes, qui interfuerint singulis horis canonicis in hac die huius officii, eos de criminali peccato CCCCCCXL dies indulgentiam adepturos, prout prefatus papa, uidelicet Urbanus, sua auctoritate confirmauit ;*

Encourager la Fête-Dieu et la dévotion aux espèces miraculeuses constituent les deux faces d'une même médaille. Les cas de Villers et, plus encore, de Mustaïr, montrent donc que la géographie de ces hosties changées en chair est liée à celle de la diffusion de la célébration du *corpus Christi*.

ESPÉCES MIRACULEUSES ET RELIQUES DU CHRIST

Un autre facteur, qui n'était pas absent des hosties de la fin du XIIe siècle, joue peut-être davantage à partir des années 1250. Il s'agit de la corrélation avec la présence de reliques du Christ. À Mantoue, le célèbre saint Sang, dont l'*inventio* remonterait à l'année 804, se voit compléter à la fin du XIIe siècle par les espèces eucharistique miraculeusement transsubstantiées[49]. Sans doute faut-il voir dans la production conjointe des espèces miraculeuses et des reliques du Christ une même manière de répondre à la quête de *probancia*, de *signa* tangibles et matériels qui caractérise la piété médiévale et, tout spécialement, celle des régions étudiées. Le phénomène est particulièrement explicite à Villers, où le crucifix-reliquaire comportait les reliques suivantes :

> Autour de la tête du Crucifié est conservé du sang du Seigneur, qui fut transsubstantié sur l'autel en sang. Ce sang est contenu dans la partie postérieure à la tête ; dans l'autre partie, antérieure, se trouve du bois de la Vraie Croix, une relique dont l'authenticité est avérée et prouvée [...]. Dans le bras supérieur sont contenues quatre reliques, à savoir un morceau de la tunique de la sainte Vierge Marie, de sa cathèdre, de son sépulcre et de la Table du Seigneur. Dans le bras ou le flanc droit, est conservée une partie du linge avec lequel le Seigneur lava les pieds de ses disciples lors de la Cène. Dans le bras ou flanc gauche est contenue une relique de saint Nicolas, confesseur et pontife. Sous les pieds du Christ, est conservée une relique du sépulcre de notre Seigneur Jésus Christ[50].

---

omnes enim ad hanc ecclesiam uenientes ob reuerentiam dicti officii corporis Christi specialem sciatis indulgentiam obtinere propter corpus, quod hic in substantia cruente carnis habetur ».

49 Capuzzo, Roberto, *Sanguis Domini Mantuae. Le* inventiones *del prezioso Sangue di Cristo nella costruzione dell'*imperium Christianum *e dell'identità civica di Mantova*, Florence, L. S. Olschki, 2009. Les sources de cette première invention sont détaillées p. 175-188. Une seconde invention aurait eu lieu en 1048 ; elle est rapportée dans un texte de la fin du XIe siècle : *De inventione et translatione sanguinis Domini*, éd. Georg Waitz (MGH, SS 15/2), Hanovre, 1888, p. 921-922.

50 *Chronica Villarensis*, *op. cit.*, p. 209 : « *Videlicet circa caput Crucifixi continetur de sanguine Domini, qui in altari transubstanciabatur in sanguinem. Hic sanguis continetur ex una parte, scilicet posteriori ipsius capitis ; ex altera vero parte, scilicet anteriori, continetur de ligno Domini verissimo et probatissimo [...]. In brachio etiam superiori continentur hec quattuor reliquie, scilicet de veste beate Marie virginis et de cathedra eius et de sepulcro eiusdem et de mensa Domini. In*

Le sang eucharistique est ici conservé avec un ensemble de reliques du Christ et de la Vierge, ce qui laisse supposer qu'il tendait à être assimilé à ces objets[51].

Certains théologiens pouvaient d'ailleurs mettre en garde, à cette époque, contre une telle confusion. Dans un *quodlibet* connu par un manuscrit copié en 1269-1273, Gérard d'Abbeville, prend bien soin de distinguer sang eucharistique et sang relique. Il donne

> l'exemple du sang du Christ qui est conservé à Bruges dans une fiole de verre. Il est solide et dense mais se liquéfie comme du sang frais le vendredi à midi. Au contraire, le sang que l'on boit dans le sacrement est impassible, comme le sang du Christ ressuscité. C'est pourquoi ce sang qui fut recueilli n'est pas le même que celui dans le sacrement[52].

La nécessité où se trouve le maître d'expliciter la différence entre les deux montre que la confusion était courante parmi les fidèles.

Témoigne aussi de cette tendance l'apparition d'images du Christ sur les hosties. À Müstair, un prêtre y voit la dextre du Christ, puis la sainte Face et enfin l'Agneau. C'est aussi ce qui arrive à Douai en 1254. Thomas de Cantimpré raconte dans son *Bonum universale de apibus* qu'alors qu'il donne la communion aux fidèles dans l'église des chanoines de Saint-Amé, un prêtre trouve une hostie à terre sur laquelle apparaît la sainte Face[53]. De telles apparitions tendent à rapprocher les hosties de reliques qui, à l'instar de la Véronique, donnent à voir l'humanité du Christ et répondent sans doute à une attente des fidèles[54].

---

dextro vero brachio sive latere continetur de lintheo quo Dominus in cena pedes discipulorum suorum tegebat. In sinistro brachio sive latere continetur de sancto Nicolao eximio confessore et pontifice. Sub pedibus Christi continetur de sepulcro domini nostri Iesu Christi ».

51 Sur l'assimilation de l'eucharistie aux reliques, voir *supra*, n. 6.

52 Gérard d'Abbeville, *Quodlibet XI*, dans ms. Paris, Bibliothèque nationale de France, lat. 16405, fol. 84v : « *Exemplum de sanguine Christi qui in fiola cristalina reseruatur Brugis durus est condemsus sed liquescit ut recens sanguis quale die ueneris hora meridiei. Sanguis uero qui sumitur in sacramento est impassibilis quale est sanguis Christi resurgentis. Unde iste sanguis qui collectus est non est idem numero cum illo qui est in sacramento.* » Sur les *quodlibets* de Gérard, *cf.* Metzger, Stephen M., *Gerard of Abbeville, Secular Master. On Knowledge, wisdom and contemplation*, thèse dactylographiée, Université de Notre-Dame (Indiana), 2013.

53 Thomas de Cantimpré, *Bonum universale de apibus*, éd. Georgius Colvenerus, Douai, Bellerus, 1627, p. 399-401. Sur le miracle lui-même, *cf.* Capelle, Louis-François, *Recherches sur l'histoire du S. Sacrement de Miracle de Douai*, Douai, A. Obez, 1855.

54 Sur la Véronique, *cf.* Sansterre, Jean-Marie, « Variations d'une légende et genèse d'un culte entre la Jérusalem des origines, Rome et l'Occident. Quelques jalons de l'histoire

UNE DYNAMIQUE OPÉRANTE HORS DE L'ESPACE « LOTHARINGIEN »

La production d'hosties miraculeuses liée à la diffusion de la Fête-Dieu n'est pas propre à l'espace « lotharingien ». Il faut en particulier remarquer que l'adoption de la fête du *corpus Christi* n'y est pas plus précoce qu'ailleurs, à l'exception bien sûr du diocèse de Liège. Ce sont surtout les diocèses allemands qui l'adoptent plus rapidement que les autres. Or, dans l'espace germanique, le lien entre adoption de la fête et production d'hosties miraculeuses se vérifie également, à la fin du XIIIe siècle. Dans un ancien et important article, Peter Browe faisait déjà observer cette dynamique[55]. On sait par exemple qu'à Paderborn, l'adoption de la Fête-Dieu en 1299 a été précédée de la production d'une hostie miraculeuse en 1292[56]. Quant à l'assimilation aux reliques et l'apparition de la sainte Face, on la retrouve également dans d'autres espaces, avec notamment le cas languedocien de Caussens, daté de 1292-1300[57].

Au terme de ces analyses, il convient donc de distinguer la charnière entre le XIIe et le XIIIe siècles, au cours de laquelle la production d'hosties miraculeuses dans le contexte de l'hérésie est une spécificité de deux pôles : les Flandres et l'Italie du nord. Les autres foyers d'hérésie (Languedoc, Champagne) n'ont pas été touchés par le phénomène, qui relie de manière certes temporaire mais bien nette deux vastes régions de l'axe médian. En revanche, à partir des années 1250, la situation est différente. La promotion de la dévotion eucharistique, en lien avec la Fête-Dieu, fait naturellement ressortir le diocèse de Liège (Villers, Herkenrode). Mais le mouvement ne se propage pas spécifiquement le long de l'axe « lotharingien ». Les espèces miraculeuses qu'on y vénère (Müstair), s'inscrivent désormais dans une dynamique globale, qui opère aussi en Allemagne et, bientôt, dans toute l'Europe.

---

de Véronique et de la *Veronica* jusqu'à la fin du XIIIe siècle », dans *Passages. Déplacements des hommes, circulation des textes et identités dans l'Occident médiéval. Actes du colloque de Bordeaux, 2-3 février 2007*, Toulouse, Méridiennes, 2013, p. 217-231.

55 Browe, Peter, « Die Ausbreitung des Fronleichnamsfestes », *Jahrbuch für Liturgiewissenschaft*, n° 8 (1928), p. 107-144 et spécialement p. 113. Mustaïr n'est pas mentionné dans la liste des premiers établissements à adopter la Fête-Dieu.

56 *Cf.* Fürstenberg, P., « Zur Geschichte der Fronleichnamsfeier in der alten Diözese Paderborn », dans *Theologie und Glaube*, n° 9 (1917), p. 314-325 et spécialement p. 316.

57 Voir *supra*, n. 26.

On insistera enfin sur la circulation des récits et des objets, qui rend impossible d'isoler l'espace considéré. Des transferts nombreux n'ont cessé d'avoir lieu, parfois sur de longues distances : les corporaux de Saint-Trond sont envoyés en Livonie ; un moine languedocien vénère l'hostie d'Arras ; c'est à Paris que Gérard d'Abbeville discute du Saint-Sang de Bruges et que l'on réalise la monstrance d'Herkenrode. Ainsi les convergences circonstancielles entre différents pôles de l'axe lotharingien n'ont-elles pu que se diluer rapidement au gré de ces circulations.

François WALLERICH
Université Paris-Nanterre

LA MISE AU TOMBEAU DU CHRIST

Perspectives croisées, de la Lorraine à la Savoie

LA NAISSANCE DES MISES AU TOMBEAU

C'est dans les années 1420 que des groupes statuaires monumentaux représentant l'ensevelissement du Christ apparaissent en Europe occidentale et particulièrement dans le Nord de la France. Ces Mises au Tombeau vont dès lors connaître une extraordinaire diffusion, jusqu'au Concile de Trente, disparaissant peu à peu à partir des années 1540. Pas moins de 460 groupes sont ainsi recensés à ce jour rien qu'en France.

SOURCES

Le récit de l'ensevelissement est décrit avec quelques variantes dans les quatre évangiles. L'évangile de Matthieu est laconique : Un riche disciple de Jésus, Joseph d'Arimathie, demande à Pilate son corps pour le déposer dans son propre tombeau. On fait rouler une grosse pierre devant l'entrée et tous s'en vont, sauf Marie de Magdala et la Vierge. Marc précise que Pilate fait vérifier que Jésus est bien mort avant de le laisser emporter le corps. L'évangile de Luc précise que le tombeau était neuf. Jean, le seul à mentionner la présence de Nicodème, ajoute qu'il se trouvait dans le jardin même de la croix – parfois représentée dans les Mises au Tombeau lorraines. Les quatre évangiles s'accordent sur la présence de la Vierge Marie et de Marie Madeleine, premier témoin de la résurrection du Christ. Les Saintes Femmes, après avoir accompagné la Passion, seraient retournées chez elles préparer des onguents. La présence de saint Jean, non conforme aux évangiles, était importante aux yeux des fidèles. En effet, à ces récits canoniques s'ajoutent des textes apocryphes (Évangile de Nicodème). Les mystères, pièces de théâtre religieuses populaires, nourrissent ainsi la représentation du thème[1].

LES PRÉCÉDENTS : SAINTS SÉPULCRES ET SAINTES TOMBES

Le tombeau du Christ à Jérusalem, lieu de son triomphe sur la mort, fut très tôt vénéré. L'importance du pèlerinage à Jérusalem et la sauvegarde de ce lieu saint jouèrent un rôle considérable dans la société médiévale.

Des groupes statuaires appelés « Saints Sépulcres », représentant le Christ étendu sur son tombeau, apparaissent avant l'an mil. Ils servent de support liturgique lors des fêtes pascales. Apparues dans les pays germaniques, les « Saintes Tombes[2] », montrent le corps du Christ mort accompagné parfois de saintes Femmes et d'anges[3]. Elles peuvent être associées à des tombes[4]. Beaucoup de ces ensembles mobiles sont en bois, matériau léger facilement déplaçable. Le nom de *sepulcrum* peut aussi renvoyer à de véritables chapelles, comme à Fulda, Madgdebourg ou Constance. En Angleterre les *Easter Sepulchre* ne montrent pas le Christ mort, mais le tombeau vide après sa résurrection. Dans les deux cas il s'agit de groupes figés dans le temps, de Saintes Tombes (*Heilige Grab*), et non de l'action de la Mise au Tombeau elle-même (*Grablegung*).

Les premières représentations de l'ensevelissement du Christ, dernier épisode humain de la Passion, remontent au IXe siècle, dans des ivoires, enluminures et peintures murales. Joseph d'Arimathie et Nicodème portent le Christ dans une cavité en pierre, selon une formule proche de celle d'une déposition de croix. Aux XIIIe et XIVe siècles se développe l'iconographie de la Passion, encouragée par le mouvement

1 L'influence du théâtre religieux sur les représentations de la scène a été, de manière générale, démontrée par Mâle, Émile, *L'art religieux à la fin du Moyen Âge en France*, Paris, Armand Colin, 1908, p. 128-132 (idée reprise dans une moindre mesure par Forsyth). Voir aussi Roy, Émile, *Le Mystère de la Passion en France du XIVe au XVIe siècle, étude sur les sources et le classement des mystères de la Passion*, Dijon, 1903-1904, reprint Genève, Slatkine, 1974.

2 À ce sujet voir Aballéa, Sylvie, *Les saints sépulcres monumentaux du Rhin supérieur et de la Souabe : 1340-1400*, Strasbourg, Presses universitaires de Strasbourg, 2003.

3 La plus ancienne est celle, démantelée, de Cologne (1160-1180).

4 Exemple, le tombeau mobile de l'évêque Berthold von Bucheck à la cathédrale de Strasbourg, chapelle Sainte-Catherine, cité par Aballéa, *op. cit.*, p. 57.

de la *devotio moderna*[5]. La vénération de la Sainte Face – la *Vera Icona* – et du Saint-Suaire[6], qui débute vers 1350, correspond également à cette nouvelle sensibilité religieuse. Mais c'est au siècle suivant que vont s'épanouir des groupes monumentaux de grandeur réelle. En ces temps de peste et de guerre, la mort est omniprésente : la promesse de la résurrection et de la vie éternelle permet de surmonter ces craintes et douleurs.

FONCTIONS FUNÉRAIRE ET DÉVOTIONNELLE

La plupart des Mises au Tombeau connues émanent de commandes individuelles, en général associées à des messes pour le salut de leur âme. Ces riches commanditaires sont évoqués par leurs armes et inscriptions ou par leur portrait[7].

La vocation fréquemment funéraire des Mises au tombeau est attestée. Ces œuvres doivent perpétuer la mémoire du défunt, mais aussi favoriser sa rédemption et sa résurrection, à travers l'intercession des prières des vivants[8]. Cela explique que les Mises au Tombeau soient généralement situées dans des chapelles à l'écart, voire même à demi enterrées[9], tel des caveaux. L'obscurité décrite par les évangiles au moment de la mort du Christ[10], était propice au recueillement et à la méditation sur la mort.

5 Celle-ci s'illustre par exemple dans les *Méditations de la Vie du Christ* de saint Bonaventure ou les *Révélations de sainte Brigitte* (avant 1373). En 1427 parait un ouvrage de Thomas a Kempis, *L'Imitation de Jésus-Christ*, qui aura dans ce contexte une très grande influence. Selon lui, il faut avant tout imiter l'humanité du Christ en alliant vie active et contemplation.

6 La première mention documentée de ce drap provient de Lirey, en Champagne, en 1357. Il entre en possession de la maison de Savoie en 1452. Philibert le Beau et surtout son épouse Marguerite d'Autriche en encouragent le culte à partir de 1502. Voir à ce sujet l'article de Nicolas Sarzeaud dans le présent ouvrage.

7 Entre autres à Chaource, Chaumont, Ciadoux, Saint-Phal, Châtillon-sur-Seine, Bourges, Combéfa…

8 À Chaumont, Marguerite de Baudricourt, veuve en 1471 de Geoffroy de Saint-Belin, fonde une chapelle mortuaire portant les armes des deux familles. À Épinal, le groupe est dans la chapelle du cimetière. À l'hôpital de Tonnerre, c'est le lieu de l'office des morts.

9 C'est le cas à Eu (Seine-Maritime), Longpré-les-Corps-saints (Somme), Vézelise (Meurthe et Moselle), Tonnerre (Yonne), Chaumont (Haute-Marne), Chaource (Aube)… Briat-Philippe, Magali, *La Mise au Tombeau de l'église Notre-Dame et Saint-Laurent d'Eu*, mémoire de maîtrise, 1999, université Paris IV Sorbonne, p. 52-56 et 128.

10 Saint Marc pour qui l'événement se produisit le soir d'avant le Shabbat et Luc, qui pensait que c'était le midi, plongé toutefois de manière surnaturelle dans la nuit.

La résurrection du Christ pouvait être évoquée dans une inscription, sculptée ou peinte, préfigurant celle espérée par les fondateurs[11].

Ce caractère essentiellement privé de la commande n'empêchait pas toutefois une dévotion de nature publique, ainsi que l'atteste la mention d'indulgences, source de gain pour le clergé[12]. Quelques groupes semblent avoir rempli une fonction liturgique à l'instar des Saintes Tombes, mais ils sont rares[13].

Enfin, plus rarement que dans le cas des Saintes Tombes, la commande d'une Mise au Tombeau pouvait quelquefois se substituer au pèlerinage en Terre Sainte[14], permettant une sorte de pèlerinage spirituel et évoquant de manière symbolique le voyage vers l'au-delà.

L'ORIGINE DES PREMIÈRES MISES AU TOMBEAU : UN PROBLÈME NON RÉSOLU

Les historiens de l'art ayant étudié les Mises au Tombeau s'opposent sur l'origine de ces groupes. Pour Michel Martin, à la suite de Louis Courajod, ils dérivent de l'art des Pays-Bas bourguignons, en particulier des retables flamands. Pour William Forsyth, les Saints Sépulcres germaniques en forment les ancêtres directs, même si la Bourgogne joue un rôle important dans leur développement sculptural. Elsa Karsallah, qui a consacré sa thèse aux fonctions de ces ensembles monumentaux, n'a pas traité cette question.

---

11 Exemples à Saint-Sauveur-le-Vicomte (1476), à Malesherbes (1495), Salers (1495-1498), Biron (1510)… Mâle, Émile, *L'Art religieux à la fin du Moyen Âge*, Paris, Armand Colin, 1918, p. 140. Martin, Michel, *La statuaire de la Mise au Tombeau du Christ*, Paris, Picard, 1997, p. 44, cite aussi l'inscription de celle de Huy (Belgique), « dédiée au Christ ressuscitant ».

12 L'octroi d'indulgences, donc de revenus pour l'Église, est attesté à Langres en 1421 (40 jours), ainsi qu'à Neufchâteau en 1497 (100 jours), Combéfa en 1490 (40 jours), à l'église des Templiers de Paris avant 1495 (nombre de jours inconnu), et la chapelle des Minières à Beaubray en 1526 (40 jours). Voir Karsallah, Elsa, « Les pèlerinages spirituels au Moyen Âge, le cas des mises au Tombeau monumentales du christ », *Voyages et voyageurs*, 130e Congrès national des sociétés savantes, La Rochelle, 2005.

13 À Auch et à l'hôpital de Dijon, la Mise au Tombeau est au-dessus de l'autel. À Combéfa, la procession se dirigeait vers l'autel. *cf.* Baron, Françoise, « La Mise au Tombeau dans la sculpture française au Moyen Âge », *Niccolò dell'Arca*, Seminario di studi, 26-27 mai 1987, Bologne, 1989, p. 218. Solesmes est l'unique cas où la Mise au Tombeau sert également de repositoire et de reliquaire, toutefois cette fonction n'est pas attestée comme originelle.

14 Karsallah, Elsa, *op. cit.*, et Karsallah, Amina Elsa, *Les Mises au tombeau monumentales du Christ en France (XVe – XVIe) : enjeux iconographique, funéraire et dévotionnel*, thèse de doctorat, université Paris IV-Sorbonne, 2009.

Les deux zones de concentration les plus importantes – toutes périodes de réalisation confondues – se situent en Haute-Normandie et en Lorraine. Le facteur économique ne semble pas avoir été déterminant, puisque certains foyers prospères n'ont possédé que très peu de Mises au Tombeau : trois seulement à Paris, une seule à Lyon, par exemple[15].

Les groupes les plus anciens semblent être apparus dans les territoires correspondant à l'ancienne Lotharingie, entre Pays-Bas du Sud, Lorraine, Bourgogne et Savoie. Celles de Pont-à-Mousson et de Bourg-en-Bresse, auxquelles nous allons nous intéresser plus particulièrement, appartiennent à cette aire géographique et font partie des plus précoces.

L'historien se heurte à la difficulté d'interpréter les sources lorsque les œuvres n'existent plus[16]. Ainsi les images du Christ mis au tombeau perdues mentionnées dans les sources à Tournai dès 1398, celle de Courtrai citée en 1414-1415 (en devant d'autel)[17], celle de la chartreuse de Champmol en 1408[18], que Michel Martin invoque à l'appui de sa thèse flamande, semblent avoir été des reliefs et non des ensembles de statues monumentales. Selon lui, une des plus anciennes Mise au Tombeau monumentales est celle de Mainvault (musée d'Ath, Hainaut), datée stylistiquement vers 1400. Mais comme beaucoup de Mises au Tombeau flamandes elle est d'assez petites dimensions, fidèle à la tradition des retables plus qu'à de grands groupes de taille réelle. De plus

15 Probablement offert par Philippe de Thurey, archevêque de Lyon de 1389 à 1415 et obéancier de Millery. L'enfeu qui l'abritait est conservé dans la cathédrale mais le groupe sculpté a été transféré lors de la vague iconoclaste du XVIe siècle, au lieu-dit « Le Valois » à Millery, dans le Rhône. Cité par Marguerite de Navarre dans l'*Heptameron* dès 1560, ce groupe sera prochainement restauré.

16 L'exemple de Périgueux, pour la chapelle funéraire de Katerine de Beyneycha et Arnaud de Barnabé, annoncé dès 1417 et réalisé avant 1438, disparu, était sans doute une reproduction architecturale du sépulcre de Jérusalem, comme en 1421 à Saint-Pierre de Qeyroix de Limoges.

17 Martin, Michel, *La statuaire, op. cit.*, p. 400.

18 Troescher, G., *Claus Suter une die burgundische Plastik um die Wende des* XIV. *Jahrhunderts*, Fribourg-en-Brisgau, 1959, cité par Forsyth, William H., *The Entombment of Christ. French Sculptures of the Fifteenth and Sixteenth Centuries*, Harvard University Press, Cambridge, Massachusetts, 1970, p. 22 + document en annexe. Repeint en 1457 au-dessus d'une porte de cloître, il s'agissait sans doute d'un relief et non d'un groupe monumental indépendant. C'est le cas également du retable en bois doré et polychromé de Jacques de Baerze (1393), maintenant conservé au musée de Dijon.

sa composition rappelle plus une Déposition de croix qu'une véritable Mise au Tombeau.

La première Mise au Tombeau attestée est celle de Langres, en 1420, dont il ne reste que le Christ[19]. On trouve ensuite Bulgnéville en 1431[20], et Bourg-en-Bresse en 1443. L'ensemble de Fribourg en Suisse, cité dès 1433, offre le prototype des Mises au Tombeau germaniques, élargies aux soldats et aux anges. Celle de Pont-à-Mousson en Lorraine, quoique non attestée par des sources, semble également stylistiquement être l'une des plus anciennes.

Notre article se donne pour objectif de mieux connaître ces groupes précoces et de les situer dans leur contexte régional, afin d'en dégager les éventuelles spécificités.

LES MISES AU TOMBEAU EN LORRAINE ET L'EXEMPLE DE PONT-À-MOUSSON

LA LORRAINE, TERRE DES MISES AU TOMBEAU

Les représentations sculptées de la Mise au Tombeau se sont largement diffusées en terre lorraine, des années 1420-1430 au milieu du XVIe siècle[21]. Plus de cinquante sont attestées[22], en comptant les groupes détruits mais relevés dans les archives, en particulier pour les

19 Le groupe fut installé peu avant 1420 auprès de la plate-tombe de son fondateur le sacristain Jean Marchand : AD Haute-Marne, 2G 19, cité par Karsallah, Elsa, « Mises au tombeau du Christ réalisées pour les dignitaires religieux », *L'Artiste et le Clerc, la commande artistique des grands ecclésiastiques à la fin du Moyen Âge (XIVe-XVIe siècles)*, dir. F. Joubert, Paris, PUPS, 2006, p. 283-302.

20 Martin, Michel, *La statuaire*, *op. cit.*, p. 58.

21 Selon Forsyth (*The Entombment of Christ*, *op. cit.*, p. 32), le nombre élevé de ces représentations en Lorraine est à mettre en relation avec la dévotion au Saint-Sépulcre, qui caractérise la piété des pèlerins lorrains de retour de Terre Sainte, en particulier vers 1480. Le *Sépulcre* de Ligier Richier à Saint-Mihiel est daté entre 1554 et 1564. Un seul autre nom d'artiste nous est connu, le sculpteur troyen Jacques Bachot, auteur de la Mise au Tombeau de Saint-Nicolas-de-Port (vers 1510-1525), détruite dans un incendie en 1635.

22 Hofmann, Helga D. (*Die lothringische Skulptur der Spätgotik. Hauptströmungen und Werke (1390–1520)*, Sarrebruck, Saarbrücker Zeitung Verlag und Druck, 1962), en a dénombré 37, Pierre Maré 42 (*Inventaire descriptif des « Sépulcres » et fragments de « Sépulcres » sculptés des XVe et XVIe siècles, conservés en Lorraine, groupes et fragment indépendants*, 1961, thèse de

Vosges et la Meuse. Outre les ensembles conservés *in situ* ou du moins transférés à proximité de leur lieu d'origine, quelques fragments et personnages isolés sont conservés dans des musées – à Remiremont, Épinal – voire en main privée[23]. Un bref état de la connaissance des groupes sculptés lorrains montre que leur étude stylistique et iconographique s'est faite dans les limites posées par la privation – pour la plupart des ensembles –, du contexte originel de leur disposition dans l'édifice de destination, que complique encore singulièrement l'indigence des sources[24]. De surcroît, l'aspect matériel original des œuvres, en général sculptées dans la pierre[25], s'avère difficile à appréhender, du fait de l'état de démembrement ou des altérations résultant d'une histoire mouvementée.

L'influence germanique est sensible dans l'iconographie de certains ensembles dérivant des Saints Sépulcres monumentaux. L'édicule présent dans l'église Saint-Marcel de Zetting (Moselle) abrite ainsi le Christ mort étendu sur son tombeau, derrière lequel se groupent les trois saintes Femmes et deux anges, datés vers 1380[26]. En une composition élargie, les Mises au Tombeau lorraines sont centrées sur l'ensevelissement du Christ et comportent le plus souvent dix personnages, comme à Bayon, Bulgnéville, Domjulien, Épinal, Gondrecourt, Nomeny, Rouvres-la-Chétive, pour citer les principaux groupes encore complets : le Christ avec à sa tête Joseph d'Arimathie et à ses pieds Nicodème, portant son

---

3e cycle, Nancy, université de Nancy, faculté des lettres), et Michel Martin (*La statuaire, op. cit.*), 53.

23 Recensés par Marie-Agnès Sonrier, ancien conservateur régional des monuments historiques de Lorraine : « L'histoire mouvementée des "Mises au tombeau" en Lorraine », *Ligier Richier. Sculpteur lorrain de la Renaissance*, Association des amis de la bibliothèque bénédictine de Saint-Mihiel, Conseil général de la Meuse, Editions Vent d'Est, 2013, p. 221-235.

24 Marie-Agnès Sonrier (*ibid.*, p. 22) évoque la complexité à retracer l'historique de ces ensembles, la plupart du temps déplacés de leur lieu de destination. Seules quelques Mises au Tombeau lorraines semblent être restées dans leur édifice originel : Charmes, Bayon, Bulgnéville, Domjulien, Épinal, ou Gondrecourt. Celle de Xivry-Circourt (Meurthe-et-Moselle) a été transférée au XIXe siècle dans la crypte de la cathédrale de Metz.

25 La restauration du *Sépulcre* de Ligier Richier, de 2000 à 2003, a révélé que le groupe n'avait jamais reçu de polychromie. Par ailleurs, les Mises au Tombeau de Rambervillers et de Monthureux-sur-Saône (Vosges) sont sculptées dans le bois.

26 Selon Schmoll gen Eisenwerth, Josef Adolf, *Die lothringische Skulptur des 14. Jahrhunderts. Ihre Voraussetzungen in der Südchampagne und ihre ausserlothringische Beziehungen*, Petersberg, Michael Imhof Verlag, 2005, p. 692-693.

corps ou son linceul ; la Vierge soutenue par saint Jean ; les trois saintes Femmes. Le groupe de Varangéville rassemble treize membres, dont un centurion et un coq, tandis qu'à Saint-Mihiel, les soldats tirant au sort la tunique sont flanqués d'un centurion romain et d'une femme (Véronique ou Jeanne) portant la couronne d'épines[27].

D'origine rhénane, ainsi que l'attestent les groupes des cathédrales de Francfort et Mayence (datés vers 1495), la présence de trois gardiens du tombeau prend une importance nouvelle par leur figuration en ronde-bosse, devant le sarcophage, dans plusieurs groupes lorrains : à Pont-à-Mousson[28] (Fig. 1), Saint-Avold, Vézelise ou Villette. Ces personnages en volume, peut-être apparus à Fribourg[29], contribuent à donner du relief à la scène. Les fragments de soldats qui nous sont parvenus des Mises au Tombeau de Marsal et de Chaumousey témoignent d'un tel dispositif. La présence des soldats a pu être diversement interprétée, mais le genre de la Mise au Tombeau se veut anachronique : offrant un contraste avec les autres personnages témoins de la Résurrection[30], les soldats – si endormis ou grossiers soient-ils – ont une fonction dévotionnelle, celle d'inviter les fidèles à la méditation.

27 Des personnages similaires apparaissent dans les Mises au Tombeau d'autres régions : à Chaource, l'une des saintes Femmes tient la couronne d'épines, et l'on relève la présence d'un « sarrazin » ; sainte Marthe est présente à Eu. La question se pose toutefois de leur appartenance à la composition initiale.

28 Selon certains historiens de l'art, les soldats de cette Mise au Tombeau auraient été ajoutés au XVIe siècle. Les têtes ont en tout cas subi des réfections.

29 Michel Martin les relève aussi dans des Mises au Tombeau champenoises (à Chaource, à l'entrée de la chapelle du Saint-Sépulcre), des pays de la Loire et du sud-est (où les soldats sont debout et de part et d'autre du groupe).

30 Pour Georges Fréchet (« La Mise au tombeau de l'église Saint-Martin de Pont-à-Mousson », *Bulletin de la Société de l'Histoire de l'Art français*, 1991, p. 9-20), les soldats endormis correspondent à l'iconographie pascale (leur présence est une allusion au récit des événements du matin de Pâques (Mt 28,4), et non à celle de la Mise au Tombeau, et renvoient donc aux Saints Sépulcres alsaciens et allemands.

FIG. 1 – Mise au Tombeau de Pont-à-Mousson (cliché Anne Adrian).

Par ailleurs, les Mises au Tombeau lorraines comptent de nombreux anges. Si les huit petits anges volants suspendus dans l'enfeu de la Mise au Tombeau de Pont-à-Mousson se retrouvent dans d'autres régions[31], l'intégration au groupe des autres personnages, de deux anges de même taille qu'eux et tenant les instruments de la Passion, semble être une singularité lorraine[32] : à Pont-à-Mousson et à Nomeny, ils enrichissent la composition d'une dimension particulière[33]. Un autre type enfin s'observe : à Varangéville, deux anges plus petits que les autres personnages sont agenouillés de part et d'autre de la Mise au Tombeau, ainsi

31 Comme à Belpech (Aude) ou à Salers (Cantal).

32 Alors que dans les Saintes Tombes, on voit couramment deux anges tenant parfois le linceul, souvent de plus petite taille que les saintes Femmes. Voir Martin, Michel, *La statuaire*, *op. cit.*, p. 74 et 125.

33 Seuls subsistent de la Mise au Tombeau de Pont-Saint-Vincent deux anges tenant des *arma Christi*. Un seul ange, portant la couronne, est présent à Saint-Mihiel ; à Rouvres-la-Chétive, les anges portent le corps du Christ, tandis que les ensevelisseurs préparent le linceul ; un Christ de pitié et un Christ à la colonne se tiennent de part et d'autre.

qu'à Bulgnéville où ils occupent actuellement une position en hauteur – peut-être due au déplacement du groupe.

FIG. 2 – Mise au Tombeau de Bulgnéville (cliché Laurianne Kieffer. Musée de La Cour d'Or – Metz Métropole)

LA MISE AU TOMBEAU DE PONT-À-MOUSSON ET SA FILIATION

Fleuron de la sculpture lorraine, le groupe monumental[34] de la Mise au Tombeau (Fig. 2) est conservé dans l'ancienne église des Antonistes, consacrée en 1335 – actuelle église Saint-Martin. Les vingt-et-un personnages qui le composent ont été disposés dans un enfeu[35], aménagé à cet effet dans l'une des chapelles latérales sud érigée à une date postérieure à la construction de l'édifice. La composition est l'une des plus développées du genre : aux huit personnages principaux s'ajoutent trois soldats endormis et les dix anges ou angelots précédemment décrits. L'ensemble comprend ainsi onze personnages plus grands que

34 Classé au titre des Monuments Historiques par arrêté du 5 décembre 1908.

35 Dimensions de l'enfeu (en cm) : 360 (longueur), 360 (largeur), 260 (profondeur). Selon Christoph Brachmann, l'enfeu était percé de trois ouvertures rectangulaires – aujourd'hui murées – qui diffusaient, sur le modèle du Saint Sépulcre de Jérusalem, une lumière crépusculaire sur la scène.

nature[36]. La restauration du groupe, menée entre 2014 et 2018 par le groupement Jennifer Vatelot, était urgente en raison d'importantes efflorescences salines ayant altéré la pierre calcaire blanche, qui a bénéficié d'un traitement de dessalement. Entre autres apports à la connaissance de l'histoire matérielle du groupe sculpté, l'étude préalable menée par Olivier Rolland décelait la présence de traces de polychromie, attestée sur les carnations.

De grande qualité artistique, cet ensemble a bénéficié d'une assez riche historiographie, soulevant des questions demeurées non tranchées en raison du silence des sources, et portant en particulier sur sa datation. Tandis qu'une datation précoce pour le groupe mussipontain était retenue par Helga D. Hofmann[37] – entre 1415 et 1429 –, William H. Forsyth[38] le situait dans la décennie 1430-1440. En se fondant sur l'étude stylistique et l'analyse du contexte historique de la commande, Christoph Brachmann[39] le situe entre 1404 et 1415. Aucun document ne vient cependant confirmer ces hypothèses : le monument aurait été élevé à l'initiative du commandeur de l'ordre des Antonistes, Baldemar de Biebelnheim, peut-être à la mémoire du duc de Bar, Edouard III, tombé à Azincourt en 1415. Des recherches plus récentes l'associent au mécénat de Robert Ier de Bar. En Lorraine, il existe plusieurs exemples de Mises au Tombeau associées à un monument funéraire, comme à Bulgnéville où le groupe proviendrait d'une chapelle érigée à la mémoire du sieur de Barbazan, tombé à la bataille de Bulgnéville en 1431[40].

Pour Forsyth, l'origine de la Mise au Tombeau de Pont-à-Mousson demeure mystérieuse[41]. Tout en invoquant la probable filiation d'un modèle bourguignon perdu[42], Hofmann y voyait aussi des influences

36 Données par Pierre Maré (*Inventaire…*, *op. cit.*, 1961), Christ : 198 cm, ensevelisseurs : 185, Vierge inclinée : 149, saint Jean : 198, saintes Femmes : 183 à 188, anges : 169, 8 anges à la voûte (70 cm en moyenne).

37 Hofmann, Helga D., *Die lothringische Skulptur*, *op. cit.*, p. 85.

38 Forsyth, William H., *The Entombment of Christ*, *op. cit.*, p. 45-47.

39 Brachmann, Christoph, « The Crusade of Nicopolis, Burgundy, and the Entombment of Christ at Pont-à-Mousson », *Journal of the Warburg and Courtauld Institutes*, LXXIV, 2011, p. 155-190.

40 Voir Forsyth, William H., *The Entombment of Christ*, *op. cit.*, p. 42-43 ; Martin, Michel, *La statuaire*, *op. cit.*, p. 58 et Sonrier, Marie-Agnès, « L'histoire… » art. cité, p. 230.

41 Forsyth, William H., *The Entombment of Christ*, *ibid.*, p. 46.

42 Selon elle, la Mise au Tombeau de Pont-à-Mousson reflèterait le style de Claus Sluter, sans que les personnages aient la dynamique caractéristique du style du grand artiste bourguignon.

champenoise et rhénane. S'il est indéniable que la monumentalité[43] de l'ensemble et certains traits – en particulier les petits anges de l'enfeu, proches de ceux de Champmol – évoquent la sculpture bourguignonne, d'autres caractères tendent à rattacher le groupe mussipontain à l'art germanique, des plaies du Christ en forme d'étoile aux chevelures en mèches bien dessinées. Certaines particularités iconographiques le distinguent aussi : la position peu courante du Christ, tête à droite[44] et le groupe de la pâmoison de la Vierge, plus rare dans la sculpture bourguignonne. Une constante dans les groupes lorrains est aussi la force expressive de la figure du Christ.

UNE TYPOLOGIE LORRAINE DE MISE AU TOMBEAU ?

Par leur diversité, les Mises au Tombeau lorraines reflètent la dynamique des échanges artistiques. Au-delà de la difficulté à retracer l'histoire de ces ensembles dans des territoires politiquement et culturellement morcelés, il n'est pas toujours aisé de trouver unité de style et cohérence artistique entre les groupes conservés. On a pu trouver des sources rhénanes aux Mises au Tombeau lorraines, elles-mêmes inspiratrices d'autres réalisations en terres champenoise (Chaource, L'Épine) et germanique (Alzey, Saint-Gangolphe de Trèves). L'iconographie de la Mise au Tombeau de Fribourg (Suisse) est très similaire à celle de Pont-à-Mousson : huit personnages, le groupe de saint Jean et la Vierge, deux anges aux instruments de la Passion et trois soldats.

En Lorraine, la Mise au Tombeau de Neufchâteau semble avoir constitué un autre prototype que celui de Pont-à-Mousson, servant de modèle à plusieurs groupes lorrains[45]. Aujourd'hui dans l'église Saint-Nicolas, le groupe était à l'origine dans la chapelle, détruite en 1792, de l'ancien couvent des Cordeliers de Neufchâteau. Même si l'ordre des personnages subsistant a dû être bouleversé par leur transfert, l'accent paraît ici plutôt mis sur l'onction : les pots à onguent des saintes Femmes

43 La *Sainte Madeleine* provenant d'Ancemont (Meuse, pierre, hauteur 177 cm), conservée au Musée du Louvre, rappelle le style et la monumentalité des saintes Femmes de la Mise au Tombeau de Pont-à-Mousson.

44 Cette particularité s'expliquerait par l'orientation de l'autel. On la retrouve à Eu ainsi que sur quelques autres exemples : Forsyth, William H., *The Entombment of Christ*, *op. cit.*, p. 131 et Briat-Philippe, Magali, *La Mise au Tombeau*, p. 83-84. Le Christ de la Mise au Tombeau de Nomeny est placé dans le même sens que celui de Pont-à-Mousson.

45 Forsyth, William H., *The Entombment of Christ*, *op. cit.*, p. 42-43.

sont ouverts et le Christ, bras le long du corps, a été déposé au sol alors que les deux porteurs semblent saisis dans la contemplation. Il ne s'agit pas à proprement parler d'une Mise au Tombeau, mais d'une évocation de la scène précédente : la préparation du corps[46]. Sur le modèle du groupe sculpté de Chaumont (1471), d'autres ensembles lorrains revêtent ainsi une dimension méditative : à Malaincourt, Monthureux-sur-Saône et Varangéville. Si le style du groupe de Neufchâteau et de ceux qui lui sont rattachés (Domjulien, Charmes et Bayon) évoque la sculpture allemande du milieu du XVe siècle[47], l'étude du contexte des commandes permettrait peut-être de débrouiller l'écheveau lorrain, au sein duquel l'astre mussipontain continue de briller comme une source présumée pour les groupes monumentaux de la Mise au Tombeau.

LES MISES AU TOMBEAU ENTRE BOURGOGNE ET SAVOIE : L'EXEMPLE DE BOURG-EN-BRESSE

Comme nous l'avons vu en introduction, deux des premières Mises au Tombeau documentées, à Langres et Bourg-en-Bresse (Fig. 3 et 4 : Saintes Femmes et Christ de Bourg), sont situées aux frontières de la Bourgogne et appartiennent à son aire de rayonnement artistique. Érigé au IVe siècle, le diocèse de Langres est l'un des diocèses historiques de Champagne et de Bourgogne.

46 Cette pratique était exigée par la tradition juive avant l'inhumation.
47 Selon Forsyth (p. 33), ce groupe est celui en Lorraine qui montre la plus proche affiliation avec la sculpture souabe du dernier quart du XVe siècle.

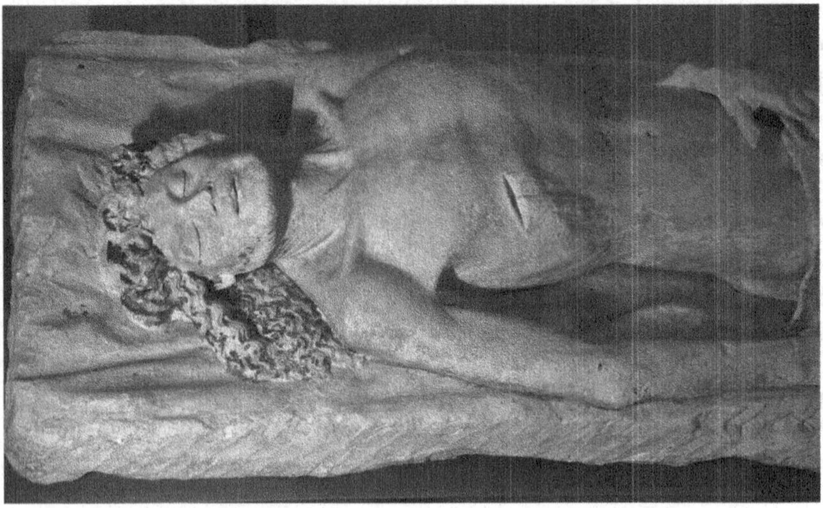

FIG. 3 – Bourg-en-Bresse, musée du monastère royal de Brou, Détail du Christ, inv. 940.27 (cliché Maria Dompnier).

FIG. 4 – Bourg-en-Bresse, musée du monastère royal de Brou, Vue générale de la Mise au Tombeau, inv. 940.27-30 (cliché Philippe Hervouet).

Le lieu de découverte des quatre statues retrouvées en 1848 et au début du XXe siècle[48], aujourd'hui conservées au musée du Monastère royal de Brou, permet de les associer à la Mise au Tombeau citée par les sources anciennes dans l'ancienne église des Cordeliers de Bourg-en-Bresse. Ce riche couvent franciscain, fondé en 1356 par Amédée VI de Savoie et sa femme Bonne de Bourbon, qui faisait l'objet de nombreuses donations des grandes familles locales, fut détruit en 1600, à l'exception de la chapelle du Saint Sépulcre.

Selon Samuel Guichenon, l'inscription indiquait une commande de Thomas Guillod, négociant en toile et bourgeois de la ville, pour sa chapelle familiale en 1443[49]. La formule finale « priés Dieu s'il vous plaist pour celuy qui l'ouvrage a feyt[50] », associée à la représentation peinte du donateur et sa famille, qui se retrouve dans d'autres Mises au Tombeau[51], suggère une fonction de monument funéraire familial. La mention d'indulgences octroyées par l'archevêque de Lyon montre aussi son attractivité auprès d'autres fidèles.

Les Christ de Langres, de Bourg, Fribourg, Tonnerre et Pont-à-Mousson, tous parmi les plus anciens, partagent un modèle commun : front court et barbe bifide traitée en touffes ondulées, expression douloureuse du visage, bouche ouverte, couronne d'épines sur une longue chevelure répandue[52]… Contrairement à celui de Langres, le Christ bressan, plus expressif, ne croise pas les bras comme dans les Saintes

48 Inv. 940.27, Christ gisant, 210 (195 cm pour le corps du Christ lui-même) × 70 × 67 cm, Inv. 940.28, Buste de Vierge, 53 × 56 × 32 cm, Inv. 940.29, Buste de Marie-Madeleine, 55 × 55 × 32 cm. Inv. 940.30, Buste de Sainte femme, 50 × 60 × 27 cm.

49 Samuel Guichenon, *Histoire de la Bresse et du Bugey*, Lyon 1650, reéd. Roanne, Horvath, 1975, 3e partie, p. 214. Guichenon évoque « la chapelle du S. Sepulchre qui est le débris de l'ancien convent des Cordeliers, où est la représentation fort hardie de la sépulture du corps de JESUS-CHRIST, en statues de pierre, faite aux despens d'un gentil-homme de Bourg, appelé Thomas Guillod, ouvrage qui est admiré par les sculpteurs ».

50 « L'an de notre seigneur 1443, Noble Thomas Guillod, Bourgeois de Bourg, a fait faire et construire le Sépulcre en Chapelle et les Edifices appartenans à cause du Sépulcre et Chapelle, tot peint et atoffés du mieux qu'il a peu. Quiconques ledit Sepulchre tous les Vendredys de l'an en chantan la Messa oudit Sepulchre visitera ou après la Messa et aumosne il fera, sept ans et quatre vingt jours gagnera, outroyés et doniés par nostre Saint Père Pape Félicx V et les quatre vingt jours par Révérend Père en Dieu, l'archevêque de Lyon ; priés Dieu s'il vous plaist pour celuy qui l'ouvrage a feyt » (nous soulignons).

51 Des figures de donateurs sont ainsi ajoutés aux groupes sculptés de Chaource, Chaumont, Châtillon-sur-Seine, Dijon, Bourges, Solesmes, Ciadoux, Mainvault (Belgique)…

52 Forsyth, William H., *The Entombment of Christ*, *op. cit.*, et Quarré, Pierre, « Le Christ de la Mise au Tombeau de Langres », *Revue de l'art n° 13*, 1971, p. 68-71. Le Christ de Langres est attribué au neveu de Sluter, Claus de Werve par comparaison avec la crucifixion de saint-Bénigne de Dijon.

Tombes et les figures de l'Homme de douleur[53]. L'une de ses mains repose sur le périzonium comme à Fribourg. Ses mains portent les stigmates de la Crucifixion et l'ensemble du corps, émacié, témoigne des souffrances de la Passion, sa tête est rejetée en arrière. La tension de son corps, rappelant celles des transis, sera exacerbée dix ans plus tard à Tonnerre. À Bourg comme ailleurs, la statue du Christ est plus grande et plus soignée que les autres, formant le point focal de ces compositions.

Comme la plupart des statues du Moyen Âge, la Mise au Tombeau de Bourg avait reçu une polychromie, presque entièrement disparue mais qu'une restauration en 1990 a permis d'étudier et de consolider. L'actuelle teinte ocre de la pierre est due à la couche préparatoire[54], sur laquelle étaient posées les couleurs et la dorure. Le relevé a prouvé que sainte Madeleine côtoyait un personnage vêtu de vert, couleur de la robe de la Vierge. La *Mater dolorosa* était donc initialement soutenue par Marie Madeleine, sans doute à la tête du Christ ou au centre. Ce geste inhabituel de la Madeleine ne se retrouve que sur la Mise au Tombeau du musée de Dole, mais sur l'épaule de saint Jean et non celle de la Vierge[55].

Marie Madeleine, particulièrement vénérée en Bourgogne, se trouve aussi au milieu des autres deuillants de la Mise au tombeau de Saint-Michel de Dijon, provenant de l'église des Jacobins (1454-1455), ou sur la peinture murale de la chapelle de Beaumont, à la Chapelle-du-Châtelard (Ain), datée de 1433[56].

Comme sur le Christ, on retrouve sur les visages et les chevelures des saintes Femmes de Bourg l'héritage physionomique de Claus de Werve[57]. En outre, l'analyse du laboratoire de recherche des Monuments historiques, en 2006, a révélé que les éléments étaient constitués de pierre

53 Cette iconographie ancienne des bras croisés sur le ventre se retrouve aussi sur les Christs des Mises au tombeau de Langres, Saint-Omer, de Saint-Germain-l'Écossais d'Amiens, de l'hôpital de Saint-Lô (collection privée) et de l'hôpital de Dijon.

54 Lors de la redécouverte des statues au XIXe siècle, les traces de polychromie semblaient plus visibles qu'aujourd'hui (Jarrin 1885, p. 113). Les examens lors de la restauration de 1990 ont permis de préciser quelles étaient les coloris originaux.

55 Catalogue de l'exposition « La sculpture du XVe siècle en Franche-Comté de Jean Sans Peur à Marguerite d'Autriche », Musée des Beaux-arts de Dole, 2007, notice n° 41.

56 Commandée par Isabelle d'Harcourt, veuve de Humbert VII de Thoire-Villars. Cattin, Paul, *Peintures murales des églises de Rhône-Alpes*, Lyon, Cahiers René de Lucinge, 1998, p. 20-22.

57 Tel qu'on peut le voir sur la Vierge d'Auxonne : l'impression générale de douceur, l'expression de tristesse contenue dans le visage penché, au front haut, bouche étirée aux lèvres fines, menton en avant, yeux effilés…

d'Asnières-les-Dijon[58], utilisé pour les sculptures de la Sainte Chapelle de Dijon et du Puits de Moïse à la chartreuse de Champmol[59]. Cette donnée pétrographique confirme donc une provenance bourguignonne suggérée par l'analyse stylistique.

EN BOURGOGNE ET FRANCHE-COMTÉ

Pour Forsyth, malgré leur précocité, les Mises au Tombeau de Langres et de Bourg, situé aux marges du duché, n'ont cependant pas été les prototypes des Mises au Tombeau bourguignonnes[60]. La première Mise au Tombeau documentée en Bourgogne est celle de l'hôpital de Tonnerre, achevée à la Pâques 1454 par deux maîtres, Jean Michel et Georges de la Sonnette. Elle fut commandée par le marchand Lancelot de Brunefosse, qui y situe sa sépulture. Les messes seront dites le lundi suivant la Fête de l'Invention de la croix (le 3 mai)[61]. L'ensemble offre l'un des plus beaux exemples de sculpture bourguignonne, tout en émotion retenue. Une grande importance est donnée au linceul, recouvrant le tombeau tel une nappe d'autel, lui donnant une signification eucharistique. Un deuxième linge est tenu par les personnages du second rang.

À la même époque, en 1459, Jean Rolin commande une Mise au Tombeau pour la chapelle Saint-Vincent dans la cathédrale d'Autun, dont il ne reste que l'enfeu et les peintures murales. Nous n'en connaissons donc hélas pas l'apparence.

Comme à Tonnerre, la Madeleine de Saint-Michel de Dijon (provenant de l'église Saint-Jean détruite en 1874 et ayant donc perdu son contexte originel), occupe une position centrale. Elle laisse en outre ses longs cheveux ruisseler dans la tombe, comme celle du calvaire de Champmol[62].

À l'hôpital de Dijon, le groupe, de plus petites dimensions, a conservé son emplacement d'origine, au-dessus d'un autel où étaient célébrées les

58 Lise Cadot-Leroux, Ingénieur de recherche au Laboratoire de recherches des Monuments historiques à Champs-sur-Marne, rapport du 24 juillet 2006.

59 Seules les figures du Puits ont été sculptées en pierre d'Asnières, la structure étant constituée de pierre de Tonnerre. Le Christ de Langres a lui aussi été taillé dans la pierre de Tonnerre.

60 Forsyth, William H., *The Entombment of Christ*, *op. cit.*, p. 69-70 et p. 80.

61 *Ibid.*, p. 65-66.

62 Nash, Susie, « Claus Sluter's Well of Moses fo the Chartreuse of Champol reconsidered », *The Burlington Magazine*, décembre 2005, p. 798-809, juillet 2006, p. 456-469, novembre 2008, p. 724-741 ; Forsyth, William H., *The Entombment of Christ*, *op. cit.*, p. 70, cite Liebreich « le Calvaire de Champmol », p. 464 et une pietà du Liebighaus à Francfort, dont la Vierge montrerait les mêmes cheveux.

messes pour les morts[63], dans une chapelle dédiée à la Sainte Croix par l'évêque de Langres en 1459. Madeleine, aux pieds du Christ, laisse là aussi se dérouler ses longs cheveux dans le linceul. La dévotion particulière de la Bourgogne pour la sainte pénitente ne se dément donc pas dans les Mises au Tombeau située dans le duché[64]. Ayant accompagné le Christ tout au long de la Passion, elle était premier témoin de la résurrection. Elle avait aussi par l'onction à Béthanie ou le Repas chez Simon, en essuyant les pieds du Christ avec ses cheveux, préfiguré l'onction funèbre qu'elle lui prodiguerait, avec les Saintes Femmes.

L'insistance visuelle sur le linceul, également notable dans la plupart des Mises au Tombeau bourguignonnes, devait symboliser la Résurrection[65], ou encore refléter le culte grandissant au Saint-Suaire[66]. Les dimensions du Suaire (200 cm environ) sont d'ailleurs environ celles des statues du Christ mort. L'ostension du linceul, qui faisait partie des mises en scènes théâtrales des jeux de la Passion, se retrouve dans deux ensembles statuaires de Franche-Comté[67].

La première, datée des années 1460-1470, provenant de Froidefontaine et conservée au musée de Dole, reprend une composition bourguignonne avec Madeleine au centre, dans un style assez rustique. La seconde, dans l'église Saint-Désiré de Lons-le-Saunier mais provenant de l'abbaye de Gigny, est plus petite que la moyenne et se trouvait peut-être au-dessus

63 D'autres exemples au-dessus de l'autel à la cathédrale d'Auch et Monestiès (groupe provenant de Combéfa) : Parker, Elizabeth C., *The Descent from the Cross : its relation to the extraliturgical Depositio Drama*, New York et Londres, 1978 ; Baron 1989, p. 218.

64 À ce sujet, voir Taccone, Raphaële, *Marie Madeleine en Occident : les dynamiques de la sainteté dans la Bourgogne des IXe-XVe siècles*, thèse de doctorat inédite, université d'Avignon, 2012 ; Briat-Philippe, Magali, « La dévotion de la maison de Bourgogne et de Marguerite d'Autriche pour Marie Madeleine », catalogue de l'exposition *Marie Madeleine, la Passion révélée*, Monastère royal de Brou, Bourg-en-Bresse, Musée des Beaux-arts, Carcassonne et Musée de la Chartreuse de Douai, Saint-Étienne, éditions IAC, 2016, p. 42-53 ; *Ead.*, « Marie Madeleine et les duchesses de Bourgogne, de Marguerite de Bourgogne à Marguerite d'Autriche », *Femmes en Bourgogne*, actes du 26e colloque des sociétés savantes de Bourgogne, tenu au Monastère royal de Brou, Bourg-en-Bresse le 22 octobre 2016, édition de société d'émulation de l'Ain, 2017, p. 34-61.

65 Forsyth, William H., *The Entombment of Christ*, *op. cit.*, p. 63. Les miniatures enluminées représentant la scène peuvent aussi montrer ce type de tombeau/table du sacrifice recouverte d'un grand drap funéraire, ex. le Ms. 245 de la BM de Lyon, *Speculum humanae conditionis*, Jacques de Choquez, 1462, fol. 146 et 166. On trouve aussi des représentations peintes du Christ enveloppé dans son linceul.

66 Baron, Françoise, « La Mise au Tombeau », art. cité, p. 213-219.

67 Forsyth, William H., *The Entombment of Christ*, *op. cit.*, p. 73-74, citant abbé Brune, 1908 et Rousset, 1855, t. III.

d'un autel. Il ne s'agit en fait pas d'une véritable Mise au Tombeau, mais d'une Déploration élargie.

On ne retrouve pas ces caractéristiques sur le groupe plus tardif de Semur-en-Auxois, donné en 1490 au couvent des Carmes par le couple Ogier. La Vierge redevient ici centrale, soutenue par Jean et une Sainte Femme[68]. Les groupes de Beaune et Auxonne, de 1500 et 1508, disparus, ne permettent pas de savoir s'il s'agit d'une évolution générale. De la Mise au Tombeau de Baume-les-Messieurs (vers 1513-1515) il ne subsiste que le Christ. En Bourgogne comme ailleurs, le thème évoluera à la Renaissance vers des Compianti à l'italienne, comme dans le superbe ensemble de Châtillon-sur-Seine, commandé en 1527.

EN SAVOIE

Outre celle de Bourg, le duché de Savoie conserve du côté français deux autres Mises au Tombeau du XVe siècle, à Annecy et Chambéry[69]. La Mise au Tombeau d'Annecy, retrouvée en 1898 sous les ruines de l'église du Saint-Sépulcre, est comme celle de Bourg de style bourguignon. Les archives ne fournissent aucun renseignement concernant sa commande et son emplacement mais les travaux dans l'édifice réalisés en 1450-1460 donnent une fourchette de datation. Le Christ, couronné d'épines, est étendu sur la dalle d'onction qui devait être couverte par un linceul.

En 1395, le duc de Bourgogne Philippe le Hardi avait offert au cardinal savoyard Amédée de Saluces une grande tenture illustrant la Mise au Tombeau du Christ[70], manifeste du rôle de la Bourgogne dans la diffusion du thème. La Savoie, érigée en duché en 1416, connaît un âge d'or artistique sous le règne d'Amédée VIII (1391-1451), qui attire sur le chantier de Sainte Chapelle de Chambéry de nombreux artistes bourguignons, entre autres le sculpteur Jean de Prindale, formé à Champmol[71].

68 L'ensemble fut reproduit en Auvergne à Montel-de-Gélat (Puy-de-Dôme). Martin, Michel, *La statuaire de la Mise au Tombeau du Christ*, Paris, Picard, 1997, p. 221.

69 Boisset-Thermes, Sandrine, *Les Mises au Tombeau de Savoie*, mémoire de master, université de Grenoble, 2006. Nous n'analysons pas ici les exemples de Cosasca (non daté, bois), Moncalieri (1425-1450, terre cuite polychrome), Chivasso (2e moitié du XVe s., terre cuite polychrome) et Turin, qui relèvent d'une sphère artistique italienne toute différente. Voir à leur sujet Martin, Michel, *La statuaire…*, *op. cit.*, p. 408, p. 410, p. 412.

70 Bourdier, Franck, « Les Mises au Tombeau monumentales de France », *Annesci*, XXI, 1978, p. 94-109, note 38.

71 Prindale est présent auprès de Sluter sur le chantier de Champmol dès 1389, puis actif sur le chantier de la Sainte Chapelle de Chambéry entre 1409 et 1420. Il œuvre aussi

La Mise au Tombeau provenant de l'église Saint-Antoine de Chambéry[72] se situe en revanche dans la tradition des grandes compositions germaniques, dont le modèle pourrait être la Mise au Tombeau de Fribourg, avec la présence d'anges et de soldats gardiens. L'auteur et les circonstances de la commande restent cependant à ce jour inconnus[73].

À ces groupes conservés s'ajoute la commande en 1460 au sculpteur Jean de Blany, de la duchesse Anne de Chypre épouse de Louis de Savoie, pour sa chapelle funéraire au couvent de Rives à Genève[74]. Il n'est pas anodin de souligner que le couple ducal avait acquis le Saint-Suaire sept ans auparavant. Le développement du thème de la Mise au Tombeau pourrait donc avoir été dans ce cas étroitement lié au culte de la Passion et de l'une de ses plus prestigieuses reliques.

SYNTHÈSE ET CONCLUSION

Si la question de l'origine des représentations sculptées de la Mise au Tombeau, flamingo-bourguignonne ou germanique, n'est pas tranchée, des liens étroits existent dès l'origine entre les Saints Sépulcres scéniques et les Mises au Tombeau, dans la forme comme dans les fonctions. L'état lacunaire des sources ou des œuvres conservées rendent la question complexe. Ainsi, l'ensemble remarquable de Pont-à-Mousson est bien conservé mais pas documenté, tandis que celui de Bourg, mutilé, nous apporte des informations intéressantes sur le contexte de sa commande.

à la chapelle funéraire du Cardinal Jean de Brogny à Genève autour de 1414. L'analyse pétrographique des débris conservés a révélé que le calcaire utilisé provenait d'Asnières les Dijon. Camp, Pierre, « Les imageurs bourguignons de la fin du Moyen Âge », *Les Cahiers du vieux Dijon*, 1990, p. 62-63 ; Beaulieu, Michèle et Beyer, Victor, *Dictionnaire des sculpteurs français du moyen âge*, Paris, Picard, 1992, p. 246.

72 Conservée depuis 1786 dans la crypte de l'église Saint-Pierre de Lémenc. Perrin, A., « Les Hospitaliers et la commanderie Saint-Antoine de Chambéry », *Mémoires de l'Académie des Sciences, Belles Lettres et Arts de Savoie*, 4e série, II, Chambéry, 1890, p. 115-256.

73 Natale, Vittorio, « La scultura a Chambéry e in Savoia nelle seconda metà del secolo », *Corti e città*, catalogue de l'exposition de Turin, 2006, p. 379-381, p. 379 et Boisset-Thermes, Sandrine, *Les Mises au Tombeau*, *op. cit.*, p. 109. Une commande du prieur Guigues de La Rivoire entre 1471 et 1489, à l'origine de travaux d'embellissement de l'édifice, est possible.

74 Blondel, L., « Le couvent de Rives », *Bulletin de la Société d'Histoire et d'Archéologie de Genève*, 1925-1934, cité par Boisset-Thermes, 2006.

Marquée par l'iconographie des saints Sépulcres germaniques, la Mise au Tombeau sculptée a connu un développement remarquable en Lorraine, au point de représenter une expression artistique spécifique de cette région. Une iconographie particulière, intégrant la présence presque systématique d'anges porteurs des *arma Christi*, s'y est largement diffusée ; on la retrouve d'ailleurs dans les ensembles de Chambéry (appartenance au même ordre des Antonins) ou de Moncaliéri. En Bourgogne et dans la proche Savoie, réceptive aux courants artistiques venus du Nord par l'intermédiaire de la Bourgogne, deux caractéristiques originales se font jour : l'importance donnée au Suaire et à la Madeleine.

Dans l'étude de ces ensembles monumentaux dont seule une partie nous a été conservée, la question du style et des influences réciproques demeure la plus complexe à démêler. L'exemple de la Lorraine est à cet égard révélateur, comme le montrent les discussions relatives à la datation des plus anciens groupes (Pont-à-Mousson, Bulgnéville), et les essais de chronologie relative (Forsyth) des autres Mises au Tombeau, dont l'iconographie et le style suggèrent des croisements de courants artistiques, d'ailleurs peu surprenants dans ces terres marginales de l'ancienne Lotharingie.

Par sa monumentalité, la Mise au Tombeau de Pont-à-Mousson est à la fois archétypale et quelque peu isolée au regard de la production lorraine, et sans doute plus dépendante des groupes allemands. Peut-être la Lorraine a-t-elle fait fonction de creuset dans l'élaboration d'une formule bien spécifique de la Mise au Tombeau, imprégnée des Sépulcres et Saintes Tombes germaniques (iconographie), et ouverte au souffle bourguignon (monumentalité).

Quoi qu'il en soit, l'arc lotharingien fut incontestablement le berceau le plus fécond de ces ensembles monumentaux si représentatifs des formes de piété entre Moyen Âge et Renaissance.

Anne ADRIAN
Metz, Musée de la cour d'or

Magali BRIAT-PHILIPPE
Musée de Brou

LES CULTES DE LA PASSION COMME VECTEURS D'IDENTITÉS POLITIQUES DANS LE PIÉMONT DE L'ÉPOQUE MODERNE

Le cas de l'ancien marquisat de Saluces

En 1898 la ville de Turin avait été sélectionnée comme siège de l'exposition générale italienne[1], organiseée pour célébrer le 50e anniversaire du *Statuto Albertino* (la charte constitutionnelle restée en vigueur en Italie jusqu'à la naissance de la République). L'événement, considéré par beaucoup d'observateurs comme tardif geste réparateur vers une ville qui avait perdu son rôle de capitale politique du nouvel État, fut accompagné d'une importante série d'initiatives de nature religieuse. Parmi ces dernières émergeaient une grande Exposition d'Art Sacré et l'ostension publique du Suaire[2]. C'est justement à cette occasion que le Suaire fut pour la première fois photographiée par l'avocat Secondo Pia[3].

On sait que la photographie du Suaire favorisa un développement rapide de la vénération de la relique[4] et, plus généralement, contribua à renouveler les formes de dévotion vers les images du Christ qui, comme on l'a remarqué, avaient connu un développement considérable pendant les premières années du XXe siècle[5]. Pour s'en rendre compte, il suffit de

1 Bassignana, Pier Luigi, Roccia, Rosanna (éd.), *1898 : L'esposizione generale italiana : dal dibattito preparatorio alla valutazione dei risultati*, Torino, Archivio storico, 1999.

2 Zaccone, Gian-Maria, « Un percorso storico per la Sindone », dir. V. Comoli, G. G. Bernard, *Il potere e la devozione*, Milano, Electa, 2000, p. 75-88, en particulier p. 81-82.

3 Zaccone, Gian-Maria (dir.), *L'immagine rivelata. 1898. Secondo Pia fotografa la Sindone*, Torino, Centro Studi Piemontesi, 1998.

4 Cozzo, Paolo, « Dall'immagine copiata all'immagine fotografata : evoluzione del culto sindonico fra XX e XXI secolo », dir. T. Caliò, *Santi in posa. L'influsso della fotografia dell'immaginario religioso*, Roma, Viella, 2018 ; Nilcolotti, Andrea, « Le fotografie della Sindone di Secondo Pia (1898) e di Giuseppe Enrie (1931) e le polemiche tecniche che le accompagnarono », *ibid.*

5 Boespflug, François, *Le immagini di Dio. Una storia dell'Eterno nell'arte*, Torino, Einaudi, 2012, p. 357-395.

relire les mots de Paul Claudel qui, devant les photographies de Secondo Pia, n'hésita pas à affirmer :

> Plus qu'une image, c'est une présence ; plus qu'une présence c'est une photographie, quelche chose d'imprimé et d'inaltérable [...] Tout à coup, en 1898, [...] nous somme en possession de la photographie du Christ ! C'est lui, c'est son visage [...] Il est à nous [...] Car une photographie ce n'est pas un portrait fait de main d'homme. Entre ce visage et nous il n'y a pas eu d'intermediaire humain. C'est lui matériellement qui a imprégné cette plaque, et c'est cette plaque à son tour qui vient prendere possession de notre esprit[6].

Dans le cadre des initiatives pour l'exposition d'art sacré, le chanoine de l'église de Turin Giacomo Colombero fut chargé de rédiger une ample revue historique sur les principaux sanctuaires du Piémont. L'œuvre fut publiée en 1898 en deux volumes : le premier, dédié aux sanctuaires de la Vierge[7], se présentait comme un hommage explicite au congrès marial célébré à Turin justement entre le 4 et le 8 septembre de cette année[8]. Par contre, le deuxième volume, paru quelques mois après (au début du 1899) était dédié aux sanctuaires piémontais « de Notre Seigneur et des Saints[9] ».

L'idée qui émergeait de ce deuxième volume était que le Piémont fut une terre particulièrement vouée au culte du Christ à qui, en effet, avaient été consacrés – pendant des temps et dans des lieux différents – de nombreux sanctuaires. Ces sanctuaires, avec ceux de la Vierge et des saints, contribuaient à représenter un rempart solide contre la sécularisation qui avait trouvé un terrain fertile dans les institutions politiques du Piémont de la deuxième moitié du XIXe siècle. Il n'est donc pas étonnant que l'œuvre de Colombero s'ouvrit avec le sanctuaire du *Corpus Domini*, l'une des églises les plus connues de Turin, édifiée pour célébrer le miracle eucharistique du 6 juin 1453[10].

---

6 C'est un passage d'une lettre de Paul Claudel à Gérard Cordonnier (18 août 1935), publié dans *Les Nouvelles de l'Association Jean Carmignac*, 45 (mai 2010), p. 6-7.

7 Colombero, Giacomo, *I santuari della Vergine SS. In Piemonte : compilazione per incarico del Comitato esecutivo dell'Esposizione d'arte sacra*, Torino, Tipografia Salesiana, 1898.

8 Tuninetti, Giuseppe, « Organizzazione ecclesiastica e pratica religiosa », éd. U. Levra, *Storia di Torino*, VII, *Da capitale politica a capitale industriale (1864-1915)*, Torino, Einaudi, 2001, p. 221-246, en part. p. 242.

9 Colombero, Giacomo, *I Santuari di nostro Signore e dei santi in Piemonte*, Torino, Artigianelli, 1899.

10 Savarino, Renzo, Tamburini, Luciano, Dardanello, Giuseppe, *La Basilica urbana del Corpus Domini : il miracolo di Torino*, Torino, Allemandi, 2014.

L'idée que Turin, ville « choisie par Dieu pour être témoin d'une merveille prodigieuse[11] », dut être présentée « distinguée au-dessus des autres villes par le Christ-Sacrement avec la singularité d'un prodige[12] », avait été déjà manifestée par les auteurs du catalogue de l'exposition d'art sacré de 1898, dont l'image en couverture était celle d'un ostensoir[13].

Cependant, dans la perspective de Colombero, le rapport entre Turin et le Christ était plus complexe parce que la ville gardait la relique la plus éminente de la Passion, celle-là qui quelques mois avant, à travers la photographie de Secondo Pia, avait enfin dévoilé à tous l'image du visage du fils de Dieu. Il ne peut pas nous étonner, alors, que Colombero réservait plusieures pages de son œuvre à la chapelle du Suaire[14]. En déclarant avoir accompli une sélection dans le panorama des sanctuaires subalpins, Colombero illustrait ensuite cinq autres sanctuaires consacrés au culte de la Passion[15] : un culte qui finissait par être présenté comme l'élément caractéristique de la réalité dévotionnelle piémontaise.

Quel était, alors, le fondement de cette impression ? Quelle était la profondeur historique d'une donnée (le Piémont comme terre consacrée à l'exaltation du culte de la Passion) que nous avons retrouvé fortement exaltée (aussi d'un point de vue idéologique) à la fin du XIXe siècle ?

Pour chercher à répondre à cette question il suffirait de penser au rôle que le culte du Suaire joua et exerça à l'intérieur des domaines de la Maison de Savoie depuis que (à la moitié du XVe siècle), cette dynastie en avait pris possession. Les études de ces dernières années ont bien mis en évidence comment le Suaire, depuis le XVe siècle, réussit à s'imposer comme barycentre de la dimension christologique du prestige savoisien[16].

---

11 Stub, P. P., *Per L'insigne miracolo del Santissimo Sacramento avvenuto in Torino il 6 giugno 1453. Discorso nella festa del 6 giugno 1857*, Torino, Speirani et Tortone, 1857, p. 5.

12 *Nuova raccolta di discorsi sacri intorno al sacramento dell'eucaristia ed al sacrifizio della Messa de' piu' celebri oratori italiani e stranieri*, vol. 2, Napoli, Antonio Marotta, 1837, p. 59.

13 Il faut se souvenir que Turin avait été choisi comme siège du congrès eucharistique de 1894 (*Atti del Congresso Eucaristico tenutosi in Torino nei giorni 2-6 settembre 1894*, Torino, Tip. Celanza, 1904).

14 Colombero, *I santuari di nostro Signore*, *op. cit.*, p. 14-23.

15 Les autres sanctuaires traités par Colomberto étaient : Christ à Scarnafigi (p. 23-28), SS. Crucifix à Boca (p. 29-35), Pitié à Cannobio (p. 36-42), Calvaire à Domodossola (p. 42-49), Nouvelle Jérusalem à Varallo (p. 49-59).

16 Cozzo, Paolo, *La Sindone e i Savoia*, Torino, Celid, 2015 ; Nicolotti, Andrea, « I Savoia e la Sindone di Cristo : aspetti politici e propagandistici », éd. L. Andreani, A. Paravicini

En donnant désormais pour vérifiée cette réalité je voudrais ici élargir mon regard sur certains domaines moins fréquentés, mais, à mon avis, extrêmement importants aussi pour comprendre la fortune que le culte du Suaire eut dans les états de Savoie. Le Suaire s'insère en effet dans un terrain qui s'était déjà montré particulièrement fertile pour la floraison des cultes de la Passion ; en même temps, son arrivée contribua ultérieurement à fertiliser ce terrain et à le rendre plus apte à recevoir de nouvelles et différentes formes de pitié christologique.

Comme on l'a opportunément remarqué, avant de posséder le Suaire, les Savoie ne disposaient que de petits fragments de la Croix[17]. Ils devaient donc regarder au dehors de leurs États pour trouver des objets et des lieux « spécialisés » dans l'exaltation du culte de la Passion. Au delà des Alpes il y avait les chapelles royales[18] (dont la plus importante et la plus célèbre, était, évidement, la Sainte Chapelle de Paris[19] qui gardait la Couronne d'Épines[20]), tandis qu'au-delà du Sesia (fleuve qui pour des siècles marqua la frontière entre le Piémont et le Milanais), dans la deuxième moitié du XVe siècle fut érigé le sacro monte de Varallo[21]. Nous savons que ce complexe dévotionnel inventé et voulu par le franciscain Bernardino Caimi et clairement soutenu par les Sforza connut

Bagliani, *Cristo e il potere. Teologia, antropologia e politica*, Firenze, SISMEL, Edizioni del Galluzzo, 2017, p. 247-281 ; Ripart, Laurent, *Le Saint Suaire, les Savoie et Chambéry (1453-1515)*, éd. P. Cozzo, A. Merlotti, A. Nicolotti, *The Shroud at Court : History, Usages, Places and Images of a Dynastic Relic*, Leiden, Brill, 2018 ; Meyer, Frédéric, « Centre dynastique, religiosité et mémoire urbaine : Chambéry et le Saint Suaire du XVIe au XVIIIe siècle », *ibid.* ; Gaffuri, Laura, « The First Exhibitions of the Shroud in Piedmont and Yolande of Valois, Duchess of Savoy », *ibid.* ; Huguenin-Dumittan, Julia, *Naissance d'une dévotion. Le Saint Suaire au service de la politique ducale de Charles II de Savoie (1504-1536)*, Mémoire de Master (université de Neuchâtel, sous la direction d'O. Christin et l'expertise de N. Balzamo), 2017.

17 Nicolotti, « I Savoia e la Sindone », art. cité, p. 251.

18 Bouvet, Mireille-Bénédicte, Barbey-Say, Hélène (éd.), *Les Chapelles royales. De la gloire de Dieu à la gloire du prince*, Paris, CTHS, 2015.

19 Hediger, Christine (éd.), *La Sainte-Chapelle de Paris : royaume de France ou Jerusalem céleste ? : actes du Colloque (Paris, Collège de France, 2001)*, Turnhout, Brepols, 2007 ; Cohen, Meredith, *The Sainte-Chapelle and the Construction of Sacral Monarchy : Royal Architecture in Thirteenth-century Paris*, Cambridge, Cambridge University Press, 2015.

20 Mercuri, Chiara, *Corona di Cristo, corona di re : la monarchia francese e la corona di spine nel Medioevo*, Roma, Edizioni di Storia e Letteratura, 2004 (éd. française : *Saint Louis et la Couronne d'épines : histoire d'une relique à la Sainte Chapelle*, Paris, Riveneuve, 2011).

21 Pour un renseignement bibliographique sur Varallo : Garavaglia, Gianpaolo, *Mons in quo beneplacitum est Deo habitare in eo : bibliografia del Sacro Monte di Varallo* ; présenté par Casimiro Debiaggi, Borgosesia, Tipografia di Borgosesia, 2017.

un succès rapide et s'imposa comme une destination dévotionnelle de grande fascination[22].

Varallo exerça son charme aussi sur la cour de Savoie dont plusieurs représentants, pendant le XVIe siècle, voyagèrent en pèlerinage au Sacro Monte. Charles-Emmanuel et sa femme, l'infante Catherine, fille de Philippe II roi d'Espagne, contribuèrent aussi à la réalisation d'une chapelle[23]. Cependant à la cour de Turin il était bien évident que ce lieu de culte était placé hors des frontières ducales, et précisément dans le Milanais, c'est à dire dans un domaine qui, même en étant, dans la deuxième moitié du XVIe siècle, gouverné par des autorités ecclésiastiques (Charles Borromée) et politiques (les gouverneurs espagnols) avec qui la cour de Turin tâchait de maintenir et d'afficher d'excellents rapports[24], restait toutefois « étranger ».

Dans une époque qui, contrairement à tout ce qu'était passé précédemment, imposait de plus en plus le problème des frontières dans la gestion des institutions ecclésiastiques et de la vie religieuse (il suffit de penser, pour donner seulement un exemple, au problème de la nationalité dans les ordres religieux et à leur organisation géographique[25]), l'horizon dévotionnel aussi était destiné à devenir objet d'une stratégie d'affirmation et de revendication « nationale ». On a déjà cherché à montrer comment le Suaire avait contribué significativement à une telle stratégie : en effet, la reproduction de la sacralité sindonique, à travers les copies au naturel, a représenté un canal privilégié de diffusion du prestige dynastique, qui constituait aussi le fondement d'une identité territoriale à renforcer dans et dehors des frontières ducales[26]. Un autre phénomène mérite

---

22 Longo, Pier Giorgio, *Memorie di Gerusalemme e Sacri Monti in epoca barocca. Vincenzo Fani, devoti "misteri" e "magnanime imprese" nella sua Relatione del viaggio in Terrasanta dedicata a Carlo Emanuele I di Savoia (1615-1616)*, Ponzano Monferrato, 2010, ATLAS, p. 57-113.

23 Cozzo, Paolo, « "Intus mirabile magis". L'orizzonte devozionale dell'infanta Caterina », éd. B. A. Raviola et F. Varallo, *L'Infanta. Caterina d'Austria, duchessa di Savoia (1567-1597)*, Roma, Carocci, 2013, p. 213-231, en part. p. 228.

24 Rosso, Claudio, « "Milán y Saboya" : Lombardia e Piemonte negli anni di Caterina », *ibid.*, p. 175-188.

25 Caffiero, Marina, Motta, Franco, Pavone, Sabina (dir.), *Identità religiose e identità nazionali in età moderna*, n° spécial de *Dimensioni e problemi della ricerca storica*, 1/2005 ; Giannini, Massimo Carlo, *Religione, conflittualità e cultura : il clero regolare nell'Europa d'antico regime*, Roma, Bulzoni (« Cheiron », 43-44, 2005), 2006.

26 Cozzo, Paolo, « "Et per maggior divotione vorrebbe che fusse della medesima grandezza et che avesse tocato la istessa santa Sindone". Copie della Sindone e politica sabauda in età moderna », dir. P. Ventrone et L. Gaffuri, *Images, cultes, liturgies. Les connotations politiques*

aussi d'être analysé à fond pour vérifier, à travers l'analyse de certains cas spécifiques, avec quelle modalité le culte sindonique avait exprimé sa fonction d'efficace facteur de renforcement du prestige dynastique à l'intérieur des domaines ducaux. La question apparaît plus intéressante encore si elle est mise en relation avec les *terrae novae* (les terres nouvelles) de l'État savoisien, c'est-à-dire ces zones soumises à l'autorité des Savoie entre la fin du XVIe et la première moitié du XVIIIe siècle.

L'annexion de ces zones (le marquisat de Saluces, la ville d'Alba, puis le Montferrat, Alexandrie, le Valsesia, Novare, Tortona, Voghera, Vigevano, Bobbio, mais aussi la Sicile et la Sardaigne[27]) qui pendant des siècles furent étrangères à la domination savoisienne (et donc aussi à sa culture politique, dont les langages dévotionnels étaient des articulations), fut accompagnée par des tentatives (plus ou moins réussies), d'installation et de diffusion du culte sindonique. En d'autres occasions j'ai cherché à répondre à cette question en prenant en considération certaines acquisitions (la Valsesia, la Sicile, la Sardaigne) du XVIIIe siècle[28]. Cependant, ici je voudrais me concentrer sur une réalité conquise avant (le marquisat de Saluces), et à une époque (à cheval entre les XVIe et XVIIe siècles) à laquelle le Suaire semble s'insérer dans un cadre articulé de cultes de la Passion dont le pouvoir savoisien fut un sujet important mais pas exclusif.

« Piccolo stato[29] » alpin de grande valeur stratégique, en étant serré entre le Dauphiné français et le Piémont des Savoie, le marquisat de

---

du message religieux. Immagini, culti, liturgie. Le connotazioni politiche del messaggio religioso, actes du premier atelier international du projet : "Les vecteurs de l'idéel. Le pouvoir symbolique entre Moyen Âge et Renaissance (v. 1200-v. 1640)", Paris, Publications de la Sorbonne – Rome, École française de Rome, 2014, p. 293-306 ; Cozzo, Paolo, « Reproductions de sacralité dans le duché de Savoie (XVI-XVIIe siècles) », *Reti medievali rivista*, 17/1 (2016), p. 439-454 ; Voir aussi le texte de Nicolas Sarzeaud dans ce livre.

27 Sur le processus d'expansion géopolitique de la Maison de Savoie voir Merlotti, Andrea, Bianchi, Paola, *Storia degli Stati sabaudi (1416-1848)*, Morcelliana, Brescia, 2017, p. 28-47.

28 Cozzo, Paolo, « Culti e spazi sacri nella Valsesia di età moderna : la dimensione devozionale del "mutamento di dominio" », dir. E. Tortarolo, *Storia della Valsesia in età moderna*, Vercelli, Gallo edizioni, 2015, p. 247-266 ; « "Trattate ambedue dal Cielo con ugual misura di privilegi". Dinastia sabauda e Corona di Sicilia fra cerimoniale religioso e dimensione devozionale », dir. D. Rando, P. Cozzo et D. Scotto, *Ottant'anni da Maestro. Saggi degli allievi offerti a Giorgio Cracco*, Roma, Viella 2014, p. 141-175 ; « Política y devoción en la corte de los duques de Saboya : el papel estratégico de la hagiografía entre los siglos XVII-XVIII », dir. J. Martínez Millán, M. Rivero Rodríguez, G. Versteegen, *La corte en Europa : politica y religion (siglos XVI-XVIII)*, Madrid, Polifemo, 2012, vol. II, p. 957-972.

29 Sur la catégorie de « Piccoli stati » *cf.* Raviola, Alice Blythe, *L'Europa dei piccoli stati : dalla prima età moderna al declino dell'Antico Regime*, Carocci, Roma 2008.

Saluces connut sa période la plus florissante sous les marquis Ludovic I et Ludovic II, entre le XVe et le XVIe siècle[30]. La création du diocèse, en 1511, marqua son apogée[31], mais ce fut aussi le début d'une décadence concrétisée d'abord par l'occupation française (1548), puis, une fois éteinte la dynastie des marquis, par l'occupation savoisienne (1589), devenue définitive grâce au traité de Lyon (1601)[32].

Au début du XVe siècle, quand les relations entre les marquis et les rois de France étaient déjà étroites, le marquis Thomas III obtint de Charles VI une épine de la Couronne gardée dans la Sainte Chapelle de Paris[33]. La relique – volée en 1542 – fut mise dans le tabernacle de la « capella sepulcri Domini » de l'église dominicaine Saint-Jean, destinée à recevoir les dépouilles mortelles des marquis[34]. Ce lieu (où Thomas III avait aussi placé un *Compianto*, c'est à dire « ly imagini del legno de Christo steso sopra il monumento cum queli qui il guardavano [...] tuty imaginy de la grandezza de una persona humana[35] » reçues en France) en devenant le « mausoleo del principe[36] », devint aussi l'un des centres plus répresentatifs de la sacralité des marquis de Saluces. Que celle-ci fût une sacralité vivement imprégnée de

---

30 Comba, Rinaldo (dir.), *Ludovico I marchese di Saluzzo : un principe tra Francia e Italia (1416-1475)*, Cuneo, Società per gli studi storici, archeologici ed artistici della provincia di Cuneo, 2003 ; Comba, Rinaldo (dir.), *Ludovico II marchese di Saluzzo : condottiero, uomo di Stato e mecenate (1475-1504)*, Cuneo, Società per gli studi storici, archeologici ed artistici della provincia di Cuneo, 2005-2006.

31 *Saluzzo, città e diocesi : cinquecento anni di storia, relazioni al Convegno (Saluzzo, 28-30 ottobre 2012)*, Cuneo, Società per gli studi storici, archeologici ed artistici della provincia di Cuneo, 2013.

32 Merlin, Pierpaolo, « Saluzzo, il Piemonte, l'Europa. La politica sabauda dalla conquista del marchesato alla pace di Lione », dir. M. Fratini, *L'annessione sabauda del marchesato di Saluzzo. Tra dissidenza religiosa e ortodossia cattolica (secc. XVI-XVIII)*, Torino, Claudiana, 2014, p. 15-61.

33 Cavazzini, Laura, « Tra Fiandre, Francia e Valle Padana. Percorsi internazionali della scultura fra Tre e Quattrocento », dir. E. Castelnuovo, F. de Gramatica, *Il Gotico nelle Alpi, 1350-1450*, Trento, Provincia autonoma di Trento, 2002, p. 187-199, en part. p. 196.

34 Muletti, Delfino, *Memorie storico-diplomatiche appartenenti alla citta ed ai marchesi di Saluzzo*, Saluzzo, Lobetti-Bodoni, 1829, p. 125. Beltramo, Silvia, *Il marchesato di Saluzzo tra Gotico e Rinascimento. Architettura, città, committenti*, Roma, Viella 2015, p. 370-376.

35 Piretta, Silvia, « La cappella marchionale in San Giovanni a Saluzzo : da Tommaso III a Ludovico I », dir. R. Comba, *Ludovico I marchese di Saluzzo*, p. 297-307, en part. p. 297 (la source est Gioffredeo Della Chiesa, *Cronaca di Saluzzo*, Torino, 1846, p. 393).

36 Tosco, Carlo, « Il mausoleo del principe », Id., *Architetture del Medioevo in Piemonte*, Torino, Marcovalerio, 2003, p. 143-182.

suggestions christocentriques (identiques à celles qui caractérisaient les cérémonies d'entrée des marquises[37]) ne doit pas étonner si l'on pense que, pendant le XVe siècle, dans différentes localités du marquisat les rappels (iconographiques et dévotionnels) à la Passion s'intensifièrent. La crucifixion, déjà représentée dans la chapelle du chateau de Bagnolo Piemonte (1470-1480)[38], est au cœur du cycle pictural de l'ancienne église paroissiale de Manta[39], tandis que les sujets de la Passion – déjà presents dans des fresques du XVe siècle de l'église Saint-Jean[40] et dans d'autres lieux de Saluces[41] – prédominent dans les œuvres de Hans Clemer, un peintre flamand actif à Saluces entre la fin du XVe et les débuts du XVIe siècle qui travailla pour le marquis Ludovic II et fut au service des plus importantes familles du micro-état alpin[42] : il suffit de considérer la crucifixion dans l'église paroissiale de Elva (un petit village de la vallée de Maira)[43], le Christ « di Pietà » dans la cathédrale

37 Gentile, L. C., « "Il principe di Dio tra noi" : liturgia civica e cristomimesi del sovrano nello iocundum ongressum tra Savoia e Piemonte (metà del XIV – inizio del XVI secolo) », dans *Images, cultes, liturgies*, *op. cit.*, p. 167-184.

38 Bartoletti, Massimo, *Pittura nel secondo Quattrocento tra tradizioni e novità*, éd. R. Allemano, S. Damiano, G. Galante Garrone, *Arte nel territorio della diocesi di Saluzzo*, Savigliano, l'Artistica, 2008, p. 167-193, en part. p. 191-193.

39 Carità, Giuseppe (éd.), *Le arti alla Manta : il Castello e l'antica Parrocchiale*, Torino, Galatea, 1992.

40 Senatore, Laura, « Un ciclo di affreschi quattrocenteschi : le storie della Passione in San Giovanni di Saluzzo », *Studi Piemontesi*, I (1997), p. 63-72 ; Quasimodo, Francesca, Senatore, Laura, « Il Quattrocento dei pittori Pocapaglia », éd. R. Allemano *et alii*, *Arte nel territorio*, *op. cit.*, p. 143-165, en part. p. 148-150. Il faut souligner que « nel raffigurare le storie della Passione di Cristo, l'artista dipise sulla sfondo, con adattamente funzionali alla messa in scena degli eventi, una città dai caratteri perfettamente riconducibili ai centri urbani del marchesato di Saluzzo » (Beltramo, *Il marchesato di Saluzzo*, p. 123). Déjà au debut du XVe siècle dans l'église Saint-Jean on avait representé une *Flagellation* (Quasimodo, Francesca, « Sviluppi del gotico nel Saluzzese », éd. R. Allemano *et alii*, *Arte nel territorio*, p. 131-141, en part. p. 137). La *Crucifixion et Saints*, fresque des frères Volpi dans le réfectoire du même couvent, remonte au début du XVIe siècle (Caldera, Massimiliano « "Ad radicem Vesuli, terra Salutiarum, vicis et castellis satis frequens" : percorsi figurativi nel marchesato fra Quattro e Cinquecento », éd. R. Allemano *et alii*, *Arte nel territorio*, p. 195-249, en part. p. 221).

41 Une *Crucifixion et fidèles* avait été peinte par Pietro Pocapaglia sur la façade de l'ancienne église Saint-Sébastien de Saluces (Quasimodo, Francesca, Senatore, Laura, « Il Quattrocento dei pittori Pocapaglia », art. cité, p. 160-161).

42 Caldera, Massimiliano, « Ludovico II committente di Hans Clemer », dir. R. Comba, *Ludovico II marchese di Saluzzo*, II, *op. cit.*, p. 547-561.

43 Galante Garrone, Giovanna, « Gli affreschi della Parrocchiale di Elva (1496-1503) », dir. G. Galante Garrone et E. Ragusa, *Hans Clemer : il maestro d'Elva*, Savigliano, Artistica Piemontese, 2002, p. 71-98.

de Saluces et l'église paroissale du village de Costigliole[44], la *Déposition* dans l'église de Saint-Augustin de Saluces[45].

Si donc, à Saluces, le pouvoir des marquis avait déjà favorisé le développement d'une pitié orientée vers la Passion, dont témoignent plusieures manifestations (iconographiques et théâtrales[46]), il faut se demander comme ce territoire aurait réagi, après l'annexion au duché (une annexion – il faut s'en souvenir – qui provoqua des perplexités et des résistances plus que des faveurs et des enthousiasmes[47]) à l'inoculation d'un culte – celui du Saint-Suaire – explicitement lié à la Maison de Savoie. En autres mots, il faut se demander si la présence d'un substrat cultuel sensible à la Passion, qui exprimait aussi une identité politique – celle de l'ancien marquisat – cependant perdue, aurait favorisé la diffusion d'une dévotion pour le Saint-Suaire (relique qui se présentait comme *palladium* des nouveaux souverains), ou si, au contraire, elle en aurait, pour ainsi dire, affaibli et limité l'expansion.

La question ne doit pas étonner si l'on pense que dans cette période de transition politique le même procès d'« assimilation cultuelle » avait concerné la dévotion des saints thèbains. Les anciens cultes patronaux du marquisat (les martyrs Chiaffredo et Costanzo, deux saints militaires vénérés dans l'État de Saluces depuis des siècles), furent en effet inscrits parmi la légion thébaine de Saint-Maurice, métaphore de

44 Pianea, E., « *L'affresco del Cristo di Pietà di Costogliole Saluzzo (1550-1559)* », *ibid.*, p. 129-131.

45 Pianea, E., « *L'affresco della Deposizione nella chiesa di Sant'Agostino a Saluzzo (1500-1504)* », *ibid.*, p. 133-139.

46 D'autres témoignages iconographiques de la première moitié du XVIe siècle proviennent de la Collegiata de Revello (*Déposition* de Oddone Pascale, ca. 1540 : Caldera, Massimiliano, « "Ad radicem Vesuli" », art. cité, p. 247-249), de l'abbaye de Staffarda (*Christ Crucifié* dans la vitre de l'abside : *ibid.*, p. 221), et de la cathédrale de Saluces (*Depoisizione dalla Croce*, une sculpture en terre cuite polychrome d'un artiste lombard realisée pour l'autel de la chapelle du Saint Sépulcre : Caldera, Massimiliano, « Le strategie figurative per il duomo nuovo di Saluzzo : percorsi possibili fra artisti e committenti », *Saluzzo città e diocesi. Cinquecento anni di storia*, Cuneo, Soc. Studi Stor. Archeologici, 2013, p. 243-260, en part. p. 256-257). À Revello (siège de l'un des principaux châteaux des marquis de Saluces : Beltramo, *Il marchesato di Saluzzo*, p. 233-251) était enracinée la tradition de la répresentation théatrale de la « Passione » : celle d'avril 1481 fut jouée en présence du marquis Ludovic II (Piccat, Marco, « Quando la tradizione religiosa si fa evento : le didascalie della "Passione di Revello" (1481) », *Saluzzo città e diocesi*, *op. cit.*, p. 51-65).

47 Raviola, Alice Blythe, « "Per levar ogni tergiversatione a questa gente". Controllo e repressione dell'eresia riformata nel Saluzzese a opera dei governatori sabaudi (1588-1650) », dir. M. Fratini, *L'annessione sabauda*, *op. cit.*, p. 63-86, en part. 70-72.

l'armée de Charles-Emmanuel[48]. Cet effort trouva dans les travaux de l'érudit Guglielmo Baldessano (un jésuite au service du duc Charles-Emmanuel Ier en tant qu'historiographe) son élaboration idéologique la plus efficace[49]. Dans ses œuvres, en effet, Baldessano proposait une transposition entre la figure du duc Charles-Emmanuel Ier (prototype des « princes de guerre » de la maison de Savoie[50]), et celle du saint. À la légion des martyrs de Maurice, chef de la troupe, correspondait ainsi idéalement l'armée de Charles-Emmanuel, le duc de Savoie dont les exploits militaires étaient présentés et justifiés comme des actions providentielles aux fins de préserver le duché et l'Italie tout entière de la contamination hérétique[51].

À Saluces l'iconographie aussi se plia à ce projet idéologique précis : les images des saints, qui auparavant montraient seulement de vagues attributs militaires, commençaient à présenter des références explicites à la tradition de saint Maurice : en particulier la même croix trilobée qui appparaissait aussi sur les enseignes de l'ordre chevaleresque de maison de Savoie[52] et dans laquelle le duc avait exigé être peint[53]. Réutilisant des cultes locaux préexistants, revêtus de nouvelles significations adaptées à la politique ducale, les Savoie validèrent sur un plan idéal une conquête réalisée par le recours aux armes[54].

---

48 Cozzo, Paolo, « Una leggenda che cambia. Chiaffredo e Costanzo da patroni del marchesato di Saluzzo a legionari sabaudi », *Annali dell'Istituto storico italo germanico in Trento*, XXVI (2000), p. 641-656.

49 Cozzo, Paolo, « Fra militanza cattolica e propaganda dinastica. La storiografia di Guglielmo Baldessano (1545-1612) nel Piemonte sabaudo », éd. M. Firpo, *"Nunc alia tempora, alii mores". Storici e storia in età postridentina*, (Atti del convegno internazionale, Torino 24-27 settembre 2003), Firenze, Olschki, 2005, p. 397-414.

50 Meyer, Frédéric, *La Maison de Savoie du* XVIe *au* XVIIIe *siècle*, Chambéry, Société Savoisienne d'Histoire et d'Archéologie, 2014, p. 51-59.

51 Cozzo, Paolo, « Antichi soldati per nuove battaglie. La riscoperta del culto tebeo nelle "valli infette" », *Bollettino della Società di Studi Valdesi*, 188 (2001), p. 3-23.

52 Cozzo, Paolo, « "Quest'abito è di onore e di religione". La dimensione religiosa degli ordini cavallereschi sabaudi nella prima età moderna », éd. G. Greco, *Il principe, la spada e l'altare*, Pisa, ETS, 2014, p. 195-213.

53 Sur le *Ritratto di Carlo Emanuele I duca di Savoia entro la croce di San Maurizio e intreccio di scritte con preghiere celebrative del potere sabaudo* (1585-1586) réalisé par Alessandro Ardente sur une feuille d'ardoise, voir Bava, Anna Maria, « Arti figurative e collezionismo alle corti di Emanuele Filiberto e di Carlo Emanuele I », dir. G. Ricuperati, *Storia di Torino*, III, *op. cit.*, p. 312-340, en part. p. 319 (la reproduction est *ibid.*, fig. 7).

54 Cozzo, Paolo, « Mythes et dévotions dynastiques en Savoie-Piémont aux XVIe et XVIIe siècles », éd. C. Callard, E. Crouzet-Pavan, A. Tallon, *La politique de l'histoire en Italie. Arts et pratiques du réemploi (*XIV-XVIIe *siècle)*, Paris, PUPS, 2014, p. 259-268.

En revenant au Saint-Suaire, l'impression qui émerge en regardant les témoignages (iconografiques et littéraires) sur la fortune du culte « sindonique » dans le marquisat de Saluces est que la pénétration de ce culte fut assez lente dans les décennies initiales de la domination savoisienne. En effet, seulement une petite partie de ces témoignages remonte à la première moitié du XVIIe siècle, tandis qu'elles s'intensifient dans la deuxième moitié du siècle et, encore plus, au XVIIIe siècle, c'est à dire quand le procès d'assimilation s'était achevé. L'impression que le territoire de Saluces, bien que potentiellement fertile pour la floraison d'un culte de la Passion[55], ait manifesté une certaine lenteur à absorber la dévotion du Suaire à cause des implications philosavoisiennes que cette relique présentait, est confirmée par une autre donnée. C'est à dire que les quelques exemples de dévotion au Suaire remontant à la première moitié du XVIIe siècle peuvent être rapportées à certaines familles du patriciat local qui avaient des liens forts avec la maison de Savoie[56].

C'est le cas des Tapparelli de Lagnasco, une famille vivant entre marquisat et duché[57], qui en 1568 réussit à promouvoir un représentant (le moine dominicain Giovanni Maria) à la chaire épiscopale de Saluces[58]. Dans cette nomination (qui provoqua le mécontentement de Catherine de Médicis, qui avait proposé comme candidat à cette dignité son aumônier), les pressions exercées à Rome par les Savoie avaient été déterminantes ; ceux-ci entendaient ainsi, à travers la figure d'un evêque « ami », manifester leurs ambitions sur le marquisat.

55 Galante Garrone, Giovanna, « Manierismi : dalla dominazione francese al controllo sabaudo del territorio (1548-1620) », éd. R. Allemano, S. Damiano, G. Galante Garrone, *Arte nel territorio della diocesi di Saluzzo*, Savigliano, l'Artistica, 2008, p. 251-283.

56 La peinture sur toile de Bartolomeo Caravoglia (1620-1691) représentant les saints François et Antoine de Padoue avec les âmes du purgatoire et l'adoration du Suaire soutenus par Notre-Dame des douleurs, aujourd'hui conservée dans le sanctuaire de Notre-Dame des Grâces de Saluces pourrait être arrivée à Saluces d'une autre église capucine du Piémont (Spione, Gelsomina, « Il Seicento », éd. R. Allemano, S. Damiano, G. Galante Garrone, *Arte nel territorio della diocesi di Saluzzo*, p. 297-317, en part. p. 312-314).

57 Sur la famille Tapparelli di Lagnasco voir les actes du colloque *I Tapparelli, il Saluzzese e gli Stati sabaudi tra età moderna e contemporanea*, sous presse. Bosco, Maria Grazia, *Il castello di Lagnasco. Storia e committenza al centro della cultura manierista*, Cuneo, Società per gli studi storici archeologici ed artistici della provincia di Cuneo, 1999, p. 39-45.

58 Sur sa figure *cf.* Cozzo, Paolo, « I primi tempi della diocesi di Saluzzo fra governo ecclesiastico, nepotismo curiale e tensioni religiose », *Bollettino della Società per gli Studi storici, archeologici ed artistici della Provincia di Cuneo*, 149 (2/2013), p. 217-228, en part. p. 221-224.

Le fait que les Tapparelli fussent liés aux Savoie était révélé, entre autres choses, par une fresque de leur chapelle de Saint-Gothard, dans le cimetière de Lagnasco, un petit village à la frontière entre le marquisat et le duché où la famille avait son château[59]. Cette fresque, datée de 1553 (une année où le Saint-Suaire se trouvait encore à Chambéry), montre la relique tenue par trois évêques[60]. Il s'agit d'une image « prémonitoire », puisqu'en 1578, quand le Suaire fut transféré à Turin à l'occasion du voyage de Charles Borromée, parmi les évêques qui officiaient pour l'ostension il y avait aussi celui de Saluces, Giovanni Maria Tapparelli[61].

Que le culte du Suaire puisse être entendu comme une « marque de fidélité » aux Savoie, un indicateur d'appartenance et d'orientation politique dans un contexte d'assimilation politique récente, est confirmé par un autre cas, géographiquement voisin à celui qui vient d'être analysé. À Scarnafigi (un autre village situé sur la frontière entre le marquisat et le duché)[62], il y avait plusieurs indices significatifs d'une certaine sensibilité dévotionnelle pour la Passion. Dans ce village il y avait une confrérie de la Croix[63] et un sanctuaire très fréquenté, dit « du Christ », dans lequel on vénérait une grande image du Crucifix anciennement peinte sur un pylône, et puis progressivement englobée dans une chapelle[64]. Ce lieu de culte semblerait être attesté déjà entre le XVe et le XVIe siècle ; au milieu du XVIIe siècle (1664), cependant, il fut interdit

---

59 Bosco, Maria Grazia, *Il castello di Lagnasco, op. cit.* ; Gritella, Gianfranco, *Il rosso e l'argento : i castelli di Lagnasco : tracce di architettura e di storia dell'arte per il restauro*, Torino, Celid, 2008.

60 Antonioletti, Lea Carla, « Prime considerazioni sulla ricognizione territoriale », *La Santa Sindone. Devozione nella diocesi di Saluzzo (catalogo della mostra, Saluzzo, 17 aprile – 28 giugno 2015)*, Saluzzo, Diocesi di Saluzzo, Ufficio Beni Culturali della Diocesi di Saluzzo, 2015, p. 7-9.

61 Le même évêque Tapparelli avait rappelé dans son journal que « *Nel mese di ottobrio 1578 fui a Torino con bona compagnia per veder il Santo Sudario il qual si monstrò alli presenti li ill.mo cardinal Borromeo, il cardinal Vercelli, il vescovo Santa Croce nontio, l'arcivescovo di Torino, l'arcivescovo di Tarantasio, il vescovo di Venza, Pavia, Vercelli, Agosta e Savona et fu mostrato in giorni 12, 13, 14 di ditto mese con gran solenità* » (cit. dans Bosco, *Il Castello di Lagnasco, op. cit.*, p. 14). Une gravure de Giovanni Testa présente la cérémonie qui établit le passage definitif du Suaire de Chambéry à Turin (Cozzo, *La Sindone e i Savoia*, p. 7).

62 Dao, Ettore, *Storia di Scarnafigi*, 2 *(dal 1508 al 1601)*, Savigliano, l'Artistica, 1988.

63 Dao, Ettore, « Vita civile e religiosa a Scarnafigi nei Seicento », éd. A. A. Mola, *Scarnafigi nella storia*, Savigliano, l'Artistica, 1992, p. 131-179, en part. p. 136.

64 Colombero, Giacomo, *I Santuari di nostro Signore*, p. 23-28 ; pour une attribution de la fresque voir Massimiliano Caldera, "Ad radicem Vesuli", art. cité, p. 205-206.

par l'archevêque de Turin (diocèse auquel Scarnafigi appartenait alors), pour les mauvaises conditions structurales du bâtiment[65].

Il est difficile d'évaluer l'efficacité de cette interdiction (révoqué en 1683) qui ne réussit pas à éteindre une attraction dévotionnelle qui s'est continuée jusqu'au XXe siècle[66]. Par contre, il faut souligner que cette tentative d'apaiser un culte de la Passion à Scarnafigi (tentative qui passa aussi par l'attribution à la chapelle du titre de saint Laurent : une stratégie « onomastique » qui, cependant, ne semble pas avoir eu de succès, puisque encore aujourd'hui la chapelle est connue comme « le Christ[67] ») est contemporain et parallèle à la naissance et au développement, justement à Scarnafigi, d'un autre culte de la Passion.

Il s'agit, cependant, d'un culte – celui du Suaire – qui présente des caractéristiques politiques plus nettes et évidentes. En effet, on sait qu'entre 1638 et 1644, dans l'église paroissiale de Scarnafigi une chapelle dédiée au Suaire fut réalisée, en suivant les dernières volontés du comte Antonio da Ponte (qui l'avait prévue dans son testament du 1637[68]). L'œuvre (à laquelle travailla le peintre d'origine flamande Giovanni Claret[69]) fut concrètement réalisée par le fils du comte, Giovanni Francesco, chevalier de l'ordre de l'Annonciade (l'ordre équestre le plus prestigieux de la maison de Savoie) et ambassadeur ducal, c'est à dire l'un des plus hauts représentants de la cour de Turin, également pendant la régence de Christine de France[70].

Il n'est pas difficile d'apercevoir dans le choix dévotionnel des da Ponte (à qui en 1608 Charles Emmanuel Ier avait assigné le comté de

---

65 [Battisti, Pierino, Gullino, Giovanni], *Scarnafigi. Tra storia ed arte di provincia*, Manta, Graph art, 2008, p. 49-52.

66 Dao, Ettore, « Vita civile e religiosa », art. cité, p. 137.

67 *Il Piemonte paese per paese*, VII, Firenze, Bonechi, 1995, p. 48-49.

68 Dao, Ettore, *La Cappella del Santo Sudario in Scarnafigi e l'arte figurativa di G. Claret (1599-1679)*, Saluzzo, Tipografia Operaia, 1997, p. 2-16 ; Damiano, Sonia, « Sulle orme di Ettore Dao : committenze a Scarnafigi tra XVI e XVII secolo », dir. G. Comino, *La pietà dei laici. Fra religiosità, prestigio familiare e pratiche devozionali : Il Piemonte sud-occidentale dal Tre al Settecento. Sulle tracce di Alfondo Maria Riberi (1876-1952)*, Cuneo, Società per gli studi storici, archeologici ed artistici della provincia di Cuneo, 2002, p. 271-280.

69 Spione, Gelsomina, *Il Seicento*, p. 299 ; sur Claret voir Griseri, Andreina, « Claret, Giovanni », *Dizionario biografico degli italiani*, 26, Roma, Istituto dell'Enciclopedia Italiana, 1982, p. 125-127.

70 Sur son activité diplomatique d'ambassadeur (à Venise, Lorraine, Flandres, Angleterre et France) : Pennini, Andrea, *"Con la migliore diligentia possibile". Diplomazia e politica estera sabauda nel primo Seicento*, Carocci, Roma, 2015, p. 111-115.

Scarnafigi) un hommage à la souche à laquelle ils devaient leur fortune. Que le culte du Suaire fût proposé et diffus aussi dans la perspective d'exalter les relations qui liaient une famille du patriciat subalpin à la cour ne doit pas nous étonner. Dans le domaine de Biella, une ville d'ancienne fidélité savoisienne dominée du point de vue ecclésiastique par les Ferrero (une noble famille qui avait donné aussi beaucoup d'évêques et quelques cardinaux[71]), le culte du Suaire trouva une grande fortune, dont témoigne l'abondance des références iconographiques. Les initiatives des Savoie pour promouvoir le culte semblent donc trouver dans le domaine de Biella « une spéciale convergence d'intérêt avec les Ferrero et avec le haut clergé produit par cette famille[72] ». Ce qui est intéressant ici de souligner c'est qu'à Scarnafigi, où deux cultes de la Passion s'accouplent, celui qui est le plus directement et intentionnellement lié au prestige dynastique semble s'imposer ou, pour mieux dire, être imposé sur l'autre qui s'était développé avant l'avènement de la domination des Savoie. Le choix des comtes Da Ponte de patronner une chapelle dédiée au Suaire (chapelle qui se trouvait à proximité de leur palais, dont elle constituait une sorte d'appendice sacré), ne semble pas considérer la préexistence, dans le même territoire de Scarnafigi, du sanctuaire du Christ qui – on l'a dit – fut interdit par l'archevêque de Turin justement quand le complexe cultuel des comtes Da Ponte se compléta.

Si l'on pense que le prélat qui avait interdit cette chapelle (Monseigneur Giulio Cesare Bergera), était une autre figure étroitement liée à la cour mais aussi bien enracinée dans le territoire (en effet ce prélat appartenait à une famille qui possédait le fief de Cavallerleone, un village voisin de Scarnafigi)[73], il ne semble pas étrange de supposer que l'intervention de l'archevêque eut, parmi ses buts, aussi celui de déplacer le épicentre de la dévotion locale pour la Passion d'un lieu « neutre » (le sanctuaire du Christ), à un lieu politiquement connoté, c'est-à-dire la chapelle du Suaire. Ce but pourrait être inséré dans un plus ample procès de diffusion

71 Merlin, Pier Paolo, « I *cardinali sabaudi* nell'età di Emanuele Filiberto (1559-1580) », dir. G. Signorotto et M. A. Visceglia, *La Corte di Roma tra Cinque e Seicento « teatro » della politica europea*, Roma, Bulzoni, 1998, p. 299-321.

72 Natale, Vittorio, *Le sindoni ritrovate. Il restauro delle raffigurazioni nel Biellese*, catalogo della mostra (Biella, Palazzo Oratorio del Santo Sudario, 15-29 ottobre 2000), Ponzone, DocBI, 2000, p. 15.

73 Tuninetti, Giuseppe, *Il cardinal Domenico Della Rovere, costruttore della Cattedrale, e gli arcivescovi di Torino dal 1515 al 2000 : stemmi, alberi genealogici e profili biografici*, Cantalupa, Effatà, 2000, p. 99-103.

des cultes dynastiques (comme, par exemple, celui pour le bienheureux Amédée) qui, depuis le milieu du XVIIe siècle, avait impliqué plusieurs localités de l'ancien marquisat.

Aussi la vénération pour le duc de Savoie, mort en odeur de sainteté en 1472 et devenu objet d'une dévotion reconnue canoniquement seulement en 1678[74], n'était pas – jusqu'à ce moment – particulièrement diffusée dans les terres de l'ancien marquisat, contrairement à ce qui s'était passé dans d'autres zones de la Savoie et du Piémont[75]. On ne doit pas s'étonner, alors, non seulement de trouver la statue d'Amédée avec celle d'Humbert III (un autre bienheureux de famille[76]) justement dans la chapelle des Da Ponte à Scarnafigi[77], mais aussi de trouver le Suaire et le bienheureux Amédée représentés ensemble. C'est ce qui se passa à Sampeyre (dans la vallée du Varaita, qui au XVIe siècle avait connu une forte expansion du calvinisme[78]), un village fief des Savio (une autre famille au service de la cour de Savoie[79]), où, sur la façade de l'hôtel de ville, on trouve une fresque (de la deuxième moitié du Seicento) répresentant le Suaire présenté par la Vierge, le bienheureux Amédée et un saint thébain[80].

Si la présence du binôme Suaire-bienheureux Amédée dans les terres de l'ancien marquisat de Saluces est interprétable comme un reflet des stratégies d'affirmation du pouvoir ducal dans une zone qui, pendant la première partie du XVIIe siècle, était une « nouvelle acquisition », la modeste fortune de ce binôme dans le marquisat (une zone « sensible » aux cultes de la Passion, mais où le culte du Suaire s'enracina plus

---

74 Cozzo, Paolo, « Hagiographie et politique dans l'Italie du Nord au début de l'époque moderne : "saints d'État", tradition urbaine et prestige dynastique », dir. M. E. Ducreux, *Dévotion et légitimation. Patronages sacrés dans l'Europe des Habsbourg*, Liège, Presses universitaires de Liège, 2016, p. 57-72, en part. p. 70-72.

75 Torre, Angelo, « Atti per i santi, discorsi di santità : la beatificazione di Amedeo IX di Savoia », *Quaderni storici*, 102 (1999), p. 705-731 ; *Id.*, « Consumo di devozioni e santità : il beato Amedeo IX nel cerimoniale piemontese del Seicento », éd. S. Cabibbo, G. Fiume et M. Modica, *Il santo e la città*, Venezia, Marsilio, 2000, p. 96-119.

76 Sur sa figure voir Cabibbo, Sara, « Sovrane sante », éd. J-F. Chauvard, A. Merlotti, M. A. Visceglia, *Casa Savoia e curia romana dal Cinquecento al Risorgimento*, Rome, École Française de Rome, 2015, p. 37-53, en part. p. 39.

77 Spione, *Il Seicento*, *op. cit.*, p. 303.

78 Ottonelli, Sergio, « La riforma in alta val varatia : un primo abbozzo di ricerca », dir. M. Fratini, *L'annessione sabauda del marchesato*, p. 317-336 ; De Angelis, Almerino, « I riformati di Sampeyre nei primi anni del Seicento », *ibid.*, p. 309-315.

79 Savio, Carlo Fedele, *I Savio di Sampeyre*, Saluzzo, Bodoni, 1922.

80 *La Santa Sindone. Devozione nella diocesi di Saluzzo*, p. 6.

péniblement et plus tard qu'ailleurs) nous pose quelques questions. Elle est, peut-être, à lire en relation soit avec la difficulté que les Savoie eurent pour imposer leur autorité, soit, sourtout, avec la faible incidence que le patriciat de Saluces eut près de la cour de Savoie.

Dans la guerre civile qui bouleversa le Piémont en 1638-1642 (un conflit pour la succession dynastique inséré dans le cadre enchevêtré de la guerre de Trente ans), la plus grande partie des familles du patriciat de Saluces (formé par des familles qui, au moment de l'anexion au duché, « *restarono sostanzialmente, se non ostili, almeno indifferenti ai Savoia*[81] ») avait soutenu le parti qui se révéla « perdant », c'est à dire celui des princes Maurice et Thomas, qui s'étaient opposés à leur belle-sœur Christine de Bourbon. Cela provoqua une tendance à la marginalisation des élites de Saluces auprès de la cour savoisienne ; à leur tour, elles manifestèrent un faible intérêt et une disposition insuffisante à se faire médiatrices, dans leurs domaines, des références dévotionnelles d'une cour au sein de laquelle elles étaient pratiquement absentes[82]. Par contre, les quelques familles qui avaient consolidé un rapport avec la cour (c'est le cas des Da Ponte, une famille qui avait choisi le parti victorieux, celui des Bourbons), avaient pu célébrer (et aussi publiciser) cette relation à travers les symboles de la sacralité dynastique.

Il nous reste à comprendre (et seulement de nouvelles recherches pourraient nous y aider) si cette tendance est une particularité de Saluces, ou, au contraire, s'il s'agit d'une donnée vérifiable aussi dans d'autres réalités qui, entre le XVIIe et le XVIIIe siècle, devinrent des territoires de « *nuovo acquisto* ». On sait que quelques-uns de ces territoires présentaient – comme Saluces – une sensibilité spécifique aux cultes de la Passion.

C'est le cas de la Valsesia (dont l'épicentre sacré était le Sacro Monte), mais aussi de Novarèse. Dans ce territoire, milanais jusqu'au milieu du Settecento, se dressaient certains célèbres sanctuaires de la Passion crées entre le XVIe et le XVIIe siècle : la Pietà di Cannobio (au bord du Lac Majeur)[83], le Sacro Monte du Calvaire à Domodossola[84], le sanctuaire du

---

81 Merlotti, Andrea, *L'enigma delle nobiltà. Stato e ceti dirigenti nel Piemonte del Settecento*, Firenze, Olschki, 2000, p. 14.

82 Merlotti, Andrea, « Dall'integrazione all'emarginazione. La nobiltà di Saluzzo e lo Stato sabaudo nel XVII secolo », dir. M. Fratini, *L'annessione sabauda del marchesato*, p. 87-118.

83 Zaccheo, Germano (éd.), *Il Santuario della Santissima Pietà di Cannobio : guida*, Novara, Edizioni S.D.N., 2006.

84 Minissale, Simonetta, Feltre, Alessandro (éd.), *Calvario : monte sacro di Domodossola*, Torino, Allemandi, 2009.

Crucifix dans le village de Boca[85]. Il s'agissait de lieux de dévotion très fréquentés encore à la fin du XIXe siècle, comme le chanoin Colombero (que nous avons rencontré au début de cet exposé), ne manquait pas de le souligner dans son volume sur les sanctuaires de la Passion au Piémont[86]. Que cette œuvre portât beaucoup d'attention aux sanctuaires christologiques situés dans des terres « devenues » piémontaises (en tant que passées sous la domination de la Maison de Savoie) à peine un siècle avant, ne semble pas fortuit. À travers le culte de la passion, Colombero trouvait en effet un dénominateur commun pour des terres qui, pendant plusieurs siècles, avaient connu differentes traditions civiles et ecclésiastiques.

C'était la même logique que les Savoie aussi avaient adopté en promouvant les cultes dynastiques comme « vecteurs de l'idéal[87] » d'une identité politique dont le sacré et ses langages furent partie intégrante et essentielle. Dans la perspective d'un prêtre piémontais de la fin du XIXe siècle, cependant, la foi, avant et plus que la politique, était ce qui pouvait vraiment maintenir l'unité des peuples et des territoires, surtout à une époque où la religion semblait avoir été définitivement mise par l'État aux marges de la société.

Paolo COZZO
Université de Turin

85 Del Conte, Walter, Fornara, Bartolo (éd.), *Boca e la devozione cristologica : itinerari d'arte e di fede nella collina novarese*, Novara, Fondazione Achilla Marazza, 1998.

86 Colombero, *I santuari di Nostro Signore*, p. 29-49.

87 *Images, cultes, liturgies*, *op. cit.*

MARGUERITE D'AUTRICHE ET LA DIFFUSION DU CULTE DU SAINT-SUAIRE DANS LA PREMIÈRE MOITIÉ DU XVIe SIÈCLE

Une carte suscite cette investigation (Fig. 1) : elle rend compte de la trajectoire du Saint-Suaire[1] et de la dissémination de son culte, entre son apparition au XIVe siècle et la Contre-Réforme, au milieu du XVIe siècle. Or, la géographie de la relique couvre remarquablement le couloir Flandres-Alpe ; nous aurions trouvé là une relique lotharingienne.

En effet le Saint-Suaire, linge portant l'empreinte du corps du Christ (Fig. 2), circule à l'intérieur de l'espace lotharingien pendant toute la fin du Moyen Âge ; il émerge en Champagne dans la seconde moitié du XIVe siècle, où son culte vivote, inhibé sans doute par un contentieux sur son statut d'image ou de relique[2]. Acquis par le duc de Savoie en 1453, il ne génère une dévotion notable qu'à partir du début du XVIe siècle, après sa translation vers la Sainte-Chapelle de Chambéry en 1502 et l'approbation de son culte par le pape Jules II en 1506. À partir de la décennie 1510, les archives de la ville mentionnent le succès de la « fête du Saint-Suaire », générant une foule de pèlerins et des revenus économiques conséquents[3]. Le culte connaît

1 Je choisis la terminologie « Saint-Suaire » pour les exemplaires de Chambéry-Turin et de Besançon conformément à l'usage des sources du XVIe siècle, parlant le plus souvent du *sanctum sudarium* ou du *sainct Suayre*.

2 Pour l'histoire du Saint-Suaire lire Nicolotti, Andrea, *Storia e leggende di una reliquia controversa*, Turin, Giulio Einaudi, 2015 et Celier, Odile, *Le signe du linceul. Le Saint Suaire de Turin, de la relique à l'image*, Paris, Cerf, 1992. Sur le culte au XIVe siècle lire Dittmar, Pierre-Olivier, « La mécanique des suaires » dir. D. Dubuisson et S. Raux, *À perte de vue, les nouveaux paradigmes du visuel*, Dijon, Les presses du Réel, 2015, p. 55.

3 Ces archives ont été transcrites dans le cadre de mon mémoire de master, « Adorer la contrefaçon. La reproductibilité des saintes Images et l'exemple du Saint-Suaire du

un reflux après l'incendie de la Sainte-Chapelle en 1533 et l'invasion de la Savoie par François Ier en 1536 ; la relique suit le duc dans sa retraite à Nice puis à Vercelli.

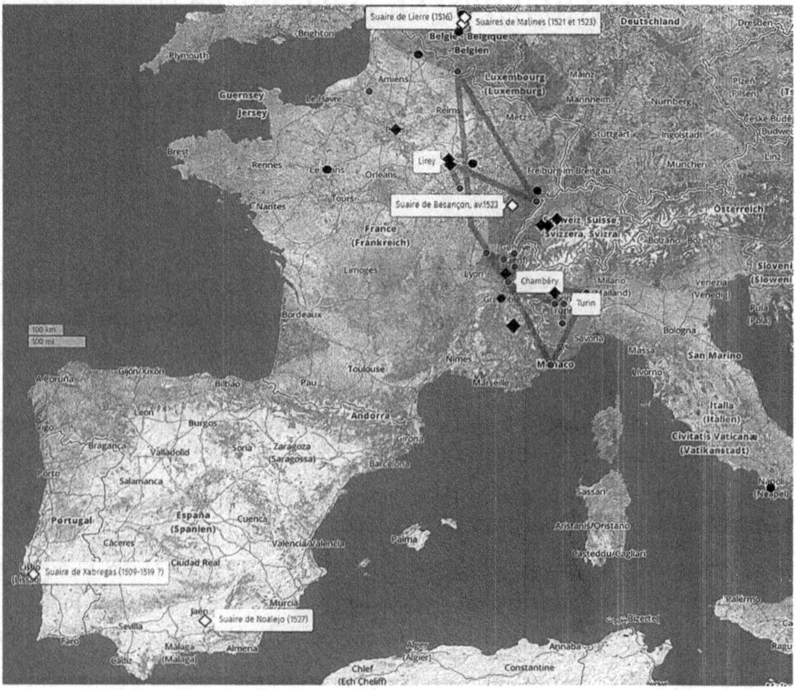

FIG. 1 – Le réseau du Saint-Suaire du XIVe au milieu du XVIe siècle[4].

XIVe siècle au concile de Trente », soutenu à l'EHESS en juillet 2017, et feront l'objet d'une publication propre.

4 Cette enquête sur les copies du Suaire est présentée ici dans son état de 2017-2018 : elle s'est étoffée au cours de ma thèse de doctorat soutenue le 25 novembre 2021, « Copie et culte. Le Suaire du Christ, une image-relique reproductible (XIVe-XVIe siècle) » sous la direction d'Étienne Anheim et Pierre-Olivier Dittmar. Plusieurs autres images et copies sont apparues qui ne changent pas fondamentalement la géographie lotharingienne présentée ici, mais qui permettent d'en préciser la lecture. Certaines transcriptions et traductions ont aussi été améliorées. La carte interactive en ligne comprend est à jour : https://umap.openstreetmap.fr/fr/map/le-saint-suaire-reseau-dimage-xive-milieu-du-xvie-_112301#6/47.361/6.460, consulté le 02/10/2021.

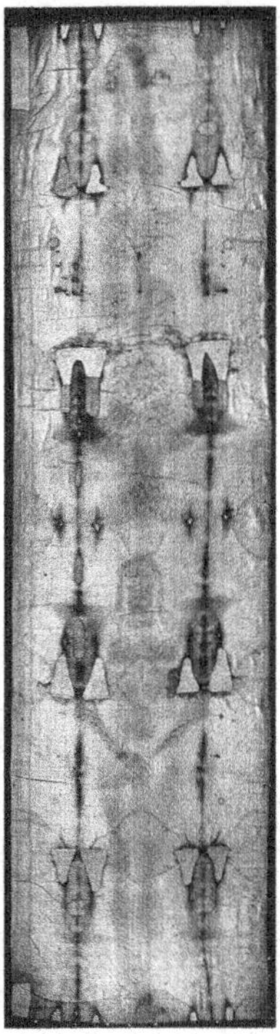

FIG. 2 – Le Saint-Suaire.

La recension des occurrences du Saint-Suaire jusqu'au milieu du XVIe siècle confirme cette chronologie ; à l'exception de deux représentations du XIVe siècle, la vingtaine d'images et de mentions de pèlerinages datent des années 1500-1530. Or pendant ces années, la cartographie de cette dévotion déborde peu d'un couloir Flandres-Alpes qu'elle couvre presque intégralement, avec un réseau dense dans le duché de Savoie, en Suisse, un foyer dans les Flandres et un autre en Franche-Comté ; seule une percée ibérique fait exception.

Quels ressorts politiques, économiques et culturels, ont entraîné cette diffusion lotharingienne ? La dévotion personnelle à la relique de Marguerite d'Autriche, douairière de Savoie et régente des Pays-Bas bourguignons jusqu'à sa mort en 1530, est décisive ; elle semble impliquée dans la production et la distribution d'une série de sept copies de la sainte image, datables des décennies 1510 et 1520. D'autres logiques ont favorisé l'expansion du culte dans cet espace, le Saint-Suaire se prêtant à une dévotion personnelle dans les milieux aristocratiques aussi bien qu'à des ostensions publiques, dans le cadre d'une piété civique. Il gagne ainsi un rôle de palladium dans les crises du premier XVIe siècle, les épidémies de peste et la contestation des institutions ecclésiastiques par la Réforme[5].

MARGUERITE D'AUTRICHE ET LA CIRCULATION DES COPIES DU SAINT-SUAIRE

MARGUERITE ET LE SAINT-SUAIRE

Fille de Maximilien Ier et de Marie de Bourgogne, Marguerite d'Autriche est une souveraine lotharingienne par excellence. Veuve en 1504 du duc Philibert de Savoie, qu'elle avait épousée en 1501, elle est régente des Pays-Bas bourguignons à partir de 1507, pour le compte de Maximilien puis de son neveu Charles Quint. Elle travaille au grand projet du monastère de Brou où elle est enterrée avec Philibert en 1530[6].

Entre 1502 et sa mort, plusieurs sources documentent sa dévotion au Saint-Suaire de Chambéry. Dans le cadre de la dévotion de la famille de Savoie, on la sait présente à des cérémonies en 1502 et 1503[7], mais son lien à la relique est mieux caractérisé en 1509 par la commande d'un

5 J'ai plaisir à remercier Odile Celier et Pierre-Olivier Dittmar mais encore Lea Brandy, Aline Debert et Elise Haddad pour leurs conseils et contributions diverses à cette communication. J'adresse des remerciements tout particuliers à Julia Huguenin-Dumittan.

6 Sur la vie de Marguerite d'Autriche la biographie la plus complète est celle de Eichberger, Dagmar, *Leben mit Kunst, Wirken durch Kunst. Sammelwesen und Hofkunst unter Margarete von Österreich, Regentin der Niederlande*, Turnhout, Brepols, 2002.

7 Une ostension et la translation du Saint-Suaire les 11 juillet 1502 et 14 avril 1503, Lalaing, Antoine de, « Chronique des voyages de Philippe le Beau, ostension du 14 avril 1503 », *Collections des voyages des souverains des Pays-Bas*, t. I, éd. C. Piot et L. Gachard, Bruxelles, Hayez, 1876, p. 286 ; « Procès-verbal de translation du Saint-Suaire des cordeliers à la Sainte-Chapelle de Chambéry », transcrit dans Jussieu, Alexis de, *La Sainte-Chapelle du château de Chambéry*, Chambéry, Puthod, 1863, p. 402. « Lettre de Claude de Brosses, mère de Philibert, à Marguerite d'Autriche », octobre 1505 : « [Je vous prie de] venir voyr le benoist Sainct Suayre auquel vous ay recommandé », Lille, Archives du Nord (A.d.N.), cote L.M., n° 24124, cité dans Bruchet, Max, *Marguerite d'Autriche, duchesse de Savoie*, Lille, Danel, 1927, p. 139, n. 4.

reliquaire pour le Saint-Suaire, parmi divers dons à la Sainte-Chapelle de Chambéry. Ce don, sur lequel insiste Corneille Agrippa dans le panégyrique de la princesse, intervient alors qu'elle est veuve depuis cinq ans et qu'elle gouverne les Pays-Bas depuis Malines. Il est associé à l'obligation faite au chapitre de célébrer une messe quotidienne pour Philibert et Marguerite[8].

Offrir ce reliquaire a bien sûr un sens politique ; après la mort du duc Philibert en 1504, sa veuve s'est opposée de front à son frère et successeur, Charles, en vue d'obtenir un douaire ; avec le traité de Strasbourg, l'année suivante, elle emporte les revenus de plusieurs comtés du Nord de la Savoie, notamment ceux de Vaud, Bresse, Faucigny, Villars, qui viennent bientôt se greffer à la Franche-Comté obtenue par les Habsbourg à la fin du XVe siècle et sur laquelle Marguerite a la main[9]. Dans la constitution d'un arc Habsbourg et dans le contexte des guerres d'Italie, Marguerite garde la main sur les pièces manquantes entre la péninsule ibérique et les Pays-Bas espagnols. La régente se tient proche de hauts dignitaires du Nord de la Savoie comme les Gorrevod, Laurent et Louis, gouverneur de Bresse et évêque de Bourg-en-Bresse et on observe dans le duché l'apparition d'un parti « margaritain », opposé aux « savoyards ». La politique ducale s'infléchit peu à peu dans le premier quart du XVIe siècle, se rapprochant de l'orbite des Habsbourg ; en 1521 le duc Charles II est marié à Béatrice de Portugal et après la mort de Marguerite, en 1536, Charles, avec le soutien de l'Empereur, refuse à François Ier le passage de ses troupes sur son territoire, entraînant l'invasion du duché[10]. Pendant ces années décisives, ces éléments susceptibles de maintenir la présence symbolique des Habsbourg dans le duché de Savoie – aussi bien la commande par la douairière de l'écrin de la principale relique ducale que la commémoration du couple de Philibert et de Marguerite

---

8 « Procès-verbaux du chapitre, 1509 et 1511 », Lille, A.d.N, B1535 et 19250 transcrits dans Bruchet, Max, *Marguerite d'Autriche*, *op. cit.*, p. 360 et 371 ainsi que le panégyrique de Marguerite par Agrippa de Nettesheim, dans *Operum pars posterior*, Lyon, Beringi, p. 1116. Lire aussi Installé, Henri, « Marguerite d'Autriche : l'idéal de la femme et de la princesse selon Henri Corneille Agrippa », dir. D. Eichberger, A.-M. Legaré et Wim N. M. Hüsken, *Women at the Burgundian Court : Presence and Influence*, Turnhout, Brepols, 2010, p. 87-95.

9 Guichonnet, Paul, « Charles II de Savoie et son temps » dir. M. Natale et F. Elsig, *La Renaissance en Savoie. Les arts au temps du duc Charles II (1504-1553)*, Genève, Musées d'art et d'histoire, 2002, p. 21-22.

10 *Ibid.*

à la Sainte-Chapelle de Chambéry – s'inscrivent dans cette volonté de boucler le corridor Habsbourg en étendant l'influence de la famille impériale vers les Alpes.

Marguerite possède aussi un fragment du Saint-Suaire[11] ; selon son testament du 20 février 1508, elle entendait le léguer, avec d'autres reliques, au couvent de Brou, dont le chantier avait débuté en 1506 dans cette même perspective stratégique. Toutefois, ce fragment est avant tout un indice d'une foi personnelle ; ce morceau de lin lui permet, tout en quittant la Savoie, de poursuivre sa dévotion à une relique à laquelle elle tenait. Deux autres archives, plus tardives, témoignent de cet attachement ; en 1518 les comptes de la régente des Pays-Bas mentionnent la commande passée à Bernard van Orley d'une « paincture a la remembrance du sainct suaire sur taffetas blancq », payé dix philippus, tandis que l'inventaire du palais de Malines en 1523 évoque la « pourtraiture du sainct suaire de nostre seigneur fete en toille », conservée dans l'armoire de la « seconde chambre à chemynée », sa chambre à coucher, parmi ses livres, ses images de dévotion et ses reliquaires (Fig. 3)[12].

11 « Item, donnons et legons a lesglise de nostre couvent de sainct Nycolas [de Brou] toutes les sainctes relicques que avons et aurons au jour de nostre dict trespas tant du fust de la saincte croix, du sainct suaire, etc. » « Testament de Marguerite d'Autriche, 20 février 1508 (copie XVIIe avec l'acceptation du legs le 10 mars 1533) », Bourg-en-Bresse, Archives de l'Ain, H614. Des lacunes aux franges du lin du Saint-Suaire confirment que la relique a fait l'objet de ce type de prélèvements.

12 « A maistre bernard dorley painctre de madame residant a bruxelles [...] item pour une belle paincture a la remembrance du sainct souaire sur taffetas blancq laquelle elle a retenue pour x philippus desquel[le] ma[dicte] dame a fait don au maistre », Bruxelles, Archives générales du Royaume, Chambre des comptes, I 002, n° 1797, f° 202v.-203v. « Item la po[ur]traiture du sainct suaire de n[ost]re s[eigneur] fete en toille », Paris, BnF, CCC128, f° 79r.

FIG. 3 – Maître de 1499, *Diptyque avec couronnement de la Vierge et Marguerite en prière dans la « Seconde chambre » du palais de Malines*, c. 1500. Musée Royal des Beaux-Arts d'Anvers © www.lukasweb.be – Art in Flanders vzw, photo Hugo Maertens.

LES SUAIRES DE LIERRE ET DE XABREGAS

S'il n'y avait que ces deux copies malinoises[13] on pourrait s'en tenir à cet usage privé des images du Saint-Suaire, faites pour sa « remembrance », se souvenir de la Passion du Christ et se souvenir de la relique

13 Établir une frontière stricte entre « représentations » et « copies » du Saint-Suaire et entre « copies » et « original » est malaisé et artificiel ; la documentation attribue un lexique et un statut fluctuants à cette catégorie d'images-objets reproduisant l'empreinte du corps du Christ sur une pièce de textile, dont certaines sont vénérées comme des reliques. J'utilise le terme de « copie » pour évoquer leur mode de réalisation puis de « suaire » pour évoquer leur culte, conformément à la documentation.

vénérée par Marguerite en Savoie[14]. Mais plusieurs indices laissent deviner une production et une distribution plus ample. On conserve d'abord deux images du Saint-Suaire sur textile, l'une à l'échelle 1/3 conservée à Saint-Gommaire de Lierre, l'autre à grandeur conservée au couvent de la Madre de Deus de Xabregas, à Lisbonne.

Le suaire de Lierre (Fig. 4-7), peinture sur lin de 147 centimètres par 33, est daté de 1516 par une inscription ; il ne s'agit donc pas de l'image mentionnée dans les comptes de 1518, le monogramme qu'il porte ne correspondant de toute manière pas à celui de Bernard van Orley. L'apparition de l'objet à une dizaine de kilomètres de Malines, à Lierre, ville d'Antoine de Lalaing, comte de Hoogstraten, conseiller le plus proche de Marguerite, nous assure que nous sommes bien dans les réseaux de la régente. Armand Thiéry, auteur en 1912 de la seule monographie sur cette étonnante image-objet[15], met en relation la date de 1516 sur le suaire et celle de la consécration de l'église Saint-Gommaire de Lierre, à laquelle Marguerite, le jeune Charles, alors duc de Brabant et Maximilien étaient présents, donnant lieu à une entrée solennelle ; le suaire de Lierre aurait pu être commandé et offert pour cette occasion[16].

14 Dans la même armoire on trouve d'autres souvenirs de son mariage savoyard notamment un portrait de Philibert, Eichberger, Dagmar, *Leben mit Kunst*, *op. cit.*, p. 108.

15 Thiéry, Armand, *Une copie du suaire de Turin exécutée en 1516 et actuellement dans les archives de l'église Saint-Gommaire à Lierre*, Louvain, Nova et vetera, 1912. Depuis il faut noter l'étude de Haelst, Remi van, « The Lier Shroud : a problem in attribution », *Shroud Spectrum*, n° 20, 1986, p. 1-15 et les catalogues de deux expositions à l'occasion desquelles l'image a été présentée : en 2005 au centre de congrès Lamot de Malines, voir Eichberger, Dagmar (dir.), *Women of Distinction. Margaret of York, Margaret of Austria*, Turnhout, Brepols, 2005, cat. 106, p. 265-266, et au musée du Louvre en 2015, Louis, Franck et Malgouyres, Philippe (dir.), *La fabrique des saintes images. Rome-Paris, 1580-1660*, Paris, Musée du Louvre, 2015, cat. 6, p. 48-50. Je remercie particulièrement Philippe Malgouyres pour m'avoir fait part de ses remarques sur l'objet et sa documentation.

16 Lire la notice sur la ville de Lierre de Markus Hörsch dans Heck, Christian et Bergmans, Anna (dir.), *L'art flamand et hollandais. Le siècle des primitifs 1380-1520*, Paris, Citadelles & Mazenod, 2003, p. 564-565. Le cycle des vitraux du chevet, daté de 1519, figurant plusieurs membres de la famille Habsbourg dont Marguerite, le défunt Philibert et l'empereur, a été commandé pour commémorer les festivités de 1516, Helbig, Jean, *Les vitraux de la première moitié du* XVI*e siècle conservés en Belgique. Province d'Anvers et Flandres. Corpus Vitrearum 2*, Bruxelles, F. Van Buggenhoudt, 1968, p. 229-251.

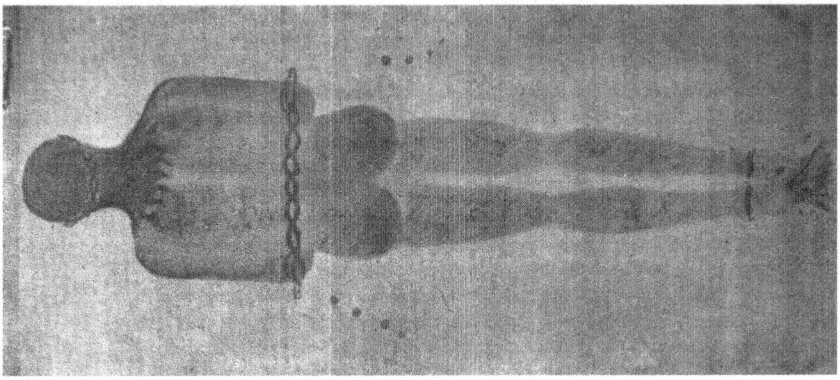

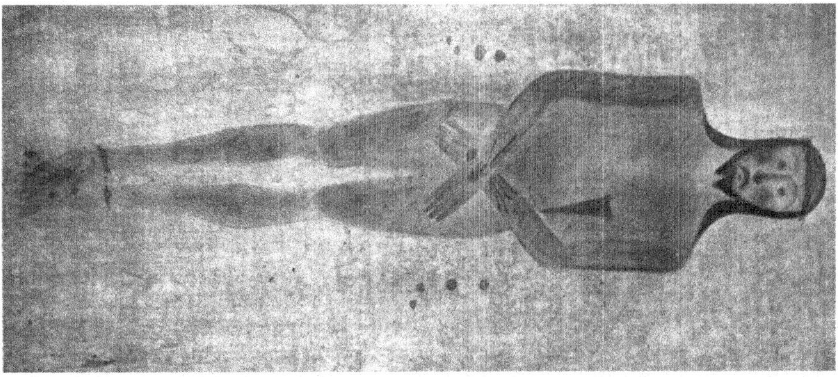

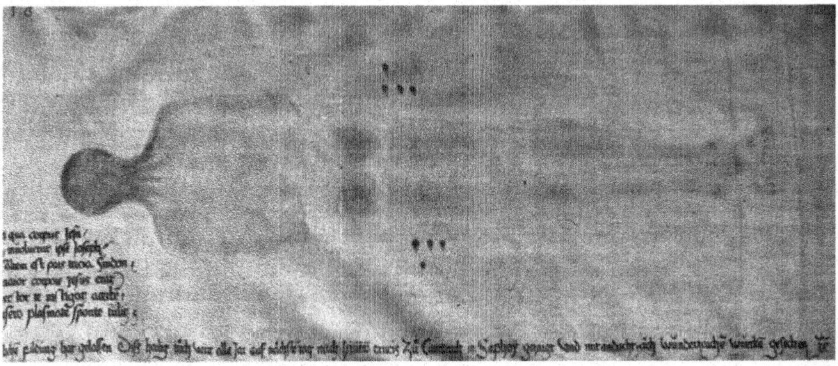

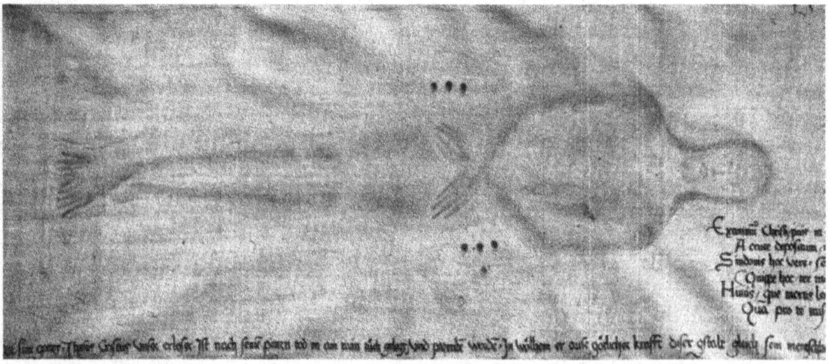

FIG. 4, 5, 6 et 7 – Le suaire de Xabregas et le suaire de Lierre, détails du dos et de la face, le second inversé pour comparaison.

Plusieurs éléments contradictoires compliquent toutefois notre compréhension de la trajectoire de cette image. D'abord le cadeau n'échoit pas à l'église Saint-Gommaire mais au couvent des cisterciennes de Nazareth, dans la même ville. Il faut ensuite considérer les deux inscriptions. La première, en latin, incite le lecteur à méditer la douleur du Christ, « que cette mort qu'il a prise librement te pique âprement (*Huius que mortis lector te instigat acerbe / Qua[m] pro te misero plasmate sponte tulit*) ». Elle rappelle les préceptes de la *Devotio moderna* et laisse imaginer un commanditaire d'un milieu aisé. On se tourne plutôt vers Marguerite qui aurait pu faire don d'une copie aux cisterciennes. Mais la seconde inscription, de la même main que la première, est cette fois en haut-allemand, avec une coloration de dialecte de Nuremberg[17], or ce n'est ni la langue parlée dans la région de Lierre ni celle parlée dans la famille impériale, qui correspond en français. On pense alors à l'empereur Maximilien, qui réside la plupart du temps en Allemagne, notamment dans la cité bavaroise. Il faudrait imaginer un cadeau fait par Marguerite à son père, peut-être pour une église de Nuremberg, avec une destination publique qui seule expliquerait le soin pris de réaliser une inscription dans le dialecte local. L'étrange bilinguisme de cette image porte donc en lui la contradiction

17 Haelst, Remi van, « The Lier Shroud », art. cité, p. 9 et 18 ; parmi les marques de ce dialecte dans l'inscription de Lierre le *p* à la place du *b* et le *ph* à la place du *v*. Je ne reviens pas ici sur l'improbable attribution à Albrecht Dürer ; outre l'incohérence du monogramme et le style de l'image, des éléments historiques la disqualifient, *ibidem*, p. 18-20.

entre foi intériorisée et foi publique, comme si l'objet était fait en même temps pour une dévotion privée et pour une dévotion publique.

Un dernier point nous intéresse tout particulièrement ; l'image porte des traces nettes et nombreuses de poncifs qui ont permis sa réalisation. Elle renvoie donc nécessairement à un modèle du Saint-Suaire réduit au tiers et il est probable que plusieurs autres exemplaires aient été tirés de ce modèle et diffusés ; il faut donc bien parler d'une série de copies du Saint-Suaire circulant dans les Flandres dans la décennie 1510.

Le parcours de la seconde copie, le suaire de Xabregas (Fig. 4-7), est tout aussi difficile à cerner, notamment parce qu'il faut attendre le XVIIe siècle pour la voir apparaître dans la documentation. Elle comporte des ressemblances nombreuses avec le suaire de Lierre ; on retrouve le schéma anguleux du corps et du visage du Christ, l'aspect diaphane obtenu en estompant les marges de la silhouette, l'intérêt pour les quatre groupes de traces de brûlures de part et d'autre des cuisses. D'autres détails rares dans l'iconographie du Saint-Suaire coïncident, notamment le traitement hardi du postérieur du Sauveur, singulièrement bombé. Ces deux copies font vraisemblablement partie d'une même série, celle de Lierre pouvant être une réduction et une simplification d'un modèle plus complexe, se rapprochant de celle de Xabregas.

La chronique du couvent portugais conservant le suaire de Lierre, écrite en 1639, vient à l'appui de cette hypothèse ; elle raconte comment deux peintres, mandatés par l'empereur Maximilien, tentent de faire le portrait de la relique (« *retratassem o Santo Sudário* »). L'image se serait alors miraculeusement dupliquée et un exemplaire aurait été offert par Maximilien à sa cousine Eléonore, reine du Portugal, pour le couvent fondé en 1509 à Xabregas[18] ; il faudrait donc dater ce suaire entre 1509 et la mort de l'empereur, en 1519.

Bien sûr, ce texte tardif doit être lu avec prudence, d'autant que l'objet n'est jamais mentionné avant le XVIIe siècle, y compris dans les archives inventoriant les nombreux cadeaux faits par Maximilien à Eléonore[19].

18 « Chronique de la Madre de Deus », 1639, transcription dans Leone, Domenico, *El Santo Sudario en Espana*, Barcelone, Biblioteca Sindonica, 1959, p. 180-181. Merci à Vinicus Ferreira pour son aide à la traduction.

19 C'est l'argument de Fernand de Mély pour voir dans l'exemplaire de Xabregas une reproduction plus tardive : « Histoire d'un suaire, le suaire d'Enxobregas », *Revue archéologique*, t. 40, 1902, p. 55-61. Il souligne notamment l'absence de mention dans les *Miscellanea* de Garcia de Ridenze édités pour la première fois en 1554.

Néanmoins certains passages retiennent notre attention ; ainsi il est dit que « les premières lignes furent faites en Hollande (*que os pintores deitaram ass primeiras linhas na Holanda*)[20] ». Cette mention est absurde en elle-même étant donné que le Saint-Suaire est vénéré à Chambéry au XVIe siècle puis à Turin au XVIIe siècle ; elle prend sens à la lumière de la série de copies flamandes de la décennie 1510. Par ailleurs, l'image est là aussi dévolue à un monastère de femmes[21]. Croisant ces concordances documentaires avec les ressemblances formelles entre les deux images, la réalisation du suaire de Xabregas aux Pays-Bas au début du XVIe siècle et sa donation par Maximilien paraissent hautement crédibles.

Dans la péninsule ibérique, s'ajoutent à cette série deux suaires conservés dans l'église paroissiale de Noalejo, portant la date de 1527. Se détachant formellement des images de Lierre et Xabregas, ils ne sont documentés que par leur inscription, qui ne dit rien sur les conditions de leur production[22]. Une hypothèse a été proposée, en lien avec doña Mencia, lavandière de l'impératrice Isabelle de Portugal et de son fils Philippe II. Congédiée en 1548 avec une importante dotation elle s'installe sur les terres de Noalejo et c'est autour d'elle que s'édifiera le village qui conserve aujourd'hui les deux suaires ; ils pourraient participer des libéralités de la famille impériale envers doña Mencia[23].

À l'instar de la distribution des reliques de l'Escorial orchestrée par Philippe II, il semble bien que la famille impériale fasse circuler les images du Saint-Suaire dans ses réseaux[24] ; dans ce cas précis, les

20 *Ibid.*

21 À la fin du Moyen Âge, le Saint-Suaire semble systématiquement associé à une piété féminine ; Yolande de Savoie, Claude de Brosses puis Marguerite d'Autriche lui vouent un culte particulier, de même que les clarisses de Chambéry, les cisterciennes de Lierre et de Xabregas. Lire notamment Perret, André, « Essai sur l'histoire du Saint-Suaire du XIVe au XVIe siècle de Lirey (Aube) à Chambéry » *Mémoires de l'Académie des Sciences, Belles-Lettres et Arts de Savoie*, IV, 1960, p. 49-121.

22 « SINDONIS IMAGINEM SACRI CHAMBARIACI SACCELLI CERNERE HIC POTEST RECTA DIMENSIONE PER GIR. ACTUM / 1527 / DESUPER EXTENSA PICTURA HEC SIMILLIA REI "SABAUDIEDUC" SINDONEN PIISSIME SERVATUR » ; la manière singulière dont l'inscription mentionne la Sainte-Chapelle de Chambéry et le duc de Savoie laisse seulement à penser qu'elle n'a pas été rédigée dans les milieux ducaux.

23 Lire Amescua, Manuel, « El Mayorazgo de Noalejo », *Ayuntamiento de Noalejo*, Jaen, 1992, p. 28-36.

24 Lazure, Guy, « Posséder le sacré. Monarchie et identité dans la collection de reliques de Philippe II à l'Escorial » dir. P. Boutry, P.-A. Fabre, D. Julia, *Reliques modernes. Cultes et usages des corps saints des Réformes aux révolutions*, Paris, Éditions de l'EHESS, 2009, vol. 1, p. 371-404. Paolo Cozzo a quant à lui étudié le même phénomène pour le duché de Savoie,

images sont destinées à des proches dignitaires et à des couvents, la dissémination se fait donc prioritairement dans un milieu resserré et aristocratique. L'indice que constitue l'inscription en haut-allemand sur le suaire de Lierre peut toutefois accréditer l'idée d'un usage public de l'empreinte démultipliée du corps du Christ. De cette façon, les Habsbourg exposent leur pouvoir symbolique mais peut-être ont-ils des visées stratégiques plus précises : affirmer leur proximité avec les ducs de Savoie ou rappeler leur attachement au culte des images, dans le contexte tendu de la première moitié du XVIe siècle.

LE SAINT-SUAIRE DE BESANÇON : UNE AUTRE COPIE HABSBOURG ?

C'est au cœur de l'espace lotharingien, à Besançon, qu'un autre Saint-Suaire rencontre dès la première moitié du XVIe siècle une grande fortune. Les archives du chapitre de l'église cathédrale Saint-Étienne le mentionnent pour la première fois au printemps 1523 ; cette documentation, reprise récemment par Andrea Nicolotti, évoque dans un premier temps une image utilisée dans le cadre d'un mystère de la Résurrection, puis il est rapidement question d'un Saint-Suaire dont plusieurs ostensions doivent être faites chaque année[25]. Le Saint-Suaire de Besançon devient ainsi une relique, gagnant une place centrale dans la vie religieuse de la ville comtoise jusqu'à sa destruction, lors de la Révolution.

Des images et des descriptions nous donnent une idée assez précise de son apparence (Fig. 8)[26] et trahissent sa provenance ; il s'agit visiblement d'une reproduction schématisée du Saint-Suaire de Lirey-Chambéry. Sa datation est discutée, certains auteurs ayant tenté de la faire remonter à la première moitié du XVe siècle, lors du passage du Saint-Suaire de Lirey-Chambéry dans la région[27]. Pour autant, de telles investigations n'ont pas donné de résultats documentaires et cette chronologie semble incongrue.

---

voir son chapitre dans cet ouvrage ainsi que son article, « Reproductions de sacralité dans le duché de Savoie (XVIe-XVIIe siècle) », dir. L. Gaffuri et L. Viallet, *Politique et dévotion autour du souvenir de la Passion en Occident*, *Reti Medievali Rivista*, 17, 1, 2016, p. 439-454.

25 Nicolotti, Andrea, *Le Saint Suaire de Besançon et le chevalier Othon de La Roche*, Vy-lès-Filain, Franche-Bourgogne, 2015, notamment p. 9-15.

26 Lire par exemple Dunod, François-Ignace, *Histoire de l'Eglise, ville et diocèse, de Besançon*, vol. I, Besançon, Daclin et Charmet, 1750, p. 412-413 et consulter les nombreuses images reproduites par Marcelli, Valérie, « Les images du saint suaire de Besançon », *Barbizier. Revue d'ethnologie comtoise*, n° 28, 2004, p. 53-102.

27 Vrégille, Bernard de, « Du saint suaire de Lirey. Chambéry et Turin au suaire de Besançon quelques jalons d'histoire comtoises », *Barbizier*, *op. cit.*, p. 17-25.

Aucune image du Saint-Suaire n'est attestée pour le XVe siècle, tandis que la renommée de l'image savoyarde est en pleine expansion dans la décennie 1510. Autour de 1520, plusieurs copies fraîchement peintes du Saint-Suaire de Chambéry circulent et le bruit du succès de la relique est très certainement arrivé à Besançon ; on a mention de la venue de pèlerins depuis Belfort en 1519 ou depuis Clairvaux en 1521[28]. Il semble probable que la copie de Besançon ait été peinte peu avant 1523, au cœur de la séquence de démultiplication du Saint-Suaire de Chambéry qui nous occupe.

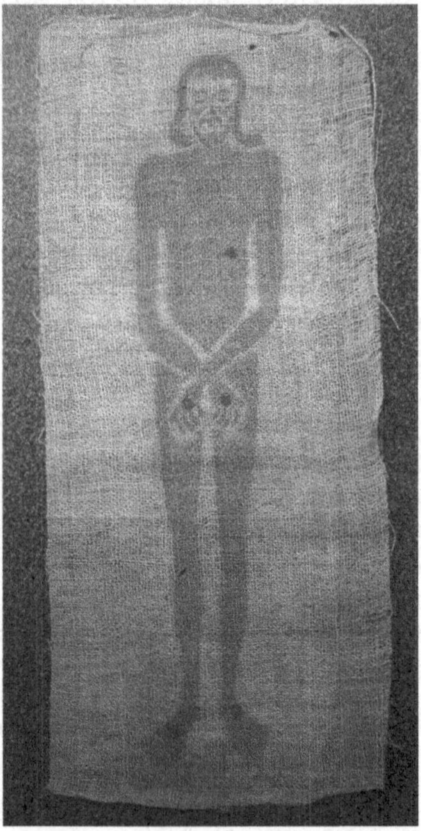

FIG. 8 – Jean de Loisy, Copie réduite au tiers du Saint-Suaire de Besançon, c. 1630, chalcographie sur lin, Besançon, Musée municipal.

28 Voir *infra* n. 49 et 53.

L'exemplaire de Besançon se singularise dans notre série en ne présentant qu'une empreinte de face, rappelant plutôt des formules iconographiques utilisées à la même époque par les graveurs (voir aussi une gravure de Wygand Köln, Genève, c. 1520[29]). Mais le lieu où son culte se développe nous intéresse particulièrement : Besançon est une ville d'Empire, sous la juridiction de la régente Marguerite d'Autriche. Implantée dans la Bresse voisine, Marguerite correspond régulièrement avec le chapitre de Saint-Étienne ; elle convoque notamment les chanoines aux États de Salins, le 11 avril 1523[30]. Ainsi, les sept copies connues du Saint-Suaire entre 1516 et 1527 sont toutes apparues dans les domaines et les réseaux impériaux et le Saint-Suaire de Besançon ne fait pas exception. Il pourrait s'agir d'une des copies produites et distribuées par les Habsbourg.

L'implication des Habsbourg dans la diffusion du culte du Saint-Suaire se prolonge dans la seconde moitié du XVIe siècle, mais l'expansion se dirige cette fois vers la péninsule ibérique (Fig. 13, p. 180)[31]. Quant au Saint-Suaire de Besançon, objet d'un culte bientôt équivalent à celui de Chambéry, il est à son tour reproduit ; parmi les commanditaires de la série de neuf copies que le peintre Pierre d'Argent reconnaît en 1608 avoir peintes on retrouve dans la décennie 1570 Marguerite, duchesse de Parme, fille naturelle de Charles Quint ayant grandi auprès de sa grande tante et préceptrice Marguerite d'Autriche, et Philippe II de Habsbourg, venu en 1572 à Besançon assister à une ostension du Saint-Suaire[32].

---

29 Comoli Mandracci, Vera et Bernard, Giacobello (dir.), *Il potere e la devozione : la Sindone e la Biblioteca reale di Torino*, Milan, Electa, 2000, p. 117, cat. 30.

30 Cette rencontre est mentionnée dans les « Délibérations capitulaires », Besançon, Archives départementales du Doubs, G192, f° 217r.

31 On peut dater une dizaine de suaires ibériques et mexicains de la seconde moitié du XVIe siècle, soit une écrasante majorité de la douzaine de ceux connus pour cette époque, voir la carte interactive openstreetmap et ses références : https://www.academia.edu/35021154/Dossier_cartographique_le_saint_Suaire_de_Lirey_Chamb%C3%A9ry_Turin_%C3%A0_la_fin_du_Moyen_%C3%82ge (consulté le 09/08/2021).

32 « Délibérations du chapitre », Besançon, A.d.D, G197, f° 245r, 272v, G198, f° 205v, G200, f° 280 à 289.

LES AUTRES RESSORTS DE LA DIFFUSION DU CULTE DU SAINT-SUAIRE

Plus que proprement lotharingien, le culte rendu au Saint-Suaire dans la première moitié du XVIe siècle résulte donc de la dévotion conjointe des Savoie et des Habsbourg, dont Marguerite d'Autriche est la cheville. Mais la diffusion de ce culte a aussi pu s'appuyer sur les logiques culturelles à l'œuvre dans ces régions. La sainte Image s'est par exemple insérée dans des milieux aristocratiques marqués par la méditation sur les souffrances et les plaies du Christ, dans le courant de la *Devotio Moderna*. Les inscriptions sur le suaire de Lierre, en latin comme en vernaculaire, signalent sur ce mode l'enjeu principal de l'image : donner à voir et à ressentir, « *te instigat acerbe*[33] », les douleurs du Christ. Quant au suaire de Malines, conservé dans l'armoire de la seconde chambre de la régente, où se trouvait un antependium et des images de culte[34], il s'offre aux pratiques de prières domestiques devant l'image qui caractérisent ce courant spirituel ; un diptyque du Maître de 1499 commandée par Marguerite la représente d'ailleurs priant dans cette pièce, devant une Vierge couronnée (Fig. 3).

Un schéma analogue est omniprésent à Brou, notamment dans le cycle des vitraux ; Marguerite et ses proches, figurés en orants, font face aux différentes scènes d'apparitions du Christ après la Résurrection (Fig. 9 et 10)[35]. Dans le mouvement plus large identifié par Jeffrey Hamburger d'un passage du « visuel à la vision » dans les derniers siècles du Moyen Âge[36], la dévotion à l'image comme medium d'une apparition de la personne sainte, dont le fidèle aspire à être le destinataire, travaille tout l'espace lotharingien ; l'image sanglante du Christ dans son linceul trouve là un terreau fertile.

---

33 « que [la mort du Christ] te pique âprement ».

34 Sur cet espace lire le chapitre qui lui est consacré dans Eicbherger, Dagmar, *Leben mit Kunst*, *op. cit.*, p. 99-109.

35 Sur ce cycle lire le *Corpus vitrearum, vol. 3 : Les vitraux de Bourgogne, Franche-Comté et Rhône-Alpes*, Paris, CNRS, 1986, p. 230-234. On retrouve ce schéma figuratif au tympan de l'église, avec le couple ducal en prière devant l'*Ecce Homo* et à plusieurs reprises dans le *Retable des Sept Douleurs de la Vierge*.

36 Lire Hamburger, Jeffrey, *The visual and the visionary. Art and female spirituality in late medieval Germany*, New York, Zone Books, 1998, notamment p. 143.

FIG. 9 et 10 – *Noli me tangere et Marguerite en prière avec sainte Marguerite*, c. 1525-1532, baie axiale de Saint-Nicolas-de-Tolentino de Brou, photo Hugo Maertens.

LE SAINT-SUAIRE ET LA RÉFORME

Si on a évoqué les Flandres et la Franche-Comté, il faut souligner l'étonnante vitalité de la dévotion rendue au Saint-Suaire en Suisse, dans les décennies 1510 à 1530, en plein déploiement de la Réforme. Le principal foyer est Genève, où un *Office du saint Suaire* est imprimé en 1520[37] et une confrérie au Saint-Suaire documentée en 1529[38]. Mais on trouve plusieurs représentations de l'ostension du Saint-Suaire dans le reste de la Suisse ; ainsi une fresque de l'église paroissiale de Payerne que Julia Huguenin Dumittan date des années 1512-1517[39] et deux vitraux de la chapelle du château des Diesbach, à Fribourg, qu'il faudrait dater autour de 1520-1523[40]. Les liens politiques entre le duché de Savoie et la Suisse mais encore l'influence de l'ordre franciscain, très présent autour du Saint-Suaire à Chambéry[41], expliquent en partie cette propagation ; on a encore mention d'une confrérie du Saint-Suaire chez les cordeliers de Lausanne, en 1532, et une chapelle des cordeliers de Fribourg pourrait être vouée à la même relique[42].

Cette dévotion suisse incite aussi à considérer les rapports entre Saint-Suaire et Réforme ; le culte à la sainte Image a-t-il été promu dans tous ces lieux de l'espace lotharingien afin d'endiguer les premiers progrès du luthérianisme ? À Chambéry, un texte remarquable met en évidence

---

37 Voir notamment dans Comoli Mandracci, Vera et Bernard, Giacobello (dir.), *Il potere e la devozione*, *op. cit.*, p. 117, cat. 31.

38 La confrérie du Saint-Suaire (« Le Sainct Suayre ») est mentionnée dans le *role des confraries* du 25 mai 1529, copie des Archives d'État de Genève, *Républ.*, vol. I, p. 94, publié dans Binz, Louis, « Les confréries dans le diocèse de Genève à la fin du Moyen Âge » *Le mouvement confraternel au Moyen Âge*, Rome, École française de Rome, 1987, p. 259. Par ailleurs, le Saint-Suaire est mentionné régulièrement dans les *Registres du conseil de Genève* publiés à Genève, 1922-1936, voir t. 8 (1518), XIX, 26, p. 230, t. 9 (1522), XX, 69, p. 168 et t. 12 (1534), XXVII, 53, p. 536.

39 Si le canton de Vaud fait partie du douaire de Marguerite d'Autriche, la raison de la commande de cette fresque est sans doute autre ; Julia Huguenin-Dumittan rappelle que l'abbaye de Payerne est rattachée à la Sainte-Chapelle de Chambéry en 1512 : *Naissance d'une dévotion. Le Saint Suaire au service de la politique ducale de Charles II de Savoie (1504-1536)*, mémoire soutenu à l'université de Neuchâtel en juin 2017, p. 69-73.

40 *Ibid.*, p. 75-77 et Bergmann, Ute, *Die freiburger Glasmalerei des 16. bis 18. Jahrhunderts*, *Corpus vitrearum Schweiz*, vol. 6, New York, Peter Lang, 2014, p. 458-459 et p. 870-871.

41 Perret, André, « Essai sur l'histoire… », art. cité, p. 96-97.

42 Reymond, Maxime, « Le couvent des Cordeliers de Lausanne », *Revue d'histoire ecclésiastique suisse*, nº 17, 1923, p. 229 et Bujard, Jacques, « Le couvent des Cordeliers de Fribourg : 750 ans d'architecture franciscaine » dans *Cahiers d'Archéologie Fribourgeoise*, nº 9, 2007, p. 141.

cette vocation de la relique. Il s'agit d'une remontrance faite autour de 1520 par un syndic de la ville au duc de Savoie afin que soit maintenue l'ostension de la relique malgré une épidémie de peste :

> [...] supplie ses tres humbles et tres obeissants subjects et serviteurs de sa ville de Chambery que son bon plaisir soit la dicte saincte relique soit monstre pour quatre raisons
>
> La premiere se est pour garder et augmenter la saincte foy contre la sexte lutherienne don la consequence est grosse ici[43].

Le culte suisse du Saint-Suaire n'est pas étranger à ces mêmes circonstances. L'un des principaux épisodes de l'opposition entre les deux cultes à Genève se joue le 4 mai 1533, jour de la fête du Saint-Suaire à Chambéry : Pierre de Verli, chanoine de Fribourg est tué lors d'une escarmouche après avoir prononcé un office sur cette relique[44]. Quelques années plus tard Jean Calvin, dans son *Traité sur les reliques*, s'attaque aux multiples suaires du Christ et insiste sur celui de Chambéry. Alors que celui-ci a réchappé en 1533 d'un incendie, Calvin écrit : « Qui plus est, ils ont bien montré qu'ils avaient les peintres à commandement. Car quand un suaire a été brûlé, il s'en est toujours trouvé un nouveau le lendemain[45] ».

Cette lecture religieuse jette un autre éclairage sur la géographie lotharingienne du Saint-Suaire ; tout cet espace est marqué par le déploiement de la Réforme, notamment Besançon, tiraillé durant tout le XVIe siècle par la proximité d'un foyer protestant précoce, à Montbéliard, avec des crises régulières jusqu'au paroxysme de la « surprise de Besançon » de 1575. Toutefois, au moins pour la première moitié du siècle, il serait trop hâtif de faire du Saint-Suaire une arme brandie par les catholiques pour faire reculer les réformés. Une miniature figurant l'ostension de la relique nous incite à la nuance ; elle a été peinte entre 1520 et 1528 par le Maître de Claude de France pour l'avoyer de Berne Friedrich von Erlach[46]. Or on sait qu'après la conversion de la ville en 1528, Friedrich mate une

43 Chambéry, Archives de Savoie, 186^E dépôt 1337, numérisé, transcrit et analysé par Munari, Danièle, « Découverte d'un document inédit concernant le Saint Suaire à Chambéry », 2013, URL : http://www.savoie-archives.fr/1735-titre-menu-gauche.htm, consulté le 15/01/2018.

44 L'épisode est notamment évoqué par Jeanne de Jussie dans *Le levain du calvinisme*, Chambéry, Frères Dufour, 1611, p. 61-64.

45 Calvin, Jean, *Traité sur les reliques*, Jean Girard, 1543, p. 123-125.

46 Le manuscrit est passé en vente chez Christies en 2016 ; lire l'analyse d'Eugenio Donadoni, http://www.christies.com/lotfinder/Lot/the-von-erlach-holy-shroud-prayerbook-in-6012436-details.aspx, consultée le 08/05/2017 (consulté le 09/08/2021).

rébellion catholique ; cette image de la relique a donc été commandée et conservée par un fidèle rejoignant les rangs protestants.

Comme les iconographies de la Déposition de croix qui se déploient dans les mêmes régions[47], la double empreinte difficilement lisible du corps du Christ mort donne au Saint-Suaire une puissante ambivalence, capable de dire à la fois l'absence et la présence. Amy K. Powell intègre le Saint-Suaire parmi ces représentations du corps du Christ mort à la fin du Moyen Âge ; « puisque le Christ est l'*imago Dei* », écrit-elle « les dépositions sont affaires d'iconoclasme – non dans le sens littéral de casser l'image mais dans le sens d'amoindrir sa visibilité[48] ». Ainsi, le Saint-Suaire a toute sa pertinence dans la Lotharingie des premiers développements du protestantisme, non pas au simple sens d'image justifiant le culte des images, mais parce qu'il porte la tension entre présence et absence, triomphe et éclipse de l'image.

La série des représentations du Saint-Suaire témoigne de cette tension ; pour prendre deux exemples extrêmes, on peut comparer l'ostension figurée dans le livre d'Heures de l'avoyer de Berne et une gravure publiée à Turin en 1531 (Fig. 11-12). La gravure turinoise cherche de toutes les manières à figurer la présence réelle du Christ dans le Saint-Suaire ; ce n'est pas une empreinte mais un corps en relief qui est représenté, projetant son ombre sur le drap, portant une auréole et un pagne. Les trous de brûlures aux marges du Saint-Suaire sont traités comme des gouttes de sang, comme si l'image saignait. À Berne, on est cette fois dans le registre de la trace, une empreinte diaphane voile à peine le linge, le sang est traité avec une grande économie, atténuant largement les effusions éloquentes dans le lin de la relique. Le peintre fait du Saint-Suaire une image d'absence par excellence.

---

47 L'iconographie de la Déposition de croix essaime avec une grande amplitude dans l'Occident de la fin du Moyen Âge mais avec une densité particulière dans notre espace ; voir le chapitre d'Anne Adrian et de Magali Briat-Philippe dans ce volume et la carte interactive Openstreetmap ; https://umap.openstreetmap.fr/fr/map/deposer-limage-cartographie-de-la-mise-en-image-de_51813#6/47.710/4.636 (consulté le 09/08/2021). Il est malaisé de caractériser les interactions entre les iconographies de la déposition et l'image du Saint-Suaire ; le rapprochement le plus convaincant à mon sens a été fait avec les sépulcres rhénans : lire notamment Aballea, Sylvie, *Les saints sépulcres monumentaux du Rhin supérieur et de la Souabe. 1340-1400*, Strasbourg, Presses universitaires de Strasbourg, 2003, p. 19 et Nicolotti, Andrea, *Storia e leggende*, *op. cit.*, p. 90.

48 « Insofar as Christ is the *imago Dei*, the *Depositions* is a tale of iconoclasm – not in the literal sense of image-breaking but in the sens of the lowering of the image from visibility », Powell, Amy K., *Depositions. Scenes from the Late Medieval Church and the Modern Museum*, New York, Zone Books, 2012, p. 25.

FIG. 11 et 12 – Ostension du Saint-Suaire dans le *Livre de prière de Friedrich von Erlach*, peint par le Maître de Claude de France, c. 1520, collection privée et dans un *Office pour la Vierge*, imprimé en 1531 à Turin par Antonio Ranotum.

Avec la Réforme une plaque culturelle en tension se déchire et le Saint-Suaire semble se situer au point de rupture, lui qui contient deux conceptions voisines et contraires de l'image, insistant sur la *re-présentation* du Christ mort et ressuscité intégralement. Considéré dans sa nature de trace d'un corps absent par les uns, le Saint-Suaire devient pour les autres l'étendard de la présence réelle et du culte des images ; c'est de ce côté que son culte va progressivement basculer, après le tournant du calvinisme et celui du concile de Trente[49].

LE SAINT-SUAIRE, RELIQUE CIVIQUE

Si la dévotion au Saint-Suaire circule dans les réseaux aristocratiques, elle déborde largement de ce cadre et la multiplication des occurrences de pèlerinages entre 1510 et 1530 ne saurait être uniquement expliquée par la géographie politique. On peut isoler d'autres ressorts, ainsi l'axe Flandres-Alpes est un axe majeur d'échanges et de circulation et Chambéry s'insère bien dans les itinéraires empruntés par les bourgeois du Nord en pèlerinage vers Rome et Jérusalem, comme en attestent les récits de pèlerinages[50].

La dévotion au Saint-Suaire se déploie aussi dans le cadre civique ; il joue un rôle central dans la vie de plusieurs cités lotharingiennes sur le mode d'un palladium. Les deux exemples principaux sont les villes de Chambéry et de Besançon, qui ont en commun dans la première moitié du XVIe siècle leur position délicate entre deux blocs politiques puissants et antagonistes, Empire et royaume de France. Ces villes se trouvent à proximité de foyers protestants importants et subissent des épidémies de peste régulières. À Chambéry et Besançon se déploient des fêtes du Saint-Suaire qui sont aussi des foires, destinées à attirer un grand nombre de fidèles, assurant la vitalité économique et le rayonnement de la cité. Mais, dans ces moments de crise, le Saint-Suaire doit surtout protéger le corps social.

---

49 Lecercle, François, « De la relique à l'image ; la promotion du Suaire de Turin », *Symboles de la Renaissance III*, Paris, Rue d'Ulm, 1990, p. 95-112.

50 On peut prendre pour exemple parmi ceux rassemblés par Max Bruchet dans *La Savoie d'après les anciens voyageurs*, Annecy, Hérisson, 1908, Jacques Lesaige, drapier de Douai, en 1518, p. 34, le manceau Greffin Affagart en 1533, p. 56 ou encore les frères de Clairvaux, p. 51-52. L'itinéraire du cardinal d'Aragon en 1518 est lui aussi exemplaire. Julia Huguenin-Dumittan attire notre attention sur les traités écrits pour les pèlerins de Rome qui mentionnent une voie passant par Chambéry, dont un ouvrage de Jacques Signot, cité par Huguenin-Dumittan, Julia, *Naissance d'une dévotion*, *op. cit.* p. 17-19.

La réclamation du syndic de Chambéry montre que le Saint-Suaire est convoqué pour maintenir la foi romaine mais témoigne aussi de son rôle singulier en cas d'épidémies. Demandant au duc de Savoie de maintenir l'ostension annuelle du Saint-Suaire malgré le danger de peste, Viallis argue qu'il « en viendra plustout le bien que le mal », témoignant d'une négociation récurrente ; en cas d'épidémie, faut-il ou non montrer le Saint-Suaire ? La venue de nombreux pèlerins constitue un risque sanitaire, au nom duquel les ostensions sont régulièrement interdites par le duc à Chambéry et par les gouverneurs en concertation avec le chapitre à Besançon, à l'Ascension 1536 par exemple[51]. À la fois, on compte sur le pouvoir thaumaturgique de la relique pour sauver corps et âmes[52] ; à Besançon, en 1544, alors que les ostensions ont cessé pendant plusieurs années de suite à cause de l'épidémie, les gouverneurs fondent une confrérie du Saint-Suaire et déposent devant la relique une « cité en cire » afin que « Dieu veuille appaiser son ire[53] ».

Une dernière archive complète ce tableau ; les comptes de la ville de Belfort. En 1519 puis en 1526, lors d'épidémies de peste, des dépenses sont faites pour un pèlerinage au Saint-Suaire de Chambéry :

> Item baillons le Jeudy appres la saint george a messire Guillemot Chardoillet de Danjustin et a Jaquot Blanchait pour leur missions et despenses pour aller a saint suaire fere le voiage de la ville pour la mortalite x l[ivres] xvii s[ous]
>
> Item baillons au lieu dessus pour le voiage de la ville et les deppenses et pour dix huis livres de cyre iii l[ivres] xix s[ous] iii d[eniers][54]

Cette forme de piété civique au Saint-Suaire déborde donc des enceintes des deux villes qui en conservent un exemplaire ; plusieurs cités de cet

---

51 « Remontrance », déjà citée, Délibérations, 22 mars 1536, Archives municipales de Besançon, BB 18, f° 509 ; « [...] avons en advis de messire du venerable chappitre [...] pour raison et crainte tant de la peste que aultres dangereuses et contagieuses maladies presentemente regn[ant]e Lon remect la monstre du tres precieux et sainct suaire [...] pourceste foys seullement et jusques a ce que lesdits dangiers de peste et maladies seront cessez. »

52 Lire Hildesheimer, Françoise, *Fléaux et société. De la Grande Peste au choléra, XIVe-XIXe siècle*, Paris, Hachette, 1993, p. 112-113.

53 Voir notamment les « Délibérations, 16 et 21 juin 1544 », A.m.B, BB24, f° 64v et 68r, « ont convenu que lon feroit une Cite en Cyre la plus triomphante que possible seroit laquelle lon offreroit en la chappelle dudit S[aint] Suayre » Ce dossier doit être publié dans le cadre du numéro « Matérialiser les désirs » de la revue *Techniques et cultures*.

54 « Comptes de la ville de Belfort » dans les Archives municipales, pour 1526, CC4/5, p. 21 et 24. Pour 1519, CC3/9, p. 54.

espace lotharingien – on a aussi mentionné les confréries du Saint-Suaire de Genève et de Lausanne – attendent protection de cette relique à laquelle elles se vouent.

Dans une étude anthropologique sur une série d'apparitions mariales dans la Syrie contemporaine, Emma Aubin-Boltanski constate des homologies entre les différents lieux et moments de ces apparitions ; elles interviennent toujours à des points nodaux de l'opposition entre les groupes religieux et politiques, répondant à ce qu'elle nomme un « désordre critique[55] ». Le tableau du culte du Saint-Suaire dans la première moitié du XVIe siècle s'inscrit dans une logique similaire ; l'empreinte surgit dans des lieux et des moments de désordre critique, nombreux alors que les pressions se multiplient sur la dorsale lotharingienne.

À l'échelle des grandes régions tenues par Marguerite d'Autriche, où à l'échelle des cités, l'usage fait du Saint-Suaire semble répondre à cette même urgence ; assurer la cohésion de ces espaces, malgré ces pressions, faire corps social, politique, religieux.

La suite de l'évolution du culte à l'époque moderne est marquée par le transfert du Saint-Suaire de Chambéry vers Turin en 1578, ouvrant un nouvel âge faste pour la relique. Les copies se démultiplient encore largement à la fin du XVIe siècle et au XVIIe siècle[56], mais la diffusion est tournée vers les grands foyers tridentins ; l'Espagne, et même l'Amérique, avec l'impulsion des Habsbourg, ainsi que la péninsule italienne, avec l'impulsion des ducs de Savoie (Fig. 13). Au Nord des Alpes, seule Besançon continuera pendant les XVIIe et XVIIIe siècles de vouer un culte significatif à l'empreinte démultipliée du corps du Christ. Le reflux du culte du Saint-Suaire de Lotharingie montre la grande difficulté pour la dorsale catholique de garder sa cohérence face aux multiples tensions du premier XVIe siècle, les guerres d'Italie ainsi que le déploiement de la Réforme aux marges de cet espace.

---

55 Aubin-Boltanski, Emma, « La très petite image de Soufanieh », *Archive des sciences sociales des religions. La force des objets*, n° 74, 2015, p. 116.

56 Leone, Domenico, *El Santo Sudario*, *op. cit.* et Fossati, Luigi, « Copies of the Holy Shroud », *Shroud Spectrum*, n° 12 et 13, 1984, p. 7-23 et 23-39. Voir aussi Cozzo, Paolo, « Reproductions de sacralité », art. cité.

FIG. 13 – Les copies du Saint-Suaire (XVIe-XIXe siècles).

●—● Le parcours du Saint-Suaire

◊ Les copies du Saint-Suaire. Il manque trois copies Outre-Atlantique ; Summit (1624), Québec (1646), Puebla de Los Angeles (1594).

Nicolas SARZEAUD
EHESS

SAINT NICOLAS, UN SAINT LOTHARINGIEN AU MOYEN ÂGE ?

Saint Nicolas, dont la vie s'est déroulée au IVe siècle entre Patare, Andriaque et Myre-Demre dans le sud de l'Asie Mineure, est devenu l'un des saints les plus populaires du Moyen Âge. En Lorraine, en Belgique, au Luxembourg, en Franche-Comté et en Suisse, il fait encore l'objet de fêtes populaires suivies, alors qu'il semble presque oublié au sud de l'axe lotharingien. Comment s'explique cette différence ? Dépassant le seul cas de Nicolas, cette question permet de s'interroger sur la place de l'axe lotharingien dans la répartition et la diffusion des dévotions et sur les spécificités éventuelles de celles-ci. Le saint évêque de Myre se prête à une démarche de ce type dans la mesure où, pour la période médiévale, les recherches le concernant ont été profondément renouvelées avec des articles de fonds sur le diocèse de Liège, la Lorraine, la Franche-Comté et la Suisse[1], la synthèse de Karl Meisen[2], actualisée par les travaux de Charles Jones et de Karlheim Blaschke[3], ainsi que par les colloques de Bari (2010) et de Saint-Nicolas-de-Port (2013) issus des enquêtes d'André Vauchez, de Giorgio Otranto et de Catherine Vincent sur les sanctuaires de pèlerinages[4].

---

1 Schoolmeesters, Émile, « Le culte de saint Nicolas au diocèse de Liège », *Leodium*, 1908, VII, p. 142-153.

2 Meisen, Karl, Nikolauskult und Nikolausbrauch im Abendlande, Düsseldorf, Schwann, 1931.

3 Jones, Charles W., *Saint Nicholas of Myra, Bari and Manhattan, Biography of a Legende*, Chicago, University of Chicago Press, 1978 ; Blaschke, Karlheim, *Nikolaikirchen und Stadtentstehung in Europa : Von der Kaufmannssiedlung zur Stadt*, Berlin, Akademie Verlag, 2013.

4 *Alle origini dell'Europa : il culto di san Nicola tra Oriente et Occidente*, actes du colloque de Bari de 2010, réunis par G. Cioffari, o.p. et A. Laghezza, Nicolaus – Studi storici, n° 42-43, Centro Studi Nicolaiani, 2011, et *Entre Orient et Occident, le culte de saint Nicolas en Europe (X*[e]*-XXI*[e] *siècle)*, actes du colloque de Saint-Nicolas-de-Port-Lunéville de 2013, réunis par C. Vincent, C. Guyon et V. Gazeau, Paris, Cerf, 2015.

LE CULTE DANS L'AXE LOTHARINGIEN : DIFFUSION ET ÉTAPES

LES DÉDICACES NICOLAÏENNES

La carte de Karl Meisen montre un culte est bien attesté dans l'axe lotharingien, mais qui est moins dense que dans la vallée du Rhin, le Palatinat et la Bavière. Les publications plus récentes, notamment le colloque de 2013, ont montré que le culte, plus étendu que le pensait le chercheur allemand, concerne l'ensemble de la chrétienté occidentale et orientale. Mais la recension de Meisen, qui fait état d'une implantation inégalement répartie en Lotharingie, dense dans le nord et presque inexistante en Franche-Comté et dans les Alpes, est aujourd'hui considérée comme incomplète pour l'est de la France. Laurence Delobette a ainsi révélé que saint Nicolas est honoré en Franche-Comté dès le XIe siècle et que 51 chapelles lui ont dédiées aux XIVe et XVe siècles[5]. En Bourgogne il arrive en bonne place dans les dédicaces des diocèses d'Autun et de Nevers, surtout dans des chapelles, et la fête du 6 décembre figure aux calendriers dès les XIe et XIIe siècle[6]. En Alsace, Élisabeth Clémenz a répertorié une dizaine de confréries et 57 chapelles, mais n'a pas compté les autels ni les reliques[7]. En Lorraine, Marie Losson a fait ressortir 7 églises, 64 chapelles et 24 confréries attestées dans les diocèses de Metz, Toul et Verdun avant le milieu du XVIe siècle et ayant échappé à Karl Meisen[8]. En Suisse, Ueli Habegger a énuméré une série de chapelles du Tessin

---

5 Delobette, Laurence, « Origine et diffusion du culte de saint Nicolas dans le diocèse de Besançon (XIe-XVe siècles) », Lorraine, Bourgogne et Franche-Comté. Mille ans d'histoire, actes du colloque de *Metz en 2009* réunis par F. Roth, Nancy, Annales de l'Est, 2011, p. 91-113.

6 Carron, Diane, *Peuple de saints et pèlerinages dans les diocèses d'Autun et de Nevers : du temps des martyrs au temps des réformes, IVe-XVIIIe siècles*, thèse de doctorat, université de Bourgogne, 2006. Consulté en ligne le 12/10/2018.

7 Clémenz, Élisabeth, « Le culte de saint Nicolas en Alsace », *Entre Orient et Occident, op. cit.*, p. 347-368.

8 Losson, Marie, *Recherches sur le culte, l'iconographie et la fête de saint Nicolas en Lorraine*, Mémoire de maîtrise de l'université de Nancy, 1979. Il s'ajoute deux confréries identifiées à Nancy (1389) et à Clairlieu (1424) par Fray, Jean-Luc, *Nancy-le-Duc, essor d 'une capitale princière aux derniers siècles du Moyen Âge*, Nancy, Société Thierry Alix, 1986, p. 195.

et de Lucerne fondées entre 1299 et 1592[9]. Manuele Berardo, dans sa synthèse sur les diocèses savoyards, fournit des chiffres de dédicaces d'autels à partir des visites pastorales de la fin du XVe siècle : saint Nicolas arrive en tête dans les diocèses des cols alpins (Sion, Aoste), en deuxième position dans ceux de Genève et de Lausanne et n'est pas absent de ceux de Grenoble et de Turin, même s'il y est moins représenté. En revanche, il n'apparaît pas dans ceux d'Ivrée et de Saint-Jean de Maurienne[10]. La présence du saint prélat dans l'axe lotharingien est donc largement à réévaluer au Moyen Âge et si une différence nord-sud perdure, elle y est moins prononcée que le pensait Karl Meisen.

9 Habegger, Ueli, « Gefahren am Gotthard trotzen mit Hilfe des Heiligen Nikolaus », *Swiss Academies Reports*, vol. 9, 2014, p. 33-40.

10 Berardo, Manuele, « Les diocèses et les saints du duché de Savoie », *Des saints et des hommes, L'image des saints dans les Alpes occidentales au Moyen Âge*, catalogue commun des expositions de Chambéry, Sion, Genève, Annecy, Aoste et Suse, Milan, off. lib., 2013, p. 21-45.

Grenoble	St-Jean de Maurienne	Genève	Lausanne	Sion	Aoste	Turin	Ivrée	Mondovi
Catherine (12)	Antoine (25)	Michel (68)	Antoine (28)	**Nicolas (8)**	**Nicolas (8)**	Antoine (7)	Antoine (57)	Antoine (21)
Sébastien (10)	Catherine (10)	**Nicolas (63)**	**Nicolas (22)**	Antoine (8)	Catherine (7)	Christophe (7)	Catherine (25)	Sébastien (16)
Antoine (9)	Claude (10)	Catherine (62)	Catherine (22)	Catherine (7)	Pierre (7)	Jean-Baptiste (7)	Jean Baptiste (22)	Étienne (11)
Nicolas (5)	Jean-Baptiste (8)	Georges (52)	Jean-Baptiste (17)	Jean-Baptiste (7)	Antoine (7)	Jean (6)	Sébastien (11)	Bernard (8)
	Sébastien (7)	Pierre (46)	Pierre (15)	Marie Madeleine (4)		Catherine (5)	**Nicolas (15)**	Michel (8)
	Pierre (5)	Antoine (28)	Marie Madeleine (14)	Jean (4)		Sébastien (5)	Michel (15)	Catherine (7)
	Claire (5)		Georges (12)	Michel (4)		Antoine (7)	Pierre (15)	

FIG. 1 – Dédicaces d'autels dans les diocèses du duché de Savoie au XVe siècle d'après les visites pastorales (chiffres relevés par Manuele Berardo).

LA DIFFUSION DU CULTE

Par sa position médiane au sein du continent européen, l'axe lotharingien a-t-il contribué à la diffusion du culte ? La translation des reliques de Myre à Bari (9 mai 1087), dans le cadre d'un vol sacré commis par des marins de Bari, a longtemps été considérée comme étant à l'origine du culte. Les actes du colloque de 2013, prolongeant les travaux de Meisen, ont montré que l'évêque de Myre, connu dès le VIe siècle dans le monde byzantin, faisait l'objet d'une grande ferveur sous la dynastie macédonienne au IXe siècle, puis a gagné au Xe siècle l'Empire Ottonien, grâce à l'épouse d'Otton II, Théophano une princesse porphyrogénète, dont la chapelle Saint-Nicolas de Nimègue conserve le souvenir, tandis que les Ezzonides, descendants de sa fille Mathilde, se signalent par des fondations nicolaïennes en Pologne et en Germanie (Brauweiler, Cologne, Essen, Klotten)[11]. Le haut clergé proche du pouvoir impérial introduit le culte en Lotharingie – au sens de l'ancien royaume de Lothaire II – à Trèves, Liège, Stavelot et Saint-Hubert vers 1030[12]. C'est probablement par Liège que le culte se répand en Lorraine avec des autels en 1045 à Verdun, en 1065 à Gorze (dont l'abbé est alors Henri, un Ezzonide), en 1070 à Metz et en 1090 à Toul[13]. En Alsace, la plus ancienne mention se trouve dans les calendriers de Saint-Thomas de Strasbourg (entre 993 et 1041), de la cathédrale de Strasbourg et de l'abbaye de Murbach (milieu du XIe siècle), au moment où le pape Léon IX offre les reliques du saint à l'abbaye d'Altdorf (1049), puis lui consacre un autel (1050) à Hohenbourg (Mont Sainte-Odile)[14]. En ce même XIe siècle, le culte se diffuse à Vaux-sur-Poligny, Lausanne, Vésubie, Rougemont en Comté par des aristocrates et des clercs proches des Ottoniens et des Saliens[15]. La Lotharingie, liée à l'Empire, a ainsi été un foyer de diffusion du culte avant 1087.

---

11 Magdalino, Paul, « Le culte de saint Nicolas à Constantinople », *En Orient et en Occident*, *op. cit.*, p. 43-50 ; Corbet, Patrick, « Saint Nicolas dans le monde ottonien : quatre-vingts ans après Kar Meisen », *ibid.*, p. 110-118, et Starnawska, Maria, « Saint Nicolas en Pologne médiévale », *ibid.*, p. 259.

12 Schoolmeesters, Émile, « Le culte de saint Nicolas… », art. cité, p. 150.

13 Corbet, Patrick, « les origines du culte de saint Nicolas, principalement en Champagne », in *Saint Nicolas et les Lorrains, symposium*, Saint-Nicolas de Port, Office de tourisme, 1985, p. 14.

14 Clémenz, Élisabeth, « Le culte de saint Nicolas en Alsace… », art. cité, p. 348-349.

15 Delobette, Laurence, « Origine et diffusion », art. cité, p. 92-93.

Vers 1090-1093, peu après la translation, arrivent à Port, près de Varangéville sur la Meurthe, des reliques de Nicolas de Myre. Le récit, dont la plus ancienne mention remonte au chroniqueur Richer de Senones du XIIIe siècle, rapporte que le chevalier Aubert de Varangéville se serait rendu à Bari, et, aidé par un cousin moine en ce lieu, aurait volé une phalange qu'il rapporta au prieuré de Varangéville dépendant de l'abbaye de Gorze[16]. Or, des chroniques et la fresque de saint Nicolas datée de 1096-1097 de la chapelle Saint-Eldrade et Saint-Nicolas de Novalaise mentionnent le passage d'une de ses reliques dans cette abbaye alpine dont le nécrologe signale – sans détailler – un *Albertus miles* du XIe siècle[17]. Ces données sont minces mais troublantes, même si on s'accorde à penser que l'abbé Henri de Gorze, déjà cité, a joué un rôle déterminant, soit en offrant lui-même la relique, soit en créant les conditions favorables à l'accueil de celle-ci. Novalaise a probablement vu passer une relique du pieux évêque, mais elle n'a pas contribué à répandre sa dévotion. D'autres mentions précoces se rencontrent dans les vallées alpines sans avoir eu de prolongements : c'est notamment le cas à Véroce où un os du poignet de Nicolas de Myre, apporté selon la tradition au XIe siècle et enchâssé dans un reliquaire, faisait partie du trésor de la paroisse, mais n'a guère suscité de vénération[18].

Ce n'est qu'à après le XIIe siècle que le culte nicolaïen se densifie en Occident : il en est de même en Lorraine, en Alsace et en Franche-Comté avec la fondation d'établissements religieux et hospitaliers, d'églises de villages neufs et de chapelles[19]. Dans la région lyonnaise, les Alpes et le nord de l'Italie les attestations datent presque toutes des XIVe et XVe siècles[20]. Saint Nicolas est donc présent dans la médiane européenne, mais son culte précoce au nord, est plus tardif et plus diffus au sud. Mais est-il pour autant original ?

---

16 Dantand, Dominique, *Chronique de Richer, moine de Senones (XIIIe siècle), présentation, édition, traduction*, thèse de doctorat, université de Nancy 2, 1996, p. 56. L'édition par Le Festival des abbayes, Saint-Dié, 2013, est épuisée et difficile à trouver.

17 Segre Montel, Costanza, « I percorsi delle reliquie, tra thece dignissime, libri miraculorum e imagines depicte », *Uomo et spazio nell'altro medioevo, Uomo et spazio nell'altro medioevo*, Settimane di studio del Centro Italiano di studi sull'alto Medioevo, Spolète, Fondazione Centro italiano di studi sull'alto Medioevo. 2003, p. 981-918, et Sergi, Giuseppe, « Rapporti religiosi tra Italia e Francia el secolo XI », *Nicolaus, studi storici, op. cit.*, p. 40-42.

18 Leroy, Michèle et Montleau, Geneviève de, *En Beaufortain et Val d'Arly. Sur les chemins du baroque*, Chambéry, FACIM, 1999, p. 140.

19 Losson, Marie, *Recherches sur le culte, op. cit.*, p. 59-86 ; Delobette, Laurence, « Origine et diffusion », art. cité p. 98-99 et 105-107 ; Berardo, Manuele, « Les diocèses et les saints », art. cité, p. 24-41.

20 Habegger, Ueli, « Gefahren am Gotthard », art. cité, p. 33-40.

Y A-T-IL UNE SPÉCIFICITÉ DU CULTE DE SAINT NICOLAS DANS L'AXE LOTHARINGIEN ?

DES ATTRIBUTIONS CLASSIQUES BIEN ATTESTÉES

Saint Nicolas apparaît dans l'Église grégorienne comme un modèle de prélat unissant action et spiritualité[21]. Cet aspect est bien marqué dans l'axe où sa dévotion est encouragée par des abbayes connues pour leurs velléités réformatrices : Echternach, Stavelot, Saint-Hubert en basse Lotharingie, Gorze, Saint-Vanne de Verdun, Saint-Mihiel en Lorraine, Vaux-sur-Poligny, Salins, Baume-les-Messieurs, Charnay en Franche-Comté, Hohenbourg et Murbach en Alsace[22]. Le saint figure parmi les intercesseurs préférés d'évêques artisans d'un renouveau de l'Église comme le Toulois d'origine alsacienne Brunon de Dabo (futur pape Léon IX † 1054) et le bisontin Hugues de Salins († 1066), lequel l'inscrit dans les litanies de la consécration des églises et lui compose des oraisons[23]. Les successeurs de ce dernier lui dédient la chapelle dans leur palais archiépiscopal et une autre dans leur cathédrale (1268)[24]. En 1261, leur homologue toulois, Gilles de Sorcy, établit une collégiale Saint-Nicolas dans la chapelle de son château de Brixey[25]. Ce modèle épiscopal rapproche saint Nicolas de saint Martin auquel il est associé dans les litanies bisontines de la consécration d'églises et dans des vocables d'Oye en Franche-Comté[26], tandis qu'à Metz les relations étroites entre l'hôpital Saint-Nicolas et l'église paroissiale Saint-Martin voisine se concrétisent dès le XIIe siècle par une procession organisée chaque 6 décembre[27]. Saint Nicolas est titulaire de la chapelle des clercs érigée en 1348 dans la cour du palais épiscopal de Verdun et, avec la

---

21 Dehoux, Esther, « Le prélat réformateur : images de saint Nicolas et mise en ordre(s) de la société (Royaume franc, XIe-XIIIe siècle) », *En Orient et en Occident*, *op. cit.*, p, 156 et 165.

22 Sa fête est célébrée à Remiremont et à Saint-Vannes de Verdun dès le XIIe siècle, tandis que Saint-Arnoul de Metz possédait dès le XIe sa *Vita* : BnF, Ms. 23, fol. 294 v°, B. M. Verdun, Ms. 108, fol. 233 r° et 758, fol. 266 r°, B. M. Metz, Ms. 201 (détruit en 1944).

23 Delobette, Laurence, « Origine et diffusion du culte… », art. cité, p. 94-95.

24 *Ibid.*, p. 101 et 107.

25 A. D. Meurthe-et-Moselle, G 144.

26 Delobette, Laurence, « Origine et diffusion du culte… », art. cité, p. 95 et 99.

27 Mgr Pelt, Jean-Baptiste, *Études sur la cathédrale de Metz*, I, *La liturgie*, Metz, Le Lorrain, 1937, p. 146, et Schneider, Jean,, *Metz aux XIIIe et XIVe siècles*, *op. cit.*, p. 32.

Vierge Marie et sainte Catherine, protège la confrérie de clercs curiaux de Toul fondée en 1357[28]. Un tel vocable se retrouve hors de l'axe dans la confrérie « La charité Dieu, Nostre Dame, saint Nicolas et sainte Katherine du collège des clercs » créée à Rouen en 1454[29]. Ajoutons que dans le diocèse de Besançon, le prénom Nicolas, réservé à une élite, est au XIIIe siècle surtout porté par des hommes d'Église[30].

La légende des trois petits clercs – une probable déformation de l'intervention de saint Nicolas en faveur de trois officiers de l'empereur Constantin et des trois jeunes gens d'Andriaque injustement accusés – se répand dès le XIIe siècle par les légendiers, l'iconographie et les sermons suscitant des fêtes populaires chez les écoliers. Si celles-ci gagnent l'ensemble de l'Occident, elles sont bien connues dans l'axe lotharingien : ainsi, à Grenoble, le règlement des écoliers du Ier juin 1520 évoque les quêtes, messes et processions des fêtes de sainte Catherine et de saint Nicolas[31]. À Haguenau, Kaysersberg et Strasbourg, des distributions sont assurées au XVIe siècle aux écoliers et aux orphelins[32]. À Fribourg, en Suisse, le règlement du *Katharinenbuch*, de la seconde moitié du XVIe siècle, élaboré pour la fête de sainte Catherine, décrit longuement celle de saint Nicolas où l'un des élèves tient le rôle du saint évêque, escorté par des jeunes garçons costumés en anges et en chevaliers[33].

Karlheim Blaschke, qui associe saint Nicolas et la croissance économique, produit une carte où l'axe lotharingien n'est pas des mieux représenté, mais il est vrai que la densité urbaine y reste faible[34]. Il n'en demeure pas moins que saint Nicolas y est aussi invoqué par les marchands, à commencer par ceux de Saint-Nicolas-de-Port, sanctuaire

---

28 A. D. Meurthe-et-Moselle, G 1207, et Losson, Marie, *Recherches sur le culte*, *op. cit.*, p. 142.

29 Bouhaik-Girones, Marie, « La représentation du mystère de sainte Catherine à Rouen en 1454 », *Mainte belle œuvre faicte, études sur le théâtre médiéval offertes à Graham A. Runnals*, Orléans, 2005, p. 30.

30 Delobette, Laurence, « Origine et diffusion du culte… », art. cité, p. 100. Une étude des prénoms n'a pas encore été menée en Lorraine médiévale, mais des sondages montrent qu'au prénom de Nicolas s'ajoutent celui de de Nicole et les formes dérivées (Colin, Colet, Colas) fréquentes dans les actes de la pratique.

31 Pilot, Jean-Jacques, *Annuaire statistique de la Cour royale de Grenoble et du département de l'Isère pour l'année 1841*, Grenoble, Baratier, 1841, p. 79.

32 Clémenz, Élisabeth, « Le culte de saint Nicolas », art. cité p. 363-364.

33 Utz Tremp, Kathrin, « L'histoire du culte de saint Nicolas, patron de la ville de Fribourg (Suisse) », *En Orient et en Occident*, *op. cit.*, p. 378.

34 Blaschke, Karlheim, *Nikolaikirchen*, *op. cit.*

nicolaïen, mais aussi principal centre commercial et financier du duché de Lorraine[35]. À Metz, l'hôpital fondé au XIIe siècle par les bourgeois de la ville a pris rapidement son vocable comme le prouve le nom de « Vieille poterne Saint-Nicolas » attribué dès 1140 à l'un des passages de la muraille voisine[36]. Situé dans le Neubourg, en bordure du Champ à Seille (place Coislin aujourd'hui) dans un quartier de commerce, il est intégré aux circuits économiques de la ville et bénéficie de la générosité de bourgeois, tels les Baudoche qui, outre une chapellenie à la cathédrale, ont fondé une chapelle Saint-Nicolas à Saint-Martin et y ont offert une verrière du saint[37]. Aux XIVe et XVe siècles, d'autres bourgeois ont consacré à ce dernier des chapelles dans les églises paroissiales Saint-Maximin, Saint-Étienne le Depenné, Saint-Jacques et Saint-Eucaire[38] et le prénom Nicole est donné dans les familles de notables : Baudoche, Louwe, Esch et Heu[39]. Les villes de Commercy, Bar-le-Duc, Pont-à-Mousson, Nancy, Lunéville, Remiremont, Épinal, Neufchâteau, Verdun, Sarrebourg, mais aussi les simples bourgades de marché de Deneuvre, Vic-sur-Seille, Vézelise, Mirecourt, Bayon, Einville-au-Jard, Rosières-aux-Salines, Gondrecourt, Darney et Châtenois lui ont voué des chapelles, tandis que les drapiers de Briey (1480), les bouchers de Boulay (1483) et les fourreurs de Sarrebruck (1413) l'ont choisi comme saint patron[40], tout comme les marchands de Saint-Loup-sur-Semouze et de Porrentry (1494)[41]. Son église liégeoise, dite des Mouches, car liée à un miracle au cours duquel il aurait délivré la ville d'une épidémie en 1030, se situe dans le secteur commercial et celle de Luxembourg est établie dès 1166 près du marché[42]. Son culte à Fribourg est initié par des bourgeois qui frappent une monnaie à son effigie (1494), obtiennent des reliques (1506), financent un bras reliquaire et érigent un chapitre (1514)[43].

35 Kammerer, Odile, La Lorraine des marchands à Saint-Nicolas-de-Port du XIVe au XVIe siècle, Saint-Nicolas de Port, Connaissance et Renaissance de la basilique, 1985.

36 Schneider, Jean, *Metz aux XIIIe et XIVe siècles*, *op. cit.* p. 32.

37 Dorvaulx, Nicolas, *Les anciens pouillés du diocèse de Metz*, Metz, MSALHM, 1902, p. 143, et Hérold, Michel, *Les vitraux de Lorraine et d'Alsace*, Paris, CNRS, corpus vitrearum, 1994, p. 28.

38 Dorvaulx, Nicolas, *Les anciens pouillés*, *op. cit.*, p. 129, 130, 134, 137.

39 Cela rejoint les remarques de Clémenz, Élisabeth, « Le culte », art. cité, p. 362-363.

40 Losson, Marie, *Recherches sur le culte*, *op. cit.*, p. 51, 56-59, 66-71, 74-77, 82, 162, 182-183, 228 et 244.

41 Delobette, Laurence, « Origine et diffusion », art. cité, p. 103.

42 Schoolmeesters, Émile, « Le culte », art. cité, p. 151.

43 Utz Tremp, Kathrin, « L'histoire du culte », art. cité, p. 373-376.

Saint Nicolas est, on l'a dit, patron du plus grand hôpital de Metz : sa fête est marquée au début du XVIe siècle par des distributions de nourriture et la confection de chapeaux[44]. Le pieux évêque est en effet considéré comme un grand thaumaturge, dont les ossements exaltent de la manne aux vertus de guérison. Ces attributions sont bien marquées dans l'ancienne Lotharingie : il est plus souvent patron d'hôpitaux en Lorraine, en Franche-Comté (2e place) et dans les anciens Pays-Bas (bien placé dans un palmarès très groupé) que dans d'autres contrées[45]. Il est particulièrement invoqué lors des accouchements, notamment des duchesses de Lorraine qui, comme Renée de Bourbon (1517) et Chrétienne de Danemark (1543), venaient ensuite offrir en ex-voto une effigie d'un enfant en argent pour remercier le saint d'une heureuse délivrance[46]. Ajoutons que saint Nicolas peut aussi être invoqué lors de la mort : la vision d'Eynsham (XIIe siècle) en a fait l'un des dirigeants du Purgatoire, tandis qu'Étienne de Bourbon, qui a prêché en Franche-Comté au XIIIe siècle, met en scène un *exemplum* où il sauve de l'enfer un homme mort en état d'ébriété[47]. Ce point semble plus fréquent dans la médiane européenne : des prières du diocèse de Toul du XVe siècle le qualifient de « passeur de l'au-delà » et lui demandent la grâce d'une « bonne mort[48] », ses chapelles deviennent des lieux de sépultures privilégiées à Luxeuil, à Dampierre-lès-Conflans, à Buffard en Franche-Comté[49], ainsi qu'à la cathédrale de Metz où, à la suite de Jacques de Lorraine († 1260), les prélats choisirent de reposer[50]. On lui dédie les chapelles des cimetières de Lunéville (1412) et de Mirecourt (1416)[51], de même que des confréries recherchant les noyés du Rhône[52].

44 A. D. Moselle, 1 HD 1 H, fol. 46 r°.

45 Guyon, Catherine, « Les saints patrons des hôpitaux en Lorraine médiévale », *Institutions de l'assistance sociale en Lotharingie médiévale*, dir. M. Pauly, Luxembourg, Publications de la Section historique de l'Institut Grand-Ducal de Luxembourg, 2008, p. 279-289 et p. 292-294.

46 Lepage, Henri, « Inventaire du trésor de Saint-Nicolas-de-Port », *Journal de la Société d'archéologie lorraine*, 1854, p. 46.

47 Campione, Ada, « Le culte de saint Nicolas en Angleterre », *En Orient et en Occident*, *op. cit.*, p. 336-338 et Delobette, Laurence, « Origine et diffusion », art. cité, p. 104.

48 Rézeau, Pierre *Les prières aux saints en français à la fin du Moyen Âge*, Genève, Droz, 1983, n° 175, p. 385, n° 176, p. 387-388 et n° 177, p. 390.

49 Delobette, Laurence, « Origine et diffusion », art. cité, p. 107.

50 Mgr Pelt, Jean-Baptiste, *Études*, *op. cit.*, p. 9 ; Dom Calmet, Augustin, *Histoire ecclésiastique et civile de Lorraine*, Nancy, 1728, t. 2, col. 184 et Meurisse, Martin, *Histoire des évêques de Metz*, Metz, J. Anthoine, 1634, p. 465.

51 A. D. Meurthe-et-Moselle, B 298, fol. 41 et H 1503.

52 Rossiaud, Jacques, *Le Rhône au Moyen Âge*, Paris, Aubier, 2007, p. 361.

Saint Nicolas protège les vivants sur les voies de passage : c'est à lui qu'est initialement consacré l'hospice du Grand Saint-Bernard. Le vocable bernardin vient s'ajouter en 1149 et en 1177 à celui de saint Nicolas qui est encore utilisé jusqu'à la fin du Moyen Âge, ce qui expliquerait la fréquence plus grande des dédicaces dans les diocèses de part et d'autre du col[53]. Par celui-ci passe la *via francigena* reliant la France à l'Italie, jalonnée de chapelles nicolaïennes (XIIIe-XVe siècles) à Sion, Lausanne, Poligny, Salins et Saint-Jean de Losne. Mais on rencontre aussi de telles chapelles sur la route du Saint-Gothard ouverte seulement depuis 1230 et sur d'autres points de passages comme Sévaz, Semsales ou le Val-Saint-Nicolas, et la dédicace de l'église de Fossaz, non loin d'Aoste, renfermait une belle statue du saint attribué à un atelier réputé, celui du *Maestro delle Madonnad'Oropa*[54]. Le pieux prélat veille aussi sur les routes fluviales : outre la Seine, l'Yonne et l'Allier[55], le Rhin où ses dédicaces sont plus nombreuses et la Moselle (confréries Saint-Nicolas de Pont-à-Mousson et d'Yutz, hôpital de Metz contrôlant les ponts et les moulins de la ville)[56]. En 1515, des bateliers ayant échappé au naufrage à Ay-sur-Moselle se « mirent au chemin pour aller en voyaige au glorieux sainct Nicollas qu'ils avoient reclamés et requis en leur necessité[57] ». En Franche-Comté, le retable de la chapelle Saint-Nicolas des Falères à Porrentry (1349) immortalise les marins en train de l'invoquer[58]. Les mentions sont plus fréquentes encore dans les Alpes : le 6 décembre les bateliers de Grenoble font célébrer une messe dans la chapelle Saint-Nicolas dépendant de Saint-Laurent sur les bords de l'Isère et, le 9 mai, jour de la translation de Bari, les prieurs de la confrérie sont remplacés et offrent du pain béni lors de la fête célébrée sur un bateau[59]. Une autre chapelle Saint-Nicolas

53 Lucken, Christopher, « Exorciser la montagne. Saint Bernard de Menthon au sommet du Mont-Joux », *Montagnes médiévales*, Actes des congrès de la SHMESP, Paris, Publications de la Sorbonne, 2003, p. 104.

54 Delobette, Laurence, « Origine et diffusion », art. cité, p. 110 ; Habegger, Ueli, « Gefahren am Gotthard », art. cité, p. 33-40 ; notice « Saint Nicolas » du catalogue de l'exposition *Splendeurs du christianisme, art et dévotion de Liège à Turin, Xe-XVIIIe siècles*, Paris, Mare et Martin, n° 42, p. 84, et des indications aimablement communiquées des collègues de Turin.

55 Pinchedez, Anne, *Croyances et coutumes des gens de rivières et de canaux : histoire et dictionnaire*, Paris, Tallandier, 1992, p. 60 et 67.

56 Clémentz, Élisabeth, « Le culte de saint Nicolas… », art. cité, p. 356-357 ; Losson, Marie, *Recherches sur le culte*, *op. cit.*, p. 195.

57 *Chronique de Philippe de Vigneulles*, éd. C. Bruneau, Metz, SHAL, 1933, t. IV, p. 208.

58 Delobette, Laurence, « Origine et diffusion », art. cité, p. 110.

59 Pilot, Jean-Jacques, *Annuaire statistique*, *op. cit.*, p. 78.

des bateliers s'est développée près de Romans, tandis que, sur la Saône, la confrérie des bateliers de Saint-Nicolas de Seurre est attestée depuis 1295[60]. Sur le Rhône, les Augustins de Lyon abritent une chapelle Saint-Nicolas siège de la confrérie des nautes ou « riveyrands », victime en 1478 de la concurrence d'une autre confrérie revendiquant le même patronage et des droits sur les ponts : il s'en suit une guérilla judicaire jusqu'au triomphe de la première qui réaffirme le privilège de mener la procession derrière la bannière du saint et de percevoir des offrandes et les « malignons de saint Nicolas », c'est-à-dire les buches prélevées sur les navires déchargés à Lyon et revendues pour financer les frais de sécurisation de la navigation. Les attestations se poursuivent en aval avec des chapelles nicolaïennes des ponts de Pont-Saint-Esprit et d'Avignon indiquant aux marins d'eau douce le meilleur passage sur le fleuve[61].

DES ATTRIBUTIONS PLUS ORIGINALES ?

Dans l'axe lotharingien, ces attributions de saint Nicolas correspondent ainsi à celles rencontrées dans le reste de l'Occident, même si elles se colorent de nuances. Elles semblent se singulariser davantage par une protection contre le feu : un vitrail (XIIIe siècle) de Saint-Gengoul de Toul rappelle que saint Nicolas a sauvé deux personnes d'une maison en flammes et une série de miracles lui sont attribués dans des circonstances proches à Loudremange dans le Nied en Lorraine, tandis que les magistrats de Bremgarten (Suisse), depuis un incendie dévastateur en 1382, envoyaient chaque année un bourgeois en pèlerinage à Port pour demander à saint Nicolas de veiller désormais sur leur ville et, au début XVIe siècle, leurs homologues de Bâle offrirent pour une raison similaire une verrière à l'église portoise[62]. Ces miracles valent à saint Nicolas d'être, comme sainte Barbe, invoqué par les mineurs des Vosges et du Pays de Briey dès le XVe siècle, de Brandes dans les Alpes du nord, près d'Hue dont la mine de plomb de Theus lui est dédiée en 1471, près d'une église paroissiale sous son vocable depuis le XIIe siècle[63].

60 Caliliat, Louis Armand, « La batellerie de la Saône dans un passé proche et lointain », *Arts et traditions populaires*, 1960, Vol. 8, p. 22-46.

61 Rossiaud, Jacques, *Le Rhône*, *op. cit.*, p. 281.

62 Guyon, Catherine, « Saint Nicolas, un saint de vitrail en Lorraine », *En Orient et en Occident*, *op. cit.*, p. 387-388.

63 Bailly Maitre, Marie-Christelle, « Le culte de saint Nicolas chez les mineurs », *La pierre et l'écrit*, 18, 2008, p. 49-58. Les comptes ducaux de Lorraine de la fin du XVe siècle citent

Autre originalité, Nicolas est invoqué dans son sanctuaire lorrain comme un libérateur de prisonniers qui, dès le XIIIe siècle, laissent en ex-voto des monceaux de chaînes. La légende de Cunon de Réchicourt, enchaîné dans une prison d'Orient qui, après avoir invoqué saint Nicolas, se serait trouvé miraculeusement libéré à la porte du prieuré portois le 5 décembre 1240, en mémoire duquel fut établie la procession de la veille de la Saint-Nicolas d'hiver, est tardive, puisqu'elle n'apparaît qu'en 1537 sous la plume de Claude Champier qui ne donne alors pas l'identité du chevalier ; ce n'est qu'au XVIIe siècle qu'il est présenté comme le « sire de Réchicourt[64] ». Cette légende est néanmoins révélatrice du pouvoir de libération attribué en Lorraine au saint évêque qui se serait concentrée sur un exemple. En lien avec la prison, les archives des anciens Pays-Bas révèlent que le sanctuaire portois est, à la fin du XVe siècle et au début du XVIe siècle, le siège de pèlerinages expiatoires de Gand, d'Alost, d'Audenarde, de Termonde, d'Anvers, de Tournai, de Limbourg, de Valenciennes, de Bruges et de Luxembourg. Cette réputation dépasse l'axe, puisque des prisonniers normands y sont envoyés[65]. Saint Nicolas remplit ainsi en Lorraine les mêmes fonctions que la Vierge Marie à Liesse et à Rocamadour, saint Léonard à Noblat et sainte Catherine d'Alexandrie à Fierbois.

UNE ICONOGRAPHIE PARTICULIÈRE ?

En Lorraine, en Alsace et en Franche-Comté, l'iconographie nicolaïenne est dominée par le saint évêque et les trois clériaux ou enfants au cuveau[66], or ce thème est presque inexistant dans les Alpes : Nicolas est seul, en évêque jeune et imberbe portant des attributs épiscopaux soigné sur la statue (XIIIe siècle) venant de l'église de Fossaz en Val d'Aoste conservée au trésor de la cathédrale d'Aoste et sur les fresques de Walterbuch en Suisse (vers 1330), de Valsesia (XVIe siècle) et de Corzoseno en Piémont (XVIe siècle). Parfois, comme à Monte Carasso en Tessin (vers 1430), le

---

régulièrement des galeries et des puits Saint-Nicolas dans les Vosges et en Alsace à Sault, au Thillot, au Chipal, à Rémémout, à Ramonchamp, à la Petite-Fosse, à la Croix-aux-Mines, au Saulcy et au Val de Liepvre.

64 Guyon, Catherine, « Pèlerins et pèlerinages à Saint-Nicolas-de-Port à la fin du Moyen Âge », *Alle origini dell'Europa*, *op. cit.*, p. 273.

65 *Ibid.*, p. 279.

66 Guyon, Catherine, « Un saint de vitrail », art. cité, p. 394-395, Clémenz, Élisabeth, « le Culte », art. cité, p. 366-367, et Delobette, Laurence, « Origine et diffusion », art. cité,, p. 107-108.

prélat porte les trois boules d'or destinées à doter les trois jeunes filles de Patare, en suivant l'iconographie du sud de l'Italie[67].

Il figure aussi sur des scènes de la Passion du Christ sur les bildstocks du nord de la Lorraine aux XVIe et XVIIIe siècles et les croix de chemins des Vosges[68], ainsi que dans les peintures alpines comme chez les Mineurs d'Embrun où, avec François d'Assise et Antoine l'ermite, il accompagne saint Jean au pied de la croix[69], tandis qu'à Saint-Nicolas de Vouhenans en Franche-Comté est installée en 1503 une croix ornée d'une déposition du Christ et d'un saint Nicolas[70]. En fait, l'association de ce dernier aux dévotions christiques remonte aux Xe-XIe siècles dans le cadre d'un double patronage avec le Sauveur (Vaux-sur-Poligny, Metz, Arras et Saint-Sauveur-en-Vosges) et d'une association à la Sainte Croix (Echternach et Liège) et relève d'influences carolingiennes et ottoniennes, mais se poursuit ainsi sous d'autres formes à la fin du Moyen Âge[71].

Saint Nicolas, parfois associé à sainte Barbe en Lorraine, l'est plus souvent à sainte Catherine en raison de protections communes des jeunes gens, des étudiants, des malades, des mourants et des marins ; surtout caractéristique du nord de l'Europe cette association est bien marquée dans l'ancienne Lotharingie[72]. La proximité relevée par Karlheim Blaschke de saint Nicolas avec la Vierge se rencontre aussi dans la médiane : une statue de Notre-Dame de la Motte en Franche-Comté d'abord vénérée dans le château éponyme, a été transportée à Saint-Nicolas du Marteroy et des indulgences sont accordées à l'hôpital de Metz (1274) et à l'église portoise (1289) pour les fêtes de saint Nicolas et de la Vierge Marie[73].

67 Pour la statue on renverra à la notice « Saint Nicolas ? », dans le catalogue de l'exposition *Splendeurs du christianisme, art et dévotion de Liège à Turin, Xe-XVIIIe siècle*, p. 84 (l'auteur de l'article, Vivianna Maria Vallet, justifie l'identification de cette statue à saint Nicolas) et pour les fresques au site Prealp : programmeprealp.msh-alpes.fr. consulté le 12/11/2018.

68 Printz, Michel, « Les "Bildstocks" du pays des trois frontières », *Les Cahiers lorrains*, 1996, n° 3, p. 219-226 et Kirch, Jean-Pierre, *Les anciennes croix, surtout croix des champs en Lorraine*, Metz, Coopérative d'étude et d'édition, 1938.

69 Paravy, Pierrette, *De la chrétienté romaine à la réforme en Dauphiné*, Rome, École Française de Rome, 1993, p. 436.

70 Delobette, Laurence, « Origine et diffusion », art. cité, p. 108.

71 Corbet, Patrick, « Les origines du culte », art. cité, p. 14-15.

72 *Cf.* mon mémoire inédit d'habilitation : *Par la roue de sainte Catherine, dévots, pèlerins, pèlerinages de sainte Catherine d'Alexandrie* soutenu en 2015 devant l'université de Lorraine, sous la dir. de Catherine Vincent, p. 241-248 (avec une carte des doubles vocables).

73 Delobette, Laurence, « Origine et diffusion », art. cité, p. 93, A. D. Moselle, 2 A 2, et A. D. Meurthe-et-Moselle, H 271.

ÉVOLUTION ET ESSAI D'INTERPRÉTATION

UN ANCRAGE PLUS PRONONCÉ AU NORD

L'implantation de saint Nicolas plus ferme dans l'ancien royaume de Lotharingie s'explique par son introduction précoce, mais aussi par le succès du pèlerinage portois qui, comme l'a montré Carina Brumme, tend à prendre le relais de Bari à partir du XIVe siècle[74]. La confrontation des sources narratives, judiciaires, comptables et archéologiques (enseignes de pèlerinages) donne une idée de l'aire de rayonnement de celui-ci à la fin du Moyen Âge : une vaste Lotharingie (des Pays-Bas à Lyon), dépassée à l'est (Europe centrale et septentrionale) et à l'ouest (Champagne, Paris, Picardie, Normandie), mais qui ne s'étend pas au sud des Alpes[75].

Le sanctuaire reçoit à partir du XIIe siècle des donations des ducs de Lorraine Mathieu Ier, Simon II, Matthieu II, Ferry III, ainsi qu'un bras reliquaire en argent de Charles II[76], mais la faveur s'amplifie sous René d'Anjou qui y vient en pèlerinage en 1431, puis en 1434 en remerciement de sa première libération de Dijon, et y revient en 1444, 1459 et 1463[77]. Il communique cette dévotion à ses enfants : Jean donne le prénom de Nicolas à son fils unique, le futur duc Nicolas († 1473) et Yolande à son second fils, tandis que Marguerite, reine d'Angleterre, emprisonnée à Londres offre en 1472 un riche ensemble de vêtements liturgiques à Saint-Nicolas de Port ; lorsqu'elle est libérée en 1475, son père charge son petit-fils René II d'apporter au sanctuaire lorrain un somptueux bras reliquaire en or et pierres précieuses[78]. Le jeune duc remporte la bataille de Nancy associée à Saint-Nicolas de Port : c'est là qu'il réunit la veille du combat les troupes portant, selon le chroniqueur Jean d'Aucy, des bannières à l'image de la Vierge Marie et de saint

---

74 Brumme, Carina, « The cult of st Nicholas as reflected in his pilgrim badges », *En Orient et en Occident*, *op. cit.*, p. 307.

75 *Ibid.*, p. 306-307, et Guyon, Catherine, « Pèlerins », art. cité, p. 273-279.

76 Guyon, Catherine, *ibid.*, p. 271.

77 A. D. Meurthe-et-Moselle, H 284 et B 959, fol. 566 r° et *Chronique du doyen de Saint-Thiébaut*, Dom Calmet, Augustin, *Histoire ecclésiastique*, *op. cit.*, t. IV, col. 465 et 467.

78 Dom Calmet, Augustin, *Histoire ecclésiastique*, *op. cit.*, t. V, col. 159, et Collin, Hubert, « Observations sur l'histoire du culte de saint Nicolas à Saint-Nicolas de Port et de la famille ducale de Lorraine », *Lotharingia* XIII, 2006, p. 74, 76-77.

Nicolas[79], que du haut du clocher il envoie un signal lumineux pour avertir les Nancéiens de son arrivée et fait célébrer une messe avant de lancer l'offensive victorieuse sur le Téméraire. La *Chronique de Lorraine* et la *Brève généalogie* attribuent cette victoire à Dieu et à saint Nicolas[80]. Le lien avec le saint se concrétise l'année suivante par le financement d'un Jeu donné en l'honneur de celui-ci durant 5 jours à Port, et en 1497 – pour le vingtième anniversaire de la bataille – d'un autre jeu à Nancy. En 1496, il fait frapper une monnaie d'or – donc de prestige – à son effigie accompagnée de la légende *Juvet gratia tua*, donne le prénom de Nicolas à l'un de ses fils, fait figurer une statue du saint sur l'enfeu de son tombeau et intervient dans la reconstruction de la grande église portoise achevée après sa mort, mais conçue d'emblée comme imposante[81] : un premier jubilé y est proclamé en 1480 à l'initiative de sa mère Yolande et, lors du second en 1501, il va jusqu'à reprocher aux chanoines de Saint-Dié d'y faire concurrence[82]. Le vitrail du chœur le représente devant le saint évêque et ses fils soutiennent le chantier : Jean, cardinal de Lorraine, Claude de Guise et le duc Antoine qui, dans une lettre patente de novembre 1511, parle nettement de saint Nicolas « son avocat » et son « bon patron[83] ». Mais cette faveur est surtout associée à la dynastie angevine des XVe et début XVIe siècles : si les ducs des XVIIe et XVIIIe siècles continuent à fréquenter le sanctuaire portois d'autres pèlerinages retiennent leur attention, à commencer par Notre-Dame de Bonsecours aux portes de leur capitale nancéienne. De plus, le dramatique incendie de la grande église de Port en novembre 1635 et les occupations de la Lorraine par les troupes françaises affaiblissent le pèlerinage, même si des relances sont tentées par les Bénédictins qui diffusent des récits de miracles et la bulle de pape Innocent X (1647) qui qualifie saint Nicolas de *totius Lotharingiae protector*[84]. La tourmente

79 Nancy, B. M., Ms. 727 (81), fol. 345 °.

80 Marot, Pierre, *La brève généalogie du duc de Lorraine René II 1504-5*, Metz, Arts graphiques, 1930, p. 12.

81 Fray, Jean-Louis, *Nancy le Duc*, Nancy, éd. Place Stanislas, p. 277, et Choné, Paulette, « Le tombeau de René II aux Cordeliers », *Lotharingia*, t. XVI, 2000, p. 92. *Cf.* aussi Guyon, Catherine, « Un reliquaire exceptionnel pour un sanctuaire de pèlerinage majeur », *Le camée de Nancy, de Néron à saint Nicolas* dir. J. Lenoir, Nancy, Bibliothèque Municipale, 2018, p. 106-125.

82 A. D. Meurthe-et-Moselle, B 91 9, et Guyon, Catherine, « Pèlerins », art. cité, p. 272.

83 *Id.*, B 12, fol. 83 v°-84 v°, et Guyon, Catherine, « Pèlerins », art. cité, p. 271-272.

84 A. D. Meurthe-et-Moselle, H 286.

révolutionnaire marque un autre arrêt et il faut attendre le XIXe siècle pour que le pèlerinage reprenne réellement dans un contexte différent.

UNE CONCURRENCE PLUS FORTE AU SUD

Le culte de saint Nicolas semble en revanche s'être estompé au sud de l'axe qui ne compte aucun grand sanctuaire – Fribourg n'ayant qu'un rayonnement local – et il n'y a pas le soutien des princes, les ducs de Savoie n'ayant aucune relique ni statue du saint dans leur trésor et réservant leurs dévotions au Saint-Suaire et à saint Maurice[85]. D'autres cultes retiennent l'attention des simples fidèles – telle, à Romans, l'église Saint-Nicolas qui voit s'imposer au XVIe siècle une ferveur nouvelle, le calvaire et la méditation des stations du vendredi saint – qui fréquentent d'autres pèlerinages actifs comme Saint-Antoine-en-Viennois[86].

Mais il convient également d'invoquer la confusion de Nicolas de Myre avec d'autres saints homonymes qui lui ont associés à la fin du Moyen Âge : ainsi l'ermite suisse Nicolas de Flue († 1487) entendait imiter les vertus de l'évêque de Myre[87], tout comme Nicolas de Tolentin ermite de saint Augustin († 1305) canonisé en 1446 dont le culte se propage vite dans le sud de la dorsale : en 1503 l'église de Brou lui est dédiée, en 1506 un jeu est donné en son honneur à Lyon et de nombreuses chapelles alpines lui sont consacrées au XVIe siècle. Les *vitae* rapportent également que l'ermite a vu le jour à Ferme près de Naples après un pèlerinage de ses parents au tombeau de l'évêque à Bari[88]. Mais la concurrence de saint Bernard de Menthon, dont le culte est diffusé par la maison de Savoie et la cathédrale d'Aoste, est plus forte, à tel point que son nom finit par évincer celui de saint Nicolas au Grand Saint-Bernard. Sa *vita* de la fin du XIVe siècle explique que Bernard découvre saint Nicolas à l'école et veut suivre son exemple. Son père, seigneur de Menton, a prévu de le marier, mais la veille des noces le saint lui apparait ; sur ses conseils, il s'enfuit à Aoste et entre dans les ordres. C'est encore Nicolas

85 Fabre, Adolphe, *Trésor de la chapelle des ducs de Savoie aux XVe et XVIe siècles : étude historique et archéologique*, Lyon, Savigné, 1875, et Paravy, Pierrette, *De la chrétienté romaine*, *op. cit.*, p. 737.

86 *Ibid.*, p. 68 et 729.

87 Baillet, André, *La vie des saints*, Paris, Jean de Nully, 1715, t. I, col. 297.

88 P. Cioffari, Gerardo, *Pellegrini a San Nicolao di Bari nella storia*, Bari, centro Studi, 2007, p. 58-60, et Lett, Didier, *Un procès de canonisation au Moyen Âge : Nicolas de Tolentino, 1325*, Paris, PUF, 2008.

qui l'aide à vaincre le démon du Mont Joux et, en 1008, l'avertit de sa fin prochaine[89]. Ces confusions et substitutions finissent par brouiller l'image de saint Nicolas et la faire presque disparaître des Alpes à l'époque moderne.

Ainsi, si l'axe lotharingien n'a pas l'exclusivité de saint Nicolas dont le culte s'étend à l'échelle du continent européen, il lui a accordé une bonne place, surtout dans le nord, où il a été anciennement introduit et bénéficie à la fin du Moyen Âge du rayonnement du sanctuaire portois. Dans le sud, son culte, moins marqué et plus récent, subit des concurrences. Quant aux attributions, elles demeurent classiques avec des nuances qu'il conviendrait sans doute d'attribuer aux spécificités de l'espace : la dédicace des hôpitaux, des lieux de sépultures et des axes de passage, la libération de prisonniers et la protection contre le feu, tandis que l'iconographie l'associerait peut-être davantage aux dévotions christiques.

Catherine GUYON
Université de Lorraine
CRULH

89 Christopher, Lucken, « Exorciser la montagne », art. cité, p. 99-120.

SAINTE AGATHE DE CATANE À LA CONQUÊTE DE LA LORRAINE

De la dévotion aux représentations (Moyen Âge – époque moderne)

Agathe – du mot « *Agathé* » (ou « *Agathos* ») qui signifie dans la langue grecque « bonne[1] » – apparait pour la première fois dans l'un des plus anciens martyrologes latins connus, dit le martyrologe hiéronymien, composé à Aquilée vers le milieu du Ve siècle : « *Non. Febr. in Sicilia, Catana civitate, passio sanctae Agathae virginis* » est en effet mentionnée à la date du 5 février, jour du *dies natalis* de la sainte[2]. Évoquée dans divers actes grecs et latins – dont une version rédigée au IXe siècle par Méthode patriarche de Constantinople[3] – l'histoire d'Agathe est également compilée dans le célèbre ouvrage *La Légende dorée* de Jacques de Voragine : de noble lignage, Agathe est une très belle jeune vierge chrétienne de Catane du milieu du IIIe siècle (vers 251), qui refuse la demande en mariage du consul païen romain Quintien (ou Quintilien). Ne voulant pas renier sa foi, elle est d'abord enfermée dans un lupanar avant de subir d'effroyables supplices, dont le plus célèbre est celui où les deux bourreaux lui arrachent les seins. Soignée par saint Pierre dans sa prison, la sainte est par la suite rappelée à

1 Une autre étymologie du nom d'Agathe est « sainte de Dieu », issue des termes *agios* « saint » et de *theos* « Dieu » d'après Hugues de Pise.

2 Sur ce calendrier liturgique, voir l'étude fondamentale de Duchesne, Louis, « Les sources du Martyrologe hiéronymien », *Mélanges d'archéologie et d'histoire*, t. 5, 1885, p. 120-160. Plus récemment George, Philippe, « Agathe de Catane (5 février), itinéraire d'un culte : de son martyre à la distribution de ses reliques », dir. G. François, *Sant'Agata. Il reliquiario a busto. Contributi interdisciplinari*, Gravina, Éd. Arcidiocesi Catania, 2010, p. 79-85, notamment p. 79. Pour le texte : http://monumenta.ch/latein/text.php?tabelle=Hieronymus&rumpfid=Hieronymus,%20Martyrologium&level=2&domain=&lang=0&links=&inframe=1&hide_apparatus=1 (consulté le 09/08/2021).

3 Mioni, Elpidio, « L'encomio di s. Agata di Metodio patriarca di Costantinopoli », *Analecta Bollandiana*, 68, 1949, p. 58-93.

Dieu[4]. Lors d'une éruption de l'Etna, le voile de la jeune fille posé sur son tombeau aurait un an après sa mort, protégé la ville de Catane. Depuis lors, la martyre est priée en périodes d'incendies ou encore d'orages[5]. Un deuxième aspect de sa dévotion la place en tant que protectrice des nourrices et des femmes enceintes[6]. Se substituant à la *Isis Agathè daimon* – une déesse aux mamelles[7] – le culte de sainte Agathe se diffuse depuis la Sicile, tant en Orient qu'en Occident, en trois phases successives[8] : tout d'abord dès le très haut Moyen Âge parallèlement à la diffusion de ses reliques et des premières représentations de la sainte, en particulier dans le milieu de l'Arianisme des Vᵉ et VIᵉ siècles (à Ravenne et à Rome)[9]. Un second temps intervient entre les XIIᵉ et XIIIᵉ siècles, avec l'épisode de la translation du corps d'Agathe de Constantinople à Catane en 1126[10]. Enfin, la période de l'après Concile de Trente réaffirme l'importance du martyre de la sainte catanaise au sein d'un christianisme dit « renouvelé ». Aujourd'hui encore, tous les 5 février, la fête en l'honneur de la sainte rassemble une foule considérable de fidèles qui viennent honorer son célèbre buste-reliquaire – chef-d'œuvre d'orfèvrerie de la fin du XIVᵉ siècle[11] – porté en procession dans la ville sicilienne[12]. Si la dévotion envers sainte

4 Voragine, Jacques de, *La Légende dorée*, Paris, Gallimard (coll. La Pléiade), 2004, chap. 39, p. 205-210.

5 Le nom de la sainte est également souvent inscrit sur les cloches. Sur l'art campanaire lié à la sainte, *cf.* Boiteux, Louis, « L'épitaphe de sainte Agathe sur les cloches antiques », *Revue archéologique*, t. 26, 1927, p. 264-273 et Deonna, Waldemar, « La formule prophylactique de sainte Agathe », *Revue archéologique*, t. 27, 1928, p. 354-355.

6 Cet aspect de la sainte sera évoqué ultérieurement dans l'article.

7 Chuvin, Pierre, *Chronique des derniers païens. La disparition du paganisme dans l'empire romain du règne de Constantin à Justinien*, Paris, Fayard, Les Belles Lettres, 1990. Voir également Sauzeau, Pierre, « De la déesse Héra à la Panaghia. Réflexions sur le problème des continuités religieuses en Grèce et en Grande-Grèce », *Revue de l'histoire des religions*, t. 224, 2007, p. 289-317, notamment note 30.

8 Zito, Gaetano, « Storia, fortuna, ragioni della diffusione del culto di sant'Agata », catalogue de l'exposition *Agata santa. Storia, arte, devozione*, Catane, 29 janvier – 4 mai 2008, p. 31-37.

9 Tixier, Frédéric, « Sainte Agathe de Catane au regard de l'iconographie médiévale », *Sant'Agata, il reliquiario a busto*, *op. cit.*, p. 87-105, notamment p. 87-88.

10 Bozoky, Edina, « Translations de reliques prestigieuses d'Orient en Italie, fin du XIᵉ – début du XIIIᵉ siècle », *Cahiers d'études italiennes*, nº 25, 2017, p. 1-16, notamment p. 3-5.

11 Tomasi, Michele, « Un capolavoro ai margini. Gli studi sul busto di Sant'Agata tra Otto e Novecento » *Sant'Agata, il reliquiario a busto*, *op. cit.*, p. 11-21.

12 Rotondo, Arianna, « La processione : un rituale nell'esperienza cristiana », *Agata santa…*, *op. cit.*, p. 53-63.

Agathe remonte donc aux premiers siècles de l'ère chrétienne, pour s'implanter durablement sur l'ensemble du territoire occidental[13], force est néanmoins de constater que dans l'espace lotharingien et ses marges, le culte de la jeune martyre catanaise s'avère relativement restreint. Pour autant, il n'en est pas complètement absent et les formes de religiosité qui s'y attachent – tant en termes de pratiques dévotionnelles que de production artistique – s'avèrent quelque peu originales.

Le principal lieu de dévotion à sainte Agathe est la petite ville de Longuyon en Meurthe-et-Moselle[14]. D'abord un camp romain, le bourg s'étend lorsqu'un proche du roi Dagobert Ier, Adalgyse (Grimon), riche diacre de la cathédrale de Verdun, fonde par legs testamentaire en l'année 634 (ou 638 ?), un monastère et un hospice en l'honneur de la jeune martyre catanaise[15]. Publié par Heinrich Beyer dès 1860, le document administratif fait ainsi état de toutes les donations du riche aristocrate à sa nouvelle fondation, le *monasterio sanctae agathe longagionensi*[16]... Au Xe siècle, l'abbaye devient une collégiale sur la volonté de l'archevêque Egbert de Trèves et l'un des six archidiaconés de sa province ecclésiastique. Au siècle suivant, elle entre en possession des bénédictins trévirois de Sainte-Marie-aux-Martyrs[17]. Deux aspects importants liés à la dévotion de la jeune martyre de Catane peuvent dès lors être soulignés : d'une part, l'existence de l'une des plus anciennes mentions textuelles – dans l'espace lotharingien – d'une dévotion rendue à sainte Agathe avec la fondation d'un *monasterio sancta Agathae*[18]. S'il s'avère difficile d'expliquer une telle

13 En particulier en Italie, en Savoie et dans le centre de la France. La sainte est d'ailleurs particulièrement vénérée en Auvergne. Branche, Jacques, *Les vies des saints pour tous les jours de l'année à l'usage de la province d'Auvergne*, t. 1, Clermont-Ferrand, P. Viallanes, 1777, p. 100-103.

14 Burnand, Marie-Claire, *La Lorraine gothique*, Paris, Picard, 1989, p. 133-137 : « Longuyon. Sainte-Agathe ».

15 Clouet, Louis (abbé), *Histoire de Verdun et du pays verdunois*, t. 1, Verdun, Imprimerie Ch. Laurent, 1867, p. 154 et ss.

16 Le document est conservé aux archives de Coblence ou bien de Trèves (?). Beyer, Heinrich, *Urkundenbuch zur Geschichte der jetzt die Preussischen Regierungsbezirke Coblenz und Trier bildenden mittelrheinischen Territorien*, Coblence, J. Hölscher, 1860, n° 6, p. 5-8.

17 Voir tout d'abord Collin, Hubert, *Les églises romanes de Lorraine*, t. III, Nancy, Société d'Archéologie lorraine et Musée lorrain, 1984, p. 39-41. Pour un résumé historique de la fondation de l'église de Longuyon, *cf.* « Longuyon », *Canton de Longuyon Meurthe-et-Moselle*, Maxéville-Nancy, Images du Patrimoine, 1988, p. 43-50.

18 Beyer, Heinrich, *Urkundenbuch zur Geschichte op. cit.*, p. 6.

dédicace au début du VIIe siècle au nord des Alpes et ce en l'absence de reliques, il s'agit ici de la première grande phase de propagation du culte d'Agathe dans tout l'Occident chrétien. D'autre part, le testament évoque également l'emplacement de cette première chapelle, « près d'une fontaine miraculeuse de sainte Agathe [...] où les femmes relevant de couche venaient plonger des linges blancs qu'elles appliquaient sur leurs seins », sans doute pour favoriser les montées de lait ou bien pour susciter une guérison[19]. L'association d'une source miraculeuse avec la jeune martyre semble être d'ailleurs un élément récurent des pratiques dévotionnelles envers la sainte en Lorraine. Plusieurs chapelles dédiées à sainte Agathe sont d'ailleurs construites près d'un point d'eau (ruisseau, cours d'eau, puits...), à l'instar de celles de Woippy – évoquée pour la première fois dans la chronique de Philippes de Vigneulles à la fin du XVe siècle[20] –, d'Ancerviller ou encore de Saint-Marcel en Meurthe-et-Moselle[21].

Un deuxième temps de dévotion à sainte Agathe peut être situé entre les XIIe et XIIIe siècles. Cette période voit la reconstruction d'une partie de la collégiale de Longuyon, avant sa nouvelle consécration en 1287 par le comte Thiébaut II de Bar[22]. Intéressant à plus d'un titre, l'édifice opte pour un plan basilical à trois vaisseaux, une imposante tour-clocher (ou beffroi) et un double autel[23], sans doute pour abriter une parcelle du voile de la sainte ; une relique aujourd'hui disparue. Toutefois, l'église possède encore plusieurs représentations d'Agathe, dont une statue en pierre de Jaumont de la jeune martyre couronnée, tenant d'une main son

19 Pour le lien entre le lait maternel et sainte Agathe, *cf.* Bianquis-Gasser, Isabelle, « Le temps d'Agathe. Un mythe européen de sang et de lait », *Revue des sciences sociales de la France de l'Est*, t. 20, 1992-1993, p. 178-183.

20 Au XIXe siècle, la chapelle est transformée en maison d'habitation. « Et quand ilz oyrent les nouvelles que nos gens estoient aux champs, trop forts pour eulx, ilz retournont et vindrent courre en ung waignaige de coste la chaippelle Ste Agasthe, entre Waippey et Laidonchamps, et enmenont le maistrier et touttes les bestes appartenant au seigneur Wairy Roucel, chevalier », *Les Chroniques de la ville de Metz 900-1552*, éd. S. Lamort, Metz, typographie Serge Lamort, 1838, p. 493. *Cf.* également Quepat, Nérée (René Paquet), *Histoire du village de Woippy près de Metz*, Paris-Metz, J.-B. Dumoulin, 1878, p. 203-205.

21 Les chapelles Sainte-Agathe d'Ancerviller et de Saint-Marcel ont été entièrement reconstruites après la première guerre mondiale.

22 *Cf.* Marschall, Hans-Günther, Slotta, Rainer, *Lorraine Romane*, Saint-Léger-Vauban, Zodiaque, 1984, p. 322.

23 Ce double autel semble être inspiré de celui de la Sainte-Chapelle de Paris (XIIIe siècle). Il s'agit d'un *unicum* en Lorraine. Burnand, Marie-Claire, *La Lorraine*, *op. cit.*, p. 135.

sein meurtri et de l'autre un phylactère sur lequel est inscrit son nom. Malgré une cassure et une restauration maladroite, la sculpture reste de belle qualité : le style des plis en bec de sa tunique permet de l'attribuer à un atelier local du début des années 1300[24]. D'abord conservée dans le chœur de l'édifice, la statue fut ensuite placée au centre du tympan du portail d'entrée, sous l'impulsion de l'abbé Guérard[25]. C'est également au XIVe siècle que la communauté des chanoines fait réaliser deux sceaux – un grand et un petit – à l'iconographie du supplice de la sainte catanaise avec les deux bourreaux[26]. De même, une sculpture en bois polychrome de sainte Agathe est sensée provenir de l'église de Longuyon (Fig. 1). Entrée dans les collections du musée lorrain dans les années 1960 avec le legs Henri Marcus (1888-1960), l'œuvre représente la jeune fille attachée au pilori et en partie dénudée[27]. De belle facture, la statue peut être datée de la seconde moitié du XVe siècle[28]. Toutefois, il convient de rester prudent dans la mesure où la provenance longuyonnaise ne peut à ce jour être parfaitement attestée.

24 Schmoll, Josef Adolf, *Die Lothringische Skulptur des 14. Jahrhunderts*, Petersberg, Imhof, 2005, notice 14, p. 55.

25 Très probablement dans le cours du XIXe siècle. *Cf.* Abel, Charles, *La paroisse de Longuyon et son église collégiale Sainte-Agathe*, Briey, E. Branchard, 1888, p. 107.

26 *Ibid.*, p. 38-39.

27 Sur ce donateur du musée lorrain, *cf.* Gaujacq, Frédérique, « La restauration des œuvres, un passage parfois indispensable avant leur présentation dans le Musée Lorrain rénové », *Le Pays lorrain*, 92-3, 2011, p. 229-238, notamment note 22, p. 236. On notera que la donation Marcus au musée lorrain contient plusieurs faux et pastiches du XIXe et du début du XXe siècles.

28 Inv. M. 13.15, musée Lorrain, Nancy. *Cf.* Moinet, Éric (dir.), *Transparences. Histoire du verre et du cristal en Lorraine*, cat. de l'exp., musée Lorrain, Nancy, 6 octobre 2007-20 janvier 2008, notice 93, p. 114.

FIG. 1 – Statue de sainte Agathe, XVe siècle (?), bois polychrome, inv. M. 13.15, musée lorrain, Nancy, cl. Palais des ducs de Lorraine – Musée lorrain, Nancy. Photo Jean-Yves Lacôte.

Au sein de l'espace lotharingien, d'autres lieux de dévotion liés à la sainte catanaise peuvent encore être évoqués, à l'image de la chapelle Sainte-Agathe de l'ancien prieuré Sainte-Marie de Blanzey, près de Bouxière-aux-Chênes, reconstruit entre la fin du XIIe et le XIIIe siècle. D'abord sous l'autorité de l'évêque de Toul, la communauté passe ensuite sous la dépendance de l'abbaye prémontrée de Sainte-Marie-aux-Bois près de Pont-à-Mousson[29]. Entre les années 1260-1270, des donateurs (laïcs ?) offrent à la collégiale Saint-Gengoult de Toul, deux lancettes d'une verrière : l'une est dédiée à saint Agapit de Préneste, l'autre à sainte Agathe de Catane (Baie 7 A). L'ensemble est surmonté d'une rosace représentant saint Nicolas de Myre[30]. Si des reliques de saint Agapit sont bien conservées dans le trésor de la collégiale dès la fin du XIe siècle (v. 1065)[31], tel n'est pas le cas pour la jeune martyre de Catane. Selon Meredith Parsons Lillich, sainte Agathe serait convoquée ici en tant que protectrice du feu, à l'instar des deux autres saints (Agapit et Nicolas)[32]. Dès lors, les vitraux seraient des ex-votos en lien avec l'intervention de ces trois saints personnages lors d'un important incendie dans une maison[33]. Il devient alors possible d'expliquer en partie la manière dont sainte Agathe est représentée dans la verrière : allongée sur des charbons ardents, elle est en train de se faire torturer. Cette scène – extrêmement rare dans le cycle iconographique d'Agathe, en particulier au XIIIe siècle – serait donc à mettre en relation avec l'aspect ignifuge du miracle[34]. De fait, la tradition artistique préfère plutôt représenter la jeune martyre debout, les mains attachées à un pilori et entourée des deux bourreaux, à l'image du Christ lors de sa flagellation[35]. Néanmoins, son rôle en tant que protectrice des femmes

---

29 Collin, Hubert, *Les églises romanes*, *op. cit.*, t. II, p. 55-60.

30 Herold, Michel, Gatouillat, Françoise, *Les vitraux de Lorraine et d'Alsace*, Paris, Corpus Vitrearum France – Recensement V, 1994, p. 65-66.

31 Parsons-Lillich, Meredith, « Un vitrail ex-voto du XIIIe siècle à Saint-Gengoult de Toul », *Le pays lorrain*, vol. 70, 1989, p. 225-232, notamment p. 229.

32 Pour saint Nicolas, voir la contribution de Catherine Guyon dans le présent ouvrage.

33 Parsons-Lillich, Meredith, « The Ex-Voto Window at St. Gengoult, Toul », *Art bulletin*, LXX-1, mars 1988, p. 123-133 et *ibid.*, *Rainbow Like an Emerald. Stained Glass in Lorraine in the Thirteenth and Early Fourteenth Centuries*, Londres, 1991, notamment p. 59-61.

34 En effet, il était de coutume au Moyen Âge de prier sainte Agathe en cas d'incendie, en lien avec l'épisode miraculeux du voile qui aurait protégé la ville de Catane contre les coulées de lave de l'Etna.

35 Tixier, Frédéric, « Du texte aux images : quelques remarques à propos de l'iconographie de sainte Agathe au Moyen âge », dir. F. Tixier, *Sant'Agata, Il reliquiario a busto. Nuovi contributi interdisciplinari*, Catane, Ed. archidiocesi Catania, 2014, p. 141-154.

enceintes, des jeunes enfants et des nourrices – caractère essentiel dans la dévotion de sainte Agathe – doit également être pris en considération dans la compréhension du vitrail toulois (et ainsi expliquer sa présence dans la collégiale) dans la mesure où son association avec saint Nicolas est très fréquente en Lorraine. De même, saint Agapit, martyrisé à Rome au IIIe siècle après Jésus-Christ, est considéré comme un très jeune adolescent et par conséquent, plus à même de protéger ses semblables[36] ! À la fin du Moyen âge, un dernier lieu de dévotion à la sainte en Lorraine est l'église paroissiale Sainte-Agathe de Harling, près de Florange en Moselle. Un beau retable en pierre de Jaumont – conservé au musée de la Cour d'Or de Metz – est d'ailleurs l'un des derniers vestiges provenant de l'édifice religieux[37] (Fig. 2). Bien que mutilée dans son coin supérieur droit, l'œuvre à l'origine polychrome, peut être datée des premières décennies du XVe siècle[38]. D'un point de vue iconographique, le retable opte pour une double lecture horizontale : dans la partie basse est représenté un collège d'apôtres avec leurs attributs (selon une longue tradition des retables lorrains) et dans la partie haute, l'épisode de saint Georges terrassant le dragon afin de libérer la princesse. Deux passages de la vie d'Agathe y sont également représentés. La sainte y apparaît attachée à son pilori afin d'être flagellée puis en train d'avoir les seins coupés. Au centre de la composition est figurée une Crucifixion avec la Vierge à genoux. Une fois encore, il s'avère bien difficile d'expliquer la présence d'une telle dévotion à Florange car la présence de reliques de sainte Agathe dans l'église n'est attestée qu'à partir du début du XIXe siècle. Toutefois, son culte s'implanta à l'emplacement même d'un sanctuaire gallo-romain dédié à Vulcain, dieu des forgerons, ayant comme attributs les tenailles, à l'instar de la jeune martyre catanaise[39]… La seconde partie du Moyen Âge est donc pour la sphère lotharingienne une période marquée par la réaffirmation du culte de sainte Agathe et ce, par le biais de nouvelles fondations religieuses sous son vocable, de reconstructions d'édifices plus anciens ou encore de commandes artistiques à son effigie (statues, retables…). Plusieurs raisons

36 On notera également que saint Agapit est très vénéré en Franche-Comté. Sur ce culte, *cf. Vie des saints de Franche-Comté*, t. IV, Besançon, Turbergue, 1856, p. 548-550.

37 Inv. 10941, musée de la Cour d'Or, Metz.

38 Facheris, Mathieu, *Le retable du martyre de sainte Agathe à Florange : dévotion à une martyre sicilienne en Lorraine*, 2 volumes, Mémoire de Master 1, université de Lorraine, Nancy, 2016-2017 (non publié).

39 *Ibid.*, p. 31 et ss.

peuvent d'ailleurs expliquer ce regain dévotionnel envers la sainte : d'une part, la présence dans la famille ducale de Lorraine d'une princesse du nom d'Agathe (v. 1120-1147), fille de Simon Ier, qui épouse vers 1130 Renaud III, comte de Bourgogne[40]. Celle-ci aurait alors pu favoriser le culte d'une sainte dont elle portait le nom. D'autre part, l'arrivée dès les années 1200 de marchands et de financiers italiens, en particulier des Lombards (à Metz), qui a contribué au développement du culte de sainte Agathe dans la mesure où ces derniers vénèrent depuis le très haut Moyen Âge la jeune martyre de Catane[41]. Une dernière hypothèse peut enfin être proposée en lien avec sainte Ursule de Cologne et les onze mille Vierges. Dans les régions septentrionales de l'Europe, le culte d'Ursule et de ses compagnes connaît une diffusion considérable à partir de la fin du XIIe et le début du XIIIe siècle[42]. Une tradition populaire intègre rapidement une Agathe dans le cortège des jeunes filles martyrisées avec Ursule. Le besoin d'individualiser plusieurs des onze milles vierges explique en partie cette association/fusion entre les deux jeunes saintes, véritable piège de « l'homonymie hagiographique » pour reprendre l'expression de Philippe George[43]. Par le biais d'une ambiguïté voulue entre les deux figures martyriales (sicilienne d'un côté, colonaise de l'autre), la dévotion envers une sainte Agathe s'en trouve dès lors réaffirmée, en particulier dans le nord de l'Europe (Belgique, Est de la France…). Dès les années 1200, la présence de reliques de la sainte est d'ailleurs bien attestée, parallèlement à diverses représentations de la jeune martyre[44].

40 Poull, Georges, *La maison ducale de Lorraine devenue la maison impériale et royale d'Autriche, de Hongrie et de Bohême*, Nancy, Presses universitaires de Nancy, 1991, p. 32.

41 Schneider, Jean, « Les activités des marchands et financiers italiens dans la région lorraine aux XIIIe et XIVe siècles », *Comptes rendus des séances de l'Académie des Inscriptions et Belles-Lettres*, 95-4, 1951, p. 327-330.

42 Sur le culte d'Ursule, *cf.* tout d'abord Gauthier, Nancy, « Origine et premiers développements de la légende de sainte Ursule à Cologne », *Comptes rendus des séances de l'Académie des Inscriptions et Belles-Lettres*, 117e année, n° 1, 1973, p. 108-121. Plus récemment, Montgomery, Scott, *St. Ursula and the Eleven Thousand Virgins of Cologne : relics, reliquaries and the visual culture of group sanctity in late medieval Europe*, Berne, Peter Lang, 2010.

43 George, Philippe, « Agathe de Catane… », art. cité, p. 83.

44 À titre d'exemples, il est possible d'évoquer la crosse de saint Landry (vers 1210) de la collégiale Saint-Vincent de Soignies qui possède des reliques de la martyre catanaise ou encore du buste-reliquaire de sainte Agathe, daté du XVe siècle, conservé à Laforêt (Belgique). Sur ces œuvres, *cf.* le catalogue de l'exposition *Une Renaissance. L'art entre Flandre et Champagne 1150-1250*, dir. C. Descatoire et M. Gil, musée de Cluny, Paris, RMN, 2013, p. 181, cat. 120 et surtout F. Tixier, « Du texte aux images… », art. cité, p. 152-153.

FIG. 2 – Retable de sainte Agathe, provenant de l'église de Harling, près de Florange, début du XVe siècle (?), pierre de Jaumont, Musée de la Cour d'Or, Metz (Cl. Lauriane Kieffer – Musée de la Cour d'Or – Metz Métropole).

Le troisième et dernier temps d'Agathe est celui de l'après Contre-Réforme. De fait, la scène effroyable du martyre de la sainte participe bel et bien d'une reconquête des fidèles par l'Église, comme l'a très justement fait remarquer Émile Mâle au début du XXe siècle : « après le Concile de Trente, les martyrs luttent sous nos yeux ; il faut que nous voyions couler leur sang, que nous soyons témoins de leur douloureuse agonie[45] ». Au cœur de l'espace lorrain, ce renouveau dévotionnel envers la sainte de Catane se traduit notamment par la fondation de lieux de culte, la reconstruction d'édifices religieux, plusieurs changements de vocables ou encore diverses commandes artistiques en lien avec les principaux épisodes de l'histoire d'Agathe. Dès la seconde moitié du XVIe siècle, la chapelle de Grand-Eich de Réding dans le canton de Sarrebourg par exemple, connaît une modification de sa titulature. Célèbre pour ses fresques du XIIIe siècle, l'édifice avait été fondé en juin 1035 par l'évêque de Metz Thierry II de Luxembourg (entre 1006 et 1047) en l'honneur de saint Ulrich (ou saint Voldaricus dans sa forme ancienne) avant d'être débaptisé puis consacré à sainte Agathe, sans que l'on puisse expliquer avec certitude un tel choix car aucune relique de la jeune martyre sicilienne

45 Mâle, Émile, *L'art religieux après le Concile de Trente : étude sur l'iconographie de la fin du XVIe siècle, du XVIIe, du XVIIIe siècle*, Paris, Armand Colin, 1932, p. 147.

n'est attestée dans le trésor de l'église[46]. Seul le regain de dévotion envers la martyre catanaise, en tant que protectrice des nourrices et des jeunes enfants à l'image de saint Nicolas, pourrait sans doute être à l'origine du changement de vocable. À la même période, la reconstruction du chœur de l'église Sainte-Agathe de Courcelles-sur-Aire en Meuse semble en revanche, être bel et bien associée à l'arrivée et à la conservation de reliques de sainte Agathe[47]. Dans son *Histoire ecclésiastique et civile de Verdun* publié en 1745, le chanoine Nicolas Roussel signale la présence dans l'édifice religieux d'un « bras d'argent des reliques de cette sainte [Agathe][48] ». Ces dernières sont même authentifiées par l'évêque de Verdun, Armand de Monchy d'Hocquincourt (1638-1679) dès la seconde moitié du XVIIe siècle[49]. Un siècle plus tard, une commande est passée pour un nouveau maître-autel dans la collégiale de Longuyon, dont il ne reste aujourd'hui que le tableau central (Fig. 3). Attribuée au peintre luxembourgeois Jean-Louis Gilson (1741-1809) connu également sous le nom de frère Abraham d'Orval[50], l'œuvre résulte pleinement des préceptes post-tridentins : Agathe est donc représentée en train de se faire arracher les seins par ses deux bourreaux, sur l'ordre du consul païen Quintien assis sur son cheval. À gauche de la composition, saint Pierre apparaît tandis qu'un rayon céleste avec deux anges entoure le visage de la jeune fille à la vision béatifique[51]. D'après les archives, ce tableau remplace une peinture plus ancienne du même thème, ce dernier ayant subi une modification lorsque le peintre (François ou Jacques ?) Collet d'Halanzy est chargé par le curé de Longuyon de « recouvrir d'une draperie les seins de sainte Agathe qui étaient découverts d'une manière

---

46 Lepage, Henri, *Le département de la Meurthe statistique, historique et administrative*, 2e partie, Nancy, Peiffer, 1843, p. 482 et Le Moigne, François-Yves (dir.), *Histoire de Sarrebourg*, Metz, Serpenoise, 2e édition, 1988, p. 94.

47 Une statue de sainte Agathe du XVIIIIe siècle est également conservée dans l'église.

48 Roussel, Nicolas, *Histoire ecclésiastique et civile de Verdun*, Paris, P. G. Simon, 1745, p. CXXX (Liv. II, part. III).

49 Sur ce personnage, *cf.* Michel, Emmanuel, *Biographie du parlement de Metz*, Metz, Nouvian, 1853, p. 371-372.

50 Sur son œuvre, *cf.* tout d'abord Jeantin, Jean-François-Louis, *Les ruines et chroniques de l'abbaye d'Orval*, Paris, 1857, W. Remquet, p. 169 puis la *Biographie nationale* publiée par l'académie royale des Sciences, des Lettres et des Beaux-Arts de Belgique, t. 32, supplément, Bruxelles, 1964, col. 1-4, puis Petrement, Bénédicte et Yante, Jean-Marie, *Frère Abraham. Moine peintre d'Orval 1741-1809*, Virton, musée Gaumais, 2009.

51 Le tableau fut réalisé à Florenville après 1776. *Cf.* Voreaux, Gérard, *Les peintres lorrains du dix-huitième siècle*, Paris, Messene, 1998, p. 131.

indécente[52] ! ». En 1808, le Luxembourgeois Pierre-Alexandre-Cyprien Merjai (1760-1822) dit avoir admiré le tableau du martyre d'Agathe de frère Abrabam, alors encore en place sur le maître-autel de l'édifice religieux, après une visite à Longuyon[53].

FIG. 3 – *Martyre de sainte Agathe*, Frère Abraham d'Orval, fin du XVIIIe siècle, huile sur toile, Longuyon, église (Cl. Inventaire général du patrimoine culturel – région Grand Est).

52 Abel, Charles, *La paroisse de Longuyon*, *op. cit.*, p. 89-90. Plus récemment, *cf.* Voreaux, Gérard, *Recherches sur les peintres et les amateurs d'art en Lorraine au XVIIIe siècle*, thèse de doctorat, université de Nancy 2, Nancy, 1990, tome. 2, p. 475-476, pl. 421.

53 Namur, Antoine, *Notice sur le frère Abraham de l'abbaye d'Orval et les tableaux qui lui sont attribués*, Anvers, J. E. Buschmann, 1860, p. 36.

En pays vosgien, le culte de sainte Agathe semble en revanche s'être peu développé. De fait, aucune église ou chapelle médiévale n'est placée sous le vocable de la jeune martyre catanaise. Il faut attendre les dernières décennies du XVIIe siècle pour que soit fondé un premier édifice en l'honneur de la martyre de Catane : en 1671, le chapitre cathédral de Saint-Dié-des-Vosges[54] érige une paroisse à Clefcy (ou Ban-sur-Meurthe-Clefcy[55]), qu'il place sous la protection de la jeune fille[56]. Achevée en 1780 – avec l'installation de trois cloches au nom d'Agathe, de Nicolas et de Marie[57] – l'église conserve encore aujourd'hui un très important tableau d'autel avec son cadre monumental[58], représentant un thème relativement rare dans le cycle iconographique de la sainte : celui de son apothéose[59] (Fig. 4). Réalisée dans le cours des années 1770, l'œuvre s'inspire de la grande peinture religieuse du XVIIe siècle. La martyre couronnée est emportée vers le ciel, grâce à une nuée d'angelots portant les tenailles et le plateau avec ses seins. Dans le registre inférieur, deux personnages sont représentés avec à gauche, un pape à la tiare et à la triple croix – sans doute saint Sylvestre Ier sensé avoir baptisé l'empereur Constantin selon une tradition médiévale – et à droite, saint Nicolas et les trois enfants au saloir. Une fois encore, il s'avère bien difficile d'expliquer un tel vocable dans cette partie des Vosges, en l'absence de reliques conservées de la jeune fille catanaise. Toutefois, l'association sainte Agathe / saint Nicolas apparaît comme récurrente en Lorraine puisqu'il s'agit ici des deux grands saints protecteurs des enfants. Par ailleurs, saint Dié (ou saint Dieudonné) – dont l'église de Clefcy est une dépendance de la cathédrale – et sainte Agathe sont également priés en période d'épizootie animale. Au sein d'un territoire rural, la présence de la martyre en tant que protectrice des troupeaux serait alors un aspect

---

54 Tassin, Raphaël, *La cathédrale de Saint-Dié-des-Vosges, histoire, architecture et décor de l'ensemble cathédral*, Ars-sur-Moselle, Serge Domini, 2014.

55 Marichal, Paul, *Dictionnaire topographique du département des Vosges*, Paris, Imprimerie nationale, 1941, p. XXVI.

56 Bouodet, Paul, « Le chapitre de Saint-Dié en Lorraine. Des origines au seizième siècle », *Annales de la Société d'émulation du département des Vosges*, XCVIII année, 1922, p. 124-126.

57 Les trois cloches ont aujourd'hui disparu puisqu'elles ont été fondues entre la fin du XVIIIe et le début du XIXe siècle. Je tiens à remercier ici Mme Mireille Bouvet et Mme Laurence Casalini de l'inventaire régional Grand-Est pour leur aide dans cette recherche. Sur les cloches en pays vosgien, cf l'ouvrage fondamental de Philippe, André, *Anciennes cloches vosgiennes, (XVe-XVIIIe siècles)*, Épinal, Impr. vosgienne, 1925.

58 Il s'agit d'un cadre en bois doré d'inspiration baroque, restauré en 1994.

59 Tixier, Frédéric, « Sainte Agathe de Catane au regard… », art. cité, p. 104-105.

inédit de sa dévotion… Enfin, un dernier lieu dédié à sainte Agathe dans les Vosges semble être la chapelle de la Madeleine de Remiremont[60]. Héritage d'une ancienne léproserie, l'édifice fut probablement construit entre les XIIe et XIIIe siècles avant de subir différents aménagements dans la seconde partie du Moyen âge et à l'époque moderne[61]. Le mobilier de la chapelle contenait plusieurs reliquaires, dont une petite statue en bois du XVIIe ou du début du XVIIIe siècle de sainte Agathe[62]. Entrée en 1977 dans les collections du musée d'art ancien et contemporain d'Épinal – en même temps que le *Ravissement de sainte Marie-Madeleine* – l'œuvre n'est actuellement plus localisée[63]. Sans être la grande sainte invoquée en période d'épidémies (de peste ou de lèpre), Agathe est néanmoins connue pour ses guérisons miraculeuses et ce, en lien avec le célèbre épisode du rétablissement de la mère de sainte Lucie lors d'une visite au tombeau de la martyre de Catane[64].

60 Sur les chapelles vosgiennes, *cf.* Bouvet, Mireille-Bénédicte, *Les chapelles de montagne. Vosges*, Metz, Serpenoise, 1997.

61 Puton, Bernard, « La léproserie de la Magdelaine-lès-Remiremont », *Bulletin de la Société Philomatique vosgienne*, 29e année, 1903-1904, p. 332-448, notamment p. 345.

62 Vantillard, Juliette, *Étude et analyse d'un ensemble de sculptures : le Ravissement de la Madeleine, conservé au Musée départemental d'Art ancien et contemporain à Épinal*, mémoire de Master 1, 2 tomes, université de Lorraine, Nancy, 2016-2017, p. 56, fig. 89 (non publié).

63 *Ibid.*

64 Épisode relaté dans la vie de sainte Lucie. *Cf.* Voragine, Jacques de, *La Légende dorée*, Paris, Garnier-Flammarion, t. 1, 1967, p. 54-55.

FIG. 4 – *Apothéose de sainte Agathe*, vers 1770-1780,
huile sur toile, Bar-sur-Meurthe-Clefcy, église Sainte-Agathe
(Cl. Inventaire général du patrimoine culturel – région Grand Est).

Si la « conquête » de la Lorraine par sainte Agathe s'est donc déroulée en plusieurs phases distinctes, force est également de constater qu'elle s'est avérée bien plus importante que ne l'a laissée entendre jusqu'à maintenant l'historiographie contemporaine. Depuis Longuyon, le premier grand sanctuaire dédié à la jeune martyre catanaise jusqu'à la simple petite chapelle meusienne, la dévotion envers la martyre de Catane a ainsi émaillé l'ensemble du territoire lotharingien. Et s'il est parfois difficile d'expliquer l'émergence d'un tel culte en l'absence de reliques, il semble néanmoins que sainte Agathe se soit finalement imposée en tant que protectrice des nourrices et des jeunes enfants – à côté de saint Nicolas – dans la dévotion populaire lorraine entre le Moyen âge et les Temps modernes.

Frédéric TIXIER
Université de Lorraine
CRULH

LES LÉGENDES DE FONDATION DES SANCTUAIRES MARIAUX DE L'ESPACE LOTHARINGIEN

Analyse comparée

Si l'on entend par dorsale catholique un espace où la religion romaine présentait un ensemble de traits à la fois cohérents et distinctifs, alors il faut supposer que les fidèles qui peuplaient cet espace partageaient également un imaginaire spécifique et que la représentation qu'ils se faisaient des êtres célestes, de l'au-delà et du sacré en général était elle aussi porteuse d'un particularisme plus ou moins affirmé. Tel est le point de départ d'une réflexion qui a pour objet l'imaginaire religieux dans l'espace lotharingien interrogé à partir d'un indice précis : les légendes de fondation des sanctuaires mariaux.

Attribut essentiel des lieux de pèlerinage, la légende de fondation revêt un caractère absolument nécessaire dans le cas des sanctuaires placés sous le patronage de la Vierge. Une telle situation s'explique par la nature de l'objet qui constituait le but ultime de la pérégrination : à la différence des sanctuaires dédiés aux saints, qui avaient généralement une relique pour raison d'être, l'immense majorité des pèlerinages mariaux nés à la fin du Moyen Âge et au début de l'époque moderne étaient centrés sur des représentations figurées de la Vierge : icônes, statues, tableaux. Or si la relique garantit la présence du saint en un lieu précis et confère ainsi à ce dernier un caractère exceptionnel, l'image ne peut pas faire état d'un lien substantiel avec l'être qu'elle représente. Fabriqués de main d'homme, ces objets ne sont en principe que les représentations interchangeables d'un même personnage céleste. Comment justifier alors le fait que tel ou tel d'entre eux fasse l'objet d'un culte privilégié, attire des pèlerins venus de loin, serve de vecteur aux miracles ? Le seul moyen d'y parvenir consiste à doter les images en question d'une histoire spécifique, propre à illustrer et à démontrer leur caractère exceptionnel. Rien d'étonnant, dans ces conditions, à ce que la quasi-totalité des pèlerinages *ad imaginem* fussent dotés d'une légende relative à leur origine.

La question posée est donc de savoir si les légendes élaborées dans l'espace lotharingien présentaient des caractères distinctifs, si l'imaginaire des images tel qu'il s'est développé dans ces régions possédait une spécificité. Une telle entreprise a pour préalable la constitution d'un corpus relatif aux légendaires issus des espaces lorrain, franc-comtois, savoyard et piémontais – les Flandres ont été laissées de côté – et connus par des textes de l'époque moderne[1]. Ce corpus a été constitué à l'aide de plusieurs instruments. Les livrets de pèlerinage représentent une source essentielle dans la mesure où ils n'omettent jamais de rapporter l'histoire du lieu concerné, laquelle se confond bien souvent avec sa légende. Il est vrai que seuls les sanctuaires les plus importants ont bénéficié de publications de ce type, mais l'historien peut également compter sur les topographies sacrées produites au XVIIe siècle, ces inventaires qui énumèrent et décrivent les pèlerinages dans un espace donné et qui prennent soin, en règle générale, d'en rapporter les commencements[2]. S'agissant de la partie piémontaise, la recherche est grandement facilitée par l'existence d'une base de données, le *Censimento dei santuari cristiani d'Italia*, qui permet à la fois de constituer un corpus régional et de repérer rapidement les sources relatives aux légendaires[3].

À défaut de procurer un inventaire véritablement exhaustif – idéal que la dispersion et l'hétérogénéité des sources rend difficilement accessible –, l'ensemble de ces outils offre la possibilité de présenter un panorama global des légendes de fondation dans l'espace considéré, dont il s'agira de mettre en évidence les caractères structurels, les schémas

1 Dans la mesure où l'analyse porte sur les légendes relatives à des images cultuelles, j'ai laissé de côté le thème des apparitions mariales, exception faite des cas mixtes lorsque la Vierge apparaît pour révéler aux hommes l'endroit où est cachée son image.

2 Outre les inventaires produits au XVIIe siècle, comme ceux du jésuite François Poiré ou du dominicain Vincent Laudun, j'ai également tiré profit de celui de André Hamon, nettement plus tardif et pas toujours rigoureux, mais remarquablement bien informé grâce à ses correspondants locaux, notamment au chapitre des légendes de fondation (Hamon, André, *Notre-Dame de France ou Histoire du culte de la sainte Vierge en France depuis l'origine du christianisme jusqu'à nos jours*, 7 vol., Paris, Plon, 1861-1866).

3 L'inventaire est consultable en ligne : http://www.santuaricristiani.iccd.beniculturali.it/ (consulté le 09/08/2021). La qualité des fiches varie considérablement selon les régions, mais les notices relatives aux sanctuaires piémontais sont généralement de bonne facture.

narratifs, les variations chronologiques et géographiques. Une fois le corpus lotharingien passé en revue, il sera temps de s'interroger sur son éventuel particularisme en le confrontant avec des ensembles analogues mais issus d'autres régions européennes.

TROIS TYPES DE LÉGENDES

Le dépouillement des instruments énumérés plus haut a abouti à un corpus de 57 récits mettant en scène des images de la Vierge faisant l'objet d'un culte spécifique que matérialisait un pèlerinage. L'examen comparé de leurs contenus fait immédiatement apparaître le fait suivant : par-delà la multiplicité des faits, des dates, des lieux, des personnages et des circonstances, les légendes de fondation impliquant des représentations figurées de Marie relèvent de trois schémas, qui correspondent chacun à une manière de décrire l'origine de l'image et d'affirmer son unicité.

Le premier type de récit est celui de l'image venue de loin, l'éloignement pouvant être compris au sens chronologique comme géographique. L'auteur d'un ouvrage consacré à Notre-Dame de Mont-Roland expliquait ainsi à ses lecteurs que ce pèlerinage franc-comtois avait été fondé par saint Martin de Tours et que la statue de la Vierge qui s'y trouvait remontait très probablement à cette époque[4]. Objet de fascination, l'Orient était la patrie de plusieurs images, comme celle de Remonot, près de Pontarlier, qu'un croisé aurait rapportée de Terre sainte[5]. Les deux dimensions pouvaient être combinées, joignant au prestige du lieu celui du temps et attribuant la fabrication de l'image à un personnage d'un passé reculé, un saint le plus souvent. Un exemple classique est le portrait de la Vierge peint par saint Luc[6]. Telle est la légende fondatrice du grand pèlerinage piémontais d'Oropa : aux environs de 1600 émergea l'idée selon laquelle la statue qui faisait la renommée du sanctuaire avait été réalisée par saint Luc et apportée de Terre sainte par saint Eusèbe,

4 Gody, Simplicien, *Histoire de l'antiquité et des miracles de nostre dame de Mont-Roland*, 2 t. en 1 vol., Dole, Antoine Binart, 1651, t. I, p. 78-80.

5 Hamon, André, *Notre-Dame de France…*, *op. cit.*, vol. VI, p. 284.

6 *Cf.* Bacci, Michele, *Il pennello dell'Evangelista. Storia delle immagini sacre attribuite a san Luca*, Pise, ETS, 1998.

quelque part au IVe siècle[7]. Notre-Dame des Vertus à Ligny-en-Barrois pouvait faire état d'une légende analogue : né au milieu du XVe siècle, ce pèlerinage lorrain avait pour objet un tableau importé d'Italie et qui était lui aussi attribué au pinceau de l'évangéliste[8].

À défaut d'avoir été fabriquée par un saint, l'image peut au moins être le fruit de sa générosité. À la cathédrale de Verdun était vénérée une statue de la Vierge dont on disait qu'elle avait été donnée par l'évêque Pulchronius à son retour du concile de Chalcédoine, soit au milieu du Ve siècle[9]. À Sion, un livret de pèlerinage publié en 1698 rapporte que l'église primitive avait été fondée à la fin du Xe siècle par le saint évêque Géraud, qui avait également offert la statue[10]. Quant à celle de l'abbaye de Remiremont, elle serait le don de Charlemagne[11].

Tel est donc le premier type de légendaire, qui ancre l'origine de l'image dans un ailleurs temporel ou géographique à la fois éloigné et prestigieux, justifiant du même coup le caractère exceptionnel de l'artefact et le culte dont il fait l'objet.

Le second modèle peut être qualifié de hiérophanique dans la mesure où, au lieu d'expliquer les circonstances de la fabrication de l'image, ce type de récit met l'accent sur sa révélation aux hommes. Sa forme reine est celle de l'image découverte de façon plus ou moins fortuite, dans un espace rural, le plus souvent dans un buisson ou au sommet d'un arbre. Tel est le cas de l'image de Notre-Dame de la Rochette, en Savoie. À la fin du XVe siècle, un berger qui faisait paître ses brebis entendit des pleurs et des sanglots venir d'un buisson d'épines. La chose se répétant plusieurs jours durant, il alla fouiller le buisson en question et y découvrit une statue de la Vierge[12]. Ce type de légendaire est particulièrement bien représenté et

---

7 Ébauché dans une vie de saint Eusèbe parue en 1602 (Ferrero, Giovanni, *Sancti Eusebii Vercellensis episcopi et martyris eiusque in episcopatu successorum vita et res gestae*, Rome, Luigi Zannetti, 1602, p. 52), le légendaire trouve sa forme définitive dans un livret de pèlerinage publié vingt ans plus tard : *Breve relatione dell'antichissima e mirabilissima divotione della gloriosissima Madre di Dio del Monte Oroppa di Biella*, Turin, Giovanni Domenico Tarino, 1621, p. 21-33.

8 Poiré, François, *La triple couronne de la bien-heureuse Vierge Mere de Dieu*, Paris, Sébastien Cramoisy, 1643 [1630], p. 197.

9 *Ibid.*, p. 197.

10 Vincent, P., *Histoire de l'ancienne image miraculeuse de N. Dame de Sion reverée depuis plusieurs siecles, en l'eglise des Religieux du tiers ordre de St François en la Comté de Vaudemont en Lorraine*, Nancy, Pierre Deschamps, 1698, p. 38.

11 Hamon, André, *Notre-Dame de France…*, *op. cit.*, vol. VI, p. 71-72.

12 Voersio, Francesco, *Breve relatione della vita et gesti del Reverendiss. P. M. Enrico Silvio Asteggiano, Generale della Religione della Gloriosa Verg. Maria del Carmine. Dopò la quale*

remarquablement homogène. On le retrouve à Benoîte-Vaux en Lorraine, à Cormoz en Savoie, à Giaveno en Piémont. Dans la quasi-totalité des cas, les découvreurs sont des humbles – bergers, paysans femmes, enfants –, jamais des clercs ou des nobles. Une variante de ce type de récit fait de l'animal un médiateur dans le processus qui mène à la découverte, le comportement inhabituel de la bête ayant pour effet d'alerter les hommes. Telle est la légende fondatrice de la Madonna del Tivoletto, à Vinovo dans les environs de Turin. Un bouvier conduisait une paire de bœufs à travers un champ lorsque les bêtes s'arrêtèrent sans raison apparente. Après de vains efforts pour les obliger à se remettre en route, l'homme, pris d'un soupçon, creusa la terre à cet endroit et y découvrit une statue de la Vierge[13].

Le troisième type de récit est celui de l'image qu'on appellera activée et qui met l'accent non sur l'origine de l'objet ou sa découverte, mais sur un événement teinté de surnaturel qui l'extrait de la masse des images anonymes pour le doter d'un statut exceptionnel. Les événements en question étant de nature variée, le thème de l'image activée se subdivise en plusieurs sous-thèmes.

Le premier est celui de la catastrophe naturelle, que l'image arrête, atténue ou à laquelle elle survit de façon miraculeuse. Un exemple célèbre est celui de Notre-Dame de Myans en Savoie. Dans la nuit du 24 au 25 novembre 1248, le mont Granier s'effondra sur le village de Myans, le détruisant entièrement. Seule fut épargnée l'église paroissiale, protégée par une statue de la Vierge[14]. Un cas classique est celui de l'incendie qui détruit un lieu de culte ou une maison particulière mais laisse intacte l'image sacrée. Telle est la légende fondatrice de Notre-Dame de Pitié à Besançon[15] ou de la Madonna della Bruceta à Cremolino[16].

Le second thème est celui de l'image qui s'anime, bouge, parle, pleure, etc. À Cravegna en Novare, une fresque représentant la Vierge qui ornait la façade de l'église paroissiale se mit à verser des larmes le 20 décembre 1492[17]. À Orta San Giulio, l'image se couvrit de sueur et

---

si tratta d'alcune imagini miracolose della Madre di Dio, Asti, Virgilio Giangrandi, 1614, p. 285-286.

13 *Ibid.*, p. 261-262.

14 Poiré, F., *La triple couronne…*, *op. cit.*, p. 228.

15 *Ibid.*, p. 198.

16 *Cf.* Gaino, Giovanni, *Memorie storiche del santuario di N. S. della Bruceta Cremolino*, s. l. s. n., 1938.

17 *Cf.* Tullio Bertamini, « Fede ed arte a Cravegna », *Oscellana*, vol. XI, 1981, p. 123-142.

cligna des yeux en juillet 1538[18]. Si ces animations semblent purement gratuites, d'autres ne le sont pas et il arrive aux images d'intervenir dans les affaires des hommes. Alors que le duc Antoine de Lorraine était parti combattre les paysans révoltés, en 1525, une jeune fille muette qui priait devant une statue de la Vierge dans l'église Saint-Georges de Nancy s'entendit ordonner d'aller voir la duchesse et de lui dire que son époux rentrerait bientôt victorieux. Elle obéit et, retrouvant miraculeusement la parole, transmit le message à son destinataire[19].

Un thème très proche mais néanmoins distinct est celui de l'image victime d'un acte iconoclaste et qui saigne, comme le ferait un être vivant. Un bon exemple est fourni par la Madonna del Sangue à Re : le 29 avril 1494, une fresque représentant la Vierge située sur la façade de l'église paroissiale se mit à saigner après qu'un jeune garçon lui eut jeté une pierre qui l'atteignit au visage[20]. À la cathédrale de Verceil, c'est un homme rendu fou de rage par ses pertes au jeu qui s'en prend à une statue de la Vierge, avec le même résultat[21]. Notons que l'acte iconoclaste n'est pas nécessairement volontaire comme le montre la légende du célèbre sanctuaire de Vicoforte en Piémont : l'image saigna après avoir été touchée par un coup de fusil tiré par un chasseur maladroit[22]. Si l'attaque sacrilège a pour effet d'activer l'artefact, un acte de dévotion peut aboutir au même résultat, comme dans le cas de la Vierge du couvent des dominicains de Besançon. Elle était à l'origine la propriété d'un religieux qui, un jour qu'il se trouvait sur un navire qu'une tempête menaçait d'envoyer par le fond, invoqua son secours et lui attribua son salut[23].

---

18 Stoppa, Angelo L., « Tempi, ambienti e uomini alle origini del Sacro Monte d'Orta », dans *Il Sacro Monte d'Orta e san Francesco nella storia e nell'arte della Controriforma*, Orta San Giulio, s. n., 1985, p. 77.

19 Jullet, Didier, *Histoire de Nostre-Dame de Bonne-Nouvelle, reverée en l'insigne eglise ducale de Sainct Georges à Nancy*, Nancy, Jacob Garnich, 1620.

20 L'épisode est connu par une enquête menée quelques jours après les faits (texte édité par Bertamini, Tullio, *Re e il santuario della Madonna del Sangue*, Stresa, Ed. Rosminiane Sodalitas, 1996, p. 627-629).

21 Gumppenberg, Wilhelm, *Atlas Marianus, quo sanctae Dei genitricis Mariae imaginum miraculosarum origines duodecim historiarum centuriis explicantur*, Munich, Johann Jaecklin, 1672, p. 444-445.

22 Porrone, Francesco, *La miracolosa imagine della beatissima Vergine Maria presso la città di Mondovi*, Mondovì, Francesco Maria Gislandi, 1676, p. 6.

23 *Pèlerinages et sanctuaires mariaux au XVIIe siècle. Manuscrit du père Vincent Laudun dominicain*, éd. B. Maes, Paris, Éd. du CTHS, 2008, p. 106.

Par-delà les différences entre ces trois variantes, le thème de l'image activée obéit à une logique unique : un événement teinté de surnaturel distingue une image jusque-là anonyme, révélant le choix de Dieu et justifiant un culte préférentiel à son endroit.

Tels sont donc les trois grands types de légendaires : l'image venue de loin, l'image miraculeusement découverte et l'image activée. Chacun à leur manière, ces trois schémas apportent une réponse à la question clé : pourquoi l'image en question n'est pas une image comme les autres.

LES LÉGENDAIRES DANS L'ESPACE ET LE TEMPS

Si l'on se tourne vers la répartition géographique et chronologique des récits, plusieurs remarques s'imposent. Nos trois types de légendes sont également présents dans les différentes régions qui composent l'espace étudié : en Piémont comme en Lorraine, en Savoie comme en Franche-Comté, les images jouissant d'un culte spécifique peuvent faire état d'une origine qui obéit à l'un ou l'autre de ces trois schémas narratifs. Pour autant, la répartition géographique des légendaires n'est pas absolument uniforme ni tributaire du hasard. On constate ainsi que les récits qui attribuent à l'image une origine lointaine sont propres soit aux pèlerinages importants – Oropa en Piémont, Sion en Lorraine, Mont-Roland en Franche-Comté – soit à des sanctuaires urbains, comme Metz ou Verdun. À l'inverse, le second modèle, celui de l'image miraculeusement découverte, est fréquemment associé à des sanctuaires plus modestes ou situés en zone rurale, comme La Rochette, Grand-Rupt, Renting, Vigone, Vinovo ou encore Cassano Balbo. Le troisième type de légende – l'image activée – est plus équitablement réparti : il concerne des pèlerinages urbains – Notre-Dame de Bonne-Nouvelle à Nancy, Notre-Dame de Toul, Verceil – aussi bien que ruraux, des sanctuaires de premier ordre – Myans, Vicoforte – et de modestes chapelles dont la renommée ne s'étend pas au-delà de quelques villages.

Ce dimorphisme villes-campagnes a toutes les chances de renvoyer au mode de production des légendes. Des récits qui font intervenir des saints d'un passé reculé, des empereurs et des rois, qui brodent sur des événements historiques, sont nécessairement tributaires de la culture écrite, et donc de l'intervention des clercs. Rien d'étonnant, dans ces conditions, à ce que ce genre de légende naisse soit dans des villes, soit dans d'importants centres de pèlerinage gérés par des communautés religieuses. À l'inverse, rien ne s'oppose à ce que les récits de type hiérophanique naissent parmi les simples fidèles. Ce n'est d'ailleurs pas un hasard si la découverte de l'image est systématiquement attribuée à des représentants des classes dominées, à des paysans, des bergers, des femmes et des enfants : élaborés par les communautés de fidèles, ces récits mettent logiquement en valeur des acteurs dont le statut social se rapproche de celui de la masse de la population.

En ce sens, il n'est pas interdit de parler d'une certaine polarisation entre légendes savantes et légendes populaires. Mais ce dernier terme doit être utilisé avec prudence et il ne faudrait pas voir dans ces récits le symptôme d'une culture ou d'une religion populaires au sens où ces notions ont été employées dans l'historiographie des années 1960-1970, autrement dit d'une forme de contre-culture, créée en opposition à la culture cléricale. Ces légendes nous sont en effet connues par des textes émanant d'ecclésiastiques, lesquels n'éprouvaient manifestement aucune gêne à se faire l'écho de traditions orales. Il suffit à cet égard de songer au cas d'Avioth, un sanctuaire lorrain à la légende très classique : une statue de la Vierge découverte dans un buisson. Elle est rapportée dans un mémoire rédigé par le curé d'Avioth, Jean Delhotel, en 1668[24]. Celui-ci a mis par écrit une tradition qui, jusqu'à lui, avait circulé oralement dans la communauté villageoise et à laquelle il était manifestement aussi attaché que l'étaient ses paroissiens. Le dimorphisme des légendes de fondation n'oppose donc pas une culture laïque ou populaire d'un côté et une culture cléricale de l'autre, mais plutôt deux modes de production : un travail mené par des clercs qui prend appui sur la culture écrite et sur l'histoire ; des élaborations orales au sein de communautés paroissiales qui finissent par être mises par écrit par un représentant de l'institution ecclésiastique.

S'agissant de la chronologie des légendaires, la question est délicate dans la mesure où les sources ne nous livrent que le produit fini, la légende telle qu'elle a été consignée dans une chronique, un livret de

24 Delhotel, Jean, *Bref recueil de l'état de l'église de Notre-Dame d'Avioth*, éd. R. Sommesous, Colmar, SAEP, 1981, p. 21-22.

pèlerinage ou une topographie sacrée, sans qu'il soit possible de savoir quel laps de temps sépare son émergence de cette mise par écrit. Si l'on reprend l'exemple d'Avioth, nous possédons seulement un *terminus ad quem*, qui est l'année 1668, lorsque Jean Delhotel rédigea son mémoire. La légende est évidemment antérieure, mais de combien ? Sans surprise, le curé expliquait que la découverte avait eu lieu en des temps très anciens et que le récit qu'il rapportait s'était transmis de génération en génération[25]. On sait que la statue date de la fin du XIe siècle, mais cela n'augure en rien de la datation du légendaire. Le pèlerinage, lui, est attesté dès le XIVe. Dans la mesure où les légendes de fondation accompagnent un phénomène cultuel qu'elles ont pour fonction de justifier, on obtient ainsi une fourchette chronologique très large – trois siècles et demi – pour l'apparition du récit fondateur.

À défaut de dater la naissance des légendaires, on peut au moins dater leur codification, autrement dit leur mise par écrit. Les plus anciens récits apparaissent à la fin du Moyen Âge, comme à Myans, dont le légendaire émerge sous sa forme actuelle dans les années 1460[26]. Mais la véritable moisson débute avec le XVIIe siècle, période qui voit des dizaines de récits être consignés sous des formes diverses : mémoires manuscrits composés par les gardiens de sanctuaires, livrets imprimés destinés aux pèlerins, histoires de villes ou de provinces, topographies sacrées. Le caractère massif de cette opération de codification et de diffusion des légendaires a évidemment partie liée avec le grand mouvement de renaissance des pèlerinages qui débuta à la fin du XVIe siècle dans toute l'Europe catholique. Le renouveau cultuel a eu pour conséquence un renouveau culturel : il apparaissait nécessaire de retracer l'histoire des lieux sacrés, de montrer leur excellence, leur spécificité. En ce sens, le siècle de la réforme catholique a été un siècle sinon d'invention des traditions, du moins de mise en forme et de diffusion de traditions élaborées plus tôt.

---

25 Delhotel, Jean, *Bref recueil…*, *op. cit.*, p. 22.

26 L'effondrement du Mont Granier a généré des récits à valeur exemplaire dès le XIIIe siècle, mais il faut attendre le milieu du XVe pour voir émerger le thème de l'image qui protège l'église (Berlioz, Jacques, *L'effondrement du mont Granier en Savoie (1248). Histoire et légendes*, Grenoble, Centre alpin et rhodanien d'ethnologie, 1998, p. 70-80).

Y A-T-IL UNE SPÉCIFICITÉ DES LÉGENDAIRES LOTHARINGIENS ?

Il est temps désormais de revenir à notre question initiale, celle d'un éventuel particularisme lotharingien en matière de légendes de fondation. L'entreprise nécessite de confronter le corpus avec d'autres ensembles analogues. J'en ai choisi deux.

Le premier est celui de la France, dans ses limites de l'époque et sans tenir compte évidemment des sanctuaires lorrains, comtois et savoyards. Dans cet espace, et à l'aide des mêmes instruments que ceux évoqués précédemment – topographies sacrées et livrets de pèlerinage essentiellement –, j'ai recensé 90 légendes de fondation ayant trait à des images de la Vierge et qui nous sont connues par des textes antérieurs au XVIIIe siècle. L'examen des thèmes aboutit à une tripartition analogue à celle que nous avons pu observer dans le cadre lotharingien. Il y a d'une part l'image venue de loin, et notamment d'Orient, comme par exemple à Liesse ou au Puy[27]. On trouve également des tableaux et des statues attribués à saint Luc, comme à Talant en Bourgogne[28] ou à Orcival en Auvergne[29]. Viennent ensuite les images miraculeusement découvertes, dans des arbres notamment, comme à Savigny-sur-Grosne en Bourgogne[30], à Vion dans le Maine[31], à Banelle en Bourbonnais[32] ou encore à Cahuzac en Gascogne[33]. La troisième catégorie est elle aussi bien représentée avec des images qui pleurent (Décize[34]), qui saignent

27 Sur ces deux légendaires, nés à la fin du Moyen Âge, voir respectivement Hennezel d'Ormois, Jehan de, *Notre-Dame de Liesse, sa légende d'après le plus ancien texte connu*, Nogent-le-Rotrou, Daupeley-Gouverneur, 1934 et Fayard, Auguste, *Aux origines de l'église du Puy. La Vierge et le dolmen. Étude critique des légendes de Notre-Dame du Puy*, Le Puy, Cahiers de la Haute-Loire, 1978.

28 *Calendrier historial de la Très Sainte Vierge avec les festes des Saints de chaque jour*, s. l. s. n., 1641, fol. n. p. (à la date du 21 octobre).

29 Branche, Jacques, *La vie des saincts et sainctes d'Auvergne et de Velay*, 3 t. en 1 vol., Le Puy, Philippe Guynard, 1652, t. I, p. 69.

30 *Pèlerinages et sanctuaires mariaux au XVIIe siècle…*, *op. cit.*, p. 151.

31 *Le Pelerin de Nostre Dame du Chesne en Anjou*, La Flèche, George Griveau, 1625, p. 7.

32 *Pèlerinages et sanctuaires mariaux au XVIIe siècle…*, *op. cit.*, p. 149-150.

33 Duclos, Jean, *Le tableau de la miraculeuse chapelle de Nostre-Dame de Cahusac, près de la ville de Gimont*, Toulouse, Pierre Robert, 1741 [1686], p. 6-7.

34 Girerd, Frédéric, *Notice historique sur Décize*, Nevers, Fay, 1842, p. 36-37.

(Notre-Dame de la rue aux Ours à Paris[35]) ou qui échappent à une catastrophe (Marmande[36]).

Le dimorphisme noté plus haut est également respecté. Les légendes qui attribuent aux images une origine lointaine ou une ancienneté fantastique ont généralement trait soit à des pèlerinages célèbres – Liesse, Le Puy, Boulogne –, soit à des sanctuaires situés en zone urbaine, comme Notre-Dame des Tables à Montpellier, Notre-Dame des Miracles à Mauriac ou encore Notre-Dame-des-Champs à Paris. À l'inverse, le modèle hiérophanique concerne fréquemment des sanctuaires plus modestes et ruraux.

L'esquisse chronologique suggérée par le corpus lotharingien est elle aussi pleinement confirmée. Une première vague de mises en forme des légendaires prend place à la fin du Moyen Âge, lorsque des sanctuaires importants comme Boulogne, Chartres, Le Puy ou Liesse voient le récit de leurs origines prendre forme. Il faut cependant attendre le lendemain des guerres de Religion pour que le phénomène devienne réellement massif : sur 90 légendaires, 68 sont connus par des textes composés au XVIIe siècle.

Si l'on considère la répartition quantitative des trois grands schémas, il apparaît que le thème de l'image venue de loin est nettement minoritaire, qu'il s'agisse du royaume de France (13 cas sur 90) ou de l'espace lotharingien (13 cas sur 57), ce qui est logique dans la mesure où ce type de légendaire est souvent le propre de grands pèlerinages ou de sanctuaires situés en milieu urbain. Les deux autres modèles font jeu égal dans l'espace lotharingien (22 occurrences chacun) tandis qu'en France le thème de l'image découverte l'emporte nettement sur celui de l'image activée (50 cas contre 27). À cette différence près, rien ne distingue le corpus des légendes lotharingiennes de son équivalent français, obligeant ainsi à répondre par la négative à la question d'une éventuelle spécificité.

Le second espace sollicité à titre de comparaison est la Sicile, qui offre, en matière de légendes de fondation, un corpus particulièrement riche. Une telle abondance s'explique non par les réalités du terrain

35 Corrozet, Gilles, *Les antiquitez, histoires et singularitez de Paris*, Paris, Gilles Corrozet, 1550, f° 133 r°.

36 *Lettre d'un catholique de Marmande à un gentil-homme de la Religion pretendue Reformée, sur l'accident arrivé en ladite ville de Marmande sur Garonne, dioceze d'Agen, le 17 juin 1672*, Bordeaux, G. de La Court, s. d. [1672].

– rien n'indique que le réseau des sanctuaires mariaux y ait été plus dense qu'ailleurs – mais par les particularités de la documentation : entre le milieu du XVIIe siècle et les premières années du XVIIIe, pas moins de quatre auteurs ont entrepris de recenser et de décrire les images miraculeuses de la Vierge vénérées en Sicile. L'inventaire le plus complet et qui a pour objet l'ensemble de l'île est celui du jésuite Domenico Stanislao Alberti, publié en 1718 et qui fait connaître une quarantaine de légendaires[37]. Ceux-ci obéissent à la tripartition qui nous est désormais familière : l'image venue de loin, l'image miraculeusement découverte, l'image activée. Leur répartition numérique confirme les tendances observées en France et dans l'espace lotharingien : le premier des trois grands modèles est nettement minoritaire (7 cas sur 42) tandis que le second compte pour une bonne moitié de l'ensemble (23 cas). En revanche, le contenu des récits présente un certain nombre de différences avec ce qui peut être observé sur le continent.

Marginal en France (6 cas sur un total de 90), le thème de l'image venue d'Orient est largement répandu en Sicile et aux légendaires qui affirment explicitement que telle ou telle icône provient de Terre sainte – comme par exemple la Madonna della Carità à Messine[38] – il faut ajouter toutes ces images dont Alberti signale qu'elles sont à la fois très anciennes et peintes « à la grecque », sous-entendu originaires du monde byzantin[39]. Le cas des Vierges arboricoles est diamétralement opposé : si fréquentes au nord des Alpes – 11 exemples dans l'espace lotharingien, 22 dans le royaume de France –, elles sont quasiment inexistantes en Sicile[40]. En revanche, l'île peut faire état de nombreuses images venues de la mer. Le thème n'est pas une exclusivité sicilienne – il suffit de songer à la statue de Boulogne, arrivée dans une barque conduite par

37 Alberti, Domenico Stanislao, *Maraviglie di Dio in onore della sua santissima Madre riverita nelle sue celebri immagini in Sicilia, e nelle isole circonvicine*, 2 vol., Palerme, Francesco Amato, 1718.

38 *Ibid.*, vol. I, p. 183-185.

39 *Ibid.*, vol. I, p. 86-87 (Madonna della Margana à Pantelleria), p. 336-337 (Madonna della Grazia à Messine), vol. II, p. 32-33 (Madonna di Bonamorone près d'Agrigente), p. 115 (Santa Maria del Pedale à Collesano), p. 185 (Madonna dell'Alto à Messine), p. 214-215 (Madonna della Grotta à Palerme).

40 Alberti fournit quelques exemples d'images trouvées au milieu de fourrés ou de buissons, comme la Madonna del Bosco près de Buscemi (*ibid.*, vol. I, p. 140-141), mais on chercherait en vain dans son inventaire des cas de statues ou de tableaux découverts au sommet d'un arbre.

des anges[41] – mais a connu une fortune remarquable dans cette région. Sa forme la plus répandue met en scène un navire, généralement en provenance du Levant et porteur d'une icône, que les éléments empêchent de quitter les côtes de la Sicile jusqu'à ce que l'artefact soit débarqué[42]. Des variantes font état de statues ou de tableaux découverts sur la plage un lendemain de tempête, voire même, comme dans le cas de la Madonna de Dinnammare près de Messine, apportés par des monstres marins[43]. Une autre différence a trait au thème de l'image miraculeusement découverte. Équitablement répandu dans l'ensemble de l'Europe, ce thème présente en Sicile la particularité d'être fréquemment combiné avec celui de l'image que des fidèles dissimulent pour lui éviter d'être détruite et qui finit par être oubliée avant d'être redécouverte, des siècles plus tard. En règle générale, ce type de récit a pour cadre historique la période de la domination musulmane, comme dans le cas de la Madonna del Crispino à Monforte San Giorgio : cachée dans un bois à l'arrivée des infidèles, elle ne fut retrouvée qu'en 1626, par deux jeunes paysans[44].

Structurellement analogues aux légendaires de l'espace français ou lotharingien, les récits siciliens présentent donc un certain nombre de particularités, que la géographie et l'histoire expliquent assez aisément. L'insularité est cause de ce que les légendes font la part belle à l'élément marin, thématique que l'on serait bien en peine de trouver en Lorraine ou au Piémont. Dans le même ordre d'idées, la mémoire de la domination musulmane a généré tout un imaginaire, dont les légendes de fondation devaient nécessairement porter la trace[45]. Quant à l'accent

---

41 Sur ce légendaire, voir Kapferer, Anne-Dominique, « Sur la côte boulonnaise une barque miraculeuse. À propos de Notre-Dame de Boulogne », dans *Les hommes et la mer dans l'Europe du Nord-Ouest de l'Antiquité à nos jours*, Villeneuve-d'Ascq, Revue du Nord, 1986, p. 425-441 et Barnay, Sylvie, « "Elle s'apparu" : relire la mariophanie médiévale de Boulogne », dir. B. Béthouart et A. Lottin, *La dévotion mariale de l'an mil à nos jours*, Arras, Presses de l'université d'Artois, 2005, p. 291-300.

42 Alberti, D. S., *Maraviglie di Dio…*, *op. cit.*, vol. I, p. 183-185 (Madonna della Carità à Messine), p. 207-208 (Maria Santissima Annunziata à Ficarra), p. 336-337 (Madonna della Grazia à Messine), p. 399-401 (Madonna della Scala à Messine), p. 410-411 (Santa Maria di Custonaci à Erice).

43 *Ibid.*, vol. II, p. 278-279.

44 *Ibid.*, vol. I, p. 368-374.

45 On retrouve un mécanisme analogue dans la péninsule ibérique, où de nombreux légendaires mettent en scène des images cachées à l'arrivée des maures, oubliées et miraculeusement redécouvertes des siècles plus tard, comme par exemple à Guadalupe (Crémoux, Françoise, *Pèlerinages et miracles à Guadalupe au* XVI*e* *siècle*, Madrid, Casa de

mis sur l'ancienneté des images et sur leur aspect – les icônes peintes à la grecque – il renvoie à ce phénomène bien connu qu'est l'engouement croissant, en Sicile mais également dans toute l'Italie méridionale, pour les icônes byzantines ou supposées telles[46]. L'exemple sicilien montre ainsi comment des particularités géographiques et historiques très marquées – insularité, période d'occupation musulmane, liens avec Byzance – pouvaient apporter quelques nuances aux légendes de fondation, en altérer la répartition quantitative ou donner à leurs thèmes des formes spécifiques. Mais sans pour autant modifier les caractères essentiels de ce type de récit qui obéissaient à une logique qui était de l'ordre du nécessaire. C'est sur ce point que je voudrais conclure.

LÉGENDES DE FONDATION ET OCCULTATION DE LA FACTICITÉ DES IMAGES

Les légendes de fondation des sanctuaires constituent un phénomène complexe et leur élaboration est tributaire de plusieurs logiques. La plus évidente semble être celle de la distinction : doter un lieu d'une histoire prestigieuse est une manière de le promouvoir, de souligner son unicité et, éventuellement, sa supériorité sur d'autres lieux sacrés. Mais cette logique ne doit pas être surestimée dans la mesure où ses dividendes pratiques étaient limités : ce n'est pas parce qu'un sanctuaire est pourvu d'une légende de fondation ambitieuse qu'il deviendra nécessairement un pèlerinage important. De fait, il n'existe pas de corrélation entre ces deux données et l'examen des légendaires montre que les mêmes thèmes ont été mobilisés pour des lieux sacrés aux destins très dissemblables. Ainsi en est-il des portraits de la Vierge attribués à saint Luc,

---

Velázquez, 2001, p. 7-19). La France méridionale offre également quelques cas de ce type, le rôle des musulmans y étant tenu par les Albigeois : enfouie lorsque la région tomba aux mains des hérétiques, la statue de Notre-Dame de Bruguières, près de Toulouse, fut redécouverte par un laboureur (*Pèlerinages et sanctuaires mariaux au* XVII*e* *siècle…*, *op. cit.*, p. 220-221).

46 *Cf.* Bacci, Michele, « Le icone di Messina e la memoria di Costantinopoli », dans *Immagine e Scrittura. Presenza greca a Messina dal Medioevo all'età Moderna*, Palerme, Fondazione Federico II Editore, 2013, p. 201-216.

thématique qui se retrouve à la fois dans des pèlerinages importants comme Oropa, et des sanctuaires beaucoup plus modestes comme Notre-Dame des Vertus à Ligny-en-Barrois. Le succès à long terme d'un pèlerinage résulte d'une multitude de facteurs et la légende ne saurait, à elle seule, le garantir : Chartres a eu beau se doter, à la fin du Moyen Âge, d'un mythe particulièrement ambitieux – une statue de la Vierge sculptée par des prêtres païens qui avaient eu la révélation de la future naissance du Christ –, cette construction n'a eu aucune incidence sur le destin d'un pèlerinage dont le rayonnement est resté purement régional[47].

Plus qu'à une volonté de promotion, c'est à une logique d'occultation que les légendes de fondation relatives aux images doivent leur formidable essor tout au long du Moyen Âge et de la première modernité. Comme il a été dit plus haut, la représentation figurée, à la différence de la relique, ne peut faire état d'un lien substantiel avec l'être qu'elle représente. Plus gênant encore, et toujours en opposition aux corps saints, l'image souffre d'un péché originel qui est son caractère artificiel. Soulignée par le célèbre passage du Décalogue – « Tu ne feras pas d'image taillée » –, cette facticité constitue en quelque sorte la part maudite des images cultuelles, que leurs adorateurs se doivent d'occulter. Générale, cette nécessité est particulièrement criante s'agissant de statues ou de tableaux faisant l'objet d'un culte spécifique que matérialise un pèlerinage : comment expliquer qu'un objet fait de main d'homme puisse être vénéré et, qui plus est, doté d'un statut exceptionnel qui le distingue des milliers d'objets analogues ? D'où la nécessité absolue de surmonter le péché originel de la facticité en élaborant un récit qui efface ou du moins minore la naissance réelle de l'image, fabriquée par un artisan dans son atelier[48]. Or à bien y regarder, les modes d'occultation ne sont pas infinis. J'en vois trois.

Le premier consiste à atténuer le péché originel de la fabrication en substituant au créateur réel un créateur imaginaire, un saint par exemple. L'image reste un objet fait de main d'homme, mais la sainteté de son artisan gomme ce trait et confère à l'objet une partie de l'aura qui s'attache à son créateur. D'où le succès du thème de saint Luc portraitiste

47 Balzamo, Nicolas, *Les deux cathédrales. Mythe et histoire à Chartres (XI*[e]*-XX*[e] *siècle)*, Paris, Les Belles Lettres, 2012, p. 46-47, 150.

48 Étaient dispensées de cette obligation les copies d'images célèbres – icône de Santa Maria Maggiore, statues de Montaigu ou de Trapani : le lien avec l'original jouait un rôle analogue à celui de la légende de fondation en conférant à ces objets un statut spécifique.

de la Vierge et, plus généralement, de toutes les histoires qui rattachent l'image à un passé lointain et à des personnages prestigieux[49].

Le deuxième type d'occultation consiste à effacer la notion de création pour lui substituer celle de découverte. Peu importe que l'image ait été fabriquée par un homme, à partir d'un morceau de bois ou de pierre, à l'aide d'un burin ou d'un pinceau. Ce qui compte, c'est l'acte par lequel Dieu la manifeste aux hommes, la naissance sacrale se substituant ainsi à la naissance matérielle.

Le troisième type d'occultation, assez proche du précédent, consiste à admettre la naissance matérielle mais à mettre l'accent sur le choix opéré par Dieu qui élit cette image particulière et rend son choix manifeste au moyen d'un prodige : image qui saigne, pleure, bouge, parle, qui survit à une catastrophe, etc.

Ces trois modes d'occultation correspondent aux trois grands schémas des légendes de fondation que nous avons pu examiner. Et comme ils sont les seuls possibles, il ne faut pas s'étonner si l'immense corpus des légendaires reste, par-delà la diversité des faits, des personnages, des temps et des lieux, ordonné par ce schéma tripartite. Des circonstances géographiques ou historiques particulièrement marquées peuvent y apporter des nuances, comme le montre le cas sicilien, mais sans pour autant en changer la structure fondamentale qui reste articulée sur les trois solutions possibles pour occulter l'origine réelle des images. Dans ces conditions, il n'y a aucune raison de s'étonner de l'absence de légendaires spécifiques à l'espace lotharingien : comme ailleurs, les légendes de fondation devaient se couler dans un moule contraignant qui ne laissait qu'une liberté très relative à leurs créateurs.

Nicolas BALZAMO
Université de Neuchâtel

49 L'image acheiropoïète constitue la forme ultime de ce type de légendaire. Fréquemment sollicité dans le cas des images du Christ, et notamment les plus célèbres d'entre elles – Véronique, Volto Santo, linceul de Turin –, ce thème est plus rare dans le cas de la Vierge, même si des exemples existent, comme à Liesse où la statue était attribuée à des anges.

NOTRE-DAME DE LUXEMBOURG, NAISSANCE ET DIFFUSION

XVIIe et XVIIIe siècles

La dévotion à Notre-Dame Consolatrice des Affligés a pris forme à Luxembourg au XVIIe siècle sur un fond de Contre-Réforme et de menaces de peste, de famine et de guerre. Le Luxembourg est alors sous domination espagnole tandis que, suite au Concile de Trente (1545-1563), une nouvelle sensibilité religieuse est activement propagée par la Compagnie de Jésus. Le 8 décembre 1624, fête de l'Immaculée Conception, le père jésuite Jacques Brocquart (1588-1660) et un groupe d'élèves du collège de son ordre attachent une image de la Sainte Vierge au pied d'une croix, érigée un peu en-dehors de la forteresse. Il lui donne le titre de *Consolatrix Afflictorum*. En 1627, l'image intègre une chapelle construite à cet endroit. Rapidement les pèlerins affluent et rapportent des guérisons miraculeuses. Il s'ensuit des processions entre l'église des jésuites *intra muros* (la future cathédrale de Notre-Dame de Luxembourg) et la chapelle hors les murs. Elles sont à l'origine de l'Octave, le très réputé pèlerinage luxembourgeois encore vivace aujourd'hui. Ces pèlerinages attirent des foules de plus en plus importantes. En 1640, le sanctuaire doit même être agrandi pour accueillir les très nombreux fidèles qui viennent de tout le Duché. Le culte de Notre-Dame de Luxembourg est désormais bien installé[1].

Bien que caractéristique des pratiques de piété du XVIIe siècle, le culte de Notre-Dame de Luxembourg[2] présente néanmoins des spécificités que nous allons tenter de replacer dans le contexte lotharingien.

---

1 *Histoire de Notre-Dame de Luxembourg, honorée sous le titre de Consolatrice des Affligés dans la Chapelle des PP. de la Compagnie de Jésus. Nouvelle édition. Corrigée par un Père de la même Compagnie*, Luxembourg, Veuve J. B. Kleber, 1769.

2 Pour une synthèse sur l'historiographie du culte de Notre-Dame de Luxembourg, lire Kmec, Sonja, « Marienland Luxemburg. L'historiographie du culte de Notre-Dame de Luxembourg entre aspirations universalistes et ancrage national », *Hémecht*, 2014, 66/3-4, p. 493–512.

NAISSANCE DU CULTE DE LA *CONSOLATRIX AFFLICTORUM* DE LUXEMBOURG

Pour bien appréhender la naissance et le développement du culte de Notre-Dame de Luxembourg, il est important de le remettre dans l'environnement politico-religieux du XVIIe siècle.

De 1556 à 1714, hormis durant l'occupation française de 1684 à 1698, le duché de Luxembourg fait partie des Pays-Bas espagnols (les Dix-sept Provinces) dont elle est la province la plus pauvre. La ville de Luxembourg est certes une puissante forteresse mais n'a aucune envergure économique ou industrielle. Les troubles religieux qui éclatent dans les Pays-Bas dès 1566 aboutissent à une révolte qui se solde en 1581 par la sécession des sept provinces du nord, les futurs Pays-Bas actuels, de confession protestante, alors que les provinces du sud (ou Pays-Bas méridionaux) restent catholiques. À la mort de Philippe II d'Espagne, les Pays-Bas méridionaux échoient aux archiducs Albert et Isabelle qui font leur entrée solennelle à Luxembourg le 21 août 1599. Pour ranimer l'esprit religieux, ils font appel aux pères jésuites qui fondent un collège en 1603 et rechristianisent la population en instaurant des sodalités et des missions de campagne. Durant leur règne, de 1598 à 1621, les archiducs vont clairement encourager le culte marial et jouer un rôle fondamental pour le maintien du catholicisme en nos régions.

Mais à la mort des archiducs, sans héritiers, les Pays-Bas méridionaux dont le Luxembourg fait partie retournent à l'Espagne. Le règne de Philippe IV (1621–1665) est un des plus néfastes pour le Luxembourg : guerre de Trente Ans, passages et hivernages de troupes irrégulièrement payées, famines et pestes feront disparaître près des deux tiers de la population luxembourgeoise. Si le duché de Luxembourg, géographiquement éloigné des foyers de troubles, se tient à l'écart de l'insurrection générale, sa forteresse sert de point de ralliement aux nombreux soudards et mercenaires qui n'hésitent pas à terroriser les populations locales. La paix des Pyrénées en 1659 met fin à la guerre mais Thionville, Montmédy, Ivoix-Carignan et Marville doivent être cédés à la France. Il s'agit du premier démembrement du territoire luxembourgeois préfigurant ceux de 1815 et de 1839. Enhardi par les accroissements territoriaux, Louis XIV vise maintenant la conquête de la forteresse de Luxembourg. C'est chose faite le 4 juin 1684 et le 7 juin, la garnison espagnole quitte la ville. L'occupation française s'étendra de 1684 à 1698. Ensuite, c'est le retour des Habsbourg d'abord d'Espagne puis d'Autriche jusqu'à l'annexion à la république pendant la révolution française.

Pendant les guerres de religion, le Luxembourg a adopté une attitude originale vis-à-vis du protestantisme par rapport aux autres provinces des Pays-Bas. En effet, il ne va prendre part à aucune des guerres qui les déchirent. Comment expliquer ce comportement ? On peut invoquer des raisons structurelles. La première est la position excentrique du duché de Luxembourg. La seconde est la faible pénétration des idées nouvelles dans une province aux structures sociales très différentes de celles engagées dans la lutte protestante. En général ce sont les provinces économiquement les plus développées et les plus urbanisées qui sont les plus ouvertes aux idées de la Réforme. Mais le Luxembourg est la province la plus pauvre des Pays-Bas, c'est un pays sans grandes villes et dont la capitale est une forteresse où la garnison empêche la bourgeoisie de bouger. Or c'est normalement la bourgeoisie qui est la plus favorable au protestantisme comme ce fut le cas pour Thionville ou Montmédy. De plus, la paysannerie est peu ouverte aux nouveautés car elle est très attachée aux formes traditionnelles d'une religion populaire plus pieuse que raisonnée avec des pratiques proches de la superstition[3].

Défenseurs inconditionnels de la Contre-Réforme, les jésuites vont jouer un rôle très important dans sa mise en place au Luxembourg. La lutte contre le protestantisme incluant entre autres le culte marial et les pèlerinages, leur action s'inscrit donc implicitement dans ce contexte politico-religieux.

Les jésuites s'installent à Luxembourg en 1594 et y fondent un collège neuf ans plus tard. Leur église, construite à côté du collège entre 1613 et 1621 est dédiée à l'Immaculée Conception. En 1624, le père Jacques Brocquart convainc le recteur du collège d'ériger une chapelle dédiée à Notre-Dame hors les murs de la ville. L'édifice est consacré en 1628. Une statue en tilleul, haute de 74 cm, représentant la Vierge et l'Enfant y est placée et destinée à la vénération des fidèles. Bien qu'il s'agisse très probablement d'une œuvre commandée par les jésuites, il

3 Trausch, Gilbert, *Le Luxembourg, Émergence d'un État et d'une Nation*, Anvers, Fonds Mercator, 1989, p. 119.

lui fut ajouté une dimension légendaire. La statue aurait été découverte par des collégiens dans un bois près de la ville de Luxembourg là où ils avaient l'habitude de passer leurs récréations. Elle est ramenée au collège en grande pompe mais retourne miraculeusement sur le lieu de sa découverte et cela, à plusieurs reprises. Les pères jésuites tentent alors de l'installer dans la nouvelle chapelle construite extra muros et la statue daigne y rester, signe de l'élection par la Vierge de son nouveau sanctuaire. Cette chapelle portera le nom de Chapelle de Notre-Dame, Chapelle du Glacis ou Chapelle de Notre-Dame de Consolation.

L'endroit devient un lieu de culte très fréquenté, à la réputation amplifiée par une série de miracles dont le Père Brocquart est le premier bénéficiaire. Les miracles se multipliant (trente-trois miracles reconnus avant 1640[4]), le nombre de pèlerins augmentet et les dons affluent. Un recueil intitulé *Grâces et guérisons miraculeuses que Notre-Dame de Consolation a élargies à plusieurs affligés en sa Chapelle lez Luxembourg*[5] publié à Trèves en 1648 décrit 112 miracles survenus entre 1626 et 1648. Les différents titres attribués à la Vierge dans ce livre des miracles sont : protectrice, reine, sainte Mère ou encore sainte guérisseuse. La Consolatrice de Luxembourg est donc omnipotente grâce à ses bienfaits et omniprésente par son rayonnement.

Afin de satisfaire à la demande des pèlerins de passage et des dévots, les jésuites luxembourgeois font frapper des médailles à Nancy[6] et font imprimer des images de dévotion dans des centres réputés tels Anvers et Augsbourg[7]. La grande majorité de ces gravures est basée sur un même stéréotype : à l'avant-plan, la statue de la Consolatrice habillée « à l'espagnole », c'est-à-dire revêtue d'une robe-cloche et d'un

4 *Miracles, graces et guerisons merveilleuses, que Nostre Dame de Consolation a daigné de faire & eslargir à plusieurs personnes affligees, en sa chapelle lés Luxembourg, bastie & dediée en son nom, par les PP. de la Compagnie de Iesus, arrivez depuis 14 ans en ça et nommément cette année 1640*, chez Hubert Reulandt, Trèves, 1640.

5 Brocquart, Jacques, *Grâces et guérisons miraculeuses que Notre-Dame de Consolation a élargies à plusieurs affligés en sa Chapelle les Luxembourg, bastie et dédiée en son nom, par les PP. de la Compagnie de Jésus, depuis l'an 1624 jusqu'à l'entrée du présent 1648*, Trêves, chez Reulandt Hubert, 1648.

6 Weiler, Raymond, « Les médailles de Notre-Dame de Luxembourg au XVIIe siècle », *Hémecht*, 1978, 30/2, p. 197 et 199.

7 Hellinghausen, Georges, « Patronne de la Cité. La tradition et les traditions », *Notre-Dame de Luxembourg : Dévotion et Patrimoine*, Bastogne, Musée en Piconrue, 2016, p. 38–40, et Langini, Alex, « La diffusion du culte de Notre-Dame de Luxembourg par l'image », *Ibid.*, p. 101 et 102.

long manteau, la tête couverte d'un long voile et arborant une série de chaînes (ou de colliers ?). À l'arrière-plan sont représentés, à gauche, la ville de Luxembourg entourée de ses murailles et à droite, la nouvelle chapelle dans son agrandissement de 1640. Cette même année, le père chargé de la rédaction du supplément annuel à l'Histoire du collège écrit qu'en moins de quatre mois, soixante mille personnes sont passées par la chapelle suburbaine[8]. De nombreuses églises dans le duché de Luxembourg vénèrent désormais Notre-Dame de Luxembourg, *Consolatrix Afflictorum*[9]. En à peine seize ans, la Compagnie de Jésus a réussi à implanter durablement un nouveau culte à succès, promis à une grande destinée puisque trois siècles plus tard, il sera toujours intrinsèquement lié à l'identité luxembourgeoise.

DÉVELOPPEMENT DU CULTE DE NOTRE-DAME DE LUXEMBOURG AUX XVIIe ET XVIIIe SIÈCLES

En septembre 1666, la ville de Luxembourg se prépare à un nouveau siège. La peste fait des ravages jusqu'aux portes de la forteresse et la famine est de plus en plus menaçante. Devant tant de détresse, le père jésuite Alexandre Wiltheim prie le conseil provincial de faire élire Notre-Dame patronne de la ville et de ses habitants. Le 27 septembre 1666, le gouverneur et le conseil provincial décident à l'unanimité d'élire « pour eux et pour leurs successeurs, Marie, Mère de Dieu, Consolatrice des Affligés comme Patronne de la ville de Luxembourg[10] ». Cette décision est approuvée le 5 octobre par les magistrats et le clergé de la ville. Cinq jours plus tard, le 10 octobre a lieu le vote solennel ou *votum solemne* par lequel le justicier et les échevins de Luxembourg proclament Notre-Dame de Consolation Patronne de la Ville et déclarent se mettre sous sa protection. Les intérêts religieux et politiques se mélangent. D'une part, la Compagnie de Jésus et surtout son recteur Alexandre

8 Rome, Archivium Romanum Societatis Iesu, Gallo-Belgica 33, f° 102 r° – 107 r°.

9 Maertz, Joseph, « Notre-Dame de Luxembourg, consolatrice des affligés, vénérée pendant 300 ans dans la province belge du Luxembourg », *Hémecht*, 1978, n° 1.

10 *Histoire de la chapelle de Notre-Dame de Consolation, honorée à Luxembourg chez les RR. PP. de la Compagnie de Jesus*, Luxembourg, J. Ferry, 1724, p. 60 et 61.

Wiltheim, successeur du père Brocquart en 1660, entendent élire la Vierge comme patronne de la cité pour confirmer et approfondir la piété du peuple luxembourgeois. D'autre part, il s'agit plutôt de réconforter ou de rassurer le peuple face à une probable invasion des troupes de Louis XIV au Luxembourg. L'élection de la Vierge comme patronne de la ville confirme donc de façon officielle l'imbrication entre raison d'état et piété religieuse. Néanmoins, il faut souligner que l'attachement de la population à la *Consolatrix afflictorum* n'a et n'aura jamais rien d'artificiel. Le *votum solemne* est encore répété chaque année durant la cérémonie de clôture de l'Octave.

Le 10 octobre 1666, les clefs de la ville de Luxembourg sont offertes symboliquement à la Patronne de la Cité. C'est une affirmation sans équivoque de son élection tout comme une supplication pour sa protection[11]. Un an plus tard, le prince de Chimay, gouverneur du duché de Luxembourg, répète le même geste en offrant à Marie une clef en or qui, depuis lors, fait partie des attributs spécifiques arborés par toutes les représentations de Notre-Dame de Luxembourg.

Offrir les clefs de la ville est un geste éminemment politique, reprenant la présentation des clefs au seigneur de la ville au moment de sa « Joyeuse Entrée ». Cette présentation des clefs, par laquelle Luxembourg s'est vouée à Marie, revêt certes un caractère exceptionnel. Mais on retrouve néanmoins des parallélismes dans d'autres nations offrant à leur tour à Marie leur symbole du pouvoir – en général la couronne du royaume – par exemple, lors du « vœu » de Louis XIII pour la France en 1638 ou lors de la consécration de la Hongrie à Marie au début du XIe siècle par le roi saint Étienne. Le geste sera repris plus tard sous le Premier Empire par Napoléon lors de son entrée solennelle à Luxembourg le 9 octobre 1804. Lorsque la clef lui fut offerte, il répondit : « Je vous remercie, Monsieur le Maire, mais elle est en de bonnes mains[12] ». Ce que d'aucuns interprétèrent comme une bienveillante confiance en le patronage de la sainte Vierge. Le mythe eut une suite, lorsqu'à la fin

11 *Histoire de Notre-Dame de Luxembourg : honorée sous le titre de Consolatrice des Affligés, dans la chapelle des PP. de la Compagnie de Jésus*, nouvelle édition, Luxembourg, Veuve J. B. Kleber, 1769, p. 68 et 69 : « On trouva que de lui offrir une clef en or qu'on lui laisserait attachée au bras, serait en même temps un monument, et de la Protection dont elle daignait honorer la Ville, et de la gratitude dont la Ville souhaitait reconnaître sa protection ».

12 Hellinghausen, Georges, « Patronne de la Cité. La tradition et les traditions », art. cité, p. 45 et 46.

de la deuxième guerre mondiale, circulèrent des images d'un soldat américain remettant la clef de la Ville à Notre-Dame de Luxembourg. La clef devint alors symbole de liberté[13].

Le 20 février 1678, c'est tout le duché de Luxembourg et le comté de Chiny qui se placent officiellement sous la protection de Notre-Dame. L'acte officiel est signé par les greffiers des magistrats des dix-sept villes mais on invite les curés de toutes les paroisses ainsi que la population à donner son accord. Le culte de Notre-Dame de Consolation fusionne ainsi les éléments religieux, politiques et populaires propres au pays.

Un coup d'oeil à l'iconographie des images de dévotion nous permet de voir l'évolution des dénominations de la Vierge de Luxembourg : elle est d'abord « Sainte Marie de Luxembourg », puis « Sainte Marie, mère de Jésus, Consolatrice des Affligés » pour devenir à partir de 1666, « Marie, mère de Jésus, Consolatrice des Affligés, Patronne de la cité, célèbre pour ses miracles dans la chapelle de la Compagnie de Jésus à Luxembourg ». Enfin à partir de 1678, elle est nommée « Marie, mère de Jésus, Consolatrice des Affligés, Patronne de la cité et du duché de Luxembourg, célèbre pour ses miracles dans la chapelle de la Société de Jésus à Luxembourg ».

Les images de dévotion de la Vierge de Luxembourg vont aller jusqu'à indiquer sa dimension miraculeuse avec la mention « a touché la sainte Image » ou en incluant de minuscules fragments d'étoffe ayant servi à habiller la statue originale. Ces ajouts confèreront ainsi une sacralité aux images de Notre-Dame de Luxembourg.

En 1714, les Pays-Bas méridionaux passent sous domination autrichienne. En 1766, pour le centenaire de l'élection de la *Consolatrix Afflictorum*, est construit un autel votif qui accueillera désormais la statue de la Vierge durant la période annuelle des pèlerinages appelée « l'Octave[14] ». Cet autel en fer forgé, réalisé par Pierre Petit, originaire d'Izel, près d'Orval, est toujours utilisé aujourd'hui.

L'Octave, à l'origine, était célébrée pendant huit jours en octobre ce qui lui a donné son appellation. En 1679, elle est avancée du 4e au 5e dimanche après Pâques puis est élargie à douze jours en 1899 pour

13 Hellinghausen, Georges, « 350 Jahre "Patrona Civitatis" – Die Stadtpatronin in der Ikonografie », *Nos cahiers*, n° 1, 2016, p. 38–45.

14 Schmitt, Michel, « Der Votivaltaraus dem Jahre 1766 », *Nos cahiers*, 18/2, 1997, p. 103–113.

finalement durer seize jours à partir de 1960. Le rôle des autorités politiques dans la célébration de l'Octave varie au fil des temps mais le prince de Chimay, gouverneur du duché de Luxembourg au XVIIe siècle, le roi Louis XIV et l'impératrice Marie-Thérèse ont tous encouragé le culte marial au Luxembourg et l'ont souvent utilisé pour montrer que pouvoir politique et pouvoir divin étaient intimement liés. Les processions finales de l'Octave les plus spectaculaires se déroulent d'ailleurs en 1685, juste après la conquête de Luxembourg par Louis XIV et en 1781, après la suppression de l'ordre des jésuites, sorte de réassurance après une période d'instabilité.

En 1781, qui fête avec 3 ans de retard le premier centenaire de l'élection de la Vierge Marie comme Patronne du duché de Luxembourg, on évalue à cent mille le nombre de pèlerins qui, pendant l'Octave de cette année-là, participèrent aux fêtes jubilaires. Lors de la procession, Notre-Dame Consolatrice des Affligés est portée sur un char de triomphe, traînant derrière elle le Dieu Mars vaincu et enchaîné[15] car elle symbolise la Vierge de paix de l'Église post-tridentine. La Vierge abhorre la guerre, elle entend donc restaurer la paix ce qui sera le cas durant la période autrichienne au Luxembourg contrairement au siècle précédent.

En 1773, sous la pression des Bourbons, le bref *Dominus ac redemptor* est publié par le pape Clément XIV marquant la suppression de la Compagnie de Jésus. Au Luxembourg, cette décision a pour conséquence la fermeture du collège des jésuites qui sera désormais dirigé par des prêtres séculiers. On pourrait croire que le culte de la *Consolatrix Afflictorum* allait péricliter avec le départ de ses promoteurs jésuites. Tout au contraire, lorsque de 1787 à 1789, Joseph II interdit les processions et le transport des statues, les Luxembourgeois, d'habitude si résignés, s'emportent à tel point que le monarque est obligé de concéder une exception pour l'Octave. Il est conscient que son maintien permet d'assurer une certaine stabilité politique dans le Duché de Luxembourg.

Les jésuites ont donc instrumentalisé une dévotion créée *ex nihilo* pour à la fois s'ancrer dans la ville et canaliser les pratiques dévotionnelles de

15 *Description du jubilé, célébré en l'honneur de Marie, consolatrice des affligés, Choisie depuis plus de cent ans pour Patronne & Protectrice de la Ville & et du Duché de Luxembourg, Avec le récit des décorations qui y ont paru*, Luxembourg, héritiers d'André Chevalier, 1781.

la population. Le succès a été immédiatement au rendez-vous du fait d'un contexte anxiogène exacerbé par des épidémies de peste, des famines dues à des calamités climatiques et par les misères et les exactions liées à la guerre. On observe donc une véritable gestion émotionnelle et économique d'un culte indigène aux fins de le magnifier et de le répandre préférentiellement face à la concurrence d'autres sites mariaux comme ceux de Notre-Dame de Montaigu, Notre-Dame d'Avioth, Notre-Dame de Foy ou de sanctuaires de saints comme celui de Saint-Hubert déjà bien implantés dans nos régions.

D'AUTRES SITES MARIAUX DANS LES PAYS-BAS MERIDIONAUX

Souvent la *Consolatrix Afflictorum* de Luxembourg est mise en relation avec la Vierge de Montaigu[16] dont le culte a été personnellement soutenu par les archiducs Albert et Isabelle afin de faire de ce discret lieu de dévotion une impressionnante forteresse du catholicisme triomphant. Car, à l'instar du culte de Notre-Dame de Luxembourg, la Compagnie de Jésus y a aussi déployé d'importants efforts pour s'assurer la prise en charge de l'encadrement des pèlerins. À Montaigu (ou Scherpenheuvel en néerlandais), un chêne abritait une Vierge miraculeuse. Au début du XVIIe siècle, l'arbre est abattu afin de vérifier qui des deux, la Vierge ou l'arbre était à l'origine des miracles. L'arbre est partagé entre la commune et les archiducs qui font réaliser dans le bois récupéré une version fort agrandie de l'original (74 cm) et qui est conservée actuellement en l'église saint Charles-Borromée à Anvers. Du reste du bois sont confectionnées de petites copies distribuées par les jésuites à travers le monde et entre autres à Luxembourg. Mais une série d'indices indiquent clairement que la *Consolatrix Afflictorum* de Luxembourg n'est pas un de ces objets. Par contre, le processus pastoral mis en place par les jésuites est comparable à Montaigu comme à Luxembourg.

16 Duerloo, Luc, *Scherpenheuvel : het Jeruzalem van de Lage Landen*, Leuven, Davisfonds, 2002, et Geybels, Hans, « Notre-Dame de Montaigu », *Notre-Dame de Luxembourg : Dévotion et Patrimoine*, *op. cit.*, p. 71-80.

Un autre culte marial très vivace dans le duché de Luxembourg aux XVIe et XVIIe siècles est celui de Notre-Dame d'Avioth. Son culte a vu le jour au XIIe siècle. Dans son *Bref recueille de l'estat de l'eglise de Notre-Dame d'Avioth*, Jean Delhotel fait le récit de la découverte de la statue sur un arbre d'épine[17]. D'après la tradition, l'image aurait été fabriquée par les anges et envoyée du ciel en ce lieu inhabité. On dit qu'ensuite la statue a été portée dans l'église paroissiale de Saint-Brice mais qu'elle en est revenue miraculeusement. Cette anecdote rappelle un motif récurrent dans les récits de développement de sanctuaires mariaux, à savoir le lien fort qui lie la statue au lieu de sa découverte[18]. Au XIVe siècle se développe un célèbre marché à Avioth où se rendent les habitants du comté de Chiny et du duché de Luxembourg qui y font pèlerinage en même temps. Mais au XVIIe siècle, les ravages des troupes ennemies, les incendies et la peste pousseront le village vers le déclin. Le rattachement d'Avioth à la France en 1659 par le traité des Pyrénées réduit drastiquement le nombre de pèlerins luxembourgeois, entraînant la décadence de ce pèlerinage et de l'économie du village. Pourtant en 1668, le curé d'Avioth décrit encore son église comme « la plus belle, la plus relevée, la plus renommée de la province de Luxembourg et pour ce, réclamée et qualifiée de l'ancienne Mère et patronne du pays et duchié de Luxembourg[19] ». L'utilisation de ce titre traduirait-il une certaine rivalité entre cet important sanctuaire médiéval en déclin et celui, en plein essor, de Notre-Dame de Luxembourg élue patronne de la cité en 1666 ? Le fait que le curé Delhotel ne mentionne pas Notre-Dame de Luxembourg parmi les églises de pèlerinages renommées, alors qu'il cite Notre-Dame de Hal, de Bon-Secours à Bruxelles, de Consolation à Vilvorde ou de Montaigu nous conforte dans cette idée[20]. L'image de Montaigu porte le titre de « *Humani generis consolatrix* » et celle d'Avioth celui de « Suzeraine du Luxembourg et Consolation dans notre exil ».

---

17 Le *Bref recueille de l'estat de l'eglise de Notre-Dame d'Avioth* est un manuscrit rédigé en 1668 par Jean Delhotel, curé d'Avioth de 1636 à 1682. Il fut édité pour la première fois en texte intégral dans Delhotel, Jean, *« Bref recueil » de l'etat de l'eglise de Notre-Dame d'Avioth*, Colmar, éditions S.A.E.P. Ingersheim, 1981.

18 Dans les Pays-Bas méridionaux, plusieurs autels ont été élevés sur l'emplacement de l'arbre dans lequel l'image miraculeuse avait été découverte. C'est le cas, entre autres, de Montaigu et de Foy Notre-Dame.

19 Delhotel, Jean, *Bref recueille de l'estat de l'eglise de Notre-Dame d'Avioth*, *op. cit.*, p. 17.

20 Constant, Lise, « Notre-Dame de Luxembourg, une image miraculeuse et ses représentations », *Notre-Dame de Luxembourg : Dévotion et Patrimoine*, *op. cit.*, p. 141.

Les jésuites de Dinant se sont également énergiquement investis dans le développement du culte à la Vierge de Foy[21], à partir de 1618, lorsque le prince-évêque de Liège reconnaît les miracles opérés par une statuette retrouvée une petite dizaine d'années plus tôt par un bûcheron dans le creux d'un chêne qu'il était en train de débiter. Rapidement, la petite statue draine un flux important de pèlerins, accueillis par des pères jésuites qui organisent régulièrement des communions et des confessions générales attirant ainsi massivement les fidèles jusqu'au milieu du XVIIe siècle[22]. En une soixantaine d'années, des copies de la statue, parfois moulées dans de l'argile sur le modèle original ou le plus souvent sculptées dans le chêne au cœur duquel la statue miraculeuse a été retrouvée, sont expédiées par les jésuites dans les Provinces-Unies, en France, au Canada et jusqu'aux hauts plateaux brésiliens. Quantité de miracles leur sont attribués et y drainent des pèlerinages parfois importants.

Au regard d'autres cultes mariaux, la création et le développement du culte de Notre-Dame de Luxembourg relèvent de pratiques assez fréquentes dans le contexte religieux des Pays-Bas méridionaux du XVIIe siècle sur des territoires situés à la frontière des états réformés[23].

DIFFUSION DU CULTE DE NOTRE-DAME DE LUXEMBOURG

Sous l'impulsion des jésuites, la Vierge de Luxembourg va connaître une importante diffusion. La campagne promotionnelle lancée en 1640 porte ses fruits : le flot de pèlerins est tel que la chapelle, jugée trop petite, doit être agrandie. La nouvelle chapelle sera consacrée en 1642. De leur passage au sanctuaire, ces pèlerins emportent l'image

21 Bouille, P., *Brefve histoire de l'invention et miracles de l'image Nostre Dame de Foy, trouvée en un cesne à Foy lez Dinant, l'an 1609*, Liège, Ouwerx, 1620.

22 Pacco, Christian, « La statuette miraculeuse de Foy Notre-Dame, état de la question », *Annales de la société archéologique de Namur*, 83, 2009, p. 145, et *Foy Notre-Dame. Art & histoire*, Moisenay, 2009, p. 70.

23 Delfosse, Annick, *La « Protectrice du Païs-Bas ». Stratégies politiques et figures de la Vierge dans les Pays-Bas espagnols*, Turnhout, Brepols, 2009.

de dévotion qu'ils ramènent chez eux et se font alors les relais du culte à la Consolatrice au-delà de la ville de Luxembourg, voire au-delà des frontières du duché.

Le cas le plus fameux est celui de Kevelaer[24], dans la partie méridionale du duché de Gueldre, à quelques kilomètres de la frontière qui sépare les Pays-Bas espagnols catholiques des Provinces-Unies calvinistes. En 1642, une femme, lors d'une vision nocturne, voit dans les nuages une « image de dévotion ». Le lendemain, elle rencontre deux soldats qui reviennent de Luxembourg et qui possèdent une image imprimée de Notre-Dame de Luxembourg en 1640. Elle est persuadée que l'image doit être honorée dans la chapelle que son mari, Hendrick Busmans, avait élevée quelques mois plus tôt après avoir entendu des voix lui intimant de le faire. Contre une modique somme d'argent, ils vendent leur image qui ne fait que 7,5 cm sur 11 cm à la famille Busmans. L'image de dévotion luxembourgeoise donne alors naissance à un nouveau pèlerinage à Kevelaer : encadré par les oratoriens, il connaît un très grand succès car il attire les catholiques des Provinces-Unies voisines où ils ne peuvent pas exercer leur culte publiquement. La seule différence iconographique entre les deux images est l'absence de clef sur l'image de Kevelaer (*das Gnadenbild*), Notre-Dame de Luxembourg ne l'ayant pas encore reçue en 1640. Pour le reste, les deux traditions suivent le même cours.

Des copies de la Consolatrice des Affligés se diffusent également ailleurs, à commencer par le duché[25] lui-même ainsi que dans les territoires limitrophes, comme la Lorraine[26], particulièrement dans le Pays-Haut, où une cinquantaine de localités possèdent une copie de la statue luxembourgeoise[27]. Les jésuites n'hésitent pas à propager la dévotion à cette Vierge miraculeuse en faisant faire des copies pour d'autres églises de la

24 Jeck, Marc, « Une Consolatrice peut en cacher une autre : La vénération de Notre-Dame de Luxembourg à Kevelaer », *Notre-Dame de Luxembourg : Dévotion et Patrimoine*, *op. cit.*, p. 83–89.

25 Maertz, Joseph, « Notre-Dame de Luxembourg, consolatrice des affligés, vénérée pendant 300 ans dans la province belge du Luxembourg », *Hémecht*, 1978, n° 1.

26 Andriani, Giovanni, « Notre-Dame de Luxembourg : le rayonnement d'un sanctuaire », *Annales de l'Est*, 2008, p. 145-160, et Jacops, Marie-France, « Images et témoignages de la dévotion des habitants du nord de la Lorraine à Notre-Dame de Luxembourg, consolatrice des affligés », *Le pays gaumais* 54 – 55 – 56 – 57e années, (1993–1996), p. 267–282.

27 Martin, Philippe, « Sanctuaires-mères et pèlerinages-relais », éd. C. Vincent, *Identités pèlerines. Actes du colloque de Rouen (15–16 mai 2002)*, Rouen, 2004, p. 119.

Compagnie ou d'autres ordres religieux : on retrouve ainsi des Vierges consolatrices à Douai, Valenciennes, Cambrai, Maubeuge, etc.[28] qui sont considérées comme des « Filiations de la chapelle de Luxembourg à laquelle on fait honneur comme à la mère, des bénédictions que Dieu a répanduës sur les filles[29] ».

Au XIXe siècle, des immigrants luxembourgeois aux États-Unis ont conservé leurs traditions de dévotion. Il existe toujours aujourd'hui à Carey dans l'Ohio un important sanctuaire géré par des franciscains et qui abrite une statue miraculeuse directement inspirée de la Consolatrice luxembourgeoise[30].

LA STATUE DE NOTRE-DAME DE LUXEMBOURG

La provenance de la sculpture de la Vierge à l'enfant de Luxembourg est incertaine. Plusieurs hypothèses ont été émises au cours du temps. Le plus souvent, elle a été identifiée comme une des multiples copies de la Vierge de Montaigu du début du XVIIe siècle dont les jésuites possédaient un exemplaire. Mais comme déjà dit précédemment, on peut éliminer cette hypothèse à cause de sa grandeur (74 cm contre une vingtaine), de son essence (bois de tilleul et non de chêne), de sa polychromie et de son style qui ne correspondent pas aux copies de Montaigu. D'autres auteurs l'ont rapprochée de l'œuvre de Daniel Müller[31], un sculpteur originaire de Freiberg, en Saxe, venu s'installer à Luxembourg où il acquit la bourgeoisie et qui a travaillé à l'église des jésuites. Cette hypothèse est beaucoup plus probable[32].

---

28 Faltz, Michael, *Unsere Liebe Frau von Luxemburg im Ausland*, Luxembourg, Sankt Paulus, 1958.

29 *Histoire de Notre-Dame de Luxembourg*, *op. cit.*, p. 42 et 43.

30 Endres, David J., « Notre-Dame de Luxembourg in the United States. The beginnings of a Euro- American Devotion », *Notre-Dame de Luxembourg : Dévotion et Patrimoine*, *op. cit.*, p. 63–70. Texte traduit en français par J.-F. Bernard dans le *Bulletin du Musée en Piconrue*, n° 124, 4e trimestre 2016, p. 88–96.

31 Daniel Müller décède en 1623.

32 Prieur, Muriel, « Consolatrix Afflictorum : Étude stylistique et iconographique – L'importance de la garde-robe », *Notre-Dame de Luxembourg : Dévotion et Patrimoine*, *op. cit.*, p. 19-33.

Si on observe la sculpture (Fig. 1), on constate que c'est un objet relativement complexe. D'ordinaire, elle est ornée de vêtements textiles, de perruques en vrais cheveux ainsi que de plusieurs attributs et bijoux en métal précieux et ornés de pierreries, ne laissant apercevoir que les visages et les mains. Contrairement à ce qu'on pourrait attendre, sous ces ornements, on ne trouve ni une sculpture mutilée ni une forme de corps vaguement ébauché ni un mannequin avec des lattes de bois ni une statue n'ayant que la tête, les avant-bras, les mains et les pieds achevés et polychromés mais bien une représentation complète d'une femme et d'un enfant, soigneusement et artistiquement ouvragée, avec des vêtements, complètement polychromée et qui, en plus, a échappé aux mutilations que subissent très souvent ces objets que l'on a coutume d'habiller[33]. Elle pose le pied droit sur un croissant de lune, sans provoquer de fort déhanchement. Elle est vêtue d'une robe à encolure ronde, sans décors sculptés et tombant jusqu'aux pieds en fins plis parallèles. Elle porte un long manteau qui recouvre ses épaules et s'enroule autour de ses avant-bras. L'impression générale de face est relativement statique, droite et figée tandis que le revers s'inscrit dans une légère courbe. L'expression du visage révèle une grande douceur et une compassion sincère que seul un maître est capable de produire. La chevelure abondante de la Vierge est particulièrement impressionnante. Elle s'étale en boucles sur tout le dos. La technique de dorure utilisée est « l'or parti » ou en allemand, le « *zwichgold* ». Cette feuille à dorer est constituée d'une feuille d'or et d'une feuille d'argent battues ensemble pour diminuer l'épaisseur de l'or et ainsi en diminuer le coût. À l'état neuf, cette technique offre un aspect similaire à une dorure traditionnelle mais, avec le temps, la réaction entre l'argent et certains composants atmosphériques remplace progressivement le métal en produits de corrosion ce qui assombrit l'aspect de la dorure.

33 Seuls les cheveux ont été rabotés au niveau des tempes afin d'adapter une perruque à la Vierge.

FIG. 1 et 2 – Sculpture de Notre-Dame de Luxembourg, face et revers après restauration (août 2008), photo Muriel Prieur.

En comparant la face et le revers, on constate clairement une différence de style, le revers s'inscrit dans un vocabulaire du gothique tardif – le XVIe siècle dans nos régions – alors que la face témoigne déjà d'une nouvelle conception de la représentation humaine.

L'analyse démontre ainsi qu'il ne s'agit pas, comme longtemps supposé, d'une vierge de Montaigu, ni même d'une sculpture originaire des Pays-Bas. Elle est clairement d'influence allemande. Il nous reste par conséquent deux pistes pour son origine : soit il s'agirait d'une des copies de la sculpture commandée pour les jésuites en 1715 à Daniel Müller, le sculpteur de la tribune de la cathédrale. Soit ce serait une copie d'une sculpture plus ancienne. Ceci expliquerait l'influence allemande et étaierait la thèse attribuant la différence entre la face et le revers au fait qu'un artiste du XVIIe siècle aurait essayé de copier un objet plus ancien. Par contre, les analyses pointues de polychromie réalisées par Muriel Prieur et Jana Sanyova[34] en vue de la publication du catalogue accompagnant l'exposition sur Notre-Dame de Luxembourg au Musée en Piconrue de Bastogne en 2016, tendent à confirmer la datation de l'œuvre au début du XVIIe siècle.

La sculpture de Notre-Dame de Luxembourg est actuellement le plus important objet de dévotion du culte catholique au Grand-Duché de Luxembourg. Cette position lui vaut un traitement de faveur et une surveillance de tous les instants. L'aggravation de son état de conservation au début des années 2000 a fait réagir les responsables de la cathédrale pour demander une intervention de restauration qui a été réalisée par la restauratrice Muriel Prieur de janvier à juillet 2008 inclus[35]. La statue est qualifiée d'objet de dévotion miraculeux. L'objet doit permettre l'accès au divin en favorisant la prière et la contemplation tandis que l'œuvre peut être miraculeuse dans deux sens bien distincts : soit par ses effets (par exemple, des guérisons) soit par son origine révélée par le Ciel. Pour Notre-Dame de Luxembourg, les deux critères se rejoignent. La statue ne pouvait donc en aucun cas être soustraite à la vénération des fidèles, c'est pourquoi elle a été restaurée dans la sacristie de la cathédrale où les fidèles pouvaient continuer à la voir et à la prier.

Sans vêtements ni ornements, Notre-Dame de Luxembourg s'apparente à une Immaculée Conception faisant référence à l'absence du péché originel

34 Prieur, Muriel et Sanyova, Jana, « La sculpture de la Consolatrix Afflictorum – Matériaux, techniques et restauration », *Notre-Dame de Luxembourg : Dévotion et Patrimoine*, *op. cit.*, p. 255-266.

35 Le travail a été financé par un sponsor qui désirait rester anonyme.

dès l'engendrement de la Vierge. Le type de représentation utilisé est celui d'une jeune femme aux longs cheveux déployés et ondulants, portant son enfant sur le bras gauche. Le croissant de lune sous ses pieds évoque simultanément la « Femme de l'Apocalypse » qui, selon les écrits de saint Jean[36], apparaît « revêtue du soleil, la lune à ses pieds et avec, sur la tête une couronne de douze étoiles » et rappelle le jugement dernier.

Mais la *Consolatrix Afflictorum* est avant tout une Vierge habillée (Fig. 2). Ses vêtements sont inséparables de son iconographie car ce sont eux qui produisent l'identification de l'image. Dans *l'Histoire de Notre-Dame de Luxembourg* de 1724, l'auteur relate qu'après l'installation de la Vierge dans la chapelle, « la statue fut bien-tôt ornée de riches parures. On la revêtit de robes relevées en borderies et couvertures de diamants, avec des coliers et de longs tours de perles… ». Ceci est confirmé par les représentations gravées distribuées à partir de 1640 qui, sans exception, figurent une sculpture habillée à la mode espagnole[37]. Il ne fait aucun doute que les archiducs Albert et Isabelle ont joué un rôle dans la diffusion de ce type de représentation même si des exemples antérieurs de Vierges habillées se trouvent à Tournai, Vilvorde et Sienne[38]. Le relevé des donations faites à la chapelle Notre-Dame mentionne dès le début des tissus précieux ou des habits destinés à l'image de la Consolatrice. La tradition rapporte que de nombreuses personnalités dont l'impératrice Marie-Thérèse d'Autriche et la reine Marie Leszcynska de France ont offert des robes à Notre-Dame. L'inventaire de la chapelle dressé lors des ventes révolutionnaires signale vingt-cinq robes, seize manteaux et vingt collerettes[39]. Aujourd'hui, Notre-Dame de Luxembourg possède soixante-deux robes et autant de manteaux[40]. Le but premier étant de glorifier la Vierge tout en la rendant resplendissante, on enrichit l'étoffe du vêtement par tous les moyens possibles à savoir l'or, l'argent, la broderie, la dentelle, les pierreries ou les bijoux. Il

36 Apocalypse, 12, 1. 5.

37 Faltz, Michel, « Die Gnadenstatue der Trösterin der Betrübten und ihre plastischfigürliche Dartstellungen », *Marienkalender*, 1966, Jg. 85, p. 58. Delfoosse, Annick, « Vêtir la Vierge : une grammaire identitaire », *Quand l'habit faisait le moine. Une histoire du vêtement civil et religieux en Luxembourg et au-delà*, Bastogne, Musée en Piconrue, 2004, p. 203.

38 Delaruelle, Murielle, « La Vierge et les Saints habillés – synthèse du phénomène et inventaire des œuvres conservées dans l'est du Brabant Wallon », *Le Folklore brabançon*, n° 279, septembre 1993, p. 226-335, et Albert-Llorca, Marlène, *Les Vierges miraculeuses. Légendes et rituels*, Paris, Gallimard, 2002, p. 135-167.

39 Faltz, Michael, *Heimstätte U. L. Frau von Luxembourg*, Luxembourg, 1920, p. 23 et 24.

40 Prieur, Muriel, « "Consolatrix Afflictorum : Étude stylistique et iconographique », art. cité, p. 28.

ne fait aucun doute que les madones ainsi parées devaient produire une impression considérable sur le peuple lors de leurs sorties en procession !

FIG. 3 – Image de Notre-Dame de Luxembourg, gravure colorée sur parchemin de Th. van Merlen (1609-1672) : on y voit les différents attributs de la Vierge ainsi que les bastions de la forteresse luxembourgeoise (à gauche) et la chapelle du Glacis (à droite), © I. Bernard-Lesceux.

Outre son aspect général, Notre-Dame de Luxembourg se reconnaît principalement à la clef suspendue à son bras droit. Elle porte une couronne et tient toujours un sceptre dans la main droite. Ces deux attributs sont clairement les insignes du pouvoir. Ils représentent le règne de Marie sur terre comme au ciel et symbolisent donc le pouvoir de l'Église. L'Enfant Jésus tient dans sa main gauche un globe crucifère, attribut de sa souveraineté sur le monde chrétien tandis qu'il fait un geste de bénédiction de la main gauche. Vêtue d'un large manteau (*Schutzmantelmadonna*[41]), la *Consolatrix Afflictorum* symbolise la mère protectrice, abritant ses ouailles sous son manteau déployé. Elle est également ornée de colliers. Parmi eux, il y a plusieurs distinctions honorifiques renvoyant à des ordres prestigieux : le collier des chevaliers de Saint-Antoine, un fragment de la croix de l'ordre du Saint-Esprit et le collier de l'ordre de la Toison d'or ayant appartenu à Jean-Frédéric, comte d'Autel, gouverneur du duché de Luxembourg de 1700 à 1713 et issu d'une famille de l'ancienne noblesse luxembourgeoise. On le voit sur Notre-Dame depuis la fin du XVIIIe siècle. À partir de 1866, le bras droit de la Vierge arbore également le cœur en or que lui offrirent les servantes de la Ville haute le 2 juillet de cette année pour le bicentenaire de son élection. Le voile qui descend de la couronne est le symbole de la pureté. Elle porte également une perruque de cheveux ondulés qui lui tombent jusqu'aux épaules.

CONCLUSION

Même si la dévotion mariale à Luxembourg existait déjà au Moyen Âge puisque la chapelle castrale du comte Sigefroid de Luxembourg (Xe siècle) était dédiée à la Mère de Dieu, Notre-Dame de Luxembourg est un culte construit *ex nihilo* par les jésuites à son origine mais rapidement assimilé par la population, culte qui a renforcé la cohésion politique et sociale du temps des archiducs Albert et Isabelle jusqu'à aujourd'hui.

---

41 Hellinghausen, Georges, « 350 Jahre "Patrona Civitatis" – Die Stadtpatronin in der Ikonografie », *Nos cahiers*, n° 1, 2016, p. 29-38.

La Compagnie de Jésus fut, dans les Pays-Bas espagnols, une très énergique promotrice du culte marial comme instrument d'évangélisation et de conversion. En ces lieux, les statues ou images mariales ont été à l'origine de véritables déluges miraculaires : la Vierge soigne et console. C'était le terrain idéal pour entreprendre un travail de conversion des cœurs et travailler – en ces terres de frontières confessionnelles – à la construction d'une forte identité catholique contre les menaces protestantes[42]. Ce fut le cas de la *Consolatrix Afflictorum* devenue, par le biais de son rayonnement dépassant les frontières du Grand-Duché, un véritable lieu de mémoire de la culture luxembourgeoise, à la base d'une dévotion populaire profonde et d'une religiosité culturelle très importante au sein de l'espace lotharingien.

Isabelle BERNARD-LESCEUX
Musée en Piconrue de Bastogne

42 Delfosse, Annick, « Notre-Dame de Consolation au Luxembourg », art. cité, p. 220.

NOTRE-DAME LIBÉRATRICE, UNE RÉPONSE AU VŒU DE LOUIS XIII ?

La Franche Comté, ou comté de Bourgogne, terre du Saint Empire Romain Germanique, est déposée par Charles Quint dans la corbeille de son fils Philippe II d'Espagne. Au XVIe siècle, la région bénéficie d'une position théorique de neutralité par convention internationale, une sécurité vis-à-vis de son puissant voisin la France.

Au XIVe siècle, après l'éphémère rattachement de la Franche-Comté au royaume de France de 1295 à 1322 tout en restant terre du Saint-Empire Romain Germanique, le mariage de Jeanne III de Bourgogne avec Eudes IV duc de Bourgogne en 1318 scelle le destin des deux Bourgognes. À la mort de Charles-le-Téméraire le 5 janvier 1477, Louis XI envahit toutes les possessions de sa filleule Marie de Bourgogne qui contracte alors mariage avec Maximilien de Habsbourg[1] le 21 avril de la même année avec qui elle eut deux enfants, Philippe et Marguerite. Le traité de Senlis du 23 mai 1493 confirme la rétrocession de la région à ses souverains légitimes, l'archiduc Philippe-le-Beau, car le roi de France Charles VIII a épousé Anne de Bretagne et ne peut plus respecter le contrat avec sa promise Marguerite d'Autriche. La région constitutive de la dot initiale tarde à être évacuée.

Les troupes occupantes françaises sont repoussées par les milices locales hors de la région notamment par la bataille de Dournon du 17 janvier 1493[2], à proximité de la ville de Salins-les-Bains. Pour célébrer cette fin d'occupation très impopulaire, l'oratoire en dehors des murs voué à la déploration de la Vierge Marie reçoit la dédicace de la victoire sous le titre Notre-Dame de la Délivrance ou Libératrice.

---

1 Bogdan, Henry, *Histoire des Habsbourg : des origines à nos jours*, Paris, Perrin, 2005.

2 Pidoux de la Maduere, André, *Mémoire sur les origines et l'histoire du culte de la très sainte Vierge sous le vocable béni de Notre-Dame Libératrice, patronne de Salins et de la Franche-Comté et sur les anciens monuments liturgiques et iconographiques de ce culte*, Dole, Courbe-Rouzet, 1912 ; Robin, Léon, *Notice sur la Dévotion à Notre-Dame-Libératrice de Salins*, Lons-le-Saunier, Gauthier, 1854.

Le tableau de l'oratoire est rapporté *intra muros* lors des préparatifs des temps de guerre au XVIIe siècle dans l'église Saint Anatoile. La peinture de l'oratoire pourrait être celle représentant Vierge Marie déplorant le Christ mort d'après un prototype italo-flamand[3], initié par le peintre italien Taddeo Zuccaro et conservée dans l'église Saint-Anatoile. Plusieurs petites cérémonies sont citées dans des comptes rendus municipaux de l'époque dans les cités voisines.

Terminant le siècle d'or comtois de paix et de prospérité que constitue le XVIe siècle, Henri IV décide de déclarer la guerre le 17 janvier 1595 à Philippe II d'Espagne, accusant son adversaire d'un soutien officieux à la ligue.

Les troupes françaises envahirent la Comté. Les actes de résistance de cette guerre sont restés bien ancrés dans le souvenir[4] des populations comtoises. Malgré l'intervention des armées espagnoles, ayant pour effet de réactiver le conflit sur le sol comtois, les opérations durent jusqu'au 2 mai 1598, date de signature du traité de Vervins[5]. Le 6 mai 1598, Albert d'Autriche, gourverneur des Pays-Bas méridionaux et de la Franche-Comté épouse Isabelle fille de Philippe II qui reçoit en dot la souveraineté partielle sur ses territoires en cas de descendance, dans le cas contraire le retour à la couronne espagnole, ce qui fut le cas en 1621 au décès de son époux.

Le 23 mai 1618, l'épisode de la défénestration de Prague est l'événement retenu pour le début du conflit majeur de la guerre de Trente Ans, entre catholiques mené par l'empereur Habsbourg et protestants, dans le Saint Empire.

Terre préservée du conflit jusqu'en 1631, le sort de la Franche-Comté vit alors son avenir s'assombrir de jour en jour jusqu'à la déclaration de guerre de la France à l'Espagne le 19 mai 1635 ; la France dans un premier temps ne chercha pas à envahir le pays et garantit les clauses de neutralité et ce malgré quelques escarmouches, mais l'ordre royal du 7 mai 1636 indiqua la volonté de réparer les infractions constatées[6].

---

3 *Peintures flamandes des églises comtoises : XVIe-XVIIe siècles : Franche-Comté*, Service de l'Inventaire Direction régionale des Affaires culturelles, Besançon, Asprodic, 1999.

4 Bousson de Mairet, Emmanuel, *Le Capitaine Morel, dit le Prince, ou le siège d'Arbois en 1595*, Arbois, Javel, 1836.

5 Labourdette, Jean-François, Poussou, Jean-Pierre et Vignal, Marie-Catherine, *Le Traité de Vervins*, Paris, Presses de l'université de Sorbonne, 2000.

6 Louis, Gérard, *La Guerre de Dix Ans*, Paris, Presses universitaires de Franche-Comté, CID, 2005.

Ainsi commençèrent les opérations sur le sol comtois et les troupes françaises firent face à une forte résistance. Après l'échec du siège de la capitale Dole durant l'été 1636, et une incursion des troupes du roi d'Espagne en Bourgogne, les troupes françaises optèrent pour une stratégie de terre brulée amenant dévastations, massacres, maladies et famines. L'année 1639 est « la plus funeste et tragique que la Franche-Comté ait eu[7] » suite à des incursions dans la montagne autrefois préservée des combats. C'est dans ce contexte qu'apparait la grande dévotion à Notre-Dame Libératrice de Salins-les-Bains.

L'édit de consécration de la France à la Vierge Marie est antérieur, le vœu fut signé le 10 février 1638 par Louis XIII, et il eut un grand retentissement dans le royaume de France en plein conflit. Gérer les affaires du royaume vis-à-vis du monde extérieur dans le seul intérêt de la France est la politique choisie par le roi Louis XIII et son premier ministre Richelieu, affirmant la supériorité de la raison d'État, tout en exprimant une universalité de l'allégence au ciel par la Vierge Marie mère du Christ[8].

Cet aspect politique fut concrètement appliqué en Franche-Comté en décidant d'anénantir le territoire à partir de 1636. L'ordre universel des États avait atteint ses limites en cherchant par la force d'inclure un territoire qui s'y refusait.

En dehors des préoccupations politiques, l'aspect religieux de cet édit, n'en est pas moins fort : cet acte solennel d'un édit de consécration à la Vierge Marie du Royaume[9] ancre durablement les positions françaises du catholicisme au plus haut niveau de l'État, tout en conservant une minorité protestante protégée par l'Édit de Nantes d'Henri IV.

Ce document précise une position théologique proche de l'École Française de Spiritualité. La guerre avec des alliés protestants contre des catholiques Habsbourg nécessite une proclamation de croyance religieuse sans ambiguité d'une royauté qui pense détenir son pouvoir de Dieu.

---

7 Girardot de Nozeroy, Jean, *Histoire de Dix ans de la Franche Comté de Bourgogne*, Besançon, J. Chrestin, 1651. Le terme Franche-Comté remplace celui de Bourgogne qui jusqu'à la conquête est aussi utilisé pour dénommer le territoire en souvenir du royaume de Bourgogne englobé en 1033 dans le Saint Empire Romain Germanique.

8 Tricoire, Damien, *La Vierge et le Roi, politique princière et imaginaire catholique dans l'Europe du XVIIe siècle*, Paris, Presses universitaire Paris-Sorbonne, 2017, p. 185-227.

9 Laurentin, René, *Le Vœu de Louis XIII passé ou avenir de la France*, Paris, François-Xavier de Guibert, 2004.

L'acte survient après un épisode de grands dangers pour la France suivi d'un retournement appelant le succès. La prise de Corbie du 7 août 1636 permet une menace directe sur Paris. Cet épisode n'a pas eu d'impact grâce à la défaite des impériaux à Wittstock le 4 octobre et la reprise de la cité picarde le mois suivant.

En 1638, Anne d'Autriche est sur le point d'accoucher au moment de la proclamation, c'est donc dans un contexte d'actions de grâce en espérant conforter une situation périlleuse que Louis XIII prononce ce vœu de consécration à la Vierge Marie. Il constitue un appel en faveur de la cohésion du royaume et de l'unité de la France.

En 1637 l'issue du conflit reste incertaine[10], la France cherche à confirmer les progrès des opérations militaires. C'est dans ce contexte que Louis XIII décide de vouer la France à la Vierge Marie, solennellement en signant le texte le 10 février 1638, après plusieurs mois de préparation. Ces lettres patentes correspondent plus à une action de grâces, dans le but de démontrer la force française et d'obtenir la paix.

En Franche-Comté, au même moment, la politique de terre brulée choisie par la France est strictement appliquée par le camp français et ses alliés qui dévastent alors tout le pays au cours de trois campagnes en 1637 menées par Longueville. À partir du 13 janvier 1639[11], l'arrivée des alliés protestants appelés localement les « suédois » dirigés par Bernard de Saxe-Weimar provoque la terreur, en détruisant les zones de montagne souvent sauvegardée dans le passé et base ultime de repli. Dans les premiers jours de février 1639, les troupes françaises redescendent des hauts plateaux et menacent la capitale économique de la Comté Salins-les-Bains.

La consécration par Louis XIII[12] est le résultat d'une fervente piété dont les premiers signes en faveur de Marie sont perceptibles le 26 octobre 1632 pour l'inauguration de la chapelle des pénitents bleus de Toulouse. En juillet 1637 chez les minimes d'Albertville, le roi promet une lampe perpétuelle à la cathédrale de Paris.

---

10 Krumenacker, Yves, *La Guerre de Trente Ans*, Paris, Ellipses, 2008.

11 Louis, Gérard, *La Guerre de Dix Ans*, *op. cit.*

12 La dévotion des rois de France à la Vierge Marie trouve son origine dès le début du XVIIe siécle, Louis XIII a le long de toute sa vie des marques de pétié marquées, notamment en faveur de la Vierge Marie. Une image dans un livre-répertoire de gravure figure sur la première page au-dessus du titre sur les représentations du saint Sacrement, Henri IV et son épouse orant la Vierge Marie les couronnes déposées à ses pieds : Bibliothèque Municipale de Lyon.

Si la naissance de Louis XIV est souvent retenue comme le résultat du vœu, il n'est pas mention de la volonté d'obtenir un héritier. Dans le texte de la déclaration, le roi met en garde les possibles dangers qui peuvent survenir. C'est un moyen de resserrer l'unité du royaume afin de rassurer les catholiques majoritaires du royaume, du conflit contre la puissance catholique espagnole. Lors de sa déclaration, Anne d'Autriche attend un enfant ; ce n'est pas la première grossesse de la reine mais c'est la première qui a passé la période fragile des fausses couches. Toute allusion à la future naissance est évitée. Par la suite il y a aura de nombreuses images de dévotion de la famille royale à la Vierge Marie.

Notre-Dame Libératrice n'apparaît pas dans le même climat, c'est au contraire pour rassurer et conforter une population effrayée par une guerre sans merci. L'année 1636 a été rude pour la Comté à cause d'épisodes de guerre totale. Après les victoires espagnoles, les français ont retrouvé une position plus favorable, le conflit a une issue incertaine particulièrement en Franche-Comté. C'est donc une région affaiblie, terrorisée par les affres de la guerre que survient ce vœu. Il n'est pas issu des souverains de la Comté, ou des autorités de gouvernance, ni des autorités écclésiastiques mais d'un théologien local.

En choisissant cette évocation du signe de l'expulsion des français en 1493, le religieux redéfinit cette dévotion en lui apportant un sens précis que nous pouvons distinguer au travers des images établies par ses prescriptions précises, conforté par les comptes-rendus de ses visites[13] dans d'autres lieux pour instituer la dévotion à Notre-Dame Libératrice. Par la suite, le livret d'un autre religieux, le Père Fau, édité en 1644, dont nous n'avons à l'heure actuelle aucune trace factuelle des liens entre les deux religieux, va dans le même sens.

À l'origine, l'Abbé Pierre Marmet (1584-1654) demanda aux édiles le 9 février 1639[14] le droit d'organiser une grande procession en faveur de Notre-Dame Libératrice, et d'instituer une fête spécifique le jeudi qui suit la fête de Pâques. Le danger écarté, deux vœux supplémentaires complètent la dévotion : un en juillet 1639 contre la peste, la ville fut déjà touchée par le fléau en 1637, vœu qui fut exhaucé et recompensé par l'édification d'une chapelle provisoire, un troisème vœu contre la

13 Archives municipales de Gray, visite du père Marmet.

14 Archives Départmentales du Jura, archives municipales de Salins-les-Bains, délibérations du 9 février 1639, 13 et 21 juillet pour le second vœu.

famine en février 1642, avec la promesse de la réalisation d'une image spécifique. Devant tant de réussite, la dévotion prend de l'ampleur dès 1639. L'archevêque accorde son soutien, en l'assimilant à l'Immaculée conception auquelle la région est vouée en 1643.

Ce prêtre intellectuel[15] a un cursus complet : issu de la bourgeoisie salinoise alliée à la famille de Balthazard Gérard[16], sa formation débute chez les jésuites de Dole et se poursuit par un diplôme de la même université. Ce prêtre exerça ses premières missions dans la maison de l'Oratoire à Poligny nouvellement fondée, puis devint secrétaire de l'évêque de Fribourg Jean de Watteville. En 1624, il renonça au monde pour devenir moine cistercien à Mont-Sainte-Marie qui le nomme rapidement responsable d'établisssements dépendant de la prestigieuse abbaye, directeur d'un séminaire à Dole et prieur d'un petit prieuré-hospice à Salins-les-Bains. Enseignant expérimenté, il fut en charge d'enquète sur les manifestations du démon dans le diocèse et conserve une attitude très pragmatique sur les phénomènes qui lui sont soumis[17], il professe des positions modérées et démontre une grande connaissance des saintes écritures[18] mais ne nous aurait laissé aucun écrit.

Dans le contexte salinois, la préoccupation du fondateur fut de rassurer une population désorientée et réaffermir la cohésion de la cité face aux dangers menaçants.

Le Père Marmet refonde une expression de piété issue d'une représentation d'une *Mater Dolorosa* liée à un épisode historique pour lui donner un caractère plus contemporain. La référence de la bataille de 1493 n'a pas de lien direct avec la nouvelle dévotion si ce n'est le souvenir d'une victoire comtoise. Dans l'image que l'abbé Marmet a dirigé, les éléments constitutifs sont définis avec modernité : la Vierge Marie est représentée en reine du ciel portant l'Enfant Jésus, comme une autorité supérieure à toute vie terrestre, au dessus des symboles des armées dans le paysage salinois.

15 Pidoux de la Maduere, André, « L'Abbé Marmet », *La semaine catholique de la Suisse française*, 48e année, 1919, p. 98.

16 Balthazar Gérard assassine Guillaume d'Orange le 10 juillet 1584.

17 Procès de sorcellerie au château de Balançon de Thervay : Rochelandet, Brigitte, *La répression de la sorcellerie au XVIe et XVIIe siècles : contribution à l'analyse du phénomène en Franche-Comté*, thèse de Doctorat de l'université de Franche-Comté, 1992.

18 Le dernier confesseur de l'Abbé Marmet précisera dans une lettre à l'Abbé Chifflet supérieur de l'abbaye de Balerne l'attachement du prédicateur à combattre le jansénisme qui est devient une crainte constante de la région à la fin du XVIIe siècle.

Le renouveau de la piété en faveur de la Vierge Marie s'est concrétisé depuis le début du siècle par de nombreux pèlerinages[19] en faveur de la Vierge Marie, d'anciens sont réactivés, dévotions traditionnelles médiévales, Notre-Dame de Mont-Roland, Notre-Dame de Consolation, et d'autres sont créés, notamment à partir des statuettes de Notre-Dame de Montaigu[20], Notre-Dame de Mièges, Notre-Dame de Gray, ou encore des apparitions de la Vierge Marie dans un arbre comme à Notre-Dame[21] de Clucy sur la ville de Salins-les-Bains.

Un livret de 72 pages est publié à Munich en 1644, il n'est pas rédigé par le fondateur[22] et les liens avec l'auteur officiel, le minime Jean-Nicolas Fau, ne nous sont pas connus. Ce qui incite à nous interroger sur les conditions de l'écriture des textes, est-ce une réalisation collective ou une simple mise en forme par un autre écclésiastique afin d'éviter une personnalisation trop marquée de la nouvelle dévotion ? Ces questions sont sans réponses et nous devons considérer le père Fau[23], comme auteur du fascicule.

L'accent de ces écrits oriente le lecteur vers la libération que la Vierge Marie a permis par son rôle de mère du Christ libérateur des hommes. L'amour de Jésus vis-à-vis de ses parents lui octroie une position de vénération particulière. Subissant la passion du Christ, elle est l'exemple du courage face à l'adversité et elle seule peut intervenir à bon escient grâce à son expérience. Les guerres sont les expressions de la manifestation du mal et leurs effets peuvent être atténués par les actions de la créatrice du bien sur terre. Plusieurs tableaux de Nicolas Richard présentent le bras de Notre-Dame Libératrice saisissant celui de Dieu le Père qui lance les maux sur la terre, transportés par des éclairs[24].

---

19 Le miracle de la sauvegarde de la Sainte Hostie en 1608 a un grand retentissement : *Le miracle de Faverney (1608) : l'eucharistie : environnement et temps de l'histoire*, Besançon, Annales littéraires de l'université de Franche-Comté, n° 34, 2010.

20 Delsalle, Paul, « La diffusion en Franche-Comté des statuettes de la Vierge de Montaigu », *La dévotion mariale de l'an mil à nos jours*, Arras, Artois Presses université, 2005, p. 99-124.

21 Ryon, Jean-François, « Notre-Dame Libératrice », *Splendeurs Baroques*, catalogue d'exposition, Arbois, Musée Sarret de Grozon, p. 104-113.

22 Fau ou Faggio, Jean-Nicolas, *S. Maria Liberatrix. Causa nostrae laetitiae. Seu pacifica poësis, cantans officium parvum S. Mariae liberatricis*. Monachii, haeredes Cornelii Leysserii, 1644.

23 Un autre ouvrage écrit par le père Fau décédé en 1655 (l'Abbé Marmet décède en 1654), Fau, Jean-Nicolas, *Florida corona boni militis, seu encomia P. Gasparis Boni ord. Minimorum provincialis*, Monachii, 1652.

24 Delsalle, Paul, « La diffusion en Franche-Comté... », art. cité.

L'ouvrage présente tous les moyens utilisables de piété à chaque moment de la journée pour être sur le chemin de la rédemption, un accompagnement indispensable dans la vie quotidienne pour chaque moment. Le père Fau entrecoupe la journée par des moments de piété aboutissant à pratiquer une piété pure, constante et permanente ; celle-ci étant un solide rempart contre les affres de la vie. Bouclier contre l'hérésie, la permanence de la bonne tradition est une preuve de la force et évite les dangers des innovations.

Les gravures du livret sont l'œuvre de Joan Sadeler II reprenant dans le premier feuillet l'image traditionnelle, les suivantes illustrent les trois vœux, dont un tableau conservé à Morteau s'en inspire en constituant un *unicum*.

Plusieurs gravures répondent aux vœux contre la famine, contre la peste sous les traits d'une hydre-dragon à plusieurs têtes, illustration des forces du mal. La pensée véhiculée du livret consiste à présenter la guerre comme une punition permise par Dieu. Les maux de la guerre sont représentés sous les traits d'un dragon, une hydre à plusieurs têtes qui apporte la peste, référence au culte romain de la basilique romaine dédiée à Notre-Dame libératrice, victoire de la Vierge Marie contre un dragon.

La dernière gravure de Sadeler du livret montre la Vierge Marie assise sur un trône, victorieuse, sous un dais accompagnée de saint Joseph, à ses pieds différents rois ont déposé leurs couronnes, en simples orants, tous égaux.

En 1640 les délibérations de la ville de Dole[25] nous renseignent sur des contacts auprès de l'Abbé Marmet pour l'établissement d'une image de la dévotion ; très vite il apparaît que le théologien souhaite déterminer une iconographie précise en 1642. Il est mentionné à plusieurs reprises qu'il se déplace avec l'image ainsi créée. Le panneau peint conservé à Dole[26] semble être la représentation la plus ancienne conservée et peut-être l'original. Il se divise en plusieurs registres qui seront maintes fois répétés dans une vingtaine d'exemplaires conservés.

Seul un tableau attribué à Nicolas Richard[27] nous présente dans la partie inférieure du tableau une autre disposition avec la présence d'un

25 Archives Municipales de Dole, registre des délibérations, 1640, cote 815 : marché entre la ville de Dole et le peintre Philippe Richard pour un grand tableau de Notre-Dame Libératrice.

26 Propriété de la fondation des Orphelins, déposé au musée municipal des Beaux-arts de Dole.

27 Ryon, Jean-François, « Un tableau inédit de Notre-Dame Libératrice », *Barbizier*, n° 37, Besançon, 2013, p. 67-71.

soldat habillé à la romaine qui se redresse, à proximité d'un cadavre et d'un drapeau rouge et blanc. Est-ce une allusion à la résurrection ? il semble que ce personnage puisse être saint Maurice d'Agaune, évocation du symbole du soldat de Dieu. En haut du tableau, le bras de la Vierge Marie détourne le bras de Dieu le Père qui lance les maux sur la terre par des traits d'éclairs de foudre. Cette image correspond à une interprétation personnelle du peintre et peu conforme aux prescriptions de l'Église.

Il est vrai que le livret insiste sur le fait que la guerre serait une punition divine. Dans un autre tableau du même peintre il reproduit ce geste très peu conforme des lancers d'éclairs par Dieu sur les armées, que Notre-Dame Libératrice permet de dévier de leur course en saisissant le bras du créateur.

S'il n'y a pas de mentions des belligérants dans le livret, la position des images voulues par l'Abbé Marmet présente Notre-Dame Libératrice au dessus des armes, ce qui en fait un emblème insolite et unique. La grande majorité des images et des statues sont conformes au modèle déterminé par l'Abbé Marmet. La Vierge Marie détient seule le sceptre de l'autorité, signe de royauté avec la couronne, dans le paysage de Salins-les-Bains ou dans les lieux de création du tableau.

Ces tableaux sont majoritairement basés sur une répartititon binaire qui structure toute la peinture, les deux armes croisées sous le bouclier, puis la palme et le rameau d'olivier, le paysage de Salins-les-Bains avec les deux grandes collines environnantes, et les deux anges tenant le philactère, représentation du bien et du mal.

Dans tous les tableaux[28], la Vierge Marie « Reine du ciel » est couronnée par une couronne comtale, vêtue d'une robe ceinte par une ceinture à la taille qu'un manteau entoure en revenant en tablier, tenant du bras droit un sceptre, et de l'autre l'Enfant Jésus. Le Christ bénit les spectateurs en tenant de l'autre main un rameau d'olivier et une palme du martyre. La sainte femme est debout, un genou fléchi, sur un bouclier sous lequel sont disposés les armes croisées des belligérants, le drapeau blanc des Bourbons, celui rouge des Habsbourg en symétrie, à l'arrière la ville de Salins-les-Bains se déploie entre ses deux collines, dans le ciel deux anges tiennent un philactère « *causa nostra laetitiae* » accentuant

28 Le tableau le plus ancien serait le panneau peint de Dole de la fondation des Orphelins, peut être l'original.

l'aspect binaire du tableau. L'exemplaire dolois est celui qui nous semble le plus ancien et correspondre à l'image créé par Pierre Marmet.

La composition de la Mère et son Enfant ont des points communs avec la statue de la Vierge de l'Apocalypse de la cathédrale de Munich[29] créée en 1590 : même geste de bénédiction de Jésus, position de Marie debout, le genou droit plié. Le groupe sculpté munichois est disposé en 1638 sur une colonne au centre de la ville par la volonté du duc Maximilien au moment de déclarer la Vierge Marie patronne de la Bavière. En 1641, quatre *puti* sculptés par Ferdinand Murmann[30] munis de boucliers contre les fléaux de la guerre, de la peste, de la famine et de l'hérésie viennent compléter le monument. Est-ce la source de la présence d'un bouclier, dans l'image comtoise créée l'année suivante ?

Le bas de l'image parait plutôt inspiré d'une gravure d'Étienne Delaune[31] sur une allégorie de la Victoire. La présence d'un bouclier n'est pas sans rappeler le récit de Pierre de Boissat (1556-1613), toujours présent dans les bibliothèques comtoises, au sujet des guerres entre Rhodes et les Turcs en 1480[32]. Le grand maître de l'ordre de Saint-Jean de Jérusalem se sentant menacé pendant les combats demanda l'intercession la la Vierge Marie qui apparut aux combattants avec une croix d'or, un bouclier et une lance.

La chapelle définitive à plan centré sera construite de 1644 à 1659 probablement grâce à l'appui logistique des pères jésuites. La construction n'a pas d'équivallent dans la région et possède une grande proximité avec des édifices jésuites flamands. N'obtenant pas sa gestion, les jésuites disparaissent des textes vers 1650 et la présence de l'architecte suisse Jean-François Ryeff permet l'hypothèse de son intervention pour la fin du chantier. Au-devant de l'édifice est disposée une statue en plomb du sculpteur comtois Jean Vuillaume.

Le retable est construit après la mort de l'Abbé Marmet ; la communauté salinoise choisit la dédicace de l'Assomption de la Vierge[33] avec les statues des saints martyrs de Besançon Féréol et Ferjeux. Est-ce un refus de l'appopriation française du vœu de Louis XIII avec la fête du quinze août, ou bien le signe d'une volonté de la banaliser ?

29 Bled, Jean-Paul, *Histoire de Munich*, Paris, Fayard, 2009.

30 Munich Mariensäule.

31 Musée du Louvre, documentation sculpture.

32 Boissat, Pierre de, *Histoire des chevaliers de l'ordre de Saint-Jean de Jérusalem*, Lyon héritiers de G. Roville, 1611-1612.

33 *Splendeurs Baroques*, *op. cit.*, n° 20.

L'allure générale de Notre-Dame Libératrice en statue ou en image est toujours altière, c'est l'autorité du ciel supérieure au monde terrestre. Il n'y a pas de référence au pouvoir politique, à l'inverse de la déclaration du vœu de Louis XIII qui mélange aspects politiques et doctrinaux. Le roi proclame sa volonté de paix et dénonce les actions impies des autres belligérants, justifiant la nécessité de la déclaration de guerre.

Du point de vue théologique c'est donc bien la Providence qui a stoppé les ennemis de la France, référence à l'arrêt d'un retournement militaire, récent et fragile. La proclamation constitue un acte de foi, adressé à Dieu (la sainte Trinité) la consécration de toute chose, et affirme un théocentrisme.

La Vierge Marie est une des composantes de la médiation entre l'homme et Dieu, Dieu s'est fait homme par le Christ qui a été conçu par la Vierge Marie médiatrice où une partie du mystère de Dieu s'est exprimé. Ces signes fondateurs se distinguent par la Vierge Marie et la Croix, qui sont décrits comme la rédemption des hommes rachetés par le Christ sur la croix dont la Vierge Marie est témoin, de la mort de son fils et comme de sa naissance. Le texte précise « tous ceux qui seront victimes aux prises avec les dures contraintes, la Bienveillante Mère les tirera de là », l'intervention mariale est donc quasi directe. L'essentiel de l'ouvrage évoque les difficultés de la vie où, à chaque moment, l'appel à la Vierge Marie permet de soulager le croyant de ses angoisses par sa protection. C'est un appel à une piété sincère et simple, la Vierge Marie étant la personne par laquelle Dieu s'est manifesté sur terre, sa place est donc unique.

La sainte mère de Jésus est l'expression de la paix par ce qu'elle a enduré et subi, en acceptant sans révolte la succession des événements, associant sa vie avec une forme de résignation que nous ne retrouvons pas dans le texte. Il y a là un aspect contradictoire d'espérer la paix en refusant la guerre, car cette dernière est décrite comme l'œuvre des actions du mal ; comment l'éviter ? Accepter les maux des conflits a des conséquences que beaucoup subissent, la seule rédemption possible est l'intervention de la protection mariale qui constitue le message de la Libératrice. La question d'une responsabilité collective n'est pas abordée. La population est-elle victime des choix des souverains ? Cette évocation d'un espoir de règlement du conflit n'est pas à l'ordre du jour en Comté en 1639 au moment de sa création mais de la rédaction du livret en 1644.

La dévotion présente le rôle de Dieu dans la guerre. La victoire, qui est l'expression du plus fort, n'est pas forcément le signe de la victoire du bien. Les conséquences des interventions des puissance maléfiques et des imperfections humaines peuvent être néfastes et aboutir à de mauvais résultats. En pratiquant le bien, en implorant la protection de la Vierge Marie, c'est le libre-arbitre de chacun qui est essentiel pour espérer une action salvatrice individualisée.

Si le texte du vœu de Louis XIII n'insiste pas sur l'origine du pouvoir royal, il précise le but d'une bonne politique royale, le bien être de la France et vaincre ses enemis.

D'où le tableau de Philippe de Champaigne réalisé dès 1638, choisi par le roi[34], qui montre la Vierge Marie dans une position proche de Notre-Dame des 7 douleurs, tenant à ses pieds le Christ mort. Louis XIII en habit de sacre tient sa couronne et son sceptre qui concentre l'axe du regard de la Vierge. Ce geste est un juste retour des bienfaits de Dieu, et pour l'observateur le lien direct qui unit un roi avec Dieu dans ces deux acceptions possibles, le pouvoir reçu et la soumission au créateur. En effet si les commentateurs voient le don de Louis XIII à cause de ses symboles royaux, le geste peut aussi être interprété comme une évocation du pouvoir royal reçu du créateur par l'évocation du sacre, le peintre retenu place le roi très proche du Christ dans un plan quasi identique.

Le livret de Notre-Dame Libératrice évite toute évocation du pouvoir politique, à la différence des images, où la Reine du ciel a une autorité supérieure sur terre.

L'allégorie de la victoire de Notre-Dame Libératrice démontre la supériorité du monde céleste qui après toute vie a le pouvoir de la vie éternelle. C'est donc par la seule volonté des individus qu'ils se mettent sous sa protection et non le résultat d'une répartition de la grâce divine. Les deux pouvoirs royaux sont à égalité et aucun lien direct n'est évoqué entre le pouvoir temporel exercé et le pouvoir spirituel. Les conséquences de cette conception semblent être bien éloignées des conceptions françaises. La victoire des armes n'est pas le signe du bien-fondé des opérations.

Le Christ tient un rameau d'olivier, symbole de paix et d'espérance. Les forces du bien travaillent pour ce résultat. L'Enfant Jésus a aussi dans sa main la palme du martyre, ce qui est un peu surprenant car cet

34 Simon Vouet a réalisé un tableau du même thème qui ne sera pas retenu, et une autre version postérieure, ainsi que Claude Vignon.

élément pose l'interprétation de la nature de Jésus, est-ce un homme sur la terre comme tous les saints, ou le caractère divin est-il supérieur, prolongement de Dieu sur terre qui par le verbe incarné s'est fait chair. Il y a là une légère confusion dans la représentation, la palme des martyrs ne peut servir au Christ sauveur des hommes. Le livret ne fait aucune référence à aucun autre théologien, ce sont des louanges à La Vierge Marie, seule personne pouvant comprendre la souffrance des populations face aux affres de la guerre. Quand il y a l'expression d'une vraie foi confortée par des actes purs et bons dans un quotidien simple, à tous les moments de la vie, son soutien peut être efficace, résume le texte écrit par le minime Fau. Il ne comporte aucun appel à la multiplication des lieux de culte et de l'extériorisation de la foi.

À l'opposé le vœu de Louis XIII implique des réalisations physiques, le roi de France s'engage à réaliser un grand autel sur ce thème à la cathédrale de Paris et enjoint les évêques à dédier dans toutes les églises une chapelle à la Vierge Marie. La peinture de Philippe de Champaigne a eu un succès esthétique mais pas populaire, la plupart des gravures postérieures présentent le roi de France et la famille royale non plus devant une Vierge de douleurs mais une mère heureuse tenant dans ses bras l'Enfant dans les nuages. Cette image traditionnelle ne répond pas à toutes les aspirations du siècle et même si elle est conforme au texte du vœu et à sa doctrine, elle ne correspond pas au besoin de la poursuite du salut de la contre-Réforme. La déploration du Christ mort par la Vierge Marie illustre la soumission des hommes à la volonté de Dieu, par crainte du jugement dernier.

Notre-Dame Libératrice implique une position plus active des hommes en partant de la responsabilité collective des hommes avec la possibilité d'inflexion individuelle des situations. En mettant les armées sur le même pied et en indiquant la supériorité du ciel sur la terre, il semble évident que ni le père Marmet, ni le minime Fau n'ont peut-être maîtrisé toutes les conséquences et les déductions possibles de l'image et du texte.

Cette position plus individuelle et plus active de l'individu se situe clairement à l'opposé des conceptions de la prédestination perçues par les protestants. En insistant sur la Vierge Marie et ses possibles interventions, la piété et les actes peuvent remporter l'intervention divine. Pour obtenir miséricorde, il est nécessaire de s'analyser, de faire pénitence, de s'amender afin d'obtenir la redemption. Ce catholicisme triomphant met l'accent sur la foi, avec un choix personnel de se mettre ou non sous la protection divine. Le libre arbitre des personnes est donc essentiel, comme l'a vécu saint Philippe Neri fondateur de la congrégation de l'Oratoire, à laquelle l'abbé Marmet a participé dans sa jeunesse par la création d'une maison à Poligny. Le fondateur de l'Oratoire a vécu à Rome invoquant une foi affective où c'est la vie de l'âme qui compte et la conquête du Salut. Tout a une valeur identique, pour les chrétiens, y compris celles des rois. Le pouvoir royal doit s'exercer dans l'humilité ; c'est une position commune aux deux théologies, à une nuance près : côté français, c'est un roi pourvu du sacre. Dans le livret du minime Fau, les actes, les pratiques rendent possibles les exercices de piété en vue d'une sollicitation rédemptrice la plus constante possible afin obtenir une libération de cette nature humaine imparfaite, tourmentée par la folie humaine des guerres. En cela la Vierge Marie est la personne la mieux placée pour obtenir cette délivrance, elle est libératrice. Avec son fils, Marie a permis au monde l'arrivée du sauveur, elle est la reine du ciel car c'est la première des intercesseurs en étant la mère du Christ.

Différentes gravures seront diffusées et la présence d'*ex-voto* dans la chapelle atteste de sa popularité au cours du XVIIIe siècle.

Nous pouvons souligner la justification de la guerre par Louis XIII est basée sur la promotion de la stabilité des États européens voulue par Dieu et que l'Espagne essayerait de la remettre en cause. Cette théorie doit être mise en parallèle avec les aspirations d'expansion territoriale françaises. Les campagnes de la guerre de Dix Ans en Franche-Comté n'ont pas uniquement pour but d'affaiblir l'ennemi, ce type de guerre aurait pu être mené dans d'autres territoires espagnols, mais l'échec des tentatives d'intégration de la Franche-Comté au royaume de France eut des conséquences désastreuses pour le territoire. L'expansion hégémonique vers l'Est est concrétisée en 1648 avec l'annexion d'une bonne partie de l'Alsace par la France. Les Comtois ne s'y tromperent pas et le souvenir de ces années reste marqué dans la mémoire collective avec précision et force au cours des siècles suivants.

Jansénius dans son ouvrage *Le Mars français*[35] condamne fortement la motivation de l'intervention française dans la guerre de Trente Ans.

35 Jansenius, Cornélius, *Le Mars françois ou la guerre de France. En laquelle sont examinées les raisons de la justice prétendue des armes et des alliances du roi de France*, trad. C. Hersent, s. l., 1637.

La guerre ne doit être justifiée que par une cause juste. Le français Saint Cyran précise : « il n'y a rien que de faire servir la religion et la piété à la politique ».

Un nombre conséquent de représentation du Rosaire[36] notamment en Bretagne intègre Louis XIII dans la scène. Nous trouvons un tableau dans l'abbaye de Baume-les-Messieurs qui semble faire de même mais intègre aussi l'empereur au même rang que le pape dans une position supérieure. L'image religieuse devient alors l'expression d'une propagande politique, attestant de l'imbrication de la politique et de la religion durant le grand siècle.

Notre-Dame Libératrice est une iconographie présente dans l'*Atlas Marianus* de Wilhem Gumppenberg publié à partir de 1657[37], elle constitue véritablement une réussite en Franche-Comté à tous points de vue, nombreux sont les pélerinages organisés par les édiles des villes comtoises[38], elle est présente dans les couvents et les abbayes mais on constate un succès relatif en dehors de la région.

À l'heure actuelle, plusieurs mentions en Suisse sont connues dans le canton de Fribourg[39], une statue et un tableau sont conservés sur ce territoire. En dehors de cet état, une seule image est présente dans le département de l'Ain à la limite du Jura pour la période Moderne.

Notre-Dame Libératrice n'a eu qu'un développement local même si nous constatons sa présence dans un canton Suisse. Cette dévotion ne se positionne pas directement en opposition au vœu, elle témoigne néanmoins d'une conception différente des rapports du monde politique et de la religion vis-à-vis de la position française.

Les théoriciens de la Libératrice ont défini par ses images et son livret une vision précise de la guerre, en mettant en situation d'égalité les belligérants, les armes des deux camps sous le bouclier, et la supériorité distincte de la Vierge Marie Reine du monde de l'au-delà, victoire du

36 Mens, Diego, « Donation du Rosaire et le vœu de Louis XIII, anomalie bretonne ou dévotion belliciste », *Regards sur la peinture religieuse* XVIIe-XIXe *siècle*, Arles, Actes-Sud, 2013, p. 148-157.

37 Balzamo, Nicolas, Christin, Olivier, Fluckiger, Fabrice, *L'Atlas Marianus*, Neuchâtel, Alphil-Presses universitaires Suisses, 2015.

38 Archives départementales du Jura, action de grâces en 1668, série G, cote 935. Série H, dépôt archives hospitalières non inventorié sites de Nozeroy, Arbois, Lons-le-Saunier.

39 Ryon, Jean-François, « Les Représentations de Notre-Dame Libératrice », *Travaux de la S.E.J. 2007*, Lons-le-Saunier, 2008.

bien sur le mal. L'abbé Marmet transforma un souvenir, le remerciement d'une bataille, en véritable dévotion modernisée, Notre-Dame libératrice.

L'image guerrière est peut-être ce qui a été retenu par les populations étrangères, car les guerres de conquète de Louis XIV, celle de Dévolution en 1668 et la dernière en 1674 ont scellé le destin de la Franche-Comté. Les victoires de la guerre de succession d'Espagne en 1710 ont un effet direct sur les populations comtoises qui s'élancent dans des reconstructions[40] de masse sans précédent. Notre-Dame Libératrice continue à bénéficier d'un grand succès local même après 1678. En soutenant devant les malheurs du temps la croyance en l'intercession de la Vierge Marie, le fidèle conditionnait son propre avenir dans le monde céleste, la Vierge Marie constituait un rempart efficace pour supporter les insatisfactions des périodes difficiles dans toutes les circonstances. C'est une soumission à la volonté divine mais en agissant pour le bien, par un exercice de piété, la possibilité d'obtenir la grâce divine et maintenir la paix.

A contrario, la conception du pouvoir royal français de droit divin était peu compatible avec une vision plus individuelle où tout souverain n'était pas présenté comme le lien entre Dieu et la terre.

Le roi n'est pas en communication privilégiée avec le ciel pour l'abbé Marmet, les rois se laissent entraîner dans la guerre expression du mal, l'ordre terrestre n'étant pas forcément la marque de Dieu, nous comprenons alors les raisons de l'absence de développement en France. L'intégration de la Franche-Comté à la France se fit très progressivement du point de vue de son administration et dans les esprits comtois. L'audience de Notre-Dame Libératrice se réduisit à la seule ville de Salins-les-Bains après la Révolution.

Jean-François RYON
Conservateur des antiquités
et objets d'art du Jura

40 Ryon, Jean-François, *Aspects de la ville au XVIIIe, l'urbanisme à Lons-le-Saunier de 1711 à 1790*, mémoire de maîtrise d'histoire, 2000, université Lumière Lyon II.

LES REPRÉSENTATIONS MARIALES EN FRANCHE-COMTÉ DU CONCILE DE TRENTE À LA RÉVOLUTION

La publication des actes du concile de Trente dans le diocèse de Besançon eut lieu en 1573, avec des compléments en 1575 ; elle constitue la première borne de cette étude même si l'image est à peine abordée[1], la seconde est déterminée par la Révolution, arrêt brutal de création des œuvres d'art religieux en Franche-Comté comme à peu près sur tout le territoire français. Peu d'articles du concile de Trente (1542-1563) concernent la Vierge Marie spécifiquement, mais ils introduisent une supériorité de la sainte femme sur les autres saints.

La Franche-Comté est au début de l'étude en théorie dans le Saint-Empire-Romain-Germanique, avec comme souverain le roi d'Espagne depuis le partage de Charles Quint entre son fils et son frère. En 1789, c'est une terre française depuis 111 ans. Cette région au cœur de l'Europe a une spécificité religieuse héritée du Moyen Âge : l'archevêché de Besançon constitue un des plus grands diocèses d'Europe, coïncidant dans l'ensemble avec le territoire de la région, débordant sur la zone bourguignonne de la Bresse, et, en extrayant quelques paroisses au Nord, dont Champlitte, et une partie du Sud, avec Saint-Claude et ses alentours, dépendance du diocèse de Lyon. La création du diocèse de Saint-Claude en 1742, sur le territoire de la prestigieuse abbaye ampute autant le diocèse de Besançon que celui de Lyon et ne produit aucun changement perceptible sur ce petit territoire.

Les principaux axes retenus de cette étude sur la dévotion mariale en Franche-Comté, sont basés sur la réalité du terrain : la base Palissy[2]

1 Concile de Trente XXVe session, 1563, second décret : « Ainsi les images dans la peinture et leurs ornements n'auront rien d'une élégance profane provocante ». Saint Charles Borromée précisera dans ses écrits la tenue des églises.

2 http://www.culture.gouv.fr/culture/inventai/patrimoine/palissy (consulté le 09/08/2021).

constitue un échantillon représentatif de la région et un repére quantitatif ; les inventaires les plus exhaustifs des églises ont permis de repérer les objets liés à des sanctuaires précis. Les résultats sont les suivants :

	XVIe s.	XVIIe s.	XVIIIe s.	XIXe s.
Piéta	44	13	3	2 (6)[3]
Nativité de la Vierge Marie	2	3	11	0 (2)
Éducation de la Vierge par sainte Anne	25	8	8	3 (30)
Présentation au temple	0	3	0	0 (3)
Annonciation	6	6	9	4 (19)
Visitation	3	1	1	2 (°)
Immaculée Conception	0	4	9 (14)	3 (128)
Nativité de Jésus	3	0	3	2 (7)
Adoration des Bergers	4	2	7	0 (7)
Adoration des Mages	10	9	7	1 (7)
Vierge à l'Enfant (comptage partiel)	79 (118)	35 (88)	35 (153)	9 (141)
Sommeil de l'Enfant Jésus	0	3	0	0 (2)
Sainte Famille (et fuite en Égypte)	1	8	12	4 (28)
Crucifixion avec Marie	6	6	1	0 (indéterminé)
Pentecôte	10	9	7	0 (4)
Dormition	0	1	0	0 (3)
Assomption	3	9	23	2 (28)
Couronnement de la Vierge Marie	1	3	2	1 (8)
Rosaire	2	10	35	1 (26)
Scapulaire	1	5	15	0 (5)

Les représentations dédiées à la vie de la Vierge Marie constituent un corpus important dans la protection au titre des Monuments Historiques

3 Les chiffres sans parenthèses représentent les objets protégés au titre des monuments historiques, ceux avec parenthèses sont les objets objets repérés par le service de l'Inventaire.

en Franche-Comté. Ce qui apparait en premier lieu, c'est la grande cohérence iconographique en Franche-Comté du culte marial et la qualité des représentations. Cette homogénéïté surprend, en comparant avec d'autres évêchés limitrophes ou avec des régions plus éloignées ayant une histoire similaire (absence de cour, en dehors du royaume de France au début de la période) ; les expressions naïves souvent qualifiées d'art populaire disparaissent au cours du XVIIe siècle en Comté et même si quelques exceptions subsistent de manière fortuite. Ferdinand de Rye, archevêque de Besançon, pour mettre fin aux fausses statuettes de Notre-Dame de Montaigu du Brabant, défend en 1611 de placer des images non agréées par ses services[4]. L'autorité ecclésiastique a soin de valider des images soignées créées par des artistes locaux souvent issus de dynasties Bruley, Richard, Baudot, Crolet, qui permettent de garantir une certaine qualité d'exécution.

Les images sont principalement *in situ* dans les églises pour la majorité des cas, parfois ce lieu de culte est issu de la transformation d'anciens couvents ou d'anciennes abbayes en édifice paroissial au moment de la Révolution, Baume-les-Messieurs, Clairvaux-les-lacs, Favernay, Gigny, Lons-le-Saunier, Luxeuil, Montlebon, Montbenoit, Rougemont, ou mixte, Arbois, Lons-le-Saunier, Morteau, Saint-Lothain, Saint-Lupicin, Salins-les-Bains. Pour la grande majorité des cas, la grande redistribution de la période révolutionnaire a transféré une partie du patrimoine mobilier des congrégations religieuses dans les édifices paroissiaux, toutefois, ce qui a été conservé ne constitue qu'une partie réduite au vu des importantes listes d'inventaires[5]. Quelques musées locaux conservent dans leur collection des œuvres issues de cette origine avec dans ce cas une documentation précise, il s'agit des musées de Besançon, Dole, Gray, Pontarlier, Salins-les-Bains et Vesoul.

Dans ce contexte historique connu, la prudence s'impose sur les conditions de création des représentations non documentées, même pour les retables et les autels, ces derniers pouvant provenir de congrégations et avoir été déplacés à la Révolution.

4 Grispoux, Pierre, « Aux origines de l'Ermitage d'Arbois », *La nouvelle revue franc-comtoise*, n° 64 à 67, 1978.

5 ADJ, ADD, ADHS, série Q ; seules les archives du District de Gray conservent des précisions précieuses (iconographie, lieu de destination), les services de la gestion domaniale des districts ont vendu une grande quantité à des personnes privées sans autre précision.

A contrario, la confrontation des chiffres des inventaires de 1906, ou parfois même les inventaires plus ou moins complets de la nationalisation de 1790, font prendre conscience de l'abondante perte d'images au cours des derniers siècles.

Notre propos ne consiste pas à se focaliser sur les œuvres majeures mais d'essayer de comprendre leur apréhension dans leur représentativité. Beaucoup d'œuvres sont inspirées en partie d'images extérieures, grâce à l'importance de la diffusion des gravures. La production d'images peintes est issue du milieu artistique local dont l'iconographie émane du choix des commanditaires. La reproduction de Notre-Dame Libératrice[6] possède la même composition tant en peinture qu'en sculpture, et chacune comporte des différences plastiques qui démontrent l'intervention de multiples artistes.

Dans d'autres dévotions, la stricte copie peut être constatée avec peu de modifications comme par exemple Notre-Dame de Consolation[7] ou Notre-Dame d'Onoz[8], mais ce mouvement est peu fréquent. De même que la réutilisation d'une image intégrée dans une autre peinture en élargissant le tableau initial à d'autres scènes est rare : c'est le cas de Notre-Dame des jacobins de Besançon réintroduit dans un tableau à Saint-Lupicin en limite du diocèse, avec d'autres saints et le donateur, et d'une autre peinture à Montbozon. Sur un même site l'intégration de l'image initiale se constate dans les *ex-voto* qui intègrent la dévotion pour laquelle il y a remerciement de la famille ou un fait de la vie des donateurs. Quatre sites conservent des marques de reconnaissance de l'ancien régime : Notre-Dame de Gray et Notre-Dame de Mièges (deux exemplaires du bois de Montaigu), une Vierge romane Notre-Dame de Jouhe et la spécifique Notre-Dame Libératrice de Salins-les-Bains. Ces lieux démontrent le succès de ces dévotions au sein de la région et l'attrait de la Vierge Marie car ces marques de piété familiale sont inexistants dans d'autres contextes.

Une même iconographie est perceptible sur divers supports peintures, sculptures qui prouvent un succès populaire de ces orientations : Notre-Dame de Montaigu par référence au site flamand, Notre-Dame

6 Ryon, Jean-François « Notre-Dame Libératrice » *Splendeurs Baroques*, Musée d'Arbois, 2014.

7 Ferry, Marcel, *Vierges comtoises : le culte et les images de la Vierge en Franche-Comté, en particulier dans le diocèse de Besançon*, Besançon, Cart, 1946.

8 Lacroix, Pierre, *Le Jura terre mariale*, Lons-le-Saunier, AJEDIC, 1988.

Libératrice ou Notre-Dame d'Einsiedeln. Elles constituent les principales références de la Franche-Comté. Ces représentations sont des motifs de recherches de la part des artistes locaux pour réaliser des œuvres originales. Nous pouvons constater ce phénomène particulièrement vrai pour le XVIIe siècle. Notre-Dame d'Einsiedeln succédant à la dévotion flamande dans le cœur des comtois présente des images plus simples.

L'image mariale la plus présente, pratiquement dans toutes les églises paroissiales, est Notre-Dame du Rosaire. Deux cents représentations de la Vierge Marie auraient permis la survenance de miracles pendant ces deux siècles[9].

Nous avons porté un regard quantitatif, désormais possible par la protection « Monument Historique ». En confrontant les œuvres par l'iconographie, nous pouvons conclure que la rareté est souvent signe d'une absence de succès populaire et représente une dévotion très isolée.

L'importance de la Vierge Marie dans la Contre-Réforme[10] est soulignée par différents auteurs. Du point de vue des protestants, les foyers suisses de Genève, Lausanne et Neuchâtel, le comté de Montbéliard, tous limitrophes, Marie conserve une place particulière en tant que mère du Christ, mais sa vénération en tant qu'intercetrice est bannie comme tous les saints. C'est ce qui est à l'inverse choisi comme étendard par tous les catholiques accentuant au cours de ce siècle la différenciation par la mise en évidence de la polyvalence de Marie, mère du sauveur, mère des miséricordes, reine du ciel, aide priviliégiée pour obtenir son salut et première des intercetrices contre les aléas de la vie (tant pour la condition humaine que pour les biens matériels), contre le démon, contre les hérésies et contre les envahisseurs. L'époque ne peut concevoir un pouvoir politique sans son interprétation religieuse de cet ordre étatique[11], rendant impossible un cloisonnement entre la sphère religieuse et la sphère politique.

9 Marchal, Corinne, « Rassurer, protéger, convertir : les fondements de la piété Mariale en Franche-Comté aux XVIIe et XVIIIe siècles », *Mémoires 2008 de la Société d'Emulation du Doubs*, Besançon, 2009, p. 61-85.

10 Cousinié, Frédéric, *Images et méditation au XVIIe siècle*, Rennes, Presses universitaires de Rennes, 2007. *Id.*, *Le Peintre Chrétien : théories de l'image religieuse dans la France du XVIIe siècle*, Paris, L'Harmattan, 2000. Fumaroli, Marc, *L'École du silence, le sentiment des images au XVIIe siècle*, Paris, Flammarion, 2008. Gouzi, Christine, *L'art et le Jansénisme au XVIIIe*, Paris, Nolin, 2007.

11 Tricoire, Damien, *La Vierge et le Roi*, Paris, Presses universitaires Paris-Sorbonne, 2017.

L'importance de la gouvernance de la Comté depuis les Flandres ne diminue pas l'action des souverains administrateurs, notamment Isabelle et Albert d'Autriche qui stimulent les efforts de la région dans son ancrage catholique et favorisent une piété mariale tous azimuts. La conquête française en 1678 modifie le mode de vie comtois notamment dans l'établissement de frontières plus hermétiques, ce qui conduit l'autorité écclésiastique à déconsidérer le pèlerinage lointain au profit des locaux au XVIIIe siècle[12].

Avant 1678 des sources plus diverses sont perceptibles, la co-gouvernance depuis les Flandres établissait un lien priviliégiée entre les deux régions. Un recueil d'images de la Vierge Marie du début du XVIIe siècle produit en Franche-Comté[13] est un support utile aux érudits et aux artistes, cependant l'analyse des images atteste d'une grande différenciation entre les gravures produites localement et les peintures. Cette production comtoise de gravures a fourni des images complexes, avec de nombreux personnages et des détails divers alors que la création de peinture locale présente des images soignées, simples à la compréhension instantanée, cherchant à provoquer l'émotion du spectateur.

Sans pouvoir déterminer l'exclusivité d'une dévotion à une autorité ou à une congrégation, quelques traits suivant la typologie peuvent parfois être mis en relief. Nous distinguerons surtout les choix iconographiques :

1. Les épisodes de la vie de Marie :

   – L'Immaculée Conception : la Franche-Comté est dédiée à l'Immaculée Conception en 1643 par l'archevêque de Besançon en pleine guerre entre la France et l'Espagne. Les souverains Habsbourg s'activent par des actions constantes pour faire reconnaître la dévotion en dogme et obtinrent en 1644 pour le territoire espagnol la dérogation de la déclarer fête de précepte, sans étendre cette mesure à tous leurs territoires. Les inventaires du XVIIIe siècle citent sa présence dans les couvents fréquemment mais il semble que cela n'atteint pas un enthousiasme populaire par la construction d'autels[14]. Notre-Dame

12 A. D. Doubs, G 178, synode de 1765.

13 Terrier, Jean, *Portrait des saintes vertus de la Vierge*, Pin, 1635. Vregille, Bernard de, « Une Imprimerie dans un presbytère comtois Pin-L'Emagny, 1626-1637 », supplément au numéro 34 de *Haute-Saône*.

14 Archives départementales du Doubs, inventaire des fondations, pouillé du père André, G3 à 7, début XVIIIe.

Libératrice est assimilée à l'Immaculée conception, ce qui peut être une des causes de cette diffusion restreinte. Même si au moins trois chapelles lui sont dédiées, la plupart des représentations de l'Immaculée Conception ne constitue pas le thème principal, et c'est à travers un détail de l'image, positionnement du croissant sous ses pieds, que nous décelons dans de nombreux cas cette évocation[15]. Son engouement reste ponctuel dans ce milieu du XVIIe siècle, et disparait au XVIIIe siècle.

- La nativité de Marie, la présentation au temple et la dormition, ces épisodes strictement personnels de la vie de Marie sont anecdotiques dans les œuvres conservées en Franche-Comté. Certains édifices dédiés au vocable de la Nativité de la Vierge font évoluer l'image du maître-autel vers un autre épisode marial, par exemple au profit d'une gloire céleste à Conliège, où au-dessus des prophètes la Vierge à l'Enfant couronnée, sceptre à la main avec le croissant de lune au pied apparaît dans les nuages avec des anges admiratifs, la colombe et Dieu le père. Les rares exemplaires se situent dans un milieu urbain où la redistribution révolutionnaire a été active, Orgelet, Salins-les-Bains.
- L'éducation de la Vierge par sainte Anne, présente en nombre aux XVIe et XVIIe siècles, plus en sculpture qu'en peinture ; la présence de foyers protestants tout proches serait une des causes de cet engouement afin de promouvoir l'éducation des femmes et la connaissance de la Bible.
- L'Annonciation est une image citée régulièrement dans les inventaires des congrégations religieuses et par contre, une quasi absence de chapelles ou d'autels dans les églises paroissiales tendent à prouver que les représentations présentes au XXIe siècle sont issues de dépôts de la Révolution. Les congrégations sont nombreuses en Franche-Comté, dédiées à Marie : Carmes, Carmel, Annonciades Célestes[16], Ursulines, Visitandines.

---

15 Par exemple la peinture de 1646 de Nicolas Richard de Conliège, la gloire de la Vierge à l'Enfant devant une assemblée céleste avec un croissant sous ses pieds ; *idem* pour le couronnement de la Vierge de l'église de Menotey peint en 1658 par Baudot (avec les scènes secondaires de la Visitation et d'Adam et Ève), l'*ex-voto* de 1630 de la commune de Saint-Gand donné par la ville de Gray présente une Vierge à l'Enfant avec un vaste croissant sous ses pieds entre saint Roch et saint Gand.

16 À remarquer le développement de cet ordre par Pontarlier, second couvent de l'ordre, et les autres établissements comtois par exemple les Ursulines en Franche-Comté.

- La Vierge Marie et l'Enfant Jésus : la Vierge Marie est encore plus liée durant cette période avec l'Enfant Jésus, ce recentrage sur le Christ avec sa mère connaît une réelle application en Franche-Comté comme dans tout territoire catholique.

L'adoration de l'Enfant Jésus et de sa mère par des saints est moins fréquente que dans les pays méditerranéens, le tableau de Moissey, la vénération de l'Enfant Jésus par saint Antoine de Padoue que la Vierge Marie lui tend, peint par Henri Sébastien au début du XVIIe siècle dans un style épuré utilisant le clair obscur ou le tableau plein de lumière aux vifs coloris de Baume-les-Dames de Pierre d'Argent[17] avec les commanditaires, constituent des images rares, pourtant originales. Cette composition iconographique disparait progressivement au XVIIIe siècle, même si les fondations de chapelles mentionnées dans le pouillé du Pére André[18] intégrent souvent la Vierge avec d'autres saints par le fondateur des fondateurs.

Si le retable du maître autel ne possède pas un vocable marial, la présence d'une statue dans les niches secondaires ou les retables latéraux devient une constante, tout comme la présence de nombreuses statuette reliquaires[19] à son effigie.

Un nombre conséquent de statues de Vierge à l'Enfant sont hélas sorties de leur contexte de création et ne constitue que des œuvres abouties au sens artistique sans documentation, la présence de nombreux sculpteurs-artisans exerçant leur art dans la région permet de situer localement la quasi-totalité de la production. Au XVIIe siècle, à la Vierge droite reine du Ciel avec couronne et sceptre, tenant l'Enfant Jésus au regard complice, regardant le spectateur, succède des représentations au style plus baroque, aux multiples contorsions des membres, portant des vêtements dorés, en courbes et contre-courbes, évoluant vers un regard de plus en plus divergeant au cours du XVIIIe siècle entre la mère et son Enfant, notamment en sculpture. Ces nombreuses statues n'indiquent aucune référence de pèlerinage et sont produites sans références autre que le lieu qu'elles illustrent.

---

17 Le tableau peint par Sille de Loisy en 1630 représente la vierge entourée des saints Charles, Bernard, François, Thérèse, Agnès, Marguerite, conservé dans l'église paroissiale de Baume-les-Dames.

18 ADD, série G, cote 3 à 7.

19 Barbier, Guy, « La Vierge à l'Enfant de François Perrey », *La lettre aux amis des Musées et Bibliothèque de Besançon*, n° 36, p. 2-3.

- Un thème bien représenté, « L'adorations des bergers » dans les archives des congrégations mais de manière plus isolée dans les églises paroissiales. Par exemple le tableau du début XVIIIe siècle de l'église d'Arinthod s'apparente plus à la rencontre des paysans du marché avec la Vierge à l'Enfant, qu'une adoration de l'Enfant Jésus par les bergers. Les images de ce thème sont généralement issues de modèles flamands ou italiens.
- L'adorations des mages est perceptible au travers de nombreuses copies de tableaux d'influences flamandes Rubens, Maerten de Vos etc.
- Dans le prolongement de ce thème de l'adoration de Jésus, non plus nouveau-né, mais sous les traits d'un jeune enfant, les demeures comtoises ont permis de mettre en évidence la forte représentation de la Vierge Marie veillant sur le sommeil de l'Enfant Jésus. Pour la sécurité des foyers, la sainte Femme devant son enfant endormi est un thème rassurant, que la stabilité des collections privées mobilières des familles comtoises aristocrates et bourgeoises a pu mettre en évidence. Un tableau présent dans la collégiale Notre-Dame de Dole, capitale de la Comté avant la conquête, possède une peinture aux vastes dimensions présentant une composition très appréciée en Comté au XVIIe siècle[20], la Vierge Marie et son enfant endormi sous un vaste dais.
- Un thème que nous retrouvons dans toutes les sphéres de religiosité, la sainte famille ; elle est beaucoup plus fréquente que la fuite en Égypte qui est inexistante dans les édifices paroissiaux, elle se présente sous la forme d'une composition simple, l'Enfant ayant atteint l'âge de raison entre ses deux parents, le tout dans une atmophère souvent identique dans des tons bleuâtres du paysage, un rendu plus proche des écoles du Nord.
- La Vierge Marie dans la douleur : Piétà et Notre-Dame des Sept douleurs. Héritée du Moyen Âge, cette iconographie a constitué un grand succès populaire : l'exemplarité de Marie au pied de la crucifixion est une image parfaite de l'acceptation des épreuves de la vie, auquel tout fidèle peut s'identifier dans l'adversité. Le sculpteur

20 La Franche-Comté comme le Milanais fait partie des territoires espagnols, l'influence de la peinture de ce territoire se remarque notamment par ce détail, un vaste dais au dessus de la scène représentée. De plus, de nombreux artisans entrepreneurs sculpteurs proviennent de Val de Sésia intégré au début du XVIIIe siècle dans le Piémont, par exemple Les frères Marca auteur de retables en stuc.

Pierre-Étienne Monnot nous livre une version originale de cette scène en la plaçant en gloire sur le retable des ursulines de Poligny[21], par une composition légérement différente : le rôle de soutien du Christ mort est dévolu à saint Jean, et c'est sa mère qui est debout au centre de la scène avec un regard de désespoir dirigé vers le ciel, accompagnée de Marie-Madeleine épleurée. Ces statues monumentales constituent un des premiers grands travaux de l'artiste en tant que tel et non plus comme collaborateur, elles sont inspirées du classicisme français, notamment des œuvres parisiennes de Michel Anguier. La piétà en Franche-Comté connaît de multiples exemplaires comportant une intensité dramatique depuis le XVe siècle avec la sculpture bourguignonne, puis le renouveau du mécenat de Marguerite d'Autriche du début du XVIe siècle. Aux siècles suivants ces images impressionnent tout observateur par leur qualité expressive. Ce constat est valable pour la formation de tous les sculpteurs comtois. La production de ces groupes sculptés ne font que moderniser les détails vestimentaires sur un shéma traditionnel et démontre ainsi l'attachement des populations à cette vision doloriste. La création originale de Luc Breton au XVIIIe siècle est une œuvre isolée dont beaucoup d'auteurs soulignent la qualité de la composition et la perte de l'intensité dramatique.

– Une image nouvelle recentrée sur la soufrance mariale : Notre-Dame des sept Douleurs, développée en Flandres, au XVIIe siècle, elle orne des églises paroissiales ; notamment à Saint-Laurent-le-Roche la scène très détaillée possède un arrière plan paysagé dans un dégradé bleuté. Au XVIIIe siècle elle se restreint aux univers de congrégations religieuses[22]. Les représentations restent disposées selon un modèle tradionnel proche de la Piétà avec les sept glaives transperçant la sainte femme. Parfois l'épée est réduite à un seul exemplaire selon une dévotion du monde germanique légérement différente. La composition[23] qui montre Marie seule, regard tourné vers le ciel, les bras ouverts, sculptée sur divers supports, correspond

21 Retable désormais conservé dans l'église Saint-Cyr-Sainte-Julitte de Champagnole Le niveau inférieur a un style purement baroque, mais les détails d'exécution démontrent une même main.

22 Ryon, Jean-François, *Le mobilier religieux des établissements hospitaliers en Franche-Comté*, mémoire de Master II de l'université Lumière Lyon II, 2005.

23 Henryot, Fabienne, Martin, Philippe, (dir.), *Dictionnaire historique de la Vierge Marie*, Paris, Perrin, 2017.

à la définition d'une image diffusée par l'ordre des servites de Marie, une congrégation absente de la région. Ces représentations de la Vierge de souffrance correspondent aux inquiétudes des populations face à différents fléaux, la Contre-Réforme les atténue en proposant une Vierge Marie triomphante et apaisante, son rôle[24] d'intercesseur privilègié lui permet d'avoir une action libératrice pour des chrétiens libres de leurs actes et de leur pratiques, d'où les choix de représentation de l'abbé Marmet pour Notre-Dame Libératrice en opposition au vœu français de Louis XIII.

– Deux iconographies populaires : l'Assomption et le couronnement de la Vierge. Pour le tableau du retable de la chapelle de la Libératrice, ce vocable[25] est choisi par les habitants de Salins-les-Bains. D'autres sites paroissiaux ou conventuels[26] attestent de nombreuses images de cette montée au ciel souvent intégrées dans des retables.

Le couronnement introduit l'image d'une assemblée celeste où la Vierge Marie en est le membre le plus éminent[27], et correspond en tous points aux préceptes de la théologie comtoise du grand siècle très marquée par la pensée Jésuite. La présence de l'assemblée céleste constitue la seule représentation du ciel dans la région pour cette période, la Franche-Comté n'ayant que peu de décors peints historiés. Dans la rare coupole de la chapelle de Notre-Dame du Refuge de Besançon, institution de charité pour les jeunes femmes en perdition, l'assomption de la Vierge Marie est entourée d'anges, peinte en 1739 de manière conventionnelle par les peintres bisontins Gardet et Vermeillet.

2. La Vierge Marie associée à des visions ou des apparitions.

La remise du Rosaire par la Vierge Marie et l'Enfant Jésus : l'iconographie la plus fréquente dans les églises comtoises en concurrence avec saint Claude est sans conteste, la remise du Rosaire par la Vierge

24 Voir, plus haut, l'article sur Notre-Dame Libératrice.

25 Ryon, Jean-François « Notre-Dame Libératrice », art. cité L'ancienne paroisse Notre-Dame de Salins-les-Bains a elle aussi ce thème dans son maître-autel par Daniel Sarrabat (1666-1748) au début du XVIIIe siècle.

26 Langrognet, Jean-Louis, « Le Transfert du groupe sculpté de l'Assomption du couvent des cirterciennes de Besançon à l'église de Vesoul », *SALSA*, n° 79, 2010, p. 41-47.

27 *Bréviaire bisontin* d'Antoine-Pierre de Grammont, Besançon, Rigoine, 1673. Gravure de la Vierge de gloire de Claude-Joseph de Loisy.

à l'Enfant à saint Dominique et sainte Catherine de Sienne, incluant parfois d'autres saints. La plus ancienne image de la fin du XVIe siècle se situe dans une ancienne abbaye bénédictine, prouvant ainsi le soutien de congrégations à la diffusion du vocable. Les indulgences de Sixte IV en 1479 et leurs développements ne permettent pas de constater le résultat en image en Comté car elle est quasi absente avant 1600. En 1665 les comptes-rendus des visites pastorales citent 78 autels qui lui sont dédiés ce qui prouve un développement fulgurant. Les grands ensembles reconstruits à cette époque, retables du maître autel et latéraux, incluent systématiquement ce thème qui se retrouve dans un des deux retables latéraux encore visibles[28] dans 16 édifices.

La bataille de Lépante du 7 octobre 1571 est mise sous cette invocation par le pape dominicain Pie V, victoire menée par les Habsbourg contre les turcs, ce symbole religieux est tout autant politique dans le contexte comtois. Dans l'église Notre-Dame de Mièges, le retable du rosaire comporte même la bataille de Lépante en devant d'autel sur toile peinte.

La fondation de nombreuses confréries autour de ce thème se poursuit au cours du XVIIIe siècle, par exemple à Saint-Lothain en 1702, les statuts nous précisent les exercices de piété. Des représentations simples montrent les deux saints à genoux devant la Vierge à l'Enfant dans les nuages avec pour les plus abouties un paysage se perdant à l'horizon dans la partie inférieure. Ces scènes sont souvent accompagnées de 15 images des mystères. Ces derniers mettent en exergue le lien incontournable de la mère et de la vie de son fils[29]. Les médaillons ont tendance à disparaitre au profit d'une image recentrée à partir du milieu du second tiers du XVIIIe siècle, plus dépouillée. La coutume a révélé une donation directe en 1208 à saint Dominique de Guzman du chapelet. D'autres saints sont parfois présents, notamment saint François apparait à plusieurs

28 Arc-sous-Cicon, Avrigney-Virey, Brussey, Chantrans, Cluse et Mijoux, Combes, Conliège, Goux-les-Usiers, Grand-Combe-Chateleu, Grozon, Gy, Marigna-sur-Valouse, Mièges, Montgesoye, Montlebon, Ornans, Ouhans, Pesmes, Orgelet, Ruffey-sur-Seille, Salans, Saules, Sepfontaines, Villers-sous-Montrond, Villevieux, Vuillafans.

29 Cette distinction se décompose en « mystères joyeux » (l'Annonciation, la Visitation, la Nativité, la Présentation de Jésus au Temple, le Recouvrement de Jésus lors d'un pèlerinage à Jérusalem) ; les « mystères douloureux » (l'agonie de Jésus, la Flagellation, le Couronnement d'épines, le Portement de la Croix, la Crucifixion) ; enfin, les « mystères glorieux » (la Résurrection, l'Ascension, la Pentecôte, l'Assomption, le Couronnement de Marie).

reprises. À Conliège saint François et sainte Claire côtoient les deux saints traditionnels dans un jardin où les personnages participent à sa culture notamment en arrosant un rosier si developpé qu'il entoure la Vierge à l'Enfant tel un arbre, et dont la référence à l'image de Notre-Dame de Montaigu en Flandres parait évidente.

Moins populaire que la remise du Rosaire, la remise du Scapulaire présente les mêmes caractères de composition, une Vierge à l'Enfant en hauteur dans une nuée accompagnée de la lumière du soleil, qui distribue à de saint personnages le morceau rituel de tissu. Certaines peintures aboutissent à des compositions plus complexes, avec l'indroduction de la fontaine de vie et le Mont Carmel.

La présence de cette dévotion complète habituellement le programme iconographique d'un ensemble paroissial dans un des deux autels secondaires[30] parfois en complément du rosaire.

Les Vierges Marie comtoises de tradition : Marie en majesté. En premier lieu, les représentations médiévales de la Vierge Marie ne perdent pas leur vénération après le concile de Trente, car elles sont liées à la réalisation de miracles. Certaines images ou statues ont un vocable précis lié au nom du lieu qui la conserve : c'est le cas de Notre-Dame de Mont-Roland, œuvre romane locale, détenue par des bénédictins réformés de Saint-Vanne, qui gérent le pèlerinage et facilitent un renouveau. Ces moines transforment l'objet roman en une vierge au style baroque par l'ajout d'un vétement. Cette modernisation par une simple robe de type mirignac conjuguée avec la pose de couronnes démontre des effets bénéfiques provoquant un renouveau populaire. Les accessoires sont au cœur de la nouvelle représentation en coincidant tradition, permanence et modernité. Des *ex-voto* en faveur de Notre-Dame de Mont-Roland[31] conservés dans l'église de Jouhe, en sont l'illustration même si ce sont des témoignages issus de l'aristocratie et de la bourgeoisie, ils transforment la représentation initiale en image du temps. Cette évolution se constate dans de nombreuses autres régions, en Espagne, en Suisse,

30 Arc-sous-Cicon, Bannans, Sepfontaines, Verriéres de Joux.

31 Un *ex-voto* ajoute robe de type mirignac et des couronnes à la Vierge à l'Enfant avec l'inscription : « A et. suae 50. 1530. Charles Grignet de Dole Cpne de 100 hommes au pays bas, offri à Dieu, et à la Vierge, le labarum qui luy fut donné dans ses premiers essays de guerres et qu'il conservat au milieu des troupes ennemies. Dans l'histoire de Mont Roland fol. 99. Rétabli par Jean Loüis Grignet écuyer son successeur 1755. Classé au titre des monuments historiques 1981/05/09 ».

en Corse[32] et bien d'autres ; dans certaines nouvelles images, le visage même de Marie perd ses caractéristiques premières pour la présentation d'une vierge plus moderne en gardant la référence du site.

À Favernay la statue médiévale Notre-Dame la Blanche est même amputée de son corps pour ne garder que la tête de Marie et de son Enfant, la mise en place des robes de forme mirignac et la pose de couronne illustre cette modernisation.

Notre-Dame de Consolation est une image médiévale qui renait grâce à un miracle en Orient. Un seigneur comtois parti combattre les musulmans se retrouva enchainé dans des geôles turques, François-Ferdinand de la Palud se tourna vers la Vierge Marie de Notre-Dame de Consolation en vouant sa libération à l'édification d'une chapelle. Un matin il se réveilla libre au pied d'un tilleul, de retour en son pays il annonça sa volonté de réaliser son vœu à partir de 1654. La protection contre la mauvaise croyance se comprend d'autant plus en limite de territoire protestant. Au pied de l'image de la Vierge du Moyen Âge est disposé le prisonnier libéré de ses chaînes, beaucoup de ces exemplaires sont issus de couvents des Minimes, l'un fut installé par la suite dans le val de Consolation.

Notre-Dame des Jacobins : un éclésiastique, Claude Menestrier, fit une petite collection d'œuvres d'art pendant un long séjour à Rome ; pendant la traversée du retour, une tempète provoqua le naufrage du navire et le prêtre vit sur le rivage la toile peinte par Domenico Cresti (1558-1638) intacte. Arrivé à Besançon il l'offrit au couvent des dominiquins, et le 2 janvier 1633 les frères installèrent solennellement l'image miraculeuse dans leur église dans laquelle se produisirent de nombreux miracles.

L'image, traitée comme un portrait de Notre-Dame des Jacobins, au style manièriste, prit une grande ampleur dans la dévotion, nous pouvons constater qu'elle est insérée dans d'autres peintures comme par exemple un tableau du prieuré de saint Lupicin, où l'image est entourée par d'autres saints et le blason du commanditaire. Le voyage sous la protection de la Vierge Marie est une bonne garantie d'arrivée sain et sauf à bon port.

32 En Espagne : par exemple Notre-Dame de Montserrat en Catalogne ; en Suisse : la Vierge noire de Notre-Dame d'Einsiedeln ; en Corse : Notre-Dame d'Alesani, avec des reprises dans d'autres images comme dans la peinture du couvent Saint-François du Bozio de la commune d'Alando.

Notre-Dame Libératrice[33] est une dévotion populaire jusqu'à la Révolution, devenant un pèlerinage majeur de la région. L'image locale déterminée par son fondateur possède une grande originalité, parfois qualifiée de guerrière, par sa composition. Sa diffusion en dehors de la Comté n'aura qu'un succès limité dans le canton Suisse de Fribourg.

– Les Vierges extérieures à la Comté. Notre-Dame de Lorette connaît quelques créations au XVIIe siècle de chapelles conséquentes qui ne sont pas suivies d'une grande diffusion d'images[34]. Le thème est rare (pertes du temps ?), unique actuellement à Houtaud, par une toile de la fin du XVIe siècle à l'accent des écoles du Nord. L'ampleur de cette piété au grand succès en Flandres soutenu par les Habsbourg et en Bavière n'a pas eu le même développement en Comté alors que des liens ont existé avec ces régions, notamment entre Notre-Dame Libératrice et la Bavière.

Notre-Dame de Montaigu : cette dévotion se développe par l'introduction de statuettes issues de l'arbre de Montaigu, Scherpenheuvel en flamand. Ces répliques sont à l'origine d'un nouveau sanctuaire porteur de l'obtention de la grâce exceptionnelle que constituent les miracles lors de l'accomplissement d'un pélerinage. Ces statuettes connues sont estimées à environ 40 exemplaires au XVIIe siècle[35] et elle sont à l'origine de deux des plus importants pélerinages de la région de la période moderne, Notre-Dame de Gray[36] dans le couvent des capucins, Notre-Dame de Mièges dans un ermitage.

Un exemplaire de l'église de Chantrans conserve à l'arrière la mention du don de la statuette par un capucin, témoignant du lien entre cet ordre et la promotion de la dévotion.

Plusieurs peintures participent au développement du culte par des compositions complexes et soignées, à Courlaoux, à Mièges…

33 Voir l'article, dans le présent ouvrage : « Notre-Dame Libératrice une réponse au vœu de Louis XIII ».

34 Chapelles Cerneux-Monnot, Clairvaux-les-Lacs, Conliège, Eclans, Fétigny, Port-Lesnay, peinture de Houtaud.

35 Delsalle, Paul, « La Diffusion en Franche-Comté des statuettes de Notre-Dame de Montaigu à l'époque des archiducs Albert et Isabelle, 1598-1633 », *La Dévotion mariale de l'an mil à nos jours*, Arras, Artois Presses université, 2005, p. 99-124. Gaulard, Bénédicte, « Le culte des images de Notre-Dame de Montaigu dans le Jura au XVIIe siècle », *Travaux de la Société d'Emulation du Jura 2003*, Lons-le-Saunier, 2005, p. 9-21.

36 Mauclair, Michel, *Notre-Dame de Gray*, Guéniot, Langres, 2009. Lacroix, Pierre, « Un centre jurassien de piété populaire Notre-Dame de Mièges », *Actes du 99e congrès des sociétés savantes*, Besançon, 1974, p. 215-235.

Suivent au cours des XVIIe et du XVIIIe siècles de nombreux miracles ou d'apparition d'images de la Vierge Marie ou de statues dans des arbres : dans le village de Conliège pour déterminer le site d'une chapelle dédiée à Notre-Dame de Lorette, à Salins-les-Bains, Notre-Dame-de-la-Tille de Clucy (Un bûcheron aurait autrefois évidé une « tille » (tilleul) pour y placer une statuette de la Vierge. En 1639, la foudre serait tombée sur l'arbre, mais aurait épargné la statuette. Les habitants du hameau érigèrent alors la chapelle, appelée pour cela Notre-Dame-de-la-Tille, le tableau montre un curé indiquant à des paysans l'endroit pour construire la chapelle.

Au cours du XVIIIe siècle plusieurs sanctuaires de Notre-Dame du Chêne sont fondées en Comté.

Au développement de Notre-Dame de Montaigu succède Notre-Dame des Ermites ou d'Einsiedeln dans le dernier tiers du XVIIe siècle[37] qui à la différence de la dévotion d'origine brabançonne ne produit pas d'autres représentations que son thème restreint. L'accent de la composition des images se porte sur la robe en forme mirignac au tissu moderne de lignes courbes et de contre-coubes des motifs de cette Vierge noire médiévale occupant l'espace principal de la peinture accompagnée parfois d'un philactère et de deux anges sans paysage ou référence au lieu suisse. Le visage souvent est représenté avec un teint clair.

Quelques rares présences de Notre-Dame de Montserrat au début du XVIIe siècle comme vocable des chapelles d'ermitages[38] (Arbois, Arlay) rappelle l'appartenance espagnole jusqu'en 1678, sans qu'on ne connaisse les circonstances précises de son introduction. L'image conservée est tout à fait traditionnelle du sanctuaire catalan avec la référence dans le paysage du sciage de la montagne.

Au milieu du XVIIIe siècle la divine Bergère d'origine andalouse est introduite à Lure et n'aura qu'une diffuion limitée, par exemple en 1751 à Ruffey-sur-Seille, la peinture mentionne les indulgences qu'apporte la vénération de Marie sous les traits d'une bergère gardant des moutons,

---

37 Blanchot, Jean-Michel, « Le culte de Notre-Dame des Ermites dans le diocèse de Besançon XVIIIe-XIXe siècles », *Mémoires de la Société d'Emulation du Doubs 2007*, Besançon, 2008, p. 133-192. *Id.*, « La diffusion de la dévotion de Notre-Dame des Ermites dans les terres de catholicité de l'Est de la France », *Procés-verbaux de l'Académie des sciences, belles-lettres et arts de Franche-Comté 2011-2012*, Besançon, 2013, p. 159-186.

38 Mordefroid, Jean-Luc, « Visages de l'érémitisme en Arbois », *Travaux de la Société d'Emulation du Jura 2015*, Lons-le-Saunier, 2016, p. 257-278.

rare trace tardive des gains susceptibles d'être accordé aux dévôts pour prix de ces vénérations.

Le culte de la Vierge a le soutien des ordres religieux comtois, les jacobins, les franciscains et les carmes, les ordres réformés : les minimes, les capucins, les tiercelines (nées à Salins-les-Bains), les ordres nouveaux : les visitandines, les ursulines, les Annonciades celestes qui connaissent un grand développement dans la région, mais aussi d'autres comportements religieux : les ermites très populaires auprès des fidèles sont à l'origine de grands pélerinages dédiés à la Vierge, c'est au début du XVIIIe siècle qu'un ermite piémontais rapporte de son pays une représentation de la Vierge à l'Enfant pour remplacer l'image vénérée disparue à Onoz et réactiver le pélerinage. Cette image d'au-delà des Alpes sera transposée fidèlement en statue dans un oratoire à Pannessières.

Les dévotions en provenance d'autres régions, notamment limitrophes, sont absentes, devons-nous simplement les rapprocher des pertes mémorielles des populations de leur contexte de représentations ? Certainement pour certains cas, mais cela prouve le niveau anecdotique de leur représentativité, peu d'inventaires des congrégations religieuses ou des églises paroissiales au moment de la Révolution citent d'autres figurations que celles citées.

Les illustrations constituent des scènes simples, axéees principalement sur le role maternel de la Vierge Marie dans une beauté visuelle recherchée, riche d'émotions. La quasi disparition de la mention des commanditaires aristocratiques au XVIIIe siècle accentue cette simplification iconographique, ce qui correspond à une intensification de la formation des prêtres par les archevêques bisontins et à l'émergence de l'autonomie des communautés villageoises vis-à-vis du pouvoir seigneurial dans la gestion du bien commun. Chaque communauté a la préoccupation d'obtenir le statut paroissial pour son sanctuaire, évolution amorcée dès le XVIIe siècle.

La renommée des dévotions de l'*Atlas Marianus*[39] nous fait remarquer l'absence de dévotions de représentations issues de la région sans lien direct avec la Franche-Comté, et à l'inverse quand ces liens existent, de nature politique avec les Flandres, ou économique avec la Suisse, et dans une moindre mesure avec l'Espagne des Habsbourg[40], les dévotions ont

39 Balzamo, Nicolas, Christin, Olivier, Fluckiger, Fabrice, *L'Atlas Marianus*, Neuchâtel, Alphil-Presses universitaires Suisses, 2015.

40 Ryon, Jean-François, Vesvrotte, Sylvie de, « Peintre comtois du XVIIe siècle », *Travaux de la Société d'Emulation du Jura 2014*, Lons-le-Saunier, 2015.

alors obtenu des faveurs populaires. Notre-Dame Libératrice présente dans l'*Atlas* rappelle l'importance de la nostalgie de l'idéal bourguignon dans les mentalités collectives des temps modernes et nous montre une image originale. Cette dévotion jurassienne est l'expression d'une bonne connaissance des écritures et des enjeux théologiques du temps. Cette reine du ciel atteste de la providence divine et du libre-arbitre de se mettre ou non sous sa protection.

Si les pratiques populaires mêlant supertitions et traditions n'ont pas laissé de traces visibles mis à part quelques *ex-voto*, l'image de la Vierge Marie est conforme aux choix de l'autorité religieuse dans la recherche de sens iconographique précis et clair, sans choix esthétique déterminé, en promouvant l'exaltation affective d'une autorité morale bienveillante agissant avec diligence auprès du créateur pour libérer l'homme des carcans de sa condition.

Les œuvres sont issues d'artistes locaux travaillant dans toutes les communautés religieuses et les églises paroissiales, mélangeant tradition et nouveauté, avec une certaine modestie. Si les Flandres dominent les sources d'inspiration à la fin du XVIe siècle, pour le grand siècle la diversité progresse conformément à l'évolution du monde chrétien, le XVIIIe siècle, sans rompre brutalement avec le précédent, adopte moins d'innovations, il est résolument baroque dans la sculpture mariale, plus diversifié pour les images ; lui succédera par attrait de la modernité le néoclassicisme[41] qui touchera peu de temps avant la Révolution le cœur des Comtois.

Jean-François RYON
Conservateur des antiquités
et objets d'art du Jura

Sylvie de VESVROTTE
Conservatrice déléguée des antiquités
et objets d'art du Jura

41 Exposition du MBA de Tours (21-10-2017, 23-01-2018) : « Jean-Baptiste Suvée et ses œuvres comtoises ».

CONCLUSIONS

Alors qu'il décrit, en 1990, la Lorraine médiévale, Michel Parisse parle d'un « axe lotharingien[1] ». Pour l'époque moderne, René Taveneaux préfère poser l'idée de « dorsale catholique[2] ». Il ne pense pas, alors, à la question des dévotions ; il est vrai que cette dimension de l'histoire n'a retenu son attention qu'à la fin de la vie[3]. Il faut donc un certain courage pour poser directement la question qui est au cœur de ce volume.

Ce livre nous fait voyager du XIe siècle au XVIIIe, de la Flandre au Milanais, des chapelles de Lorraine aux ors de la cour de Marguerite d'Autriche, des tableaux comtois aux maisons des *Klopjes* néerlandaises. Il s'attarde dans un espace particulier, celui que les médiévistes appellent la *Francia media*, une longe bande de territoires s'étirant de la Mer du Nord à l'Italie. Une région née du partage de l'Empire de Charlemagne entre ses trois petits-fils à Verdun (843). Si elle ne connaît une unité qu'éphémère, Charles le Téméraire pense lui redonner sa cohérence avant que ses rêves se fracassent sous les murs de Nancy où il meurt en janvier 1477[4]. Cet espace reste donc un monde de petits États, comme la Lorraine, ou de cités indépendantes, à l'image de Liège et de Metz. C'est un espace d'entre-deux, de plus en plus mal à l'aise face à la montée en puissance du royaume de France, à l'ouest, et de l'Empire, à l'est. Un espace de conflits où des régions passent de mains en mains ; la Franche-Comté, par exemple, née en 986, est

1 Parisse, Michel, *L'époque médiévale, Austrasie, Lotharingie, Lorraine*, dans *L'époque médiévale*, Encyclopédie illustrée de la Lorraine, Nancy-Metz, PUN-Serpenoise, 1990, p. 109-130 (chapitre intitulé « L'axe lotharingien »).

2 Taveneaux, René, « Les prémisses de la réforme tridentine », *Revue d'histoire de l'Église de France*, LXXV, 1989, p. 206-209.

3 Deregnaucourt, Gilles, Krumenacker, Yves, Martin, Philippe, Meyer, Frédéric (dir.), *Dorsale catholique ? Jansénisme ? Dévotions ? Mythe, réalités, actualité historiographique*, Paris, Riveneuve éditions, 2014, chap. « Fidèles et dévotions ».

4 Schnerb, Bertrand, *L'État bourguignon, 1363-1477*, Paris, Perrin, 1999 ; Minois, Georges, *Charles le Téméraire*, Paris, Perrin, 2015.

successivement possession des Valois, puis des Habsbourg, des Espagnols et pour, finalement, des Français (1678).

De cette situation naissent des comportements voisins, spécialement un attachement à la petite patrie, un fort sentiment régional, que les pays soient demeurés indépendants, comme le Luxembourg actuel, ou qu'ils aient rejoint des entités plus vastes, à l'image de la Lorraine. Sur le plan religieux, ces conditions ont-t-elles donné naissance à une piété particulière ?

LES CADRES D'UNE PIÉTÉ

Du XIe au XVIIIe siècle, le temps parcouru par ce volume, la zone étudiée est profondément marquée par quatre influences.

LE RÔLE DES PRINCES

Ici s'épanouissent de nombreux ordres religieux. Nicolas Balzamo, Bruno Maes et Isabelle Bernard-Lesceux montrent comment ils réécrivent les histoires de fondation et comment ils encadrent la vie religieuse. Ce sont des ordres universels car l'espace lotharingien n'a donné naissance qu'à de rares structures communes. La seule qui possède cette dimension est la congrégation des chanoines réguliers de Notre-Sauveur[5]. Caractéristiques aussi de la région, les chapitres de dames nobles[6]. Mais c'est bien peu de chose par rapport à l'abondance des maisons et d'abbayes, chaque ordre apportant cultes, spiritualités et dévotions. Cela n'a rien de spécifiquement lotharingien.

En revanche, l'influence des princes est essentielle. Chacun a ses religieux de prédilection et ses dévotions[7]. Ce sont les cours de Savoie et de Bade qui diffusent le culte de Bernard de Bade avant que le pape ne l'approuve

5 Andriot, Cédric, *Les chanoines réguliers de Notre-Sauveur*, Paris, Riveneuve, 2012.

6 Boquillon, Françoise, *Les Dames de Remiremont sous l'Ancien Régime (1566-1790) : contribution à l'étude de la noblesse dans l'Eglise*, thèse, Nancy, 1988 ; Marchal, Corinne, *Les chapitres nobles en Franche-Comté au XVIIIe siècle*, thèse, Besançon, 2000.

7 Voir par exemple : Schnerb, Bertrand, « La piété et les dévotions de Philippe le Bon, duc de Bourgogne (1419-1467) », *Comptes rendus des séances de l'Académie des Inscriptions et Belles-Lettres*, 149e année, n° 4, 2005, p. 1319-1344 ; van Wyhe, Cordula, « Court and

en 1769. Nicolas Sarzeaud explique que Marguerite d'Autriche favorise le culte envers le Saint-Suaire ; l'image semble suivre les déplacements de la princesse. C'est encore un prince qui implante ce culte à Turin comme le prouve Paolo Cozzo. Le succès de Notre-Dame du Luxembourg est dû aux archiducs, présentés par Isabelle Bernard-Lesceux. Claude Grimmer évoque Charles de Gonzague qui a voulu installer une milice chrétienne à Charleville (fondée en 1606-1626) dont il dessine un plan idéal.

L'IMPORTANCE DU FAIT GUERRIER

Zone d'entre-deux, la région considérée est parcourue par bien des armées : celles qui s'affrontent pour raisons féodales ; celles venues de l'Europe et qui s'y battent pendant la guerre de dix ans en Franche-Comté (1634-1644) ou la guerre de Trente ans lorraine (1631-1661). Ce sont encore les *tercios* espagnols qui quittent Gênes pour Bruxelles et toutes les armées qui traversent cette zone tampon pour se rendre dans le royaume de France, dans l'Empire ou vers les Pays-Bas. Français et Espagnols, par exemple, se sont opposés pendant des décennies dans ce qui est maintenant le Nord de la France et la Belgique. Les places fortes jouent un rôle important dans le paysage. Luxembourg semble résumer cette histoire : en 963, Sigefroid y construit le premier château avec pont-levis, il est agrandi en 1234, puis en 1320 par Jean l'Aveugle, la troisième enceinte est construite au XIVe siècle avant que Vauban ne renforce la citadelle en 1685-1687... Elle ne cesse de changer de possesseurs : Bourguignons (1443), Habsbourg autrichiens (1447), Français (1542), Impériaux (1545), Espagnols... Le sort de l'Europe se joue dans notre région à Nancy (1477), Rocroi (1643) ou Waterloo (1815).

L'ennemi peut être plus lointain. La Lotharingie est particulièrement attachée à l'idée de croisade. Godefroid, mort en 1100 à Jérusalem dont il est le premier souverain, est originaire de Basse-Lotharingie. Lorsque les rêves de conquêtes en Terre Sainte s'évanouissent, c'est en Lotharingie qu'ils survivent. Özkan Bardakçi rappelle que Philippe Emmanuel de Lorraine, duc de Mercœur, et Charles V de Lorraine ont mené bien des combats contre les Turcs. Leurs exploits maintiennent l'idée d'une chrétienté universelle.

Convent : the Infanta Isabella and her Franciscan Confessor Andrés de Soto », *Sixteenth Century Journal*, 35 (2004), p. 411-445.

Avec une telle proximité des armes, il n'est pas étonnant que les saints guerriers soient bien présents dans notre région. À Maurice, saint patron du duché de Savoie et du Saint Empire romain germanique, sont dédicacées 700 églises dont beaucoup en Savoie. La Vierge est aussi mobilisée. C'est, par exemple, Notre-Dame Libératrice de Salins-les-Bains présentée par Jean-François Ryon. À Luxembourg, Notre-Dame est surnommée « Notre-Dame de la Victoire » (1624) ou « Notre-Dame du Glacis ».

La lutte contre les hétérodoxies amène de nouveaux ennemis contre lesquels il faut défendre les positions de l'Église. C'est ce qui explique les dévotions autour des hosties miraculeuses (vers 1150 – vers 1250) analysées par François Wallerich. La naissance du protestantisme provoque de nouveaux faits merveilleux, spécialement un nouveau miracle autour de l'hostie de Faverney (1608)[8].

L'IMPORTANCE DU CHRIST ET DE SA MÈRE

Cette insistance sur le culte eucharistique traduit l'importance de la figure du Christ comme le montrent Catherine Guyon, Nicolas Balzamo, Isabelle Bernard-Lesceux ou Frédéric Tixier. Ce sont les aspects les plus doloristes qui sont honorés. Les plaies du Christ sont en honneur au *Sacro Monte* de Varallo en Piémont (1480-1680). Anne Adrian et Magali Briat-Philippe présentent les mises au tombeau dont les plus anciennes apparaissent dans l'espace lotharingien pour, après, devenir caractéristiques de Lorraine ou de Bourgogne, de Pont-à-Mousson (1420-1430) à Bourg en Bresse (vers 1443). Paolo Cozzo prouve que les reliques de la Passion sont aussi très présentes. Il suffit de se rappeler la Sainte Tunique de Trèves ou le Saint-Suaire de Besançon.

Les fidèles adhèrent à ces dévotions sensibles et visibles. Les annonciades célestes, entre Gênes et Liège, veulent rencontrer l'Enfant Jésus, le toucher, approcher l'hostie... Les plus riches vont prier sur les lieux de la Passion. La Lotharingie des XVe et XVIe siècle compte de nombreuses agences qui vendent leurs services aux bourgeois des villes indépendantes qui, après avoir passé une nuit au Sépulcre, gagnent le titre de

---

8 Marchal, Corinne et Tramaux, Manuel, *Le miracle de Faverney (1608). L'eucharistie : environnement et temps de l'histoire [actes du colloque de Faverney, 9 et 10 mai 2008]*, Besançon, Presses universitaires de Franche-Comté, 2010.

chevalier. Moine à Saint-Mihiel, dom Loupvent laisse une chronique particulièrement vivante de son pèlerinage[9].

Aux côtés du Christ, Marie tient une place essentielle dans la piété lotharingienne. Jean-François Ryon et Sylvie de Vesvrotte nous font découvrir les innombrables représentations mariales en Franche-Comté du concile de Trente à la Révolution. C'est la Mère qui souffre qui est priée. Les pietà forment la moitié des représentations mariales de la Lorraine de la Renaissance. La Vierge est la protectrice de presque tous les États de la région. À Nancy, Notre-Dame de Bon Secours veille sur le champ de bataille où Charles le Téméraire a trouvé la mort. Et, lors de la guerre de Trente ans, le duc Charles IV tourne ses regards vers Notre-Dame de Sion, sanctuaire à une trentaine de kilomètres de sa capitale. C'est encore la Vierge qui est la protectrice des Pays-Bas[10]. En 1510, Marguerite d'Autriche envoie en mission à Rome Ferry Carondelet. Il en rapporte une toile, *La Vierge aux saints*, qu'il offre à la cathédrale de Besançon en 1518.

LA PIÉTÉ INTÉRIORISÉE

Ces dévotions sont un service d'une piété intériorisée. La *devotio moderna* est née avec la prédication aux Pays-Bas de Gérard Groote (1340-1384). Il prône une pratique religieuse personnelle fondée sur la prière, la lecture et l'étude des Écritures. La doctrine s'épanouit en Lotharingie. Ghislain Tranié montre que bien des religieuses, Philippe de Gueldre (1467-1547), Alix Le Clerc (1576-1622) ou Élisabeth de Ranfaing (1592-1649), sont des modèles. Cette volonté de vivre intimement sa foi explique le succès des tiers-ordre ou des béguinages, mais aussi de cercles familiaux de dévots[11].

À partir du XVIe siècle, des Pays-Bas au Jura s'épanouit une pastorale de l'écrit qui repose sur de puissants ateliers comme le sont ceux de Liège ou de Neufchâteau. Ce sont des milliers de livres de piété qui « inondent » la région[12].

9 Lanher, Jean, Martin Philippe, *Voyage d'un lorrain en Terre Sainte au XVIe siècle*, Nancy, Éditions Stanislas, 2007.

10 Delfosse, Annick, *La « Protectrice du Païs-Bas ». Stratégies politiques et figures de la Vierge dans les Pays-Bas espagnols*, Turnhout, Brepols, 2009, 296 p.

11 Henryot Fabienne, « Un cénacle spirituel à Commercy au XVIIe siècle », *Revue d'Histoire et de Philosophie Religieuses*, 97e année, 2017, n° 2, p. 217-238.

12 Martin, Philippe, *Une religion des livres*, Paris, Ed. du Cerf, 2003.

DES CARACTÉRISTIQUES D'UN AXE LOTHARINGIEN ?

Une piété soutenue par des ordres religieux et, surtout, des princes, faite d'un intérêt pour les saints militaires et quelques grandes figures, comme celle de saint Nicolas, mais surtout organisée autour de la figure du Christ et de la Vierge que les fidèles vivent d'une manière profondément intériorisée. Tel pourrait être le portrait d'une dévotion lotharingienne. Mais ces quatre éléments sont-ils suffisants pour conférer une identité spirituelle à notre axe ? On peut en douter.

Prenons le cas des saints. Un exemple vient immédiatement à l'esprit : saint Nicolas. S'il est un des protecteurs de la Lorraine et de la cité de Fribourg, il l'est aussi de la Russie, des villes d'Amsterdam, Bari, Agios Nikolaos (Chypre), Houilles près de Paris… Si sa fête, le 6 décembre, est un moment fort de la piété lorraine, alsacienne, luxembourgeoise, suisse ou belge, elle l'est aussi en Autriche, Bulgarie, Croatie, Slovaquie, Tchéquie, Roumanie… En Lorraine même, Nicolas tient une place bien secondaire : à peine 3 % des 867 confréries repérées dans le département de la Meuse[13]. Il est le patron de 65 paroisses mais de 95 en Picardie, 86 en Champagne… Les cartes de Karl Meisen, même si elles datent de 1931, montrent une extrême dispersion de son culte en Europe[14]. Il n'est donc pas « le » saint de l'axe lotharingien.

Maurice ne l'est pas davantage. Après la fondation du monastère de Saint-Maurice d'Agaune, en septembre 515 par saint Sigismond, la Bourgogne, la Suisse Romande, la Franche-Comté, la Savoie lui vouent un culte particulier. Mais c'est aussi le cas du Lyonnais ou de la Provence. Lorsqu'en août 1025, Hubert de Vendôme (1006-1047) crée la cathédrale d'Angers, il la place sous l'invocation de ce saint. Il est aussi représenté sur le fronton de la cathédrale Saint-Maurice à Vienne (Isère)[15].

13 Schwindt, Frédéric, *La communauté et la foi – Confréries et société à l'ouest de l'espace lorrain (XIIIe-XXe siècles)*, thèse, université de Nancy II, 2004.

14 Meisen Karl, *Nikolauskult und Nikolausbrauch im Abendlande : ein kultgeographisch-volkskundliche Untersuchung*, Dusseldörf, L. Schwann, 1931.

15 Brocard, Nicole, Vannotti, Françoise et Wagner, Anne (dir.), *Autour de saint Maurice. Actes du colloque « Politique, société et construction identitaire : Autour de saint Maurice »*, Besançon et

Le constat peut être fait avec bien d'autres personnages. Il est tentant de considérer que les céphalophores sont caractéristiques de notre zone. Il est vrai que les exemples sont multiples : Chrysole ou Saturnine dans le Nord-Pas-de-Calais ; Libaire, Eucaire, Elophe ou Livier en Lorraine ; Maurice dans le Valais suisse… Se dessine alors très nettement un grand axe médian. Mais nous devons en sortir et élargir le regard. Le modèle des céphalophores, saint Denis de Paris, a essaimé dans toute l'Europe : en Angleterre ce sont Nectan, Juthwara ou Osgyth ; en Irlande, Wyllow ou Winefride ; en Aragon, Orosia ; en Limousin, Valérie ; en Provence, Mitre ; en Auvergne, Principin ou Procule ; en Berry, Génitour du Blanc ou Solange…

S'il n'y a pas de saints lotharingiens, existent-ils des formes de vie religieuse lotharigiennes ? Les béguinages sont nés à Liège et disparaissent à Courtrai, avec la mort de Marcella Pattyn en avril 2013. Ils sont si caractéristiques qu'en 1998 treize béguinages flamands sont classés au patrimoine mondial de l'Unesco. Cependant, ils ne sont pas lotharingiens. Ils sont présents en Espagne, parfois confondus avec les Alumbrados ; en France où le roi Louis IX installe celui de Paris en 1264 ; en Allemagne, spécialement en Thuringe… Encore une forme de piété qui échappe à notre axe.

DE FORTES DIFFÉRENCES

Non seulement on peine à trouver, sur le temps long, des manifestations proprement lotharingiennes, mais ce volume présente de très fortes différences. Il prouve que des formes de dévotion s'imposent dans une partie de l'axe sans pour autant le concerner dans son ensemble. Lorsque Frédéric Tixier présente le culte de sainte Agathe, il montre qu'il conquiert la Lorraine en s'imposant dans de vastes églises comme celle de Longuyon mais aussi dans d'humbles chapelles. Le même constat est fait par Catherine Guyon, avec saint Nicolas, ou Jean-François Ryon, avec Notre-Dame Libératrice. Nicolas Balzamo,

Saint-Maurice, actes du colloque de 2009, Fondation des Archives historiques de l'Abbaye de Saint-Maurice, 2011.

scrutant le légendaire marial, en présente les nombreuses particularités pour conclure à « l'absence de légendaires spécifiques à l'espace lotharingien ».

Les dévotions reposent sur des identités locales, pas sur une personnalité lotharingienne. Notre-Dame du Luxembourg a de multiples copies mais uniquement dans un cercle d'une cinquantaine de kilomètres autour de son sanctuaire, dans l'actuelle province belge de Luxembourg, le département français de la Moselle et le massif allemand de l'Eifel. Elle ne rayonne donc pas dans l'axe lotharingien.

Bien d'autres exemples vont dans le même sens. La comparaison des lectures pieuses, entre le XVIIe et le XIXe siècle, des Lorrains et des Savoyards montre ce qui oppose deux régions de l'axe lotharingien[16]. Il y a des titres communs, spécialement les œuvres de François de Sales ou l'*Imitation de Jésus-Christ* ; mais leur portée est si universelle qu'elle ne traduit pas une piété lotharingienne. Chaque région marque sa différence avec des titres spécifiques. *Le Bon paroissien* de l'abbé Varnerot n'est jamais sorti de Lorraine et les œuvres de Martin von Cochem, même avec des traductions en français, n'ont pas quitté les rives du Rhin. Aucun ouvrage n'est propre à l'ensemble de notre région malgré la suprématie d'une langue presque commune, le français. La lecture permet à chaque région d'affirmer et de maintenir sa personnalité. Si les Lorrains préfèrent lire des ouvrages de prières et de réformation personnelle, les Savoyards sont de petits lecteurs adeptes surtout du catéchisme. Tout dit la discontinuité entre ces régions.

Pas plus d'unité dans le décor des églises. Les chaires de vérité si nombreuses dans l'actuelle Belgique n'ont pas essaimé. Les pèlerinages sont nombreux mais leur densité n'est pas bien différente de ce qui a pu être compté en Bretagne ou dans le sud de l'Allemagne. Les pèlerins ne restent pas enfermés dans notre région. Les Spinaliens aiment ainsi se rendre au Mont-Saint-Michel, bien loin de la Lotharingie. Les études locales montrent plus un repli sur des entités régionales que sur des structures supranationales. Les atlas, que ce soit *L'Elsass-Lothringischer Atlas* ou l'*Historischer Atlas von Baden-Württemberg*, l'ont prouvé. L'*Atlas de la vie religieuse en Lorraine*, auquel ont participé les promoteurs de ce volume, montre l'existence d'une double dimension : l'existence de formes de piété proprement lorraines, spécialement autour de la Vierge,

16 Martin, Philippe, *Une religion…*, *op. cit.*

à côté de dévotions très localisées, comme les Quatorze Intercesseurs dans le Warndt[17]. Ethnologues et folkloristes du XXe siècle ont démontré la force de ces petites régions religieuses, que ce soit Mathias Zender (1907-1993), avec ses travaux parus dans *Deutsches Archiv* pour présenter le combat germanophile de Wallons, ou l'abbé Louis Pinck (1873-1940) qui défend l'identité d'une Lorraine germanophone. Il n'y a donc pas de continuité géographique, pas d'axe, mais des môles cohérents. Si on doit prendre une image, cet espace européen médian n'est pas une ceinture mais un collier de grosses perles. Ce volume nous présente ces pôles : Lorraine (4 textes), Savoie et Piémont (2), Franche-Comté (2) Pays-Bas (2), Luxembourg (1) et Charleville (1). Ce sont bien des entités qui sont présentées. Les auteurs de ce volume en sont conscients. François Wallerich, scrutant les hosties miraculeuses, affirme d'ailleurs : « Maigres indices toutefois, qui ne permettent pas de démontrer l'existence d'un axe lotharingien. »

Entre elles existent parfois de très violentes rivalités. Si le culte de Saint-Hubert s'épanouit en Ardenne, un sanctuaire vosgien, Autrey, revendique aussi la possession des reliques. Appelé à trancher le conflit entre deux abbayes, le pape ne se prononce pas sur l'authenticité des reliques mais découpe des zones d'influence où chacune pourra quêter[18]. Notre axe est celui de tensions entre ces pôles.

L'EXISTENCE D'UNE PIÉTÉ LOTHARINGIENNE ?

Il n'existerait donc pas de « piété lotharingienne ». Les articles de cet ouvrage le disent assez. Il y a cependant un temps où une spiritualité commune a irrigué notre axe : plus de 150 ans, entre la fin du XVe et le début du XVIIe avec ses mises au tombeau mais surtout les dévotions mariales instituées par Marguerite d'Autriche puis les archiducs. C'est

17 Henryot, Fabienne, Jalabert, Laurent, Martin, Philippe (dir.), *Atlas de la vie religieuse en Lorraine à l'époque moderne*, Metz, Éditions Serpenoise, 2011.

18 Dierkens, Alain, Duvosquel, Jean-Marie (dir.), *Le culte de saint Hubert au Pays de Liège*, Bruxelles, Crédit Communal, 1990 ; Martin, Philippe, « Honorer et prier saint Hubert à Autrey (fin XVIe-fin XVIIIe siècle) », *Annales de la Société d'Émulation du département des Vosges*, 1998, p. 75-89.

dans notre région que sont présentes les répliques de la statue miraculeuse de Notre-Dame de Montaigu, c'est sans doute le meilleur exemple d'une dévotion vraiment lotharingienne, d'ailleurs explicitement voulue par les archiducs[19]. C'est alors un temps d'exception où une spiritualité d'esprit espagnol, en fait venue de Bruxelles, irrigue la zone. Il faut alors penser à l'importance de la *Pietas Austriaca*[20]. Entre 1607 et 1609, six fois les quêteurs de Notre-Dame de Montserrat en provenance de Cazères vinrent en Lorraine, phénomène exceptionnel puisqu'ils ne fréquentèrent pas les diocèses voisins. Il faudrait lancer bien d'autres enquêtes, par exemple une étude sur les représentations de la bataille de Lépante et leur dispersion géographique, présente au cœur du Jura, à Mièges.

Comment expliquer ce moment exceptionnel ?

D'abord par l'intensité des circulations économiques selon une longue route partant de la Mer du Nord pour rejoindre l'Italie[21]. Un moment de prospérité où ces échanges sont essentiels. Ensuite par la présence de princes affirmant leur foi et leurs espérances politiques. Par le hasard des héritages, Marguerite d'Autriche a possédé une grande partie de l'axe, y faisant circuler des artistes. Pour édifier le monastère de Brou où doit reposer son mari, elle fait venir aux portes de la Savoie des hommes d'Europe du Nord : l'architecte Louis van Bodeghem, le sculpteur Conrad Meit, le peintre Jehan Perréal… Presque un siècle plus tard, les archiducs diffusent des dévotions dans un axe où ils pensent jouer leur avenir politique, soutenus, consciemment ou pas, par des Petits États en quête de légitimité. Pendant un instant, des dévotions proprement lotharingiennes se manifestent. Plus qu'une frontière de catholicité (car il y en a tant en Europe), l'espace lotharingien est celui des Petits États qui font de la religion un des fondements de de leur existence.

Cette région n'est pas marquée par une identité spirituelle forte qui lui donnerait un particularisme. Elle n'est pas le lieu d'épanouissement

19 Martin, Philippe, « Les deux chemins de Montaigu en Lorraine », dans Bruneel, Claude, Duvosquel, Jean-Marie, Guignet, Philippe, Vermeir, René (dir.), *Les « Trente Glorieuses ». Pays-Bas méridionaux et France septentrionale*, actes du colloque de Lille, 5 octobre 2007, Bruxelles, Archives et bibliothèques de Belgique, 2010, p. 337-348.

20 Coreth, Anna, *Pietas Austriaca : Österreichische Frömmigkeit im Barock*, Verlag für Geschichte und Politik, Wien, 1982.

21 Bruneel, Claude, Duvosquel, Jean-Marie, Guignet, Philippe, Vermeir, René (dir.), *Les « Trente Glorieuses »…*, *op. cit.*

de manifestations artistiques qui berceraient les cœurs et les âmes. Elle n'est même pas homogène. Vouloir créer une spiritualité commune sur plusieurs siècles, c'est tordre le cou aux réalités présentées dans cet ouvrage. Ces travaux nous montrent que cette zone est un excellent observatoire pour voir comment les fidèles vivent leur foi.

Philippe MARTIN
Université Lyon 2 Lumière
LARHRA

BIBLIOGRAPHIE[1]

ABALLEA, Sylvie, *Les saints sépulcres monumentaux du Rhin supérieur et de la Souabe. 1340-1400*, Strasbourg, Presses universitaires de Strasbourg, 2003.

ABEL, Charles, *La paroisse de Longuyon et son église collégiale Sainte-Agathe*, Briey, Mémoires de la Société d'archéologie et d'histoire de la Moselle, 1888.

AUBIN-BOLTANSKI, Emma, « La très petite image de Soufanieh », *Archives des sciences sociales des religions. La force des objets*, n° 74, 2015, p. 101-123.

AVRIL, Joseph, *Les statuts synodaux français du XIIIe siècle*, t. 4, *Les statuts synodaux de l'ancienne province de Reims (Cambrai, Arras, Noyon, Soissons, Tournai)*, Paris, CTHS, 1995.

BACCI, Michele, « Le icone di Messina e la memoria di Costantinopoli », dans *Immagine e Scrittura. Presenza greca a Messina dal Medioevo all'età Moderna*, Palerme, Fondazione Federico II Editore, 2013, p. 201-216.

BACCI, Michele, *Il pennello dell'Evangelista. Storia delle immagini sacre attribuite a san Luca*, Pise, ETS, 1998.

BAGI, Zoltán Péter, « The Life of Soldiers during the Long Turkish War », *Hungarian Historical Review*, 4-1, 2015, p. 384-417.

BAILLET, Christophe, « Miracles du *Corpus Christi* à Caussens (Agenais) », dir. G. Philippart, *Hagiographies*, t. 6, Turnhout, Brepols, 2014, p. 790-793.

BAILLY MAITRE, Marie-Christelle, « Le culte de saint Nicolas chez les mineurs », *La pierre et l'écrit*, 18, 2008, p. 49-58.

BALIGAND, Françoise, *Sainte Barbe, légendes et traditions*, Paris, Association du Centre historique minier, 1997.

BALZAMO, Nicolas, CHRISTIN, Olivier, FLÜCKIGER, Fabrice (dir.), *L'Atlas Marianus de Wilhelm Gumppenberg. Édition et traduction*, Neuchâtel, Éditions Alphil-Presses universitaires suisses, 2015.

BALZAMO, Nicolas, *Les deux cathédrales. Mythe et histoire à Chartres (XIe-XXe siècle)*, Paris, Les Belles Lettres, 2012.

BARBIER, Guy, « Une question de style : la Vierge à l'Enfant de François Perrey », *La lettre aux amis des Musées et Bibliothèque de Besançon*, n° 36, p. 2-3.

1 Établie par B. Maes.

BARBIER, Guy, MARY, Marie-Claude, *Peintures flamandes des églises comtoises : XVIe-XVIIe siècles : Franche-Comté, service de l'Inventaire Direction régionale des Affaires culturelles*, Besançon, Asprodic, 1999.

Barbizier, Revue d'ethnologie comtoise, n° 28, 2004.

BARDAKÇI, Özkan, « Réalités et représentations des conflits entre les Européens et les Ottomans : l'exemple des guerres de Hongrie (1591-1606) et la campagne de Crète (1645-1669) », *Annales de l'Est. Dossier : « Les Affrontements religieux (XVIe-XVIIe siècle) »*, 1, 2009, p. 87-100.

BARNAY, Sylvie, « "Elle s'apparu" : relire la mariophanie médiévale de Boulogne », dir. B. Béthouart et A. Lottin, *La dévotion mariale de l'an mil à nos jours*, Arras, Presses de l'université d'Artois, 2005, p. 291-300.

BARON, Françoise, « La Mise au Tombeau dans la sculpture française au Moyen Âge », *Niccolò dell'Arca*, Seminario di studi, 26-27 mai 1987, Bologne, 1989, p. 213-219.

BARTLETT, Robert, *Gerald of Wales (1146-1223)*, Oxford, Clarendon Press, 1982.

BAUX, Jules, *Recherche historique et archéologique sur l'église de Brou*, Bourg-en-Bresse, Dufour, 1845.

BEAULIEU, Michèle, BEYER, Victor, *Dictionnaire des sculpteurs français du Moyen Âge*, Paris, Picard, 1992.

BÉNÉ, Charles, « Ignace de Loyola, Thérèse de Jésus et la piété érasmienne », dir. G. et G. Demerson et B. Dompnier, *Les jésuites parmi les hommes aux XVIe et XVIIe siècles*, Clermont-Ferrand, Publications de la Faculté des Lettres et Sciences Humaines de l'université de Clermont-Ferrand II, 1987.

BERARDO, Manuele, « Les diocèses et les saints du duché de Savoie », dans *Des saints et des hommes, L'image des saints dans les Alpes occidentales au Moyen Âge, catalogue commun des expositions de Chambéry, Sion, Genève, Annecy, Aoste et Suse*, Milan, off. lib., 2013, p. 21-45.

BERCÉ, Yves-Marie, *Lorette aux XVIe et XVIIe siècles. Histoire du plus grand pèlerinage des temps modernes*, Paris, Presses de l'université de Paris Sorbonne, 2011.

BERGMANN, Ute, *Die freiburger Glasmalerei des 16. bis 18. Jahrhunderts, Corpus vitrearum Schweiz, vol.* 6, New York, Peter Lang, 2014.

BERLIOZ, Jacques, *L'effondrement du mont Granier en Savoie (1248). Histoire et légendes*, Grenoble, Centre alpin et rhodanien d'ethnologie, 1998.

BERTAMINI, Tullio, « Fede ed arte a Cravegna », *Oscellana*, vol. XI, 1981, p. 123-142.

BERTAMINI, Tullio, *Re e il santuario della Madonna del Sangue*, Stresa, Ed. Rosminiane Sodalitas, 1996.

BERTRAND, Paul, *Commerce avec dame Pauvreté. Structures et fonctions des couvents mendiants à Liège (XIIIe-XIVe s.)*, Genève, Droz, 2004.

BESSON, Louis, GATIN, Jean-Henry, *Histoire de la ville de Gray et de ses monuments*, Paris, Firmin-Didot, 1892.

BEYER, Heinrich, *Urkundenbuch zur Geschichte der jetzt die Preussischen Regierungsbezirke Coblenz und Trier bildenden mittelrheinischen Territorien*, Coblence, in Kommission bei J. Hölscher, 1860.

BIANQUIS-GASSER, Isabelle, « Le temps d'Agathe. Un mythe européen de sang et de lait », *Revue des sciences sociales de la France de l'Est*, t. 20, 1992-1993, p. 178-183.

BINZ, Louis, « Les confréries dans le diocèse de Genève à la fin du Moyen Âge » dans *Le mouvement confraternel au Moyen Âge*, Rome, École française de Rome, 1987, p. 233-261.

Biographie nationale, publiée par l'académie royale des Sciences, des Lettres et des Beaux-Arts de Belgique, t. 32, supplément, Bruxelles, 1964.

BLANCHOT, Jean-Michel, « Le culte de Notre-Dame des Ermites dans le diocèse de Besançon XVIIIe-XIXe siècles », *Mémoires de la Société d'Émulation du Doubs*, Besançon, 2007, p. 133-192.

BLANCHOT, Jean-Michel, « La diffusion de la dévotion de Notre-Dame des Ermites dans les terres de catholicité de l'Est de la France », *Procès-verbaux de l'Académie des sciences, belles-lettres et arts de Franche-Comté 2011-2012*, Besançon, 2013, p. 159-186.

BLASCHKE, Karlheim, *Nikolaikirchen und Stadtentstehung in Europa : Von der Kaufmannssiedlung zur Stadt*, Berlin, Akademie Verlag, 2013.

BLED, Jean-Paul, *Histoire de Munich*, Paris, Fayard, 2009.

BLIN, Léon, « Du Brabant à Lyon et en Italie par la Champagne et la Bourgogne (XIIe et XIIIe siècles) », *Publications du Centre Européen d'Études Bourguignonnes*, n° 23 (1983), p. 105-122.

BLONDEL, Louis, « Le couvent de Rive », *Bulletin de la Société d'Histoire et d'Archéologie de Genève*, 1932, p. 286-303.

BOGDAN, Henry, *Histoire des Habsbourg : des origines à nos jours*, Paris, Perrin, 2005.

BOISSET-THERMES, Sandrine, *Les Mises au Tombeau de Savoie*, mémoire de master, université de Grenoble, 2006.

BOITEUX, Louis, « L'épitaphe de sainte Agathe sur les cloches antiques », *Revue archéologique*, t. 26, 1927, p. 264-273.

BOLTANSKI, Ariane, HAMON, Philippe, « Le duc de Mercœur gouverneur de province : entre statut, Ligue et Bretagne (1589-1598) », dir. E. Biron et B. Méniel, *Le duc de Mercœur. Les armes et les lettres (1558-1602)*, Rennes, PUR, 2009, p. 75-97.

BOLTON, Brenda, « Mulieres sanctae », *Studies in Church History*, n° 10 (1977), p. 77-97.

BONJEAN, Jean-Michel, « Manifestation de la foi et spiritualité populaire dans le Jura : la Confrérie du Rosaire à Saint-Lothain (1702-1836) et ses traces patrimoniales », *Travaux de la Société d'Émulation du Jura*, Lons-le-Saunier, 2013, p. 255-280.

BORMANS, Stanislas, SCHOOLMEESTERS, Émile, *Cartulaire de l'église Saint-Lambert de Liège*, Bruxelles, F. Hayez, 1895.

BOUDET, Paul, « Le chapitre de Saint-Dié en Lorraine. Des origines au seizième siècle », *Annales de la Société d'émulation du département des Vosges*, XCVIII année, 1922, p. 124-126.

BOUHAIK-GIRONES, Marie, « La représentation du mystère de sainte Catherine à Rouen en 1454 », dans *Mainte belle œuvre faicte, études sur le théâtre médiéval offertes à Graham A. Runnals*, Orléans, Paradigme, 2005, p. 27-36.

BOULVAIN, Sylvie, HENNEAU, Marie-Elisabeth, PIRONT, Julie, « Les chanoines de l'ordre du Saint-Sépulcre : du cloître à l'école », dans J.-P. Lensen, *400 ans de savoir : du couvent des sépulcrines au Centre culturel de Visé*, Visé, éd. du MAHVI et de la SRAHV, 2016 p. 18-115.

BOURDIER, Franck, « Les Mises au Tombeau monumentales de France », *Annesci*, XXI, 1978, p. 94-109.

BOUSSON DE MAIRET, Emmanuel, *Le Capitaine Morel, dit le Prince, ou le siège d'Arbois en 1595*, Arbois, Javel, 1836.

BOUTRY, Philippe, « Dévotions et apparitions : le "modèle tridentin" dans les mariophanies en France à l'époque moderne », *Siècles*, 2000, n° 12, p. 115-131.

BOUVET, Mireille-Bénédicte, *Les chapelles de montagne. Vosges*, Metz, Serpenoise, 1997.

BOUVET, Mireille-Bénédicte, BARBEY-SAY, Hélène (dir.), *Les Chapelles royales. De la gloire de Dieu à la gloire du prince*, Paris, Éd. du C.T.H.S., 2015.

BOZOKY, Edina, « Translations de reliques prestigieuses d'Orient en Italie, fin du XIe – début du XIIIe siècle », *Cahiers d'études italiennes*, n° 25, 2017, p. 1-16.

BRACHMANN, Christoph, « The Crusade of Nicopolis, Burgundy, and the Entombment of Christ at Pont-à-Mousson », *Journal of the Warburg and Courtauld Institutes*, LXXIV, 2011.

BREJON DE LAVERGNEE, Barbara, LAVALLE, Denis, THUILLER, Jacques, *Simon Vouet*, Paris, Réunion des Musées Nationaux, 1990.

BRIAT-PHILIPPE, Magali, « La dévotion de la maison de Bourgogne et de Marguerite d'Autriche pour Marie Madeleine », *Catalogue de l'exposition « Marie Madeleine, la Passion révélée », Monastère royal de Brou*, Bourg-en-Bresse, Musée des Beaux-arts, Carcassonne et Musée de la Chartreuse de Douai, Saint-Étienne, éditions IAC, 2016, p. 42-53.

BRIAT-PHILIPPE, Magali, « Marie Madeleine et les duchesses de Bourgogne, de Marguerite de Bourgogne à Marguerite d'Autriche », *Femmes en Bourgogne, actes du 26e colloque des sociétés savantes de Bourgogne, tenu au Monastère royal de Brou*, Bourg-en-Bresse le 22 octobre 2016, édition de la société d'émulation de l'Ain, 2017, p. 34-61.

BROCARD, Nicole, WAGNER, Anne (dir.), *Saint-Gothard, la mémoire de l'évêque et le contrôle du col alpin, actes du colloque de Besançon de 2014*, Besançon, Metz, CRULH, 2015.

BROCARD, Nicole, VANNOTTI, Françoise, WAGNER, Anne (dir.), *Autour de saint Maurice. Actes du colloque « Politique, société et construction identitaire : Autour de saint Maurice », Besançon et Saint-Maurice, 29 septembre – 2 octobre 2009*, Besançon-Saint-Maurice, Fondation des Archives historiques de l'Abbaye de Saint-Maurice, 2011.

BROWE, Peter, « Die Ausbreitung des Fronleichnamsfestes », *Jahrbuch für Liturgiewissenschaft*, n° 8 (1928), p. 107-144.

BROWE, Peter, *Die eucharistischen Wunder des Mittelalters*, Breslau, Müller & Seiffert, 1938.

BRUCHET, Max, *La Savoie d'après les anciens voyageurs*, Annecy, Hérisson, 1908.

BRUCHET, Max, *Marguerite d'Autriche, duchesse de Savoie*, Lille, Danel, 1927.

BRUMME, Carina, « The cult of St Nicholas as reflected in his pilgrim badges », dir. V. Gazeau, C. Guyon et C. Vincent, *En Orient et en Occident, le culte de saint Nicolas en Europe (Xe-XXIe siècle), actes du colloque international des 5, 6 et 7 décembre 2013*, Paris, Cerf, 2015, p. 297-310.

BRUNET, Serge, JULIA, Dominique, LEMAITRE, Nicole *(dir.), Montagnes sacrées d'Europe, actes du colloque de Tarbes en 2002*, Paris, publications de la Sorbonne, 2005.

BUJARD, Jacques, « Le couvent des Cordeliers de Fribourg : 750 ans d'architecture franciscaine », *Cahiers d'Archéologie Fribourgeoise*, n° 9, 2007, p. 141.

BURLET, Jean, *Le culte de Dieu, de la sainte Vierge et des saints en Savoie avant la Révolution*, Chambéry, Mémoires de l'Académie de Savoie, 1916.

BURNAND, Marie-Claire, *La Lorraine gothique*, Paris, Picard, 1989.

BYNUM, Caroline W., *Jeûnes et festins sacrés. Les femmes et la nourriture dans la spiritualité médiévale*, Paris, Éditions du Cerf, 1994.

BYNUM, Caroline W., « Women mystics and eucharistic devotion in the thirteenth century », *Women's studies*, n° 11 (1984), p. 179-214.

BYNUM, Caroline W., *Christian Materiality. An Essay on Religion in Late Medieval Europe*, New York, Zone Books, 2011.

CABOURDIN, Guillaume, *Terre et hommes en Lorraine du milieu du XVIe siècle à la guerre de Trente ans. Toulois et Comté de Vadémont*, Lille, Service de reproduction des thèses, 1975.

CAFFIERO, Marina, MOTTA, Franco, PAVONE, Sabrina (dir.), *Identità religiose e identità nazionali in età moderna, Dimensioni e problemi della ricerca storica*, 2005-1, p. 7-93.

CALILIAT, Louis Armand, « La batellerie de la Saône dans un passé proche et lointain », *Arts et traditions populaires*, 1960, vol. 8, p. 22-46.

CAMP, Pierre, « Les imageurs bourguignons de la fin du Moyen Âge », *Les Cahiers du vieux Dijon*, 1990, p. 62-63.

Canton de Longuyon Meurthe-et-Moselle, Images du Patrimoine, Maxéville-Nancy, 1988.

CAPELLE, Louis-François, *Recherches sur l'histoire du S. Sacrement de Miracle de Douai*, Douai, A. Obez, 1855.

CAPUZZO, Roberto, *Sanguis Domini Mantuae. Le* inventiones *del prezioso Sangue di Cristo nella costruzione dell'*imperium Christianum *e dell'identità civica di Mantova*, Florence, L. S. Olschki, 2009.

CAREGGIO, Alberto Maria, *La religiosità popolare in Valle d'Aosta : il culto mariano e la devozione ai santi : storia, tradizioni, leggende, preghiere*, Aoste, Tipografia Valdostana, 1995.

CARITÀ, Giuseppe (dir.), *Le arti alla Manta : il Castello e l'antica Parrocchiale*, Torino, Galatea, 1992.

CARRON, Diane, *Peuple de saints et pèlerinages dans les diocèses d'Autun et de Nevers : du temps des martyrs au temps des réformes, IVe-XVIIIe siècles*, thèse, université de Bourgogne, 2006.

CATTIN, Paul, *Répertoire des artistes et ouvriers d'art de l'Ain*, Bourg-en-Bresse, Archives départementales, 2004.

CATTIN, Paul, *Peintures murales médiévales des églises de Rhône-Alpes*, Lyon, Cahiers René de Lucinge, 1998.

CAVALLINI, Gaetano, *Omaggio al sangue miracoloso che si venera nella Basilica di S. Maria in Vado di Ferrara*, Ferrare, Tipografia Arcivescovile Bresciani, 1878.

CELIER, Odile, *Le signe du linceul. Le Saint Suaire de Turin, de la relique à l'image*, Paris, Cerf, 1992.

Charleville, chef d'œuvre du XVIIe siècle, Actes du Colloque 2006, Musée de l'Ardenne, Charleville-Mézières, 2010.

CHARTIER, Roger, « Les pratiques de l'écrit », dir. P. Ariès, *Histoire de la vie privée*, t. 2, *De la Renaissance aux Lumières*, Paris, Seuil, 1986, p. 113-161.

CHÂTELLIER, Louis, *L'Europe des dévots*, Paris, Flammarion, 1987.

CHÉLINI, Jean, BRANTHOMME, Henry, *Histoire des pèlerinages chrétiens*, Paris, Hachette, 1987.

CHONÉ, Paulette, « Le tombeau de René II aux Cordeliers », *Lotharingia*, t. XVI, 2000, p. 81-106.

CHONÉ, Paulette, *Comme un jardin au cœur de la chrétienté. Emblèmes et pensées symboliques en Lorraine*, Paris, Klincksieck, 1991.

CHOUX, abbé Jacques, « Les armoires eucharistiques en Lorraine : problèmes d'archéologie et d'histoire de la liturgie », dans *La Lorraine chrétienne au Moyen Âge : Recueil d'études*, Metz, Serpenoise, 1981, p. 315-326.

CHOUX, abbé Jacques, *La Lorraine chrétienne au Moyen Âge : recueil d'études*, Metz, Serpenoise, 1949.

CHRISTIN, Olivier, *Confesser sa foi. Conflits confessionnels et identités religieuses dans l'Europe moderne (XVIe-XVIIe siècles)*, Seyssel, Champ Vallon, 2009.

CHRISTIN, Olivier, *Une révolution symbolique : l'iconoclasme huguenot et la reconstruction catholique*, Paris, Éd. de Minuit, 1991.

CHRISTIN, Olivier, FLÜCKINGER, Fabrice, GHERMANI, Naïma (dir.), *Marie mondialisée. L'Atlas Marianus de Wilhelm Gumppenberg et les topographies sacrées à l'époque moderne*, Neuchâtel, Éditions Alphil-Presses universitaires suisses, 2014.

Chronica Villarensis, éd. Georg Waitz (MGH, SS 25), Hanovre, 1880, p. 192-235.

CHUVIN, Pierre, *Chronique des derniers païens. La disparition du paganisme dans l'empire romain du règne de Constantin à Justinien*, Paris, Les Belles Lettres, 1990.

CIMATTI, Eugenio, *Cenni storici intorno al Sangue miracoloso che si venera nella parrocchiale basilica di S. Maria del Vado in Ferrara*, Ferrare, Tipografia Governativa Taddei, 1857.

CIOFFARI, Gerardo (o.p.), LAGHEZZA, Angela (dir.), *Alle origini dell'Europa : il culto di san Nicola tra Oriente et Occidente, actes du colloque de Bari de 2010*, Nicolaus – Studi storici, n° 42-43, Centro Studi Nicolaiani, 2011.

CIOFFARI, Gerardo (o.p.), *Pellegrini a San Nicolao di Bari nella storia*, Bari, centro Studi, 2007.

CLÉMENZ, Élisabeth, « Le culte de saint Nicolas en Alsace », dir. V. Gazeau, C. Guyon et C. Vincent, *En Orient et en Occident, le culte de saint Nicolas en Europe (x^{e}-xxie siècle), actes du colloque international des 5, 6 et 7 décembre 2013*, Paris, Cerf, 2015, p. 347-368.

CLOUET, abbé Louis, *Histoire de Verdun et du pays verdunois*, t. 1, Verdun, Ch. Laurent, 1867.

COHEN, Meredith, *The Sainte-Chapelle and the Construction of Sacral Monarchy : Royal Architecture in Thirteenth-century Paris*, Cambridge, Cambridge University Press, 2015.

COLGRAVE, Bertram (éd.), *The Earliest Life of Gregory the Great by an Anonymous Monk of Whitby*, Lawrence, University of Kansas Press, 1968.

COLLIN, Hubert, *Les églises romanes de Lorraine*, t. III, Nancy, Société d'archéologie lorraine, Musée lorrain, 1984.

COMBA, Rinaldo (dir.), *Ludovico I marchese di Saluzzo : un principe tra Francia e Italia (1416-1475), relazioni al Convegno : Saluzzo, 6-8 dicembre 2003*, Cuneo, Società per gli studi storici, archeologici ed artistici della provincia di Cuneo, 2003.

COMBA, Rinaldo (dir.), *Ludovico II marchese di Saluzzo : condottiero, uomo di Stato e mecenate (1475-1504), atti del Convegno Saluzzo, 10-12 dicembre 2004*, Cuneo, Società per gli studi storici, archeologici ed artistici della provincia di Cuneo, 2005-2006.

CORBET, Patrick, « les origines du culte de saint Nicolas, principalement en Champagne », dans *Saint Nicolas et les Lorrains, symposium*, Saint-Nicolas de Port, Office de tourisme, 1985, p. 12-26.

CORDSHAGEN, Christa, SCHMIDT, Roderich (éd.), *Mecklenburgische Reimchronik des Ernst von Kirchberg*, Cologne – Weimar – Vienne, Böhlau, 1997.

Corpus vitrearum, vol. 3 : Les vitraux de Bourgogne, Franche-Comté et Rhône-Alpes, Paris, CNRS, 1986.

Costruire, abitare, pensare. Sabbioneta e Charleville città ideali dei Gonzaga, Mantoue, Universitas Studiorum, 2017.

Cousinie, Frédéric, *Images et méditation au* XVIIe *siècle*, Rennes, Presses universitaires de Rennes, 2007.

Cozzo, Paolo, « I primi tempi della diocesi di Saluzzo fra governo ecclesiastico, nepotismo curiale e tensioni religiose », *Bollettino della Società per gli Studi storici, archeologici ed artistici della Provincia di Cuneo*, 149 (2/2013), p. 217-228.

Cozzo, Paolo, « "Et per maggior divotione vorrebbe che fusse della medesima grandezza et che avesse tocato la istessa santa Sindone". Copie di reliquie e politica sabauda in età moderna », dir. L. Gaffuri, P. Ventrone, *Images, cultes, liturgies : Les connotations politiques du message religieux*, Paris, Éditions de la Sorbonne, 2014, p. 293-306.

Cozzo, Paolo, « Reproductions de sacralité dans le duché de Savoie (XVIe-XVIIe siècle) », dir. L. Gaffuri, L. Viallet, *Politique et dévotion autour du souvenir de la Passion en Occident, Reti Medievali Rivista*, 17, 1, 2016, p. 439-454.

Cozzo, Paolo, « Antichi soldati per nuove battaglie. La riscoperta del culto tebeo nelle "valli infette" », *Bollettino della Società di Studi Valdesi*, 188 (2001), p. 3-23.

Cozzo, Paolo, « Mythes et dévotions dynastiques en Savoie-Piémont aux XVIe et XVIIe siècles », dir. C. Collard, E. Crouzet-Pavan, A. Tallon, *La politique de l'histoire en Italie. Arts et pratiques du réemploi (*XIVe-XVIIe *siècles)*, Paris, PUPS, 2014, p. 259-268.

Cozzo, Paolo, « "Quest'abito è di onore e di religione". La dimensione religiosa degli ordini cavallereschi sabaudi nella prima età moderna », dir. G. Greco, *Il principe, la spada e l'altare*, Pisa, ETS 2014, p. 195-213.

Cozzo, Paolo, « Fra militanza cattolica e propaganda dinastica. La storiografia di Guglielmo Baldessano (1545-1612) nel Piemonte sabaudo », dir. M. Firpo, *« Nunc alia tempora, alii mores ». Storici e storia in età postridentina, Atti del convegno internazionale, Torino 24-27 settembre 2003*, Firenze, Olschki 2005, p. 397-414.

Cozzo, Paolo, « "Intus mirabile magis". L'orizzonte devozionale dell'infanta Caterina », dir. B. A. Raviola, F. Varallo, *L'Infanta. Caterina d'Austria, duchessa di Savoia (1567-1597)*, Roma, Carocci, 2013, p. 213-231.

Cozzo, Paolo, « "Trattate ambedue dal Cielo con ugual misura di privilegi". Dinastia sabauda e Corona di Sicilia fra cerimoniale religioso e dimensione devozionale », dir. D. Rando, P. Cozzo, D. Scotto, *Ottant'anni da Maestro. Saggi degli allievi offerti a Giorgio Cracco*, Roma, Viella 2014, p. 141-175.

Cozzo, Paolo, « Culti e spazi sacri nella Valsesia di età moderna : la dimensione devozionale del "mutamento di dominio" », Vercelli, Gallo edizioni, Storia della Valsesia in età moderna, 2015, p. 247-266.

Cozzo, Paolo, « Dall'immagine copiata all'immagine fotografata. L'evoluzione del culto sindonico fra XX e XXI secolo », dir. T. Caliò, *Santi in posa. L'influsso della fotografia sull'immaginario religioso*, Roma, Viella, 2019, p. 373-301.

Cozzo, Paolo, « Hagiographie et politique dans l'Italie du Nord au début de l'époque moderne : "saints d'État", tradition urbaine et prestige dynastique », dir. M. E. Ducreux, *Dévotion et légitimation. Patronages sacrés dans l'Europe des Habsbourg*, Liège, Presses universitaires de Liège, 2016, p. 57-72.

Cozzo, Paolo, *La Sindone e i Savoia*, Torino, Celid, 2015.

Cozzo, Paolo, « Política y devoción en la corte de los duques de Saboya : el papel estratégico de la hagiografía entre los siglos XVII-XVIII », dir. J. Martínez Millán, M. Rivero Rodríguez, G. Versteegen, *La corte en Europa : politica y religion (siglos XVI-XVIII)*, Madrid, Polifemo, 2012, vol. II, p. 957-972.

Cozzo, Paolo, « Reproductions de sacralité dans le duché de Savoie (XVIe-XVIIe siècles) », *Reti medievali rivista*, 17/1 (2016), p. 439-454.

Cozzo, Paolo, « Una leggenda che cambia. Chiaffredo e Costanzo da patroni del marchesato di Saluzzo a legionari sabaudi », *Annali dell'Istituto storico italo germanico in Trento*, XXVI (2000), p. 641-656.

Cozzo, Paolo, Nicolotti, Andrea, Merlotti, Andrea (dir.), *The Shroud at Court. History, Usages, Places and Images of a Dynastic Relic*, Leyde Brill, 2019, p. 293-306.

Cremoux, Françoise, *Pèlerinages et miracles à Guadalupe au XVIe siècle*, Madrid, Casa de Velázquez, 2001.

Damiano, Sonia, « Sulle orme di Ettore Dao : committenze a Scarnafigi tra XVI e XVII secolo », dir. G. Comino, *La pietà dei laici. Fra religiosità, prestigio familiare e pratiche devozionali : Il Piemonte sud-occidentale dal Tre al Settecento. Sulle tracce di Alfondo Maria Riberi (1876-1952)*, Cuneo, Società per gli studi storici, archeologici ed artistici della provincia di Cuneo, 2002, p. 271-280.

Dantand, Dominique, *Chronique de Richer, moine de Senones (XIIIe siècle), présentation, édition, traduction*, thèse, université de Nancy 2, 1996.

Dao, Ettore, *La Cappella del Santo Sudario in Scarnafigi e l'arte figurativa di G. Claret (1599-1679)*, Saluzzo, Tipografia Operaia, 1997.

Dao, Ettore, *Storia di Scarnafigi*, 2 *(dal 1508 al 1601)*, Savigliano, l'Artistica, 1988.

Dao, Ettore, « Vita civile e religiosa a Scarnafigi nei Seicento », dir. A. A. Mola, *Scarnafigi nella storia*, Savigliano, l'Artistica, 1992, p. 131-179.

Darsonville, Abbé, *Urbain IV et la Fête-Dieu à Liège*, Liège, D. Cormaux, 1902.

DARY, Anne, MONIER, Samuel, *Catalogue de l'exposition « La sculpture du XVe siècle en Franche-Comté de Jean Sans Peur à Marguerite d'Autriche »*, Musée des Beaux-Arts de Dole, 2007.

DAUGE, Sylvain, « Le miracle eucharistique de Caussens aux premières années du XIVe siècle », *Revue de l'Agenais*, n° 53 (1926), p. 149-161.

DE ANGELIS, Almerino, « I riformati di Sampeyre nei primi anni del Seicento », dir. M. Fratini, *L'annessione sabauda del marchesato di Saluzzo. Tra dissidenza religiosa e ortodossia cattolica (sec. XVI-XVIII)*, Torino, Claudiana, 2014, p. 309-315.

DEHOUX, Esther, « Le prélat réformateur : images de saint Nicolas et mise en ordre(s) de la société (Royaume franc, XIe-XIIIe siècle) », dir. V. Gazeau, C. Guyon et C. Vincent, *En Orient et en Occident, le culte de saint Nicolas en Europe (X^e^-XXIe siècle), actes du colloque international des 5, 6 et 7 décembre 2013*, Paris, Cerf, 2015, p. 147-168.

DELAISSE, Éric, « Le nombre de bienheureux à Villers-en-Brabant aux XIe et XIIIe siècles », *Revue bénédictine*, n° 117/2 (2007), p. 383-401.

DELAVEAU, Martine, « Imitation de Jésus-Christ », dir. P. Fouché, *Dictionnaire encyclopédique d'histoire du livre*, Paris, Éd. du cercle de la Librairie, 2005.

DELFOSSE, Annick, « La Vierge "Protectrice du Païs-Bas". Instrumentalisations politiques et stratégies identitaires dans les Pays-Bas espagnols », thèse, université de Liège, 2005.

DELFOSSE, Annick, « La Vierge comme protectrice des Pays-Bas méridionaux dans les livrets de pèlerinage marial au XVIIe siècle », *Revue belge de philologie et d'histoire*, 2002, t. 80, fasc. 2, p. 1225-1241.

DELFOSSE, Annick, « Une Vierge guerrière au service des Habsbourg et de l'Église catholique », dir. B. Béthouart, A. Lottin, *La dévotion mariale de l'an mil à nos jours*, Arras, Presses de l'université d'Artois, 2005, p. 337-345.

DELFOSSE, Annick, *La « Protectrice du Païs-Bas ». Stratégies politiques et figures de la Vierge dans les Pays-Bas espagnols*, Turnhout, Brepols, 2009.

DELHOTEL, Jean, *Bref recueil de l'état de l'église de Notre-Dame d'Avioth*, éd. R. Sommesous, Colmar, SAEP, 1981.

DELOBETTE, Laurence, « Origine et diffusion du culte de saint Nicolas dans le diocèse de Besançon (XIe-XVe siècles) », dir. F. Roth, *Lorraine, Bourgogne et Franche-Comté. Mille ans d'histoire, Actes du colloque de Metz de novembre 2009*, Moyenmoutier, EDIHITO, 2011, p. 91-113.

DELOBETTE, Laurence, DELSALLE, Paul *(dir.)*, *La Franche-Comté à la charnière du Moyen Âge et de la Renaissance, 1450-1550, actes du colloque de Besançon, 10-11 octobre 2002*, Besançon, Publications de l'université de Franche Comté, 2003.

DELSALLE, Paul, « La diffusion en Franche-Comté des statuettes de Notre-Dame de Montaigu à l'époque des archiducs Albert et Isabelle, 1598-1633 », dans *La Dévotion mariale de l'an mil à nos jours*, Arras, Artois Presses université, 2005.

Delville, Jean-Pierre, « La Fête-Dieu, Ève, Julienne et la Fête-Dieu à Saint-Martin », dans *Saint-Martin, mémoire de Liège*, Liège, Laffineur-Crépin, 1990, p. 31-52.

Delville, Jean-Pierre, Haquin, André (dir.), *Fête-Dieu (1246-1996)*, Louvain-la-Neuve, Institut d'études médiévales de l'Institut catholique de Louvain, 1999, 2 volumes.

Denys, Catherine, et Paresys, Isabelle, *Les anciens Pays-Bas à l'époque moderne (1404-1815). Belgique, France du Nord, Pays-Bas*, Paris, Ellipses, 2007.

Deonna, Waldemar, « La formule prophylactique de sainte Agathe », *Revue archéologique*, t. 27, 1928, p. 354-355.

Des saints et des hommes, L'image des saints dans les Alpes occidentales au Moyen Âge, catalogue commun des expositions de Chambéry, Sion, Genève, Annecy, Aoste et Suse, Milan, off. lib., 2013.

Descatoire, Christine, Gil, Marc, *Une Renaissance. L'art entre Flandre et Champagne (1150-1250)*, Paris, musée de Cluny, RMN, 2013.

D'haenes, Albert, « Gilles le Muisit, pèlerin de la première année sainte, 1300 », *Bulletin de l'institut historique belge de Rome*, 30, 1957, p. 31-49.

Dirkens, Alain, *Le culte de saint Hubert au Pays de Liège*, Liège, Crédit Communal, 1991.

Dittmar, Pierre-Olivier, « La mécanique des suaires », dir. D. Dubuisson, S. Raux, *À perte de vue, les nouveaux paradigmes du visuel*, Dijon, Les presses du Réel, 2015.

Dompnier, Bernard (dir.), *Les cérémonies extraordinaires du catholicisme français*, Clermont-Ferrand, Presses universitaires Blaise Pascal, 2009.

Donadoni, Eugenio, « The von Erlach Holy Shroud prayerbook ». URL : http://www.christies.com/lotfinder/Lot/the-von-erlach-holy-shroud-prayer-book-in-6012436-details.aspx (consulté le 09/08/2021).

Dondaine, Antoine, « La hiérarchie cathare en Italie. I : Le *De heresi Catharorum in Lombardia* », *Archivum Fratrum Praedicatorum*, nº 19 (1949), p. 280-312.

Dorvaulx, Nicolas, *Les anciens pouillés du diocèse de Metz*, Metz, MSALHM, 1902.

Duchesne, Louis, « Les sources du Martyrologe hiéronymien », *Mélanges d'archéologie et d'histoire*, t. 5, 1885, p. 120-160.

Dumoutet, Édouard, *Corpus Domini. Aux sources de la piété eucharistique médiévale*, Paris, Beauchesne, 1942.

Dumoutet, Édouard, *Le désir de voir l'hostie et les origines de la dévotion au Saint-Sacrement*, Paris, Beauchesne, 1926.

Dupront, Alphonse, *Du Sacré. Croisades et pèlerinages. Images et langages*, Paris, Gallimard, 1987.

DUPRONT, Alphonse, *Le mythe de croisade*, Paris, Gallimard, 1997, 4 vol.

ÉDOUARD, Sylvène (dir.), *Saintetés politiques du IXe au XVIIIe siècle. Autour de la Lotharingie – dorsale catholique*, Paris, Classiques Garnier, 2020.

EICHBERGER, Dagmar (dir.), *Women of Distinction. Margaret of York, Margaret of Austria*, Turnhout, Brepols, 2005.

EICHBERGER, Dagmar, *Leben mit Kunst, Wirken durch Kunst. Sammelwesen und Hofkunst unter Margarete von Österreich, Regentin der Niederlande*, Turnhout, Brepols, 2002.

EL GAMMAL, Jean, « La liberté de consciences et les forces politiques en France à la fin du XIXe et au début du XXe siècle », dir. C. Guyon, B. Maes, M. Peguera-Poch, A.-É. Spica, *Liberté des consciences et religion. Enjeux et conflits (XIIIe-XXe siècle)*, Rennes, PUR, 2016, p. 195-204.

FABRE, Adolphe, *Trésor de la chapelle des ducs de Savoie aux XVe et XVIe siècles : étude historique et archéologique*, Lyon, Savigné, 1875.

FACHERIS, Mathieu, « De Vulcain à sainte Agathe. S'assurer la protection contre le feu », *Chancels*, Société des amis des arts et du musée de la Cour d'Or, 2021, p. 43-46.

FACHERIS, Mathieu, *Le retable du martyre de sainte Agathe à Florange : dévotion à une martyre sicilienne en Lorraine*, Mémoire de Master 1, direction Frédéric Tixier, 2 volumes, université de Lorraine, Nancy, 2016-2017.

FAYARD, Auguste, *Aux origines de l'église du Puy. La Vierge et le dolmen. Étude critique des légendes de Notre-Dame du Puy*, Le Puy, Cahiers de la Haute-Loire, 1978.

FERNANDEZ-ALCOTE, Hélène, *Les Procès du cardinal de Richelieu, droit grâce et politique sous Louis le Juste*, Seyssel, Champs Vallon, 2010.

FERRY, Marcel, *Vierges comtoises : le culte et les images de la Vierge en Franche-Comté, en particulier dans le diocèse de Besançon*, Besançon, Cart, 1946.

Figures de madones, Vierges sculptées des Vosges, XIIe-XVIe siècles, Épinal, Conseil général des Vosges, 2005.

FINKEL, Caroline, *The Administration of Warfare : The Ottoman Military Campaigns in Hungary, 1593-1606*, Vienne, Verband der wissenschaftlichen Gesellschaften Österreichs, 1988.

FORSYTH, William H., *The Entombment of Christ. French Sculptures of the Fifteenth and Sixteenth Centuries*, Cambridge, Massachusetts, Harvard University Press, 1970.

FOSSATI, Luigi, « Copies of the Holy Shroud », *Shroud Spectrum*, n° 12 et 13, 1984, p. 7-23 et 23-39.

FOURNIER, E., « Un miracle eucharistique à Arras en 1175 », *Bulletin de la Commission départementale des monuments historiques du Pas-de-Calais*, volume 5, 1927, p. 251-254.

FRAY, Jean-Luc, *Nancy-le-Duc, essor d'une capitale princière aux derniers siècles du Moyen Âge*, Nancy, Société Thierry Alix, 1986.

FRÉCHET, Georges, « La Mise au tombeau de l'église Saint-Martin de Pont-à-Mousson », *Bulletin de la Société de l'Histoire de l'Art français*, 1991, p. 9-18.

FREDERICQ, Paul, *Corpus documentorum inquisitionis hereticae pravitatis Nederlandicae*, Gand, 1889-1902.

FRIAN, Emmanuel, *Le catholicisme matériel : les objets de la piété privée dans la France du* XVI*e et du* XVII*e siècle*, thèse, université de Nancy 2, 2009.

FUMAROLI, Marc, *L'École du silence, le sentiment des images au* XVII*e siècle*, Paris, Flammarion, 2008.

FÜRSTENBERG, P., « Zur Geschichte der Fronleichnamsfeier in der alten Diözese Paderborn », *Theologie und Glaube*, n° 9 (1917), p. 314-325.

GABER, Stéphane, *Et Charles V arrêta la marche des Turcs… Un Lorrain sauveur de l'Occident chrétien*, Nancy, Presses universitaires de Nancy, 1986.

GAFFURI, Laura, « The First Exhibitions of the Shroud in Piedmont and Yolande of Valois, Duchess of Savoy », dir. P. Cozzo, A. Merlotti, A. Nicolotti, *The Shroud at Court*, Leyde, Brill, 2019, p. 89-103.

GAFFURI, Laura (introduction et édition critique), *I Sermones de Beata Vergine del domenicano veneto Bartolomeo da Breganze (XIII secolo)*, Padoue, Antenore, 1993.

GAFFURI, Laura, VENTRONE, Paola (dir.), *Images, cultes, liturgies : les connotations politiques du message religieux, actes du premier Atelier international du projet « Les vecteurs de l'idéel, le pouvoir symbolique entre Moyen âge et Renaissance, v. 1200-v. 1640 », tenu à Milan, en octobre 2009*, Paris-Rome, Pub. de la Sorbonne et de l'EFR, 2014.

GAILLARD, Michèle, *De la mer du Nord à la Méditerranée : Francia Media, une région au cœur de l'Europe (c. 840-c. 1050), actes du colloque international de Metz, Luxembourg, Trèves de 2006*, Luxembourg, Cludem, 2011.

GAINO, Giovanni, *Memorie storiche del santuario di N. S. della Bruceta Cremolino*, s. l. s. n., 1938.

GALAND, Alexandre, BÜCKEN, Véronique (dir.), *The Bernard van Orley Group. The Flemish Primitives, catalogue of early Netherlandish painting in the Royal Museums of Fine Arts of Belgium*, vol. 6, Turnhout, Brepols, 2013.

GARAVAGLIA, Gianpaolo, *Mons in quo beneplacitum est Deo habitare in eo : bibliografia del Sacro Monte di Varallo*, Borgosesia, Tipografia di Borgosesia, 2017.

GARRONE, Giovanna Galante, « Gli affreschi della Parrocchiale di Elva (1496-1503) », dir. G. G. Garrone, E. Ragusa, *Hans Clemer : il maestro d'Elva*, Savigliano, l'Artistica, 2002, p. 71-98.

GARRONE, Giovanna Galante, « Manierismi : dalla dominazione francese al controllo sabaudo del territorio (1548-1620 », dir. R. Allemano, S. Damiano, G. G. Garrone, *Arte nel territorio della diocesi di Saluzzo*, Savigliano, l'Artistica, 2008, p. 251-283.

GAUJACQ, Frédérique, « La restauration des œuvres, un passage parfois indispensable avant leur présentation dans le Musée Lorrain rénové », *Le Pays lorrain*, 92-3, 2011, p. 229-238.

GAULARD, Bénédicte, « Le culte des images de Notre-Dame de Montaigu dans le Jura au XVIIe siècle », *Travaux de la Société d'Émulation du Jura 2003*, Lons-le-Saunier, 2005.

GAUTHIER, Nancy, « Origine et premiers développements de la légende de sainte Ursule à Cologne », *Comptes rendus des séances de l'Académie des Inscriptions et Belles-Lettres*, 117e année, n° 1, 1973, p. 108-121.

GAZEAU, Véronique, GUYON, Catherine, VINCENT, Catherine (dir.), *En Orient et en Occident, le culte de saint Nicolas en Europe (X[e]-XXIe siècle), actes du colloque international des 5, 6 et 7 décembre 2013*, Paris, Cerf, 2015.

GENTILE, Luisa Clotilde, « "Il principe di Dio tra noi" : liturgia civica e cristomimesi del sovrano nello *iocundum ingressum* tra Savoia e Piemonte (metà del XIV secolo – inizio del XVI secolo) », dir. L. Gaffuri, P. Ventrone, *Images, cultes, liturgies : Les connotations politiques du message religieux*, Paris, Éditions de la Sorbonne, 2014, p. 167-184.

GEORGE, Philippe, « Agathe de Catane (5 février), itinéraire d'un culte : de son martyre à la distribution de ses reliques », dans *Sant'Agata. Il reliquiario a busto. Contributi interdisciplinari*, Catane, 2010, p. 79-85.

GEORGE, Philippe, *Reliques et arts précieux en pays mosan. Du haut Moyen Âge à l'époque contemporaine*, Liège, Éditions du Céfal, 2002.

GÉRARD DE CAMBRAI, *Acta synodi Atrabatensis, Vita Autberti, Vita Gaugerici ; Varia scripta ex officina Gerardi exstantia*, éd. Steven Vanderputten et Diane J. Reilly, Turnhout, Brepols, 2014.

GERMAIN, Léon, *Philippe-Emmanuel, comte de Ligniville. Renseignements bibliographiques*, Nancy, G. Crépin-Leblond, 1884.

GIANNINI, Massimo Carlo, *Religione, conflittualità e cultura : il clero regolare nell'Europa d'antico regime*, Rome, Bulzoni, 2005.

GIRERD, Frédéric, *Notice historique sur Décize*, Nevers, Fay, 1842.

GOULLET, Monique, « La Chronique de Saint-Mihiel », dans *Retour aux sources. Textes, études et documents d'histoire médiévale offerts à Michel Parisse*, Paris, Picard, 2004, p. 987-1013.

GOULLET, Monique, « Les Vies de *saint* Mansuy (Mansuetus), premier *évêque* de *Toul.* Aperçu du dossier et édition critique des textes inédits », *Analecta Bollandiana*, 116, 1998, p. 57-105.

GOUZI, Christine, *L'art et le jansénisme au XVIIIe siècle*, Paris, Nolin, 2007.

GRIMMER, Claude, *Le Duc de Nevers, prince européen au temps de Louis XIII*, Paris, Fayard, 2021.

GRISART, Maurice, « Les Cathares dans le nord de la France », *Revue du Nord*, n° 194 (1967), p. 509-519.

GRISERI, Andreina, « Claret, Giovanni », *Dizionario biografico degli italiani*, 26, Roma, Istituto dell'Enciclopedia Italiana, 1982, p. 125-127.

GRISPOUX, Pierre, « Aux origines de l'Ermitage d'Arbois », *La nouvelle revue franc-comtoise*, n° 64 à 67, 1978.

GRITELLA, Gianfranco, *Il rosso e l'argento : i castelli di Lagnasco : tracce di architettura e di storia dell'arte per il restauro*, Torino, Celid, 2008.

GROSPERRIN, Bernard, « Écoles, petites écoles », dir. L. Bély, *Dictionnaire de l'Ancien Régime*, Paris, PUF, 1996, p. 459-460.

GUENEAU, Romain, *Le collège des Jésuites de Charleville (1612-1762), un établissement caractéristique des mutations politiques et sociales entre le XVII*e *et le XVIII*e *siècle*, Master d'histoire moderne sous la direction de François-Joseph Ruggiu et Claude Grimmer, 2016, Paris-Sorbonne.

GUYON, Catherine, « Hugues des Hazards et le culte des saints du Toulois », dir. P. Sesmat, *Hugues des Hazards, un évêque de la Contre-Réforme et son cadre de vie, actes du colloque de Blénod-lès-Toul de 2001*, Nancy, Annales de l'Est, 2005, p. 91-105.

GUYON, Catherine, « Le culte de saint Michel dans la France de l'Est », dir. P. Corbet, J. Lusse, *Ex animo, Mélanges d'histoire médiévale offerts à Michel Bur*, Langres, Guéniot, 2009, p. 437-518.

GUYON, Catherine, « Les saints patrons des hôpitaux en Lorraine médiévale », dir. M. Pauly, *Institutions de l'assistance sociale en Lotharingie médiévale*, Luxembourg, Publications de la Section historique de l'Institut Grand-Ducal de Luxembourg, 2008, p. 277-322.

GUYON, Catherine, « Par la roue de sainte Catherine. Dévots, pèlerins et pèlerinages de sainte Catherine d'Alexandrie (VIIIe-début du XVIe siècle) » mémoire inédit d'HDR, université de Lorraine, 2015, à paraitre.

GUYON, Catherine, « Pèlerins et pèlerinages à Saint-Nicolas-de-Port à la fin du Moyen Âge », dir. G. Cioffari, A. Laghezza, *Alle origini dell'Europa : il culto di san Nicola tra Oriente et Occidente, actes du colloque international de Bari, de décembre 2010, Nicolaus – Studi storici*, n° 42-43, Centro Studi Nicolaiani, 2011, p. 269-293.

GUYON, Catherine, « Saint Nicolas, un saint de vitrail en Lorraine », dir. C. Vincent, C. Guyon et V. Gazeau, *En Orient et en Occident, le culte de saint Nicolas en Europe (X*e*-XXI*e *siècle), actes du colloque international des 5, 6 et 7 décembre 2013*, Paris, Cerf, 2015, p. 383-401.

GUYON, Catherine, « Sainte Catherine au ciel de Jeanne d'Arc », dir. C. Guyon et M. Delavenne, *De Domremy à Tokyo…, Jeanne d'Arc et la Lorraine, actes du colloque international de Domremy et Vaucouleurs*, Nancy, PUN, 2013, p. 245-263.

GUYON, Catherine, « Un reliquaire exceptionnel pour un sanctuaire de pèlerinage majeur », dir. J. Lenoir, *Le camée de Nancy, de Néron à saint Nicolas*, Nancy, Bibliothèque Municipale, 2018, p. 106-125.

HABEGGER, Ueli, « Gefahren am Gotthard trotzen mit Hilfe des Heiligen Nikolaus », *Swiss Academies Reports*, vol. 9, 2014, p. 33-40.

HAELST, Remi van, « The Lier Shroud : a problem in attribution », *Shroud Spectrum*, nº 20, 1986, p. 1-15.

HAMBURGER, Jeffrey, *The visual and the visionary. Art and female spirituality in late medieval Germany*, New York, Zone Books, 1998.

HAMON, André, *Notre-Dame de France ou Histoire du culte de la sainte Vierge en France depuis l'origine du christianisme jusqu'à nos jours*, 7 vol., Paris, Plon, 1861-1866.

HECK, Christian, et BERGMANS, Anna (dir.), *L'art flamand et hollandais. Le siècle des primitifs 1380-1520*, Paris, Citadelles & Mazenod, 2003.

HEDIGER, Christine (éd.), *La Sainte-Chapelle de Paris : royaume de France ou Jérusalem céleste ?, actes du Colloque de Paris, Collège de France, 2001*, Turnhout, Brepols, 2007.

HELBIG, Jean, *Les vitraux de la première moitié du XVIe siècle conservés en Belgique. Province d'Anvers et Flandres. Corpus Vitrearum 2*, Belgique, Bruxelles, F. Van Buggenhoudt, 1968.

HELIOT, Pierre, « Les anciennes cathédrales d'Arras », dans *Bulletin de la Commission royale des Monuments et des Sites*, nº 4 (1953), p. 11-107.

HENNEQUIN, Jacques, « Le duc de Mercœur d'après son oraison funèbre par François de Sales », dir. N. Hepp et G. Livet, *Héroïsme et création littéraire sous le règne d'Henri IV et de Louis XIII*, Paris, Klincksieck, 1974, p. 183-194.

HENNEZEL D'ORMOIS, Jehan de, *Notre-Dame de Liesse, sa légende d'après le plus ancien texte connu*, Nogent-le-Rotrou, Daupeley-Gouverneur, 1934.

HENRYOT, Fabienne, « Décrire et représenter Pierre Fourier (XVIIe-XIXe siècles) », *Annales de l'Est*, 2009, nº 2, p. 171-209.

HENRYOT, Fabienne, « L'édition religieuse en Lorraine entre 1600 et 1635 », *Annales de l'Est*, 2002, nº 1, p. 43-66.

HENRYOT, Fabienne, JALABERT, Laurent, MARTIN, Philippe (dir.), *Atlas de la vie religieuse en Lorraine à l'époque moderne*, Metz, Serpenoise, 2011.

HEROLD, Michel, GATOUILLAT, Françoise, *Les vitraux de Lorraine et d'Alsace*, Corpus Vitrearum France – Recensement V, Paris, CNRS Éditions, 1994.

HILDESHEIMER, Françoise, *Fléaux et société. De la Grande Peste au choléra, XIVe-XIXe siècle*, Paris, Hachette, 1993.

HOFMANN, Helga D., *Die lothringische Skulptur der Spätgotik. Hauptströmungen und Werke (1390–1520)*, Sarrebruck, Saarbrücker Zeitung Verlag und Druck, 1962.

HUGUENIN-DUMITTAN, Julia, *Naissance d'une dévotion. Le Saint Suaire au service de la politique ducale de Charles II de Savoie (1504-1536)*, Mémoire de Master de l'université de Neuchâtel, sous la direction d'O. Christin et l'expertise de N. Balzamo, 2017.

HUMBERT, Chantal, *Les Sources de l'orientalisme, son développement et son évolution sous le règne de Léopold Ier (1698-1729)*, Thèse de 3e cycle, université de Nancy II, 1976.

HUMMELBERGER, Walter, « Der 1. August 1664 bei St. Gotthard, die Entscheidungsschlacht zwischen zwei großen Kriegen », *Truppendienst*, 2, 1964, p. 309-312.

Il Piemonte paese per paese, t. VII, Florence, Bonechi, 1995.

INSTALLE, Henri, « Marguerite d'Autriche : l'idéal de la femme et de la princesse selon Henri Corneille Agrippa », dir. D. Eichberger, A.-M. Legaré et W. N. M. Hüsken, *Women at the Burgundian Court. Presence and Influence*, Turnhout, Brepols, 2010, p. 87-95.

JACOD, Luca, *et al.*, « Prêtres, évêques, abbés, saints protecteurs des vallées alpines entre art et dévotion », dans *Des saints et des hommes, L'image des saints dans les Alpes occidentales au Moyen Âge, catalogue commun des expositions de Chambéry, Sion, Genève, Annecy, Aoste et Suse*, Milan, off. lib., 2013, p. 213-246.

JAFFE, Philippe, WATTENBACH, Wilhelm, *Regesta pontificum romanorum ab condita Ecclesia ad annum post Christum natum MCXCVIII*, Leipzig, Veit et comp., t. 2, 1888.

JALABERT, Laurent, *Charles V de Lorraine ou la quête de l'État (1643-1690)*, Metz, Éditions des Paraiges, 2017.

JEANTIN, Jean-François-Louis, *Les ruines et chroniques de l'abbaye d'Orval*, Paris, Jules Tardieu, 1857.

JONES, Charles W., *Saint Nicholaus of Myra, Bari and Manhattan, Biography of a Legende*, Chicago-Londres, University of Chicago Press, 1978.

JOÜON DES LONGRAIS, Frédéric, « Le duc de Mercœur », *Bulletin archéologique de l'Association Bretonne*, t. XIII, 1895, p. 212-293.

JULIA, Dominique, *Gilles Caillotin pèlerin : le « retour de Rome » d'un sergier rémois, 1724*, Rome, École Française de Rome, 2006.

JUSSIEU, Alexis de, *La Sainte-Chapelle du château de Chambéry*, Chambéry, Puthod, 1863.

KAMMERER, Odile, *La Lorraine des marchands* à *Saint-Nicolas-de-Port du XIVe au XVIe siècle*, Saint-Nicolas de Port, Connaissance et Renaissance de la basilique, 1985.

KAPFERER, Anne-Dominique, « Sur la côte boulonnaise une barque miraculeuse. À propos de Notre-Dame de Boulogne », dans *Les hommes et la mer dans l'Europe du Nord-Ouest de l'Antiquité à nos jours*, *Revue du Nord*, 1986, p. 425-441.

KARSALLAH, Elsa, « Les pèlerinages spirituels au Moyen Âge, le cas des mises au Tombeau monumentales du Christ », *Voyages et voyageurs*, 130e Congrès national des sociétés savantes, La Rochelle, 2005.

KARSALLAH, Elsa, « Mises au tombeau du Christ réalisées pour les dignitaires religieux », dir. F. Joubert, *L'Artiste et le Clerc, la commande artistique des grands ecclésiastiques à la fin du Moyen Âge (XIVe-XVIe siècles)*, Paris, 2006.

KARSALLAH, Elsa, *Les Mises au tombeau monumentales du Christ en France (XVe-XVIe s.) : enjeux iconographique, funéraire et dévotionnel*, thèse, université Paris IV-Sorbonne, 2009.

KIRCH, Jean-Pierre, *Les anciennes croix, surtout croix des champs en Lorraine*, Metz, Coopérative d'édition et d'impression, 1938.

KISZLING, Rudolf, « Die Schlacht bei Mogersdorf (St. Gotthard) », *Südostdeutsches Archiv*, 7, 1964, p. 124-128.

KISZLING, Rudolf, « Die Schlacht bei Mogersdorf 1. August 1664 », dans *Österreich in Geschichte und Literatur*, 8, 1964, p. 222-225.

KISZLING, Rudolf, « Politische Ziele und Strategie der Türken in Südosteuropa bis 1664 », *Österrichische Militärische Zeitschrift*, 2, 1964, p. 255-256.

KRUMENACKER, Yves, *La Guerre de Trente Ans*, Paris, Ellipses, 2008.

KUPPER, Jean-Louis, GEORGE, Philippe, *Saint Lambert : de l'histoire à la légende*, Bruxelles, Luc Pire, 2006.

KUPPER, Jean-Louis, GEORGE, Philippe, PIRENNE, Françoise, *Liège. Autour de l'an mil, la naissance d'une principauté (Xe-XIIe siècles)*, Liège, Éditions du Perron, 2000.

LABOURDETTE, Jean-François, POUSSOU, Jean-Pierre, et VIGNAL, Marie-Catherine, *Le Traité de Vervins*, Paris, Presses de l'université de Sorbonne, 2000.

LACROIX, Pierre, « Un centre jurassien de piété populaire Notre-Dame de Mièges », dans *Actes du 99e congrès des sociétés savantes*, Besançon, 1974, p. 215-235.

LACROIX, Pierre, *Le Jura terre mariale*, Lons-le-Saunier, AJEDIC, 1988.

LANGROGNET, Jean-Louis, « Le transfert du groupe sculpté de l'Assomption du couvent des cisterciennes de Besançon à l'église Saint-Georges de Vesoul », *SALSA*, n° 79, 2010, p. 41-47.

LAURENTIN, René, *Le Vœu de Louis XIII passé ou avenir de la France*, Paris, François-Xavier de Guibert, 2004.

LAVEDAN, Pierre, HUGUENEY, Jeanne, HENRAT, Philippe, *L'urbanisme à l'époque moderne (XVIe-XVIIIe siècles)*, Genève, Droz, 1982.

LAZURE, Guy, « Posséder le sacré. Monarchie et identité dans la collection de reliques de Philippe II à l'Escorial », dir. P. Boutry, P.-A. Fabre, D. Julia, *Reliques modernes. Cultes et usages des corps saints des Réformes aux révolutions*, Paris, Éditions de l'EHESS, 2009, vol. 1, p. 371-404.

LE CAMBRIEN, Giraud, *Gemma Ecclesiastica*, éd. J. S. Brewer, *Giraldi Cambrensis Opera omnia*, t. 2, Londres, Longman, Green, Roberts, 1862.

LECERCLE, François, « De la relique à l'image ; la promotion du Suaire de Turin », *Symboles de la Renaissance III*, Paris, Rue d'Ulm, 1990, p. 95-112.

Le chemin des reliques : témoignages précieux et ordinaires de la vie religieuse à Metz au Moyen Âge, catalogue de l'exposition, Metz, Musées de la Cour d'Or, 2000.

LE GALL, Jean-Marie, « Vieux saints et grande noblesse à l'époque moderne : Saint Denis, les Guise et les Montmorency », *Revue d'histoire moderne et contemporaine*, 2003, p. 7-33.

LE MOIGNE, François-Yves (dir.), *Histoire de Sarrebourg*, Metz, Serpenoise, 1988 (2e éd.).

LEONE, Domenico, *El Santo Sudario en Espana*, Barcelone, Biblioteca Sindonica, 1959.

LEPAGE, Henri, *Le département de la Meurthe statistique, historique et administrative*, 2e partie, Nancy, Pfeiffer, 1843.

Le Peintre Chrétien : l'image religieuse dans la France du XVIIe siècle, Paris, L'Harmattan, 2000.

Le Pelerin de Nostre Dame du Chesne en Anjou, La Flèche, George Griveau, 1625.

LEROY, Michèle, MONTLEAU, Geneviève de, *En Beaufortain et Val d'Arly. Sur les chemins du baroque*, Chambéry, FACIM, 1999.

Les Chroniques de la ville de Metz 900-1552, éd. S. Lamort, Metz, 1838.

Les Dominicaines d'Unterlinden, catalogue de l'exposition, dir. C. Leroy, Paris, Somogy, 2001.

Les pays de l'entre-deux au Moyen Âge : questions d'histoire des territoires d'Empire entre Meuse, Rhône et Rhin, congrès du CTHS, Paris, Éd. du C.T.H.S., 1990.

LETT, Didier, *Un procès de canonisation au Moyen Âge : Nicolas de Tolentino, 1325*, Paris, PUF, 2008.

Liège et Bourgogne, Catalogue de l'exposition du Musée de l'art wallon, Liège, Pub. du Musée d'art wallon, 1968.

LONGO, Pier Giorgio, *Memorie di Gerusalemme e Sacri Monti in epoca barocca. Vincenzo Fani, devoti « misteri » e « magnanime imprese »nella sua Relatione del viaggio in Terrasanta dedicata a Carlo Emanuele I di Savoia (1615-1616)*, Ponzano Monferrato, ATLAS, 2010, p. 57-113.

LOSSON, Marie, *Recherches sur le culte, l'iconographie et la fête de saint Nicolas en Lorraine*, Mémoire de maîtrise de l'université de Nancy2, 1979.

LOUIS, Franck, MALGOUYRES, Philippe (dir.), *La fabrique des saintes images. Rome-Paris, 1580-1660*, Paris, Musée du Louvre, 2015.

LOUIS, Gérard, *La Guerre de Dix Ans*, Paris, Presses universitaires de Franche-Comté, 2005.

LUCKEN, Christopher, « Exorciser la montagne. Saint Bernard de Menthon au sommet du Mont-Joux », dans *Montagnes médiévales, Actes des congrès de la SHMESP*, Paris, Pub. de la Sorbonne, 2003, p. 99-120.

MACY, Gary, *The Theologies of the Eucharist in the early Scholastic Period. A Study of the Salvific Function of the Sacrament according to the Theologians c.* 1080 – *c.* 1220, Oxford, Clarendon Press, 1984.

MAES, Bruno, « Du pèlerinage recours au pèlerinage mission. L'itinéraire intellectuel de Louis Châtellier, historien du pèlerinage réformé », *Annales de l'Est*, n° 1-2018, p. 45-61.

MAES, Bruno, « Esprit de croisade et Maison de Lorraine aux XVe-XVIIIe siècles », dir. Gilles Deregnaucourt, Yves Krumenacker, Philippe Martin, Frédéric Meyer, *Dorsale catholique, jansénisme, dévotion : XVIe-XVIIIe siècles. Mythe, réalité, actualité historiographique*, Paris, Riveneuve, 2014, p. 427-437.

MAES, Bruno, « La littérature de pèlerinage du XVIIe siècle, médiatrice des normes tridentines », dir. V. Beaulande-Barraud, J. Claustre, E. Marmursztejn, *La fabrique de la norme. Lieux et modes de production des normes au Moyen Âge et à l'époque moderne*, Rennes, PUR, 2012, p. 207-222.

MAES, Bruno, « Pèlerinages nationaux et identité nationale en France (XVe-XVIIIe siècle). Liesse, Saumur et Le Puy entre culture religieuse et culture politique », thèse, université de Reims, 1999.

MAES, Bruno, *Le roi, la Vierge et la nation. Pèlerinages et identité nationale en France entre guerre de Cent Ans et Révolution*, Paris, Publisud, 2002.

MAES, Bruno, *Les livrets de pèlerinage. Imprimerie et culture à l'époque moderne*, Rennes, PUR, 2016.

MAES, Bruno, *Pèlerinages et sanctuaires mariaux au XVIIe siècle. Manuscrit du père Vincent Laudun dominicain*, Paris, Éd. du C.T.H.S., 2008.

MAES, Bruno, MARTIN, Philippe, VINCENT, Catherine (dir.), *Saint Nicolas et les autres traditions, Légendaires et société en Occident, actes de la journée d'étude de Nancy en mars 2011*, *Annales de l'Est*, n° spécial, 2012.

MAGDALINO, Paul, « Le culte de saint Nicolas à Constantinople », dir. C. Vincent, C. Guyon, V. Gazeau, *Entre Orient et Occident, le culte de saint Nicolas en Europe (X^e^-XXIe siècle), actes du colloque international des 5, 6 et 7 décembre 2013*, Paris, Cerf, 2015, p. 43-50.

MAGOUN, Francis P., « An English pilgrim-diary of the yearth 990 », *Medieval Studies*, 2, 1940, p. 231-251.

MAGOUN, Francis P., « The pilgrim diary of Nikulas de Munkathvera : the road to Rome », *Medieval Studies*, 6, 1944, p. 314-354.

MÂLE, Émile, *L'art religieux à la fin du Moyen Âge en France*, Paris, Armand Colin, 1908.

MÂLE, Émile, *L'art religieux après le Concile de Trente : étude sur l'iconographie de la fin du XVIe siècle, du XVIIe, du XVIIIe siècle*, Paris, Armand Colin, 1932.

MANDRACCI, Vera Comoli, BERNARD, Giacobello (dir.), *Il potere e la devozione : la Sindone e la Biblioteca reale di Torino*, Milan, Electa, 2000.

MARCHAL, Corinne, « Rassurer, protéger, convertir : les fondements de la piété mariale en Franche-Comté aux XVIIe et XVIIIe siècles », *Mémoires 2008 de la Société d'Émulation du Doubs*, Besançon, 2009.

MARCHAL, Corinne, TRAMAUX, Manuel (dir.), *Le miracle de Faverney (1608). L'eucharistie : environnement et temps de l'histoire*, Besançon, Presses universitaires de Franche-Comté, 2010.

MARÉ, Pierre, *Inventaire descriptif des « Sépulcres » et fragments de « Sépulcres » sculptés des XVe et XVIe siècles, conservés en Lorraine, groupes et fragment indépendants*, thèse de 3e cycle, université de Nancy, 1961.

MARICHAL, Paul, *Dictionnaire topographique du département des Vosges*, Paris, Imprimerie nationale, 1941.

MAROT, Pierre, *La brève généalogie du duc de Lorraine René II 1504-5*, Metz, Arts graphiques, 1930.

MARSCHALL, Hans-Günther, SLOTTA, Rainer, *Lorraine Romane*, Zodiaque, Saint-Léger-Vauban, 1984.

MARTIN, Michel, *La statuaire de la Mise au Tombeau du Christ*, Paris, Picard, 1997.

MARTIN, Philippe, BARDAKÇI, Özkan, « L'esprit de croisade », dir. F. Henryot, L. Jalabert, P. Martin, *Atlas de la vie religieuse en Lorraine à l'époque moderne*, Metz, Éditions Serpenoise, p. 276-277.

MAUCLAIR, Michel, *Notre-Dame de Gray*, Langres, Guéniot, 2009.

MEISEN, Karl, *Nikolauskult und Nikolausbrauch im Abendlande*, Düsseldorf, Schwann, 1931.

MELY, Fernand de, « Histoire d'un suaire, le suaire d'Enxobregas », *Revue archéologique*, t. 40, 1902, p. 55-61.

MENS, Diego, « Donation du Rosaire et le vœu de Louis XIII, anomalie bretonne ou dévotion belliciste », dans *Regards sur la peinture religieuse XVIIe-XIXe siècle*, Arles, Actes-Sud, 2013.

MENTZER, Raymond A., « La place et le rôle des femmes et les Églises réformées », *Archives de sciences sociales des religions*, 113, p. 119-132.

MERCURI, Chiara, *Corona di Cristo, corona di re : la monarchia francese e la corona di spine nel Medioevo*, Roma, Edizioni di Storia e Letteratura, 2004 (éd. française : *Saint Louis et la Couronne d'épines : histoire d'une relique à la Sainte Chapelle*, Paris, 2011).

MERLIN, Pier Paolo, « Saluzzo, il Piemonte, l'Europa. La politica sabauda dalla conquista del marchesato alla pace di Lione », dir. M. Fratini, *L'annessione sabauda del marchesato di Saluzzo. Tra dissidenza religiosa e ortodossia cattolica (sec. XVI-XVIII)*, Torino, Claudiana, 2014, p. 15-61.

MERLIN, Pier Paolo, « I cardinali sabaudi nell'età di Emanuele Filiberto (1559-1580) », dir. G. Signorotto e M. A. Visceglia, *La Corte di Roma tra Cinque e Seicento « teatro » della politica europea*, Roma, Bulzoni, 1998, p. 299-321.

MERLOTTI, Andrea, BIANCHI, Paola, *Storia degli Stati sabaudi (1416-1848)*, Morcelliana, Brescia, 2017.

MERLOTTI, Andrea, « Dall'integrazione all'emarginazione. La nobiltà di Saluzzo e lo Stato sabaudo nel XVII secolo », dir. M. Fratini, *L'annessione sabauda del marchesato di Saluzzo. Tra dissidenza religiosa e ortodossia cattolica (sec. XVI-XVIII)*, Torino, Claudiana, 2014, p. 87-118.

MERLOTTI, Andrea, *L'enigma delle nobiltà. Stato e ceti dirigenti nel Piemonte del Settecento*, Olschki, Firenze, 2000.

MEYER, Frédéric, *Centre dynastique, religiosité et mémoire urbaine : Chambéry et le Saint Suaire du XVIe au XVIIIe siècle*, dir. P. Cozzo, A. Merlotti, A. Nicolotti, *The Shroud at Court*, Leyde, Brill, 2019, p. 75-88.

MEYER, Frédéric, *La Maison de Savoie du XVIe au XVIIIe siècle*, Chambéry, Société savoisienne d'Histoire et d'Archéologie, 2014, p. 51-59.

MICHEL, Emmanuel, *Biographie du parlement de Metz*, Metz, Nouvian, 1853.

MOINET, Eric (dir.), *Transparences. Histoire du verre et du cristal en Lorraine, catalogue de l'exposition*, Nancy, Musée Lorrain, Ars-sur-Moselle, Serge Domini, 2007.

MONTCLOS, Jean de, « Lanfranc et Bérenger : les origines de la doctrine de la Transsubstantiation », dir. G. d'Onofrio, *Lanfranco di Pavia e l'Europa del secolo XI nel IX centenario della morte (1089-1989), Atti del convegno internazionale di studi (Pavia, Almo Collegio Borromeo, 21-24 settembre 1989)*, Rome, Herder, 1993, p. 297-326.

MONTCLOS, Jean de, *Lanfranc et Bérenger : la controverse eucharistique du XIe siècle*, Louvain, Spicilegium sacrum Lovaniense, 1971.

MONTGOMERY, Scott, *St. Ursula and the Eleven Thousand Virgins of Cologne : relics, reliquaries and the visual culture of group sanctity in late medieval Europe*, Berne, Peter Lang, 2010.

MORDEFROID, Jean-Luc, « Visages de l'érémitisme », *Travaux de la Société d'Émulation du Jura 2015*, Lons-le-Saunier, 2016.

MOREAU, Édouard de, *L'abbaye de Villers-en-Brabant au XIIe et XIIIe siècles : étude d'histoire religieuse et économique*, Bruxelles, A. Dewit, 1909.

MOTTA, Anne, *Noblesse et pouvoir princier dans la Lorraine ducale (vers 1620-1737)*, thèse, université de Lorraine, 2012.

MULETTI, Delfino, « Memorie storico-diplomatiche appartenenti alla citta ed ai marchesi di Saluzzo », dir. S. Beltramo, *Il marchesato di Saluzzo tra Gotico e Rinascimento. Architettura, città, committenti*, Rome, Viella 2015, p. 370-376.

MÜLLER, Iso, *Geschichte des Klosters Müstair : von den Anfängen bis zum Gegenwart*, Disentis, Desertina, 1978.

NAMUR, Antoine, *Notice sur le frère Abraham de l'abbaye d'Orval et les tableaux qui lui sont attribués*, Anvers, J. E. Buschmann, 1860.

NANNI, Stefania, « Une autre frontière de la Dorsale catholique : les déclinaisons lorraines de la guerre aux Turcs (XVIe-XVIIIe siècles) », dir. G. Deregnaucourt,

Y. Krumenacker, P. Martin, F. Meyer, *Dorsale catholique, jansénisme, dévotion : XVIe-XVIIIe siècles. Mythe, réalité, actualité historiographique*, Paris, Riveneuve, 2014, p. 439-452.

NASH, Susie, « Claus Sluter's Well of Moses for the Chartreuse of Champmol reconsidered », *The Burlington Magazine*, décembre 2005, p. 798-809, juillet 2006, p. 456-469, novembre 2008, p. 724-741.

NATALE, Mauro, ELSIG, Frédéric, *La Renaissance en Savoie. Les arts au temps du duc Charles II (1504-1553)*, Genève, Musées d'art et d'histoire, 2002.

NATALE, Vittorio, « La scultura a Chambéry e in Savoia nelle seconda metà del secolo », *Corti e città*, catalogue de l'exposition de Turin, 2006.

NATALE, Vittorio, *Le sindoni ritrovate. Il restauro delle raffigurazioni nel Biellese, catalogo della mostra (Biella, Palazzo Oratorio del Santo Sudario, 15-29 ottobre 2000)*, Ponzone, DocBI, 2000.

NICOLOTTI, Andrea, « I Savoia e la Sindone di Cristo : aspetti politici e propagandistici », dir. L. Andreani – A. Paravicini Bagliani, *Cristo e il potere. Teologia, antropologia e politica*, Florence, SISMEL – Edizioni del Galluzzo, 2017, p. 247-281.

NICOLOTTI, Andrea, *Le Saint Suaire de Besançon et le chevalier Othon de La Roche*, Vy-lès-Filain, Franche-Bourgogne, 2015.

NICOLOTTI, Andrea, *Storia e leggende di una reliquia controversa*, Turin, Giulio Einaudi, 2015.

NICOLOTTI, Andrea, « Le fotografie della Sindone di Secondo Pia (1898) e di Giuseppe Enrie (1931) », dir. T. Caliò, *Santi in posa. L'influsso della fotografia sull'immaginario religioso*, Roma, Viella 2019, p. 239-272.

NIEDERKORN, Jan Paul de, *Die europäischen Mächte und der « Lange Türkenkrieg » Kaiser Rudolfs II, 1593-1606*, Vienne, Verlag der österreichischen Akademie der Wissenschaften, 1993.

Notre-Dame de Luxembourg : dévotion et patrimoine, catalogue de l'exposition du musée diocésain en Piconrue, Bastogne, Musée de Piconrue, 2016.

Nuova raccolta di discorsi sacri intorno al sacramento dell'eucaristia ed al sacrifizio della Messa de' piu' celebri oratori italiani e stranieri, vol. 2, Naples, Antonio Marotta, 1837.

OTTONELLI, Sergio, *La riforma in alta val Varatia : un primo abbozzo di ricerca*, dir. M. Fratini, *L'annessione sabauda del marchesato di Saluzzo. Tra dissidenza religiosa e ortodossia cattolica (sec. XVI-XVIII)*, Torino, Claudiana, 2014, p. 317-336.

PACHT-BASSANI, Paola, *Claude Vignon : 1593-1670*, Paris, Arthéna, 1993.

PALASTI, Ladislas, « La Hongrie et la Lorraine. Mille ans de rapports hungaro-lorrains 910-1900 », *Le Pays Lorrain*, 2, 1985, p. 48-71.

PARAVY, Pierrette, *De la chrétienté romaine à la réforme en Dauphiné*, Rome, École Française de Rome, 1993.

PARISSE, Michel, *L'époque médiévale, Austrasie, Lotharingie, Lorraine*, dans *L'époque médiévale, Encyclopédie illustrée de la Lorraine*, Nancy-Metz, PUN-Serpenoise, 1990.

PARKER, Elizabeth C., *The Descent from the Cross : its relation to the extraliturgical Depositio Drama*, New York et Londres, Garland Pub., 1978.

PARSONS LILLICH, Meredith, « The Ex-Voto Window at St. Gengoult, Toul », *Art bulletin*, LXX-1, mars 1988, p. 123-133.

PARSONS LILLICH, Meredith, « Un vitrail ex-voto du XIIIe siècle à Saint-Gengoult de Toul », *Le pays lorrain*, vol. 70, 1989, p. 225-232.

PARSONS LILLICH, Meredith, *Rainbow Like an Emerald. Stained Glass in Lorraine in the Thirteenth and Early Fourteenth Centuries*, University Park, Pennsylvania State University Press, 1991.

PEBALL, Kurt, « Die Schlachten bei Léva-St. Benedikt und St. Gotthard-Mogersdorf », *Österrichische Militärische Zeitschrift*, 2, 1964, p. 257-262.

PELT, Mgr Jean-Baptiste, *Études sur la cathédrale de Metz*, I, *La liturgie*, Metz, Imprimerie lorraine, 1937.

PENNINI, Andrea, *« Con la migliore diligentia possibile ». Diplomazia e politica estera sabauda nel primo Seicento*, Rome, Carocci, 2015.

PENZI, Marco, « From "Frenchman" to Crusader : the Political and Military Itinerary of Philippe Emmanuel Duke of Mercœur (1558-1602) », dir. R. Born, *Türkenkriege und Adelskultur in Ostmitteleuropa vom 16. bis zum 18.Jahrhundert*, Ostfildern, J. Thobecke, 2014, p. 155-163.

PERDRIZET, Paul, *La Vierge de Miséricorde : étude d'un thème iconographique*, Paris, Fontemoing, 1908.

PEREDA, Felipe, *Crimen e ilusión. El arte de la verdad en el Siglo de Oro*, Madrid, Marcial Pons, 2017.

PERRET, André, « Essai sur l'histoire du Saint Suaire du XIVe au XVIe siècle de Lirey (Aube) à Chambéry », *Mémoires de l'Académie des Sciences, Belles-Lettres et Arts de Savoie*, IV, 1960, p. 49-121.

PERRIN, André, « Les Hospitaliers et la commanderie Saint-Antoine de Chambéry », *Mémoires de l'Académie des Sciences, Belles Lettres et Arts de Savoie*, 4e série, II, Chambéry, 1890, p. 115-256.

PETREMENT, Bénédicte, YANTE, Jean-Marie, *Frère Abraham. Moine peintre d'Orval 1741-1809*, Virton, musée Gaumais, 2009.

PHILIPPE, André, « Les armoires eucharistiques dans l'Est de la France et particulièrement dans les Vosges », *Bulletin monumental*, t. 33, 1924, p. 103-126.

PHILIPPE, André, *Anciennes cloches vosgienne, (XVe-XVIIIe siècles)*, Épinal, Imprimerie vosgienne, 1925.

PIANEA, Elena, « L'affresco del Cristo di Pietà di Costigliole Saluzzo (1550-1559) » et « L'affresco della Deposizione nella chiesa di Sant'Agostino a

Saluzzo (1500-1504) », dir. G. G. Garrone, E. Ragusa, *Hans Clemer : il maestro d'Elva*, Savigliano, l'Artistica, 2002, p. 129-131 et 133-139.

PICCAT, Marco, « Quando la tradizione religiosa si fa evento : le didascalie della "Passione di Revello" (1481) », *Saluzzo, città e diocesi : cinquecento anni di storia, relazioni al Convegno (Saluzzo, 28-30 ottobre 2012)*, Cuneo, Società per gli studi storici, archeologici ed artistici della provincia di Cuneo, 2013, p. 51-65.

PIDOUX DE LA MADUERE, André, « L'Abbé Marmet », *La semaine catholique de la Suisse française*, 48e année, 1919.

PIDOUX DE LA MADUERE, André, *Mémoire sur les origines et l'histoire du culte de la très sainte Vierge sous le vocable béni de Notre-Dame Libératrice, patronne de Salins et de la Franche-Comté et sur les anciens monuments liturgiques et iconographiques de ce culte*, Dole, Courbe-Rouzet, 1912.

PIDOUX DE LA MADUERE, André, *Vie des saints de Franche-Comté*, Lons-le-Saunier, Gey et Guy, 1909.

PIERRE, Benoist, *La Monarchie ecclésiale, le clergé de cour en France à l'époque moderne*, Seyssel, Champ Vallon, 2013.

Pietà de Lorraine : les Vierges de pitié du XVe au XVIIIe siècle, Metz, Serpenoise, 1996.

PILOT, Jean-Jacques, *Annuaire statistique de la Cour royale de Grenoble et du département de l'Isère pour l'année 1841*, Grenoble, Baratier, 1841.

PINCHEDEZ, Anne, *Croyances et coutumes des gens de rivières et de canaux : histoire et dictionnaire*, Paris, Tallandier, 1992.

PIOT, Charles, et GACHARD, Louis (dir.), *Collections des voyages des souverains des Pays-Bas*, tome I, Bruxelles, Hayez, 1876.

PIRETTA, Silvia, « La cappella marchionale in San Giovanni a Saluzzo : da Tommaso III a Ludovico I », dir. R. Comba, *Ludovico I marchese di Saluzzo*, Saluzzo, Società per gli studi storici archeologici ed artistici della provincia di Cuneo, 2003, p. 297-307.

POITTEVIN, Anne, *La statuaire très chrétienne des Sacri Monti d'Italie (1490-1680) : genèse, histoire et destin d'une invention moderne*, thèse, université de Tours, Centre d'études supérieures de la Renaissance, 2013.

PONS, Marie-Amélie, *Sainte-Agathe de Longuyon : étude historique, archéologique et architecturale d'une église fortifiée de Meurthe-et-Moselle (XIIe-XVIe siècle)*, Mémoire de Master 1 sous la direction de Frédéric Tixier, 3 volumes, université de Lorraine, Nancy, 2019.

POULL, Georges, *La maison ducale de Lorraine devenue la maison impériale et royale d'Autriche, de Hongrie et de Bohême*, Nancy, Presses universitaires de Nancy, 1991.

POUMARÈDE, Géraud, *Pour en finir avec la croisade. Mythes et réalités de la lutte contre les Turcs aux XVIe et XVIIe siècles*, Paris, PUF, 2004.

POWELL, Amy K., *Depositions. Scenes from the Late Medieval Church and the Modern Museum*, New York, Zone Books, 2012.

PRINTZ, Michel, « Les "Bildstocks" du pays des trois frontières », *Les Cahiers lorrains*, 1996, n° 3, p. 219-226.

PUTON, Bernard, « La léproserie de la Magdelaine-lès-Remiremont », *Bulletin de la Société Philomatique vosgienne*, 29e année, 1903-1904, p. 332-448.

QUARRÉ, Pierre, « Le Christ de la Mise au Tombeau de Langres », *Revue de l'art*, n° 13, 1971.

QUASIMODO, Francesca, SENATORE, Laura, « Il Quattrocento dei pittori Pocapaglia », et « Sviluppi del gotico nel Saluzzese », dir. R. Allemano, S. Damiano, G. G. Garrone, *Arte nel territorio della diocesi di Saluzzo*, Savigliano, l'Artistica, 2008, p. 131-141, 143-165.

QUEPAT, Nérée, *Histoire du village de Woippy près de Metz*, Metz, Sidot, 1878.

RACINE, Pierre, « Le col de Saint-Gothard, maillon du grand commerce international (1260-1320) », dans *Montagnes médiévales, actes du congrès de la SHMESP*, Paris, Pub. de la Sorbonne, 2004, p. 63-82.

RAVIOLA, A. B., « "Per levar ogni tergiversatione a questa gente". Controllo e repressione dell'eresia riformata nel Saluzzese a opera dei governatori sabaudi (1588-1650) », dir. M. Fratini, *L'annessione sabauda del marchesato di Saluzzo. Tra dissidenza religiosa e ortodossia cattolica (sec. XVI-XVIII)*, Torino, Claudiana, 2014, p. 63-86.

RAVIOLA, A. B., *L'Europa dei piccoli stati : dalla prima età moderna al declino dell'Antico Regime*, Rome, Carocci, 2008.

REDLICH, Fritz, *The German Military Enterpriser and his Work Force. A Study in European Economic and Social History*, t. 1, Wiesbaden, F. Steiner, 1964.

REYMOND, Maxime, « Le couvent des Cordeliers de Lausanne », *Revue d'histoire ecclésiastique suisse*, n° 17, 1923, p. 51-64.

RÉZEAU, Pierre, *Les prières aux saints en français à la fin du Moyen Âge*, Genève, Droz, 1983.

RIBARD, Dinah, « Religieuses philosophes, religieuses sans clôture, ermites et vagabondes : appartenances et dissidences au XVIIe siècle », *L'Atelier du Centre de recherches historiques* [En ligne], 2009/4, mis en ligne le 04 septembre 2009, consulté le 26 janvier 2021. URL : http://journals.openedition.org/acrh/1367

RIPART, Laurent, « Le Saint Suaire, les Savoie et Chambéry (1453-1515) », dir. P. Cozzo, A. Merlotti, A. Nicolotti, *The Shroud at Court : History, Usages, Places and Images of a Dynastic Relic*, Leyde, Brill, 2018, p. 57-74.

ROBIN, Léon, *Notice sur la Dévotion à Notre-Dame-Libératrice de Salins*, Lons-le-Saunier, Gauthier, 1854.

ROCHELANDET, Brigitte, *La répression de la sorcellerie au XVIe et XVIIe siècles : contribution à l'analyse du phénomène en Franche-Comté*, thèse, université de Franche-Comté, 1992.

ROISIN, Simone, *L'hagiographie cistercienne dans le diocèse de Liège au XIIIe siècle*, Louvain, Bibliothèque de l'Université, 1947.

ROSSIAUD, Jacques, *Le Rhône au Moyen Âge*, Paris, Aubier, 2007.

ROSSO, Claudio, « "Milán y Saboya" : Lombardia e Piemonte negli anni di Caterina », dir. B. A. Raviola, F. Varallo, *L'Infanta. Caterina d'Austria, duchessa di Savoia (1567-1597)*, p. 175-188.

ROTONDO, Arianna, « La processione : un rituale nell'esperienza cristiana », *Catalogue de l'exposition Agata santa. Storia, arte, devozione, Catane, 29 janvier – 4 mai 2008*, p. 53-63.

ROY, Émile, *Le Mystère de la Passion en France du XIVe au XVIe siècle, étude sur les sources et le classement des mystères de la Passion*, Dijon, Revue Bourguignonne, 1903-1904.

RUBIN, Miri, *Corpus Christi : the Eucharist in Late Medieval Culture*, Cambridge, Cambridge University Press, 1991.

RYON, Jean-François, « Aspects de la ville au XVIIIe s., l'urbanisme à Lons-le-Saunier de 1711 à 1790 », mémoire de maîtrise d'histoire, 2000, université Lumière Lyon II.

RYON, Jean-François, « Les représentations de Notre-Dame Libératrice », *Travaux de la Société d'Émulation du Jura 2007*, Lons-le-Saunier, 2008.

RYON, Jean-François, « Peintres comtois du XVIIe siècle », *Travaux de la Société d'Émulation du Jura 2014*, Lons-le-Saunier, 2015.

RYON, Jean-François, « Un tableau inédit de Notre-Dame Libératrice », *Barbizier*, numéro 37, Besançon, 2013.

RYON, Jean-François, *Le mobilier religieux hospitalier*, Master II, université Lumière Lyon II, sous la dir. d'Olivier Christin, 2005.

RYON, Jean-François, SEVE, Justine, MARCHAL, Corinne, *Splendeurs Baroques, catalogue d'exposition*, Arbois, Musée Sarret de Grozon, 2014.

SACHET, Alphonse, *Le Pardon annuel de la Saint-Jean et de la Saint-Pierre à Saint Jean de Lyon*, Lyon, P. Grange, 1914.

SAHIN-TOTH, Péter, « Amis ou ennemis ? Français en Hongrie pendant la guerre de Quinze Ans (1595-1606) », dir. Z. Tringli, F. Tóth, *Mille ans de contacts. II-Relations franco-hongroises de l'an mil à nos jours*, Szombathely, BDF, 2004, p. 26-35.

SAHIN-TOTH, Péter, « Expier sa faute en Hongrie. Réminiscences de croisade et pacification politique sous Henri IV », dir. B. Maillard, *Foi, fidélité, amitié en Europe à la période moderne. Mélanges offerts à Robert Sauzet*, Tours, université François Rabelais, 1995, p. 436-439.

SAHIN-TOTH, Péter, *La France et les Français face à la « Longue guerre » de Hongrie (1591-1606)*, thèse, université de Tours, 1997.

Saluzzo, città e diocesi : cinquecento anni di storia, relazioni al Convegno (Saluzzo, 28-30 ottobre 2012), Cuneo, Società per gli studi storici, archeologici ed artistici della provincia di Cuneo, 2013.

SAMARITANI, Antonio, *Il prodigio del Sangue a Ferrara*, Cesena, Stilia, 1979.

SANSTERRE, Jean-Marie, « Variations d'une légende et genèse d'un culte entre la Jérusalem des origines, Rome et l'Occident. Quelques jalons de l'histoire de Véronique et de la *Veronica* jusqu'à la fin du XIIIe siècle », dans *Passages. Déplacements des hommes, circulation des textes et identités dans l'Occident médiéval. Actes du colloque de Bordeaux, 2-3 février 2007*, Toulouse, Méridiennes, 2013, p. 217-231.

SARZEAUD, Nicolas, « La ville corps malade : Besançon 1544 », *Techniques & Culture, n° 70*, 2018, p. 80-97.

SAUZEAU, Pierre, « De la déesse Héra à la Panaghia. Réflexions sur le problème des continuités religieuses en Grèce et en Grande-Grèce », *Revue d'histoire des religions*, t. 224, 2007, p. 289-317.

SAVARINO, Renzo, *et al.*, *La Basilica urbana del Corpus Domini : il miracolo di Torino*, Torino, Allemandi, 2014.

SAVIO, Carlo Fedele, *I Savio di Sampeyre*, Saluzzo, Bodoni, 1922.

SAY, Hélène, « Filles abandonnées, perdues ou repenties : le Refuge de Nancy aux XVIIe et XVIIIe siècles », *Vie Sociale et Traitements*, 2010/2 (n° 106), p. 29-37.

SCHMOLL GEN. EISENWERTH, Josef Adolf, *Die lothringische Skulptur des 14. Jahrhunderts. Ihre Voraussetzungen in der Südchampagne und ihre ausserlothringischen Beziehungen*, Petersberg, Michael Imhof Verlag, 2005.

SCHNEIDER, Jean, « Les activités des marchands et financiers italiens dans la région lorraine aux XIIIe et XIVe siècles », *Comptes rendus des séances de l'Académie des Inscriptions et Belles-Lettres*, 95e année, n° 4, 1951, p. 327-330.

SCHNEIDER, Jean, *Metz aux XIIIe et XIVe siècles*, Nancy, imprimerie Thomas, 1950.

SCHNERB, Bertrand, « La piété et les dévotions de Philippe le Bon, duc de Bourgogne (1419-1467) », *Comptes rendus des séances de l'Académie des Inscriptions et Belles-Lettres*, 149e année, n° 4, 2005, p. 1319-1344.

SCHNERB, Bertrand, *L'État bourguignon, 1363-1477*, Paris, Perrin, 1999.

SCHÖNBACH, Anton, « Studien zur Erzählungsliteratur des Mittelalters. VI Des Nikolaus Schlegel Beschreibung des Hostienwunders zu Münster in Graubünden », dir. A. Hölder, *Sitzungsberichte der Philosophisch-Historischen Klasse der kaiserlichen Akademie der Wissenschaften*, n° 156/I, 1907, p. 1-70.

SCHOOLMEESTERS, Émile, « Le culte de saint Nicolas au diocèse de Liège », *Leodium*, 1908, VII, p. 142-153.

SCHUBIGER, Gian Franco, *Saints, martyrs et bienheureux en Suisse*, Saint-Maurice, Éd. St-Augustin, 1999.

SEGRE MONTEL, Costanza, « I percorsi delle reliquie, tra thece dignissime, libri miraculorum e imagines depicte », dans *Uomo et spazio nell'altro medioevo, Uomo et spazio nell'altro medioevo, Settimane di studio del Centro Italiano di studi sull'alto Medioevo*, Spolète, Fondazione Centro italiano di studi sull'alto Medioevo, 2003, p. 891-918.

SENATORE, Laura, « Un ciclo di affreschi quattrocenteschi : le storie della Passione in San Giovanni di Saluzzo », *Studi Piemontesi*, I, 1997, p. 63-72.

SERGI, Giuseppe, « Rapporti religiosi tra Italia e Francia el secolo XI », dir. G. Cioffari, A. Laghezza, *Alle origini dell'Europa, il culto di S. Nicola tra Oriente e Occidente. I. Italia-Francia – Atti del convegno, Bari, 2-4 dicembre 2010*, Bari, Nicolaus Studi Storici, p. 31-42.

SNOEK, Godefridus J. C., *Medieval Piety from Relics to the Eucharist : A Process of Mutual Interaction*, Leyde – New York, Brill, 1995.

SOMMERVOGEL, Carlos, *Bibliothèque de la Compagnie de Jésus*, Bruxelles, O. Schepens, Paris, A. Picard, 12 vol., 1890-1932.

SONRIER, Marie-Agnès, « L'histoire mouvementée des "Mises au tombeau" en Lorraine », *Ligier Richier. Sculpteur lorrain de la Renaissance*, Association des amis de la bibliothèque bénédictine de Saint-Mihiel, Conseil général de la Meuse, Éditions Vent d'Est, 2013.

SOURIAC, Pierre-Jean, SOURIAC, René, *Les affrontements religieux en Europe. Du début du XVIe siècle au milieu du XVIIe siècle*, Paris, Belin, 2008.

SPIONE, Gelsomina, « Il Seicento », dir. R. Allemano, S. Damiano, G. G. Garrone, *Arte nel territorio della diocesi di Saluzzo*, Savigliano, l'Artistica, 2008, p. 297-317.

STARNAWSKA, Maria, « Saint Nicolas en Pologne médiévale », dir. C. Vincent, C. Guyon et V. Gazeau, *Entre Orient et Occident, le culte de saint Nicolas en Europe (X^e-XXIe siècle), actes du colloque international des 5, 6 et 7 décembre 2013*, Paris, Cerf, 2015, p. 257-272.

STOPPA, Angelo L., « Tempi, ambienti e uomini alle origini del Sacro Monte d'Orta », dans *Il Sacro Monte d'Orta e san Francesco nella storia e nell'arte della Controriforma*, 1985, Orta San Giulio, s. n., 1985, p. 55-82.

STUB, P. P., *Per L'insigne miracolo del Santissimo Sacramento avvenuto in Torino il 6 giugno 1453. Discorso nella festa del 6 giugno 1857*, Turin, 1857.

SZABO, Thomas, « Routes de pèlerinage, routes commerciales et itinéraires en Italie centrale », dir. P. Boucheron, *Les espaces sociaux de l'Italie urbaine (XIIe-XVe siècles) : recueil d'articles*, Paris, Pub. de la Sorbonne, 2005, p. 131-143.

TABBAGH, Vincent, *Les clercs, les fidèles et les saints en Bourgogne médiévale : XIe-XVe siècles*, Dijon, Éditions universitaires de Dijon, 2005.

TACCONE, Raphaële, *Marie Madeleine en Occident : les dynamiques de la sainteté dans la Bourgogne des IXe-XVe siècles*, thèse, université d'Avignon, 2012.

TASSIN, Raphaël, *La cathédrale de Saint-Dié-des-Vosges, histoire, architecture et décor de l'ensemble cathédral*, Saint-Dié-des-Vosges, Serge Domini, 2014.

TAVENEAUX, René, « L'esprit de croisade en Lorraine aux XVIe et XVIIe siècles », dans *L'Europe, l'Alsace et la France, problèmes intérieurs et relations internationales à l'époque moderne. Études réunies en l'honneur du doyen Georges Livet pour son 70e anniversaire*, Colmar, Les éditions, d'Alsace, 1986, p. 257-263.

TAVENEAUX, René, « Les prémisses de la réforme tridentine », *Revue d'histoire de l'Église de France*, LXXV, 1989, p. 205-213.

TAVENEAUX, René, « Réforme catholique et Contre-Réforme en Lorraine », dans *L'Université de Pont-à-Mousson et les problèmes de son temps*, Nancy, numéro spécial des *Annales de l'Est*, 47, 1974, p. 389-400.

THALER, Albuin, « Notizen über das hl. Blut in der Stiftskirche zu Münster, Ct. Graubünden », dir. M. Kinter, *Studien und Mitteilungen aus dem Benediktiner- und Cistercienser- Orden*, n° 28, 1907, p. 596-600.

THIERY, Armand, *Une copie du suaire de Turin exécutée en 1516 et actuellement dans les archives de l'église Saint-Gommaire à Lierre*, Louvain, Nova et vetera, 1912.

TIXIER, Frédéric, « Du texte aux images : quelques remarques à propos de l'iconographie de sainte Agathe au Moyen âge », dir. F. Tixier, *Sant'Agata, Il reliquiario a busto. Nuovi contributi interdisciplinari*, Catane, Ed. Archidiocesi *Catania*, 2014, p. 141-154.

TIXIER, Frédéric, « Sainte Agathe attachée au pilori », dir. A. Adrian, C. Guyon, F. Tixier, *Splendeurs du christianisme. Art et dévotions de Liège à Turin*, Metz, Mare et Martin, 2018, Paris, notice 34, p. 72.

TIXIER, Frédéric, « Sainte Agathe de Catane au regard de l'iconographie médiévale », dir. F. Tixier, *Sant'Agata, il reliquiario a busto, Contributi interdisciplinari*, Edizioni Archidiocesi *Catania*, 2010, p. 87-105.

TIXIER, Frédéric (dir.), *S. Agata il reliquiario a busto. Contributi interdisciplinari*, Catane, Edizioni Arcidiocesi Catania, 2010.

TIXIER, Frédéric, *La monstrance eucharistique : genèse, typologie et fonctions d'un objet d'orfèvrerie, XIIIe-XVIe siècle*, Rennes, Presses universitaires de Rennes, 2014.

TOMASI, Michele, « Un capolavoro ai margini. Gli studi sul busto di Sant'Agata tra Otto e Novecento », dir. F. Tixier, *Sant'Agata, il reliquiario a busto, Contributi interdisciplinari*, Edizioni Archidiocesi *Catania*, 2010, p. 11-21.

TORRE, Angelo, « Atti per i santi, discorsi di santità : la beatificazione di Amedeo IX di Savoia », *Quaderni storici*, 102 (1999), p. 705-731.

TORRE, Angelo, *Consumo di devozioni e santità : il beato Amedeo IX nel cerimoniale piemontese del Seicento*, dir. S. Cabibbo, G. Fiume e M. Modica, *Il santo e la città*, Venezia, Marsilio, 2000, p. 96-119.

TOSCO, Carlo, *Architetture del Medioevo in Piemonte*, Turin, Marcovalerio, 2003.

TOTH, Ferenc, éd., *Journal des campagnes du duc Charles V de Lorraine*, Paris, Honoré Champion, 2017.

TOTH, Ferenc, et CZIGANI, Balazs Zágorghidi dir., *Szentgotthárd-Vasvár 1664*, Szentgotthárd, 2004.

TOTH, Ferenc, *Saint-Gotthard (1664). Une bataille européenne*, Paris, Lavauzelle, 2007.

TRICOIRE, Damien, *La Vierge et le Roi, politique princière et imaginaire catholique dans l'Europe du XVIIe siècle*, Paris, Presses universitaire Paris-Sorbonne, 2017.

TUNINETTI, Giuseppe, « Organizzazione ecclesiastica e pratica religiosa », dir. U. Levra, *Storia di Torino, VII, Da capitale politica a capitale industriale (1864-1915)*, Torino, Einaudi, 2001, p. 221-246.

TUNINETTI, Giuseppe, *Il cardinal Domenico Della Rovere, costruttore della Cattedrale, e gli arcivescovi di Torino dal 1515 al 2000 : stemmi, alberi genealogici e profili biografici*, Cantalupa, Effatà, 2000.

UTZ TREMP, Kathrin, « L'histoire du culte de saint Nicolas, patron de la ville de Fribourg (Suisse) », dir. C. Vincent, C. Guyon et V. Gazeau, *Entre Orient et Occident, le culte de saint Nicolas en Europe (X^{e}-XXIe siècle), actes du colloque international des 5, 6 et 7 décembre 2013*, Paris, Cerf, 2015, p. 369-384.

VAN GENNEP, Arnold, *Le culte populaire des saints en Savoie*, Paris, G.-P. Maisonneuve et Larose, 1973.

VANTILLARD, Juliette, *Étude et analyse d'un ensemble de sculptures : le Ravissement de la Madeleine, conservé au Musée départemental d'Art ancien et contemporain à Épinal*, mémoire de Master 1 sous la direction de Frédéric Tixier, 2 tomes, université de Lorraine, Nancy, 2017.

VAUCHEZ, André, *La sainteté en Occident aux derniers siècles du Moyen Âge d'après les procès de canonisation et les documents hagiographiques*, Rome, EFR, 1981.

VENARD, Marc, *Histoire de l'enseignement et de l'éducation*, vol. 2, *1480-1789*, Paris, Tempus, 2003.

Vie des saints de Franche-Comté, t. IV, Besançon, Turbergue, 1856.

VIGNEULLES, Philippe de, *Les cent nouvelles nouvelles*, éd. Charles H. Livingston, Genève, Droz, 1972.

VINCENT, Catherine, « *Ob reverentiam dicti sanctissimi corporis Christi* : luminaires et dévotion eucharistique (XIIIe-XVe siècle) », dir. N. Bériou, B. Caseau et D. Rigaux, *Pratiques de l'eucharistie dans les Églises d'Orient et d'Occident (Antiquité et Moyen Âge)*, Paris, Institut d'Études Augustiniennes, 2009, t. 1, *L'Institution*, p. 481-495.

VOET, Leon, *The golden compasses : a history and evaluation of the printing and publishing activities of the Officina plantiniana at Antwerp*, Amsterdam, Van Gendt, 2 vol., 1969 et 1971.

VORAGINE, Jacques de, *La Légende dorée*, Paris, Gallimard, 2004.

VOREAUX, Gérard, *Les peintres lorrains du dix-huitième siècle*, Paris, Messene, 1998.

VOREAUX, Gérard, *Recherches sur les peintres et les amateurs d'art en Lorraine au XVIIIe siècle*, thèse, université de Nancy 2, 1990.

VREGILLE, Bernard de, « Une Imprimerie dans un presbytère comtois Pin-L'Emagny, 1626-1637 », *Revue française d'histoire du livre*, n° 88-89, 1995, p. 235-266.

WAGNER, Anne, « Culte de saint Michel dans l'Empire », dir. M. de Framont et C. Lauranson-Rosaz, *Autour de l'archange saint Michel, Actes du colloque Saint Michel d'Aiguilhe (2009), Cahiers de la Haute-Loire*, 2012, p. 121-129.

WAGNER, Anne, « Le culte de la Légion thébaine dans l'Empire », dir. N. Brocard et A. Wagner, *Autour de saint Maurice, Actes du colloque « Politique, société et construction identitaire : Autour de saint Maurice », Besançon et Saint-Maurice, actes du colloque de 2009*, Besançon-Saint-Maurice, Fondation des Archives historiques de l'Abbaye de Saint-Maurice, 2011, p. 405-417.

WAGNER, Georg, *Das Türkenjahr 1664 : Eine europäische Bewährung Raimund Montecuccoli, die Schlacht von St. Gotthard-Mogersdorf und der Friede von Eisenburg (Vasvár)*, Eisenstadt, Burgenländisches Landesarchiv, 1964.

WAGNER, Pierre-Édouard, « Culte et reliques de sainte Lucie à Saint-Vincent de Metz », *Mémoires de l'Académie nationale de Metz*, 2002, p. 179-205.

WALLERICH, François, « Des cathares aux lollards. Des miracles eucharistiques inédits dans l'Angleterre du XVe siècle », *Mabillon*, n° 29, 2018, p. 189-212.

WALLERICH, François, « L'hostie, la demi-hostie et la Véronique. Des objets sacrés à la croisée d'enjeux pastoraux et théologiques au diocèse d'Agen (vers 1300) », *Cahiers de Fanjeaux*, n° 53, 2018, p. 117-137.

WIRTH, Jean, *Sainte Anne est une sorcière et autres essais*, Genève, Droz, 2003.

ZACCHEO, Germano, *Il Santuario della Santissima Pietà di Cannobio : guida*, Novara, Edizioni S.D.N., 2006.

ZACCONE, Gian Maria (dir.), *L'immagine rivelata. 1898. Secondo Pia fotografa la Sindone*, Torino, Centro Studi Piemontesi, 1998.

ZACCONE, Gian Maria, « Un percorso storico per la Sindone », dir. V. C. Mandracci, G. Bernard, *Il potere e la devozione : la Sindone e la Biblioteca reale di Torino*, Milan, Electa, 2000, p. 75-88.

ZITO, Gaetano, « Storia, fortuna, ragioni della diffusione del culto di sant'Agata », *Catalogue de l'exposition Agata santa. Storia, arte, devozione, 29 janvier – 4 mai 2008*, Catane, Ed. Archidiocesi *Catania*, p. 31-37.

INDEX DES NOMS DE LIEUX

INDEX DES NOMS DE PERSONNES

RÉSUMÉS

Catherine GUYON et Bruno MAES, « Introduction. Une piété lotharingienne ? »

Le concept d'axe lotharingien défini par Michel Parisse, prolongé par celui de dorsale catholique de René Taveneaux, a souvent été repris par les historiens, mais n'a jamais été démontré. S'il correspond à des voies de circulation naturelles en Europe et à de petits États issus du démembrement de la Lotharingie carolingienne revendiquant leur catholicisme, a-t-il pour autant manifesté une réelle spécificité sur le plan religieux et permis la diffusion de dévotions et de pratiques cultuelles ?

Ghislain TRANIÉ, « La religieuse, figure de la culture catholique dans la Lorraine des XVIe-XVIIe siècles »

Dans la Lorraine des XVIe-XVIIIe siècles, la religieuse est un symbole de la Réforme catholique, un miroir de la dévotion catholique accessible à toutes et à tous, et une figure populaire, associée à l'affirmation d'une identité lorraine par la catholicité. Parce qu'elle fournit un idéal-type diffusé par l'image et l'écrit, la religieuse permet en même temps de modeler la société autour d'une morale sociale chrétienne, à opposer aux désordres induits par la sorcière, la possédée et l'hérétique.

Özkan BARDAKÇI, « De la "Longue Guerre de Hongrie" à la "Petite guerre" de Hongrie. Philippe Emmanuel de Lorraine, duc de Mercœur, et Charles V de Lorraine, deux figures de l'"esprit de croisade" dans les confins de la Chrétienté »

L'étude comparative de l'esprit de croisade dans les frontières austro-ottomanes au cours de la Longue Guerre de Hongrie (1593-1606) et de la Petite guerre de Hongrie (1660-1664) révèle un impact essentiel mais très différent dans la fabrication des discours politiques et de la geste de croisade. L'esprit de croisade chez deux nobles lorrains apparaît comme une forme de dévotion qui combat les armées ottomanes aux confins de la Chrétienté.

Claude GRIMMER, « La fondation de Charleville en la souveraineté d'Arches. Fer de lance d'une Europe chrétienne (1606-1626) »

En 1606, Charles de Gonzague, duc de Nevers, décide la fondation d'une ville dans la seule principauté dont il est prince, à la frontière de la France : Charleville. Son urbanisme, ses nombreuses congrégations et leurs couvents, la gestion de la population par un règlement « moral » et, en 1623, la construction de l'hôpital de la Milice chrétienne rappellent à tous que c'est une ville au service d'une idéologie portant l'esprit de la contre-réforme face à la souveraineté protestante de Sedan.

Bruno MAES, « Forger l'homme dévot. Les livrets de pèlerinage des Pays-Bas catholiques et de la France du Nord au XVIIe siècle »

Le début du XVIIe siècle marque l'avènement de nouveaux livrets de pèlerinage. À la suite du concile de Trente, et à l'époque baroque, ces ouvrages souvent rédigées par les jésuites, diffusent une nouvelle culture différente de celle du XVIe siècle, plus humaniste avec une présentation plus claire tant dans l'aspect matériel du livret que dans le fond. Dans ce renouveau des pèlerinages, où les élites fréquentent les sanctuaires, ils ont un grand impact sur les populations.

François WALLERICH, « Les hosties miraculeuses des Flandres à l'Italie du Nord. Des témoins de l'essor précoce de la dévotion eucharistique dans l'espace lotharingien ? (vers 1170 – vers 1270) »

Le culte aux hosties miraculeuses semble s'être développé précocement dans l'espace lotharingiens. Les sources permettent de souligner l'importance des évêques dans l'encadrement du phénomène et des cisterciens dans sa diffusion. On cherche à comprendre ce développement en le reliant notamment à la présence hérétique et on s'interroge sur un éventuel lien entre les honneurs rendus dès la fin du XIIe siècle à ces hosties et l'adoption précoce de la Fête-Dieu dans ces mêmes régions.

Anne ADRIAN et Magali BRIAT-PHILIPPE, « La mise au tombeau du Christ. Perspectives croisées, de la Lorraine à la Savoie »

Les plus anciennes des Mises au Tombeau, groupes statuaires répandus entre 1420 et 1540 en Europe occidentale, sont apparues dans l'arc lotharingien, entre Pays-Bas du Sud, Lorraine, Bourgogne et Savoie. C'est le cas de celles de Pont-à-Mousson et de Bourg-en-Bresse. Au-delà de la diversité des styles, des spécificités iconographiques se font jour : En Lorraine, la présence des anges porteurs des *arma Christi*, en Savoie et en Bourgogne, une attention particulière pour le Suaire et la Madeleine.

Paolo COZZO, « Les cultes de la Passion comme vecteurs d'identité politiques dans le Piémont de l'époque moderne. Le cas de l'ancien marquisat de Saluces »

La conquête du marquisat de Saluces par le duché de Savoie à la fin du XVIe siècle fut accompagnée d'un effort d'implantation des cultes plus représentatif de la dignité de la Maison ducale qui fit entrer le culte du Saint-Suaire dans ce nouveau domaine. La tradition de dévotions de la Passion de Christ y était déjà fortement enracinée, c'est pourquoi la stratégie fut plus difficile à réaliser, en raison également du sentiment identitaire que ces cultes christiques continuaient d'alimenter.

Nicolas SARZEAUD, « Marguerite d'Autriche et la diffusion du culte du Saint-Suaire dans la première moitié du XVIe siècle »

Apparu en Champagne au XIVe siècle, le culte du Saint-Suaire croît depuis Chambéry dans le premier tiers du XVIe siècle sur l'axe Flandres-Alpes. Les logiques qui l'expliquent sont d'abord la piété personnelle et publique de Marguerite d'Autriche, duchesse de Savoie et régente des Pays-Bas bourguignons, à l'origine d'une série de copies disséminées dans les réseaux Habsbourgs, les crises dues au protestantisme et les vagues de peste incitant les cités de cet espace à s'en remettre à la relique.

Catherine GUYON, « Saint Nicolas, un saint lotharingien au Moyen Âge ? »

Ayant un grand succès en Orient et en Occident, le culte de saint Nicolas de Myre est attesté dans l'axe lotharingien dès le XIe et se répand aux XIVe-XVe siècles. Il revêt les attributions classiques du saint évêque protecteur des marchands, des malades, des enfants, des voyageurs, avec quelques particularités. À la veille de la Réforme, son succès est plus marqué au Nord qu'au Sud où il subit la concurrence des saints Bernard de Menthon, Nicolas de Flue et Nicolas de Tolentin.

Frédéric TIXIER, « Sainte Agathe de Catane à la conquête de la Lorraine. De la dévotion aux représentations (Moyen Âge – époque moderne) »

Connu dès le Ve siècle, le culte de sainte Agathe, vierge martyrisée en 251 à Catane, rayonne depuis la Sicile parallèlement à la diffusion de ses images, qu'il s'agisse de son martyre ou bien de ses « portraits » tenant en mains les instruments de son supplice. À partir du XIIIe siècle, sa dévotion semble s'être renforcée sur l'ensemble de l'espace lotharingien, avec l'arrivée de marchands italiens, mais aussi par son association avec l'une des onze mille compagnes de sainte Ursule de Cologne.

Nicolas BALZAMO, « Les légendes de fondation des sanctuaires mariaux de l'espace lotharingien. Analyse comparée »

Existait-il un imaginaire religieux spécifique à l'espace lotharingien ? Cette étude entend répondre à cela en examinant les légendes de fondation des sanctuaires mariaux de Lorraine, Franche-Comté, Savoie et Piémont. Il s'agit, dans un premier temps, de dégager les caractères structurels de ces récits ainsi que leurs thématiques récurrentes, pour ensuite comparer ces données avec celles qu'offrent des corpus analogues relatifs à d'autres zones géographiques (royaume de France et Sicile).

Isabelle BERNARD-LESCEUX, « Notre-Dame de Luxembourg, naissance et diffusion. XVIIe et XVIIIe siècles »

Née au XVIIe siècle sur fond de Contre-Réforme, la dévotion à Notre-Dame de Luxembourg s'est rapidement répandue : d'abord vénérée dans la ville de Luxembourg, elle apparaît dans tout le duché dans un climat de peste et de guerres. Pèlerinages, guérisons miraculeuses, élection comme Patronne de la ville en 1666 puis du Duché de Luxembourg et Comté de Chiny en 1678 : autant d'étapes qui construisent durablement ce culte même après le départ des jésuites en 1773.

Jean-François RYON, « Notre-Dame Libératrice, une réponse au vœu de Louis XIII ? »

Cette piété comtoise née à Salins-lès-Bains en pleine guerre de Dix Ans, provient d'un érudit local qui a élaboré une image en 1642 et d'un livret édité en 1644. Le rôle de Dieu est avant tout individuel, méconnaissant l'utilité collective d'une politique basée sur l'intérêt de l'État. Dans l'image salinoise de la représentation du vœu de Louis XIII, on ne trouve que le pouvoir de la Vierge Marie, reine du ciel, qui par son soutien indéfectible, intercède auprès du Créateur.

Jean-François RYON et Sylvie de VESVROTTE, « Les représentations mariales en Franche-Comté du concile de Trente à la Révolution »

Face aux territoires protestants, la Franche-Comté connaît une dévotion mariale importante, tant en images qu'en sculptures conservées et réalisées à l'époque moderne. Les plus représentatives sont les statues de la Vierge à l'Enfant et les tableaux de la remise du Rosaire. La présence de Notre-Dame de Montaigu et de Notre-Dame d'Einsiedeln montre les liens de la région avec le monde extérieur, alors que Notre-Dame Libératrice peine à rayonner en dehors du pays.

Philippe MARTIN, « Conclusions »

La conclusion de ce volume en reprend les grandes lignes de force. En partant des travaux de René Taveneaux, elle s'interroge sur la notion de dorsale catholique : réalité qui englobe l'ensemble de l'expérience religieuse ou phénomène ponctuel ? Si elle existe à certains moments ou pour certains éléments, elle n'impose pas une piété ou une approche spirituelle communes. Elle demeure un espace particulièrement vivant où s'épanouissent d'innombrables manières de vivre sa foi.

TABLE DES FIGURES

TABLE DES MATIÈRES

IMPRIM'VERT®

Achevé d'imprimer par Corlet,
Condé-en-Normandie (Calvados),
en Février 2022
N° d'impression : 174931 - dépôt légal : Février 2022
Imprimé en France